□ 应用统计学丛书 25

MINITAB软件入门：

最易学实用的统计分析教程

（第二版）

吴令云　吴诚鸥　张　斌
蔡　霞　吴家祺　吕　红　编著

高等教育出版社·北京

图书在版编目（CIP）数据

MINITAB 软件入门：最易学实用的统计分析教程 / 吴令云等编著．--2 版．-- 北京：高等教育出版社，2021. 7

ISBN 978-7-04-055759-6

Ⅰ．① M… Ⅱ．①吴… Ⅲ．①统计分析 - 应用软件 - 教材 Ⅳ．① C819

中国版本图书馆 CIP 数据核字（2021）第 038381 号

MINITAB 软件入门：最易学实用的统计分析教程
MINITAB Ruanjian Rumen: Zuiyixue Shiyong de Tongji Fenxi Jiaocheng

策划编辑 赵天夫　　责任编辑 和　静　　封面设计 赵　阳　　版式设计 张　杰
责任校对 刁丽丽　　责任印制 存　怡

出版发行	高等教育出版社	网　　址	http://www.hep.edu.cn
社　　址	北京市西城区德外大街 4 号		http://www.hep.com.cn
邮政编码	100120	网上订购	http://www.hepmall.com.cn
印　　刷	三河市潮河印业有限公司		http://www.hepmall.com
开　　本	787mm × 1092mm　1/16		http://www.hepmall.cn
印　　张	25.75	版　　次	2012 年 1 月第 1 版
字　　数	490 千字		2021 年 7 月第 2 版
购书热线	010-58581118	印　　次	2021 年 7 月第 1 次印刷
咨询电话	400-810-0598	定　　价	69.00 元

物 料 号　55759-00

序　言

统计学在自然科学、社会科学、工农业生产、国防、国民经济、行政管理和政府决策等方面已经发挥了重大作用, 有了越来越广泛的应用, 现在已被国家定为一级学科。但是由于种种原因, 对于非统计专业的大学生而言, 所安排的数理统计学时很少, 学生无法学会使用数理统计工具解决实际问题; 一般的工程技术人员也很难直接使用统计工具解决自己在工作中遇到的实际问题。让大学生、工程技术人员经过很少时间的训练就能使用统计方法的唯一办法是学会使用统计软件。MINITAB 就是一种易学好用的统计软件, 而且功能广泛, 现在全世界几乎每个大学内都安装了这个软件供非统计专业人员使用。MINITAB 公司 2005 年决定将此软件 R15 版的英文版汉化为中文版时, 特别邀请我主持全部翻译的审查工作, 我愉快地答应了他们的要求, 虽然我知道这是一件非常吃力而且烦琐的任务, 但我觉得这将为中国的广大使用者带来极大的方便, 再辛苦也是值得的。2007 年 1 月 MINITAB 软件 R15 版的简体中文版正式发布使用后, 确实受到了广大使用者的欢迎。经过三年多的实践检验, 2010 年 6 月 MINITAB 又推出了最新的 R16 版, 增加和强化了若干功能。

随着计算机软件的推广及网络的广泛使用, 一般的大学生和工程技术人员对于各种软件的使用都已达到精通的水平, 对于一个新软件, 只要能入门, 很快就可以熟练使用它。因此, 对于广大的大学生和一般工程技术人员来说, 编写一本能引导大家快速学习使用 MINITAB 软件的书是一件非常有意义的事情。吴令云和吴诚鸥等人编著的《MINITAB 软件入门》正好面向非统计专业的众多大学生和工程技术人员, 是一本引导大家迅速学会 MINITAB 软件, 并能用该软件解决实际问题的好书。

本书的最大特色是起点低、速成和通俗易学: 首先在每个章节的开篇以通俗的文笔介绍所涉及的统计方法; 然后通过实例重点介绍有关统计问题的 MINITAB 关键指令, 通过列表和图形使读者更方便地掌握菜单的使用; 再解释 MINITAB 输出的含义; 最后配上练习题加强理解。因而授课教师只需要不多学时的讲授, 甚至通过几次讲座, 就能让大家初步掌握 MINITAB 的用法。对于工作多年, 忘记大学所学统计知识的实际工作者们, 特别是希望掌握六西格玛管理的工程师们, 学习本书是掌握 MINITAB 的捷径, 甚至中学生也有可能通过阅读本书而学会使用 MINITAB 软件。但是为了巩固所学知识, 一定要认真做练习题。书中引入大量例题和习题, 学习、参考甚至模仿这些实例, 收集和分析有关数据, 使读者不仅能学会使用软件, 也能学习统计方法的使用, 以至最终能够直接解决所遇到的实际问题。

这里介绍的是 MINITAB 最新的 R16 版, 本书有许多新特色, 例如第 1 章介绍 MINITAB 软件 R16 版新增加的 "协助" 功能和 "教程" 的新内容, 使得读者们能更方便地决定使用途径: 对于所遇到的实际问题使用什么样的统计工具, 什么样的对话框, 而这正是对统计学不很熟悉的实际工作者或大学生最需要的; 第 2 章介绍 Bayes 学派对 "区间估计" 的看法; 第 3 章介绍求样本容量的精确计算方法; 第 4 章介绍常用的图表分析方法; 第 5 章介绍过程控制和过程能力分析的方法; 第 6 章详尽介绍一般线性模型的用法; 第 7 章介绍非线性回归; 第 8 章详细介绍 "类别变量"。书中在多处介绍了调查数据的处理分析等。

当然, 本书是一本入门书, 希望更全面、更深入理解 MINITAB 的读者可以参阅书中参考文献中的有关资料书籍。我与他人合作编写的两本关于 MINITAB 的书也列在参考文献中, 在 2007 年出版的《六西格玛管理统计指南 —— MINITAB 使用指导》和 2009 年出版的《基于 MINITAB 的现代实用统计》中, 详尽介绍了使用 MINITAB 解决统计学主要问题的方法和原理, 但是这两本书篇幅较大, 学习需要花较多的时间, 也有一定难度, 等大家有了些基础后再来学习也许是适宜的。

本书适合全国各专业的大学生、研究生和广大的实际工作者学习使用。本书的出版一定会大大推动广大读者迅速掌握 MINITAB 软件的使用, 并在实际工作中发挥越来越广泛的作用。在本书即将出版之际, 特为之作序, 祝愿本书为统计学的应用及普及发挥出更大的作用。

马逢时
2011 年 10 月

再版前言

本书的特点是起点低, 实用性强, 以 MINITAB 软件为统计分析工具, 通俗好学。这种特点特别适用于两类读者: 概率统计学时较少, 难以对其深入理解的; 学习概率统计已过多年, 相关知识被遗忘较多的。而且本书也对一般大学生感到困难的一些问题给出简单易懂的解决方法, 诸如: 如何选定原假设和备择假设, 如何确定接受域和拒绝域, 如何判定使用什么统计方法等。对一般统计教科书中不介绍的一些问题, 诸如: 方差不等正态总体参数差的估计和假设检验, 非正态总体方差的估计和假设检验, 最佳子集回归, 非正态过程能力分析等, 也能用 MINITAB 软件方便地解决。本书第一版面世后得到广大读者的支持和欢迎。但是由于第一版写得仓促, 存在一些不足之处。对本书内容做一些补充和修改便是十分必要了。

再版中最大的变动是增加 "抽样检验" 一章。抽样检验是概率统计的重要应用, 20 世纪 60 年代北京大学的概率统计课程中就有一章专门介绍抽样检验 (当时称为抽样验收)。当前我国市场经济繁荣, 国际贸易不断扩大, 更需要抽样检验。考虑一般数学教科书中对于抽样检验的介绍较少, 再版中将原第 3 章中的抽样检验部分抽出, 增加两类错误、差值、功效、抽样检验的多种概念和一次抽样检验方法, 扩充为第 4 章。特别是同时考虑两类错误的概念较为复杂, 本书以附条件的假设检验为数学模型, 从而较完整地介绍有关抽样检验的数学概念。第 4 章中不仅介绍使用 MINITAB 做的抽样检验方法 (抽样检验方法 1), 也介绍用国标解决此类问题的方法 (抽样检验方法 2)。国标 (国家标准) 提供许多重要而实用的统计知识, 我国原国家质量检验监督检疫总局和中国标准化研究院组织专家 (包括许多统计工作者) 编制并引进和推广了大量国外标准化文件, 形成众多国家标准, 对于保证我国正常生产秩序和提高产品质量起了重大作用。其中抽样检验方面的国家标准能方便地解决各种抽样检验问题, 包括 MINITAB 不便解决的问题。本版根据实际工作者的需要, 适当增加一些国标的介绍, 特别是在第 4 章中增加 GB/T 8054–2008 [19] 的应用, 希望有助于读者学习更多更深的国家标准。其他章节也做了修改和扩充。

MINITAB 软件的特点之一是使用多种方法, 帮助对统计等知识不太熟练的读者方便地使用软件。本版尽量发挥 MINITAB 这一优点, 不嫌啰嗦, 不怕重复, 以读者易于使用统计方法解决实际问题为宗旨, 增添一些说明, 不知所做是否妥当。为了便于读者准确理解, 本书在一些章节增加了数学模型的介绍, 是否合适还请读者批评指正。

本书介绍概率统计在不少领域的应用, 数学上的同一名称, 在不同领域中有不同称呼。例如: 回归分析中因变量又称为预报对象、响应变量或响应等; 自变量又称为预报因子、预报变量或因子等; 请读者注意。

衷心感谢马逢时教授不断给本书修改提供的帮助, 感谢赵天夫与和静编辑认真编辑本书, 纠正许多错误, 使本书增色不少。南京大学王金德教授和深圳洪金宝先生对本书提出改进意见, 作者在此表示感谢。

由于工作中的疏漏和疫情的影响, 文稿中难免存在缺点和错误, 特别是查找文献不够充分, 欢迎批评指正, 也欢迎读者提供用 MINITAB 解决实际问题的更好例子。

本次修改由南京审计大学吴令云、南京信息工程大学张斌和吴诚鸥完成。书中配套数据文件及练习题简答可扫描封底二维码获取。

编者

2020 年 5 月

前　言

本书的目的是让大学生和科技人员能够方便地使用统计软件解决实际问题。MINITAB 是最易学实用的数据处理软件之一, 它被称为非统计学家使用的统计软件, 有很多特色, 例如它的线性回归部分在计算后直接给出回归方程, 而不是只给出参数, 使读者易于掌握。2007 年发布的中文版 R15 版 (马逢时教授负责总审查), 全部用中文对话, 避免了英文统计专业词汇, 更加便于我国科学技术工作者操作。MINITAB 软件广泛适用于经济、保险、管理、环科、地质、农业、生物、心理、管理、化工、信息、医药、金融和医疗卫生等方面, 全世界几乎所有大学都在使用 MINITAB 软件。

考虑到我国大学生学习统计课时很少, 我们编著这本通俗易懂而篇幅较小的书, 作为大学生们学习 MINITAB 软件的入门教科书, 以便读者听过几次讲座就能掌握 MINITAB 软件的基本用法。希望更深入、更系统学习 MINITAB 的读者可以阅读马逢时等所著的《六西格玛管理统计指南》和《基于 MINITAB 的现代实用统计》。

为了使读者通过本书能很快掌握 MINITAB, 我们做了一些努力。

第一是本书起点低, 只要求读者具有一般概率论基础知识。要解决统计问题, 数理统计知识是必不可少的, 但是数理统计学博大精深, 学起来无止无尽, 其理论推演更可能使大部分读者望而止步。考虑大学生们所学统计知识不多, 本书尽可能浅显、通俗地介绍所需的统计知识, 而不介绍理论, 不涉及数理统计理论推演, 便于学生掌握。

第二是容易学, 本书只介绍菜单式输入指令的方法, 勾勾选选, 便能让 MINITAB 计算和画图, 易于掌握。为了便于理解在对话框上勾选或填充的用法与作用, 书中附有这种勾选或填充后的对话框图形, 并且将指令的功能列表。为了节省篇幅, 同类问题仅在第一个例题中附有图形和列表, 读者如果不了解某个例题的指令的作用和用法, 而该例题又没有对话框的图, 则可以查找前面的例题。

第三是配备较多的例题和习题。初学者想使用统计方法解决实际问题必须从例题学起。本书从常用统计问题中精选约 140 道例题和约 100 道习题, 它们具有代表性, 涵盖最基本的统计问题。读者阅读这些例题, 在电脑上重复操作该例题, 并且自己动手做练习题, 就能较好地学会用 MINITAB 去解决实际问题。

第四是内容实用, 本书介绍了较简单易学而又实际需要的统计方法, 由于避开了理论, 一些理论比较深而又实用的统计方法, 例如生存分析、多重对应分析和协方差分析, 本书都介绍了其使用方法。随着现代产业的发展, 现代管理方法和标准化的重要性极为突出。标准化也是统计学的重要应用之一, 为了与国际标准化 (ISO) 接轨, 本书也介绍少量标准化和六西格玛管理的有关知识。

第五是尽可能简单精炼。例如 MINITAB 的结构很复杂, 窗口很多, 全部学习这些内容很费时间, 也不容易引起兴趣, 而许多读者具有较强的电脑操作能力, 可以在掌握本书知识的基础上自学更多功能。我们在这里只介绍最简单、最必不可少的窗口, 以便读者可以尽快使用 MINITAB 解决实际问题。MINITAB 指令很多, 我们也精选其中最基本、最常用的指令, 便于学习掌握, 更多指令可以在此基础上自学。对统计方法也同样介绍最基本的部分, 读者可以根据需要自学其他部分。

读者学习本书可以有不同方法: 一是系统学习, 二是急用先学。第 4 至 9 章是独立的, 可以先学习第 1 至 3 章后直接学习有关章节。第 1 章只要学完前两节就可学习后面几章, 第 2、3 章也只要学完第 1 节就可学习后面几章。有问题迫切需要解决的读者也可以先查阅附录一 “例题和练习题简介”, 看看需要解决的问题与哪道例题或者练习题相似, 能否用该例题的方法解决, 再重点学习相应例题或练习题。

本书是根据 MINITAB 的 R16 版编写的, 没有 MINITAD 软件, 学习本书将是不可能的。第 1 章 1.5 节和第 7 章 7.5 节介绍的内容是 R15 版不具备的; 除此以外, 其他章节的软件部分与 R15 版差异不大, 因而已经购买 R15 的读者可以学习本书大部分内容, 但是遇到 R16 版不同之处要善于理解, 当然还是将软件升级成 R16 版为好。拥有更早版本 MINITAB 的读者必须把软件升级才能更好地阅读本书。

在本书的编写过程中, 天津大学马逢时教授给了我们许多支持、指导和帮助, 提出了很多重要建议; 河北科技大学的蔡霞老师认真阅读了书稿, 纠正了许多错误, 并提出很多宝贵的意见; 上海泰珂玛信息技术有限公司大力支持本书的出版。我们在此一并表示谢意。

由于本书是学习 MINITAB 的入门书, 所介绍的统计方法更是九牛之一毛, 感到学习本书还不能解决问题的读者可以参看有关书籍, 例如书后所附的参考文献。

因为时间仓促, 本书定有许多错误、缺点和不足之处, 欢迎广大读者批评指正。

作者

2011 年 10 月

目 录

第 1 章

预备知识

1.1 统计基础知识回顾

1.1.1 总体与样本

在概率统计教科书中, 我们学会概率、随机变量及其分布 (分布函数、概率密度)、总体、样本等概念。这些概念都是客观实际的抽象。

概率是对于某个 "事件" 发生可能性的抽象: 某个 "事件" 发生的概率为 1, 表示该事件一定会发生; 某个 "事件" 发生的概率为 0, 表示该事件一定不会发生。概率通常用大小写字母 p 或 P 表示。

一般人的概念中, 被分析物质的个体 (或对象, 或事件) 的集合称为 "**总体**", 每一个体称为 "样品"。但是概率统计学中, 个体和总体却只是我们所关心产品的某个特性指标, 例如当我们关心自动包装机某天包装的每袋糖重量时, 每袋糖的重量就是一个特性指标, 它是我们考虑的总体。当我们关心每袋糖中污染物含量时, 污染物含量就是另一特性指标, 是我们考虑的另一总体。在抽样过程中, 由于从总体中抽出的样品是随机的, 测出的特性指标是不确定的; 这些特性指标就是**随机变量**。当然随机变量还有多种产生方式, 不一定由抽样产生。随机变量用 X、Y 等符号表示, 有时也用小写字母表示; 随机变量观测值总用小写字母表示。

抽取的随机变量有一定规律性, 例如自动包装机包装的糖很多, 各袋重量间有不大的差异。从全体袋糖中抽出 1 袋的重量 W 是随机的, 但是 W 的可能性由该天全部袋糖重量组成决定。对此加以抽象, 认为 W 服从某个分布, 这个分布由全部袋糖重量组成决定。这天每一袋糖的重量 W 是 "个体", 全天所包装各袋糖的重量组成 (很多个数) 就是 "总体"。由于袋糖数量很多, 可以进一步抽象, 认为 W 服从某个分布, 例如正态分布, 这个分布就是概率统计学中的 "**总体**"; 每次随机抽取所得的单个值称为 "**样品**"; 每批随机抽取所得的若干个数称为一个 "**样本**"; 随机抽取的个数称为 "**样本容量**" 或 "**样本量**"。例如抽查 10 袋糖的重量后, 得到观测值 $w_1, w_2, \cdots, w_{10}$, 称它们为一天包装的糖重量的 10 个 "**样品**", 这 10 个样品称为一个 "**样本**", 该样本的样本量就是 10。通常由于总体中个体很多, 抽出几件后不改变总体的分布, 我们总假设这些样品是相互**独立**的。

我们关心的研究对象的全体的某项数量指标所服从的分布被称为**总体**, 抽查的 n 个值 $X_1, X_2, \cdots, X_n$ 称为一个**样本**, X_i 称为一个**样品**, n 称为**样本量**或**样本容量**。

有时需要考虑多个总体, 例如 3 个地区成人的体重, 就是 3 个不同的总体。又如某校全体在校生的身高 H (单位: cm) 的分布是一个总体, 该校全体在校生的体重 W (单位: kg) 的分布是另一个总体。有时一个总体由多个随机变量组成, 例如该校在校生的身高和体重这两个随机变量构成一个总体 (随机向量), 本书不讨论随机向量。

1.1.2 常用分布

常用的分布分为两类: 连续分布和离散分布。

离散分布: 如果随机变量只能取有限个值; 或者能取无限个值, 但这无限个值能一个接一个排下去; 这样的随机变量称为**离散 (型) 随机变量**, 它的分布就是离散分布。常用离散随机变量的分布包括: 0–1 分布 (二点分布), 即 X 只能取 0 和 1; 二项分布和超几何分布 (这两个随机变量只取 $0, 1, 2, \cdots, n$); Poisson 分布 (随机变量只取 $0, 1, 2, \cdots$)。当把多个二点分布的观测数据汇总时 (统计多次观测中取 1 的次数), 所得汇总数据服从二项分布。

当随机变量不是离散随机变量时, 通常可以把随机变量抽象成 "连续随机变量"。**连续分布**: 设 X 是随机变量, 若存在非负函数 $p(x)$, 使得概率 $P(a \leqslant X \leqslant b)$ 等于直线 $x = a, x = b, y = 0$ 和 $y = p(x)$ 所围成图形的面积, 则称 X 是**连续随机变量**, 或 X 服从**连续分布**, $p(x)$ 称为**概率密度函数**, 简称**概率密度**。常用的连续分布有正态分布、均匀分布、参数为 θ 的指数分布、对数正态分布、Weibull 分布等。

在决定分布类型后, 每一分布由几个数值确定, 这些数值称为**参数**, 例如二点分布的参数是 p. 又如正态分布 $N(\mu, \sigma^2)$, μ 和 σ^2 是参数, 它们分别称为总体的均值和方差, 从概率密度函数图形上看, 它们分别决定图形的重心位置和胖瘦程度。

也可以认为 μ 和 σ (标准差) 是正态分布的参数。

例如我们考虑自动包装机某天包装的每袋糖重量数据, 假定它服从某个分布, 例如正态分布 $N(500,3^2)$, 这时有两个含义: (1) 任取一袋糖, 它的重量 W 服从 $N(500,3^2)$, 也记为 $W\sim N(500,9)$; 当随机抽取少量几袋时, 所得样本是相互独立的。(2) 从理论上说, 当该天包装的全部袋糖数很多时, 该天包装的全部袋糖重量的总平均就是正态分布的均值 500, 全部袋糖重量的样本方差值就是正态分布的方差 9。一大批个体的某个指标服从其他分布时, 也有和 (1),(2) 类似的结论。

一大批产品中, 抽出 n 件产品, 检查是否次品。一件产品是正品还是次品, 服从二点分布: $P(X=1)=p$; $P(X=0)=1-p$。其中 $X=1$ 表示该产品是次品, $X=0$ 表示该产品是正品, p 是次品率。N 件产品中次品数本来服从超几何分布, 但是当批量较大, 抽取的件数较少, 例如批量 N 是成百上千, n 少于批量的 1/10 时, 可以近似地认为其中次品数服从二项分布

$$P(X=k)=\binom{n}{k}p^k(1-p)^{n-k},\quad k=0,1,2,\cdots,n,$$

或者 Poisson 分布

$$P(Z=k)=\frac{\lambda^k}{k!}\mathrm{e}^{-\lambda},\quad k=0,1,2,\cdots。$$

1.2 MINITAB 功能简介

1.2.1 MINITAB 简介

MINITAB 是一个大规模集成软件系统, 具有统计、图形等功能。MINITAB 的帮助系统详细地介绍了 MINITAB 的构造和功能等, 读者可以自行学习帮助系统。为了尽快使用该软件, 本章简单介绍该软件的常用部分。

MINITAB 有多个人机会话窗口, 进入 MINITAB 系统后, 首先看到 3 个窗口: 数据窗口 (即工作表, 见图 1–1)、会话窗口 (见图 1–2) 和 Project Manager(项目管理) 窗口; 以及菜单和工具栏。Project Manager 窗口处于极小化状态, 点击左下角图标可以将它极大化, 初学者对该窗口重视不够, 实际上它起着 "全局性" 作用, MINITAB 的 R18 版对 "项目" 的作用加强了说明。

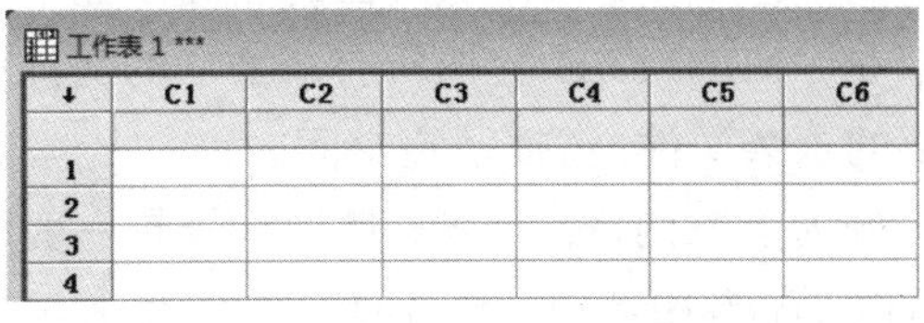

图 1–1 数据窗口

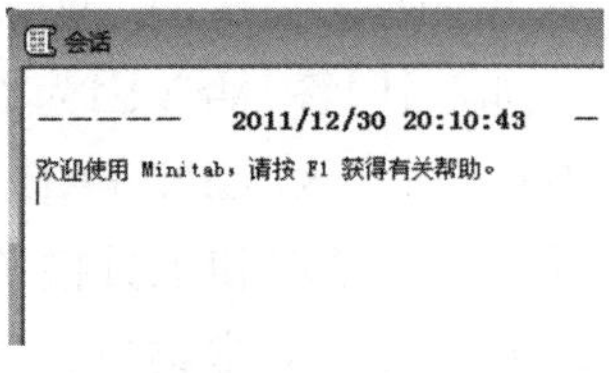

图 1–2 会话窗口

项目 (MPJ) 文件可以存储: 工作表、图形、会话窗口输出、历史会话命令、对话框设置、窗口布局和选项。

工作表 (MTW) 即数据窗口, 与电子表格类似。它可以存储: 数据列、常量、矩阵、响应变量的模型、设计对象、列说明和工作表说明。数据列中的数据可以是数字数据、文本数据 (字母、数字、文字、空格和特殊字符) 以及通用的日期和时间的记法 (例如 2020-4-25 或 09:28:35AM 或 Jan-25-2023 09:12:22AM)。根据需要, 可以同时有多个 "数据窗口", 每个数据窗口用于存储一些数据, 这些数据可能是供 MINITAB 分析用的 "数据集", 也可能是 MINITAB 存储的一些 "计算结果", 也可能两者兼而有之。MINITAB 工作时可以有多个工作表, 但是只能有一个工作表作为 "当前使用的工作表", 读者一定要审核 "当前使用的工作表" 中数据是否是所需的, 如果不是, 应当通过菜单栏中 "窗口" 框进行调整。本书中一般不称数据窗口而称工作表, 关于工作表, 详见 1.3.1。

在会话窗口上写指令给 MINITAB, 也可以指挥 MINITAB 做各种工作。本书不介绍在会话窗口写指令的方法, 只介绍用菜单对话框向 MINITAB 提交指令的方法。MINITAB 有许多对话框, 每个对话框中有若干 "选项" (选项有时以 "下拉列表" 形式出现) 和 "文本框"(本书通俗称为 "空格"), 对于这 3 个计算机术语, 在 1.2.2 中详细说明。对 "选项" 做了选择或在空格中做了填写都对应一个指令。本书只介绍其中最重要指令的功能, 读者可以通过 MINITAB"帮助" 系统找到其他指令的功能和用法。

会话窗口用于显示计算的结果。MINITAB 有非常丰富的输出, 这些输出形成若干张 "图" 和 "表", 每张 "表" 表示计算的一部分结果。作为初学者只需且必须掌握会话窗中最重要的某些图或表。为了突出重点, 本书介绍这些重要表的 "表头", 以及表中部分; 一般略去会话窗口中其余部分, 把 MINITAB 会话窗口中输出的主要内容放在方框中印出, 请读者记住这些表的表头, 以便自己独立计算后, 在同样的 "表头" 下查找 MINITAB 的输出结果。

会话窗口所存内容、工作表、MINITAB 产生的图形都是临时文件, 退出 MINITAB 后就会消失, 要注意保存它们, 可以单个保存某个工作表或图形, 也可以用 "保存项目" 指令把会话窗口、工作表 (可能是多个)、计算中产生的图形等全部保存在某个 "项目" 中。

退出 MINITAB 时, MINITAB 会问 "是否需要保存对项目的更改", 如果不需要保存, 应当回答 "否"; 因为如果点击 "是", MINITAB 会把所有新增加的文件作为一个项目, 保存为 MINITAB 系统内部的永久文件, 占据一定空间。

屏幕上的菜单和工具栏 (图 1–3) 分为上下两排, 下排工具栏符号是一般电脑上常用的符号。上排菜单行提供 MINITAB 专用菜单, 本书用 ">" 符号表示进入对话框的过程。上排菜单从左往右分别介绍如下。最左列的“文件”菜单中常用的功能是“打开项目”“保存项目”“打开工作表”“将当前工作表另存为”“打开图形”等。第 2 列的“编辑”中独特的功能是其“命令行编辑器”，点击它后可以书写“宏指令”，并提交。第 3 列“数据”功能在 1.3.2 介绍。第 4 列“计算”功能见 1.3.3。第 5 列“统计”和第 6 列“图形”功能将在第 2~10 章介绍。使用倒数第 3 列“窗口”，可以快速进入：会话窗口、项目管理窗口 (Project Manager) 和已经建立的各个工作表 (见图 1–4)。最后两列“帮助”和“协助”对于统计知识掌握得不够好的读者非常重要。“帮助”系统介绍 MINITAB 的功能；“协助”则提醒那些遗忘统计知识的使用者，如何进入真实需要的统计对话框。1.5 节通过特例说明“帮助”和“协助”的用法，读者应当根据需要自行阅读所需“帮助”和“协助”部分。

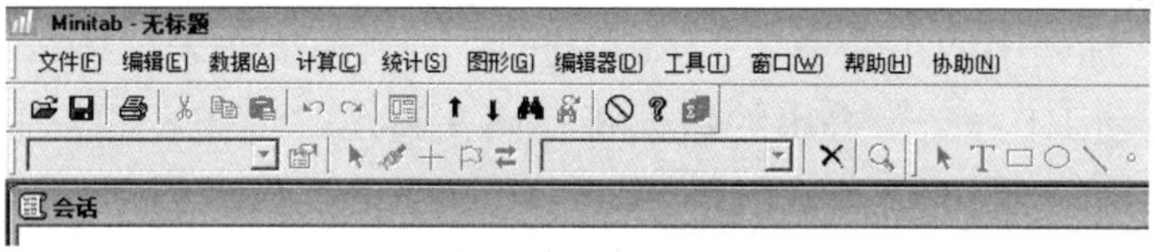

图 1–3　菜单栏

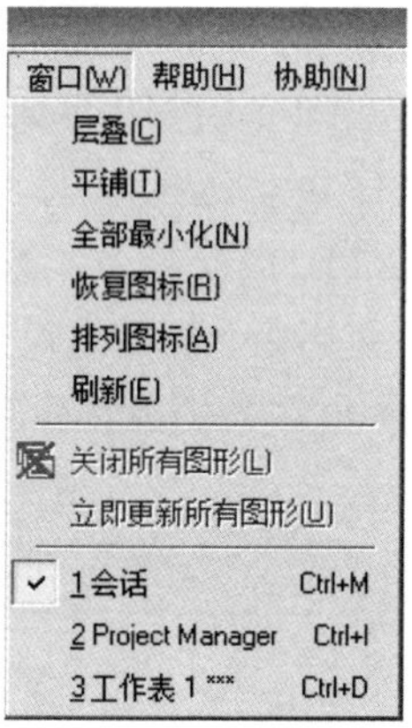

图 1–4　窗口

本书通过实例介绍 MINITAB 的用法。为了便于理解，读者可以先读实例，再对照阅读实例前的 MINITAB 用法介绍，也许这样学习起来效果更好。也可以参照 1.5.3 选用更多 MINITAB 自带实例。

本书第一版依据 MINITAB 的 R16 版写成，MINITAB 软件公司不断推出新版，目前已在中国面世的是 R18 版。MINITAB 的 R18 版与 R16 版相比，在一般功能上增加很多。例如 R18 版对许多统计模型的诊断增加许多图表，在假设检验方面增加“等价检验”内容；在控制图方面，不仅在计数控制图方面增加功能，还增加稀有事件控制图和 Laney 控制图等；在图形的输出方面也提供将多张图排列在 1

个页面上的功能。鉴于本书的宗旨不在再版中介绍这些功能, 感兴趣的读者可以参阅 [12]。

1.2.2　注意事项

为了学好本书, 初学者必须记住以下 3 个特别要注意的事项。如果不记住这些注意事项, 初始学习使用 MINITAB 时总会出错。

1) 为了提交指令给 MINITAB, 使用者通过指令进入所需的 “对话框”, 对话框中提供若干 “**选项**” (见图 1–5) 和 “**文本框**”; 有时选项以 “**下拉列表**” 形式出现 (见图 1–6)。“选项” 在电脑中常见, 使用者可以在这些选项中进行 “**选择**”。例如图 1–5 中, 在文字 “将堆叠的数据存储在” 下面有 3 个 “选项”: “新建工作表”① “当前工作表的列” 和 “在下标列中使用变量名”。如果选择了 “新建工作表”, 那么 MINITAB 会自动建立一个新工作表, 堆叠出的数据将存储在新建的工作表的列中, 并且把新的工作表作为 “当前使用的工作表”。如果选择了 “当前工作表的列”, 那么 MINITAB 就不产生新的工作表, 而是把堆叠出的数据存储在当前使用的工作表中。如果选择了 “在下标列中使用变量名”, 那么 MINITAB 将会在下标列中填入原有变量名。“**下拉列表**” 中 “**选项**” 的用途也是一样的, 不过下拉列表把所有选项列在一个表中, 让你选择其中某一个, 例如在第 3 章中广泛使用的 xxx–选项对话框 (图 1–6) 中, 文字 “备择” 旁就是下拉列表, 其中有 3 个选项: “大于” “小于” 和 “不等于”。如果 “选择” 其中 “大于” 后, 就给 MINITAB 提交指令 “备择假设是大于”; 如果 “选择” 其中 “小于” 后, 就给 MINITAB 提交指令 “备择假设是小于”; 如果 “选择” 其中 “不等于” 后, 就给 MINITAB 提交指令 “备择假设是不等于”。“**文本框**” 在本书中通俗称

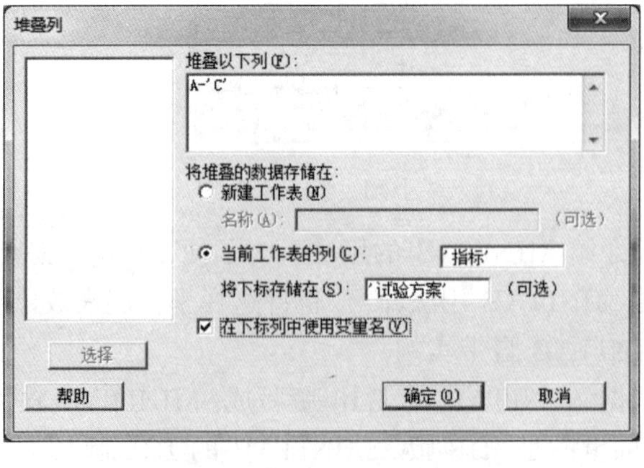

图 1–5　堆叠列的对话框

① 对应图中为 “新建工作表 (N)”, 此处为简略表述, 不影响读者理解, 后文也有类似处理。

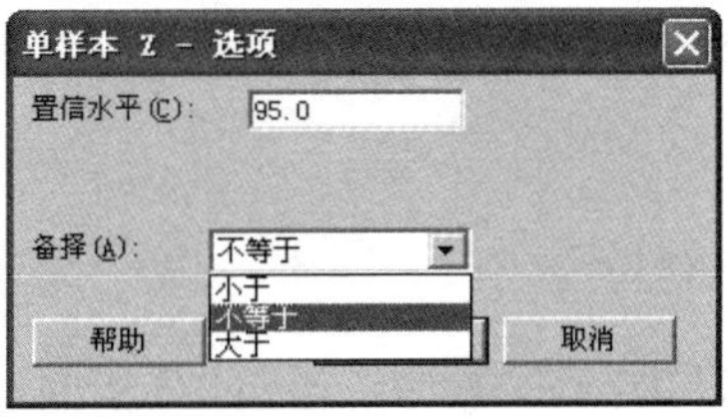

图 1–6 “备择” 的下拉列表

为 “**空格**”, 它是 MINITAB 设置的, 让你提供内容的空格。本书在空格中输入信息的方法可以是 “**输入**” “**填入**” 或 “**选入**”。“**选入**” 意指要用鼠标把对话框中已显示符号 “选入” 空格; “**在 xx 空格中选入 yy**” 意指: 将光标点至 xx 空格, 点击对话框中显示的 yy, 使 yy 出现在 xx 空格中 (有许多符号仅在光标点入空格后才出现); 选入汉字形式的字符串时 MINITAB 会自行在字符串前后加上西文半角单引号, 以表示汉字符号是字符串。“**在 xx 空格中输入 (或填入) yy**” 意指: 将光标点至 xx 空格, 通过键盘或复制功能, 使 yy 出现在 xx 空格中。

2) MINITAB 软件虽然接受简体汉字; 但却**只能识别西文半角形式输入的标点符号如括号、分号、引号等, 不识别汉字形式的括号、分号、引号等符号** (它们外形相似, 内部编码则不同)。在输入这些符号时一定注意, 如果在对话框输入汉字形式的括号、分号、引号等符号, MINITAB 可能显示出错; 这是初学者常出现的错误。

3) MINITAB 读入字符串变量的值时, 有时需要使用者按照 MINITAB 既定顺序排列, 例如第 9 章的多重对应分析就需要按照既定顺序安排 “水平”。MINITAB 对字符串的排序规则如下。如果这些符号由西文半角字符或一位数字 0–9 组成, 那么这些符号顺序是按照西文半角字母顺序和数字大小 (即 “字典序”): A1 在 A2 的前面, C2 在 E1 的前面; 如果数字有 2 位以上, 则按数位从前往后比较, 例如 A11 排在 A2 的前面; **如果这些符号中有汉字, 则一般国产电脑按照汉字拼音字母顺序排序**, 即按 “字典序” 排列, 例如汉字字符串 “大” “中” 和 “小” 的汉语拼音是 da, zhong, xiao, 西文半角字母排序是 da, xiao, zhong, 所以字符串 “大” 在最前, “中” 在最后, 但有时汉字既定排序另有规则, 读者最好选一些汉字测试一下, 例如大、中、小 3 个字排在工作表中同列不同行, 利用 1.3.2.3 介绍的排序功能, 让电脑把这 3 个字排一下序, 如果排出的结果不是大、小、中顺序, 则要将电脑设置改一下, 使汉字能按拼音顺序排序。

1.3 数据管理功能

1.3.1 生成工作表

统计学必须从数据出发进行研究, 进行统计分析时必须把被分析数据组成的数据集存放在数据窗口, 以便让 MINITAB 进行分析。正如 1.2.1 中所述, 这些数据可能是数字数据, 也可能是文本数据或时间数据. 在指示 MINITAB 做计算前, 应当检查所用的数据集是否正在显示, 如未显示应当点击图 1–4 中的 “窗口”, 让它显示出来。统计学中最常用的数据集 (例如样本) 形式是这样组成的: 考虑几个变量; 对于这些变量进行若干次观测。

例 1.1 今有 3 个学生的资料, 构成一个数据集: 4 个变量是姓名、身高 (单位: m)、性别和体重 (单位: kg); 3 个学生的信息意味着这 4 个变量的 3 次观测, 如表 1–1。

表 1–1 学生资料数据集

姓名	身高	性别	体重
张为民	1.72	男	60
李莉莉	1.65	女	50
王建国	1.77	男	65

这种数据集可以原封不动地存在 MINITAB 的数据窗口上: 姓名、身高、性别和体重的观测值分别排在 C1—C4 列, 变量名存在最上面一行, 最左边行号表示每个观测值是第几次观测。再次强调数据窗口通常称为工作表。例 1.1 的工作表如图 1–7; 图中 C1 列变成 C1–T 列, 显示 C1 列中变量值是字符串。注意工作表上的 “变量名” 不能重复, 如果重复使用同一变量名, MINITAB 会自动改变后输入的变量名, 例如添加下划线和数字。变量名可以是由英文或中文组成的字符串。

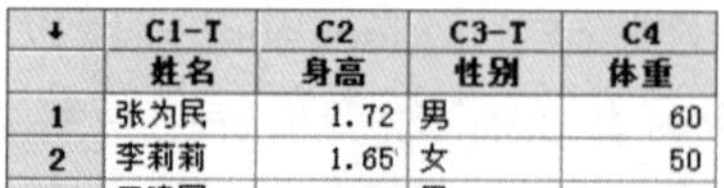

↓	C1-T	C2	C3-T	C4
	姓名	身高	性别	体重
1	张为民	1.72	男	60
2	李莉莉	1.65	女	50
3	王建国	1.77	男	65

图 1–7 学生资料工作表

数据集可以键盘输入, 也可以用 “粘贴” 功能将数据集拷贝在数据窗口 (工作表) 中, 还可以由指令 “文件 > 打开工作表” 将已有数据文件打开在数据窗口中。MINITAB 可以打开后缀是 MTB, MPJ, XLS, XML, DBF, DAT, TXT 等的文件, 把它们转化成后缀为 MTW 的文件。为了阅读方便, 本书将所用数据文件放在网上, 读者可扫描封底二维码下载, 在需要 “数据文件: XX.MTW” 时可用 MINITAB

“打开工作表” 指令打开该文件, 以便对照书中内容。

再次强调: MINITAB 工作表上显示的文件是临时文件, 随着退出 MINITAB 而丢失, 所以对于需要保存的文件, 应当及时由指令 “文件 > 将当前工作表另存为” 将它们保存。

1.3.2 数据菜单功能例举

“数据” 菜单有许多功能, 我们仅介绍最常用的几个功能。

1.3.2.1 堆叠

当某个指标受到一些因子影响时, 统计表中常常把指标值排成若干列, 某个因子 (见第 7 章 7.1–7.2 节) 的水平成为每列的 “变量名” (见图 1–8 的 C1—C3 列), 但是 MINITAB 分析数据时经常希望把指标的值排成一列, 对应因子的水平排在另一些列 (见图 1–8 的 C4—C5 列)。这时可以通过 “堆叠列” 对话框, 把原始数据集转变成 MINITAB 便于接受的数据。

↓	C1	C2	C3	C4	C5-T
	A	B	C	指标	试验方案
1	32	25	24	32	A
2	33	28	26	33	A
3		27	30	25	B
4				28	B
5				27	B
6				24	C
7				26	C
8				30	C

图 1–8 堆叠列操作的原始数据和结果

例 1.2 采用 3 种试验方案 (A、B、C), 各试验 2、3、3 次, 得到产品质量指标如图 1–8 中工作表 C1—C3 列。试将质量指标排成一列 (图 1–8 中 C4 列), 命名为 “指标”; 对应试验方案排成另一列 (图 1–8 中 C5 列), 命名为 “试验方案”。以便成为 MINITAB 进行分析计算时所需数据格式。

解 在工作表上增添两列, 变量名分别取为 “指标” 和 “试验方案”。然后实施下列指令 (如图 1–5):

指令	功能
由 “数据 > 堆叠 > 列” 进入 “堆叠列” 对话框	让 MINITAB 实施堆叠列功能
将 A, B, C 选入 “堆叠以下列” 空格	把 A, B, C 三列观测值堆叠成一列
选择 “当前工作表”, 将 “指标” 选入它后面的空格	数据排在 “指标” 所在 C4 列
将 “试验方案” 选入 “将下标存储在” 后面的空格	“试验方案” 的值对应 “指标” 列
勾选 “在下标列中使用变量名”	将变量名 A, B, C 排入 “试验方案” 所在列

点击 “确定”。这时工作表上 C4 和 C5 就是堆叠出的列, 见图 1–8。

有时指标受两个因子影响, 一个因子的水平是变量名, 另一个因子的水平在某列 (例如第 9 章的列联表), 这时可以使用 “堆叠列的区组” 对话框, 将指标和两个因子堆叠成 3 列。

例 1.3 (1 个指标, 2 个因子) 3 个工人在 4 台机床上各生产一件零件, 测得零件误差值如表 1–2。现在要把这 12 个误差值排成一列, 存在变量 “误差” 名下; 另建 2 列, 变量名为 “工人” 和 “机床”, 用以说明这个误差值是哪个工人, 用哪台机床生产的 (也就是说要建立 3 个变量: 变量名 “误差” “工人” 和 “机床”), 以便 MINITAB 分析计算。

表 1–2 误差数据

	工人 1	工人 2	工人 3
机床 1	1.2	1.3	1.0
机床 2	0.9	0.8	1.3
机床 3	1.0	1.2	1.1
机床 4	0.9	1.0	0.9

解 将表 1–2 输入工作表 C1—C4 列, 在工作表上 C5—C7 列顺序建立列名 (变量名) “误差” “工人” 和 “机床”。然后实施指令:

指令	功能
由 “数据 > 堆叠 > 列的区组” 进入 “堆叠列的区组” 对话框	让 MINITAB 堆叠列的区组
将工人 1 和 C1、工人 2 和 C1、工人 3 和 C1 分别选入 “将两个或以上的区组互相在顶部堆叠” 下的 3 个空格	工人 1 和 C1、工人 2 和 C1、工人 3 和 C1 将分别被安排在 2 列
对于 “将堆叠的数据存储在” 选择 “当前工作表的列”, 将 “误差” 和 “机床” 选入它后面的空格	工人 1、工人 2 和工人 3 的数据存入 “误差” 列, C1 的字符串存入 “机床” 列
将 “工人” 选入 “将下标存储在” 空格。勾选 “在下标列中使用变量名” (见图 1–9)	将变量名 “工人 1” “工人 2” “工人 3” 对应存入 “工人” 列

点击 “确定”, 则工作表上 C5—C7 列即为所求, 见图 1–10。

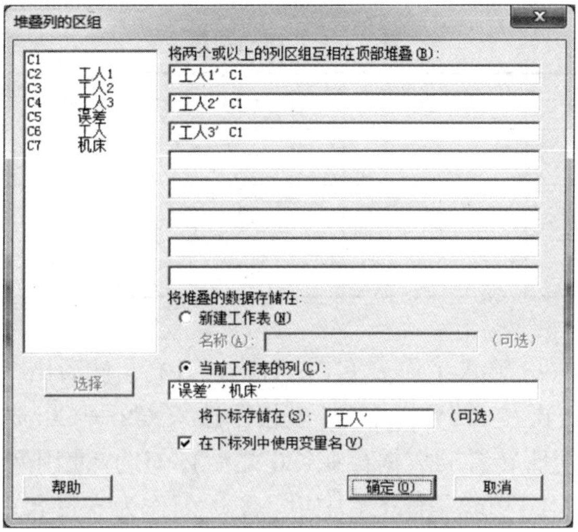

图 1–9　堆叠列的区组对话框

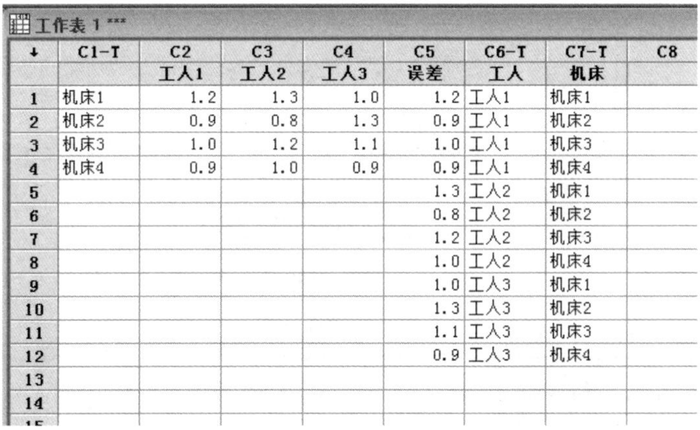

工作表 1 ***

↓	C1-T	C2	C3	C4	C5	C6-T	C7-T	C8
		工人1	工人2	工人3	误差	工人	机床	
1	机床1	1.2	1.3	1.0	1.2	工人1	机床1	
2	机床2	0.9	0.8	1.3	0.9	工人1	机床2	
3	机床3	1.0	1.2	1.1	1.0	工人1	机床3	
4	机床4	0.9	1.0	0.9	0.9	工人1	机床4	
5					1.3	工人2	机床1	
6					0.8	工人2	机床2	
7					1.2	工人2	机床3	
8					1.0	工人2	机床4	
9					1.0	工人3	机床1	
10					1.3	工人3	机床2	
11					1.1	工人3	机床3	
12					0.9	工人3	机床4	
13								
14								

图 1–10　堆叠列的区组工作表 (原始数据和结果)

1.3.2.2　转置

有时工作表上观测值是横排的, 我们需要将它竖排, 也有时工作表上观测值是竖排的, 我们需要将它横排, 这时可以由 "数据 > 转置列" 进入 "转置列" 对话框, 从而实施列和行转置。例如表 1–3 中甲、乙、丙 3 个商店 2018 年 5 个月的销量被横排, 我们希望每个月的销量竖排, 那么就要把工作表转置。

例 1.4　三个商店 1~5 月销售某种商品数量如表 1–3, 试将数据转置以便分析。

表 1–3 商品销量

	Jan-2018	Feb-2018	Mar-2018	Apr-2018	May-2018
甲	40	48	38	52	42
乙	26	34	30	33	28
丙	29	40	43	60	50

解 首先将表 1–3 输入工作表 C1—C6, 1–3 行。然后由 “数据 > 转置列” 进入 “转置列” 对话框; 再在 “转置以下列” 空格中选入 C2—C6; 选择 “在最后使用的一列之后” (功能是把所转置的数据存在 C6 之后); 勾选 “使用列创建变量名”, 并在之后的空格中选入 C1 (功能是把 C1 中甲、乙、丙作为变量名), 如图 1–11。点击 “确定” 就在工作表上 C7—C9 得到所需的观测, 如图 1–12。

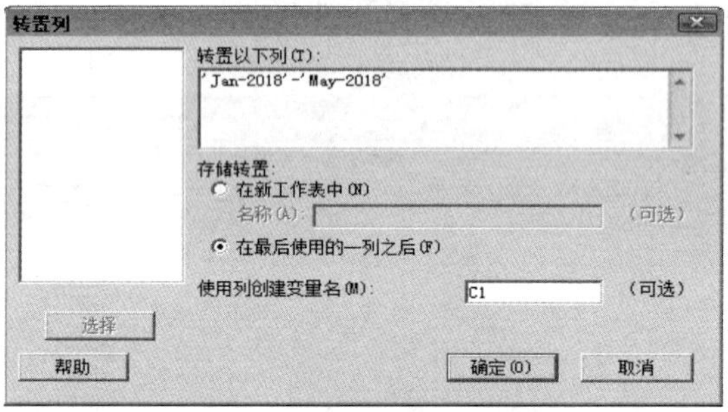

图 1–11 转置列的对话框

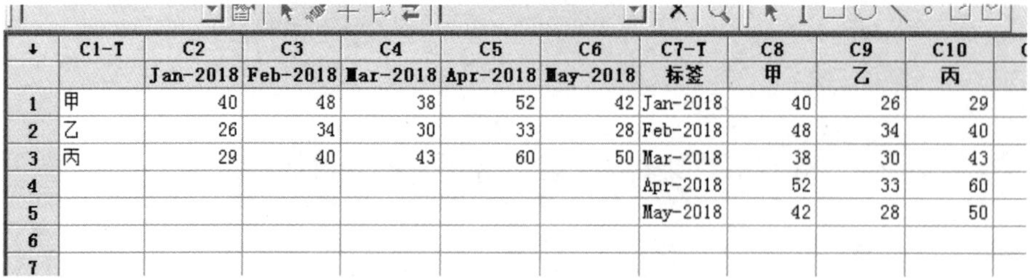

↓	C1-T	C2	C3	C4	C5	C6	C7-T	C8	C9	C10
		Jan-2018	Feb-2018	Mar-2018	Apr-2018	May-2018	标签	甲	乙	丙
1	甲	40	48	38	52	42	Jan-2018	40	26	29
2	乙	26	34	30	33	28	Feb-2018	48	34	40
3	丙	29	40	43	60	50	Mar-2018	38	30	43
4							Apr-2018	52	33	60
5							May-2018	42	28	50
6										
7										

图 1–12 转置的工作表

1.3.2.3 排序 (数字、文字排序)

有时需要把数据按某种顺序重新排列, 这时可以使用 “排序” 对话框。

例 1.5 某国 1990 年到 1994 年进口总额、国内生产总值 (GDP)、总储蓄量和总消费量数据如表 1–4, 试以总消费量的值从大到小将全部数据 (5 个变量) 排序。

表 1–4 某国经济数据

年	进口总额	GDP	总储蓄量	总消费量
1990	149.3	4.2	108.1	15.9
1991	161.2	4.1	114.8	16.4
1992	171.5	3.1	123.2	19.0
1993	175.5	3.1	126.9	19.1
1994	180.8	1.1	132.1	18.8

解 将表 1–4 输入工作表, 从 “数据 > 排序” 进入 “排序” 对话框; 将所有变量选入 “需排序的列” 下空格; 将总消费量选入 “按列 (B)” 后空格, 选择降序 (图 1–13); 在 “将排序数据存储在” 下选定 “当前工作表的列”, 并在其下空格中填入 “c6–c10”。点击 “确定” 后这 5 列都按总消费量的降序重排, 见图 1–14 工作表, 可见总消费量由大到小的年份是: 1993, 1992, 1994, 1991, 1990。

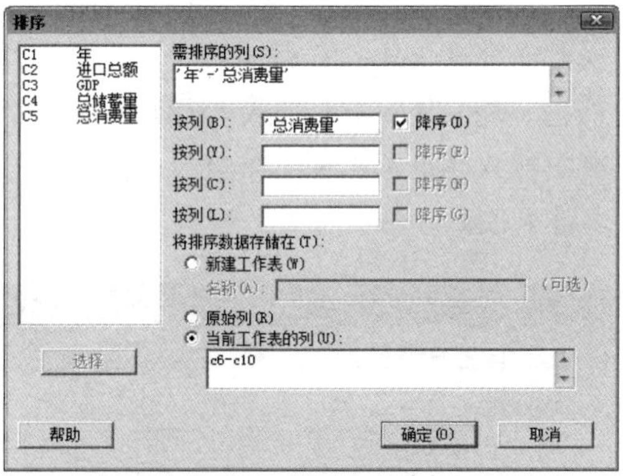

图 1–13 排序对话框

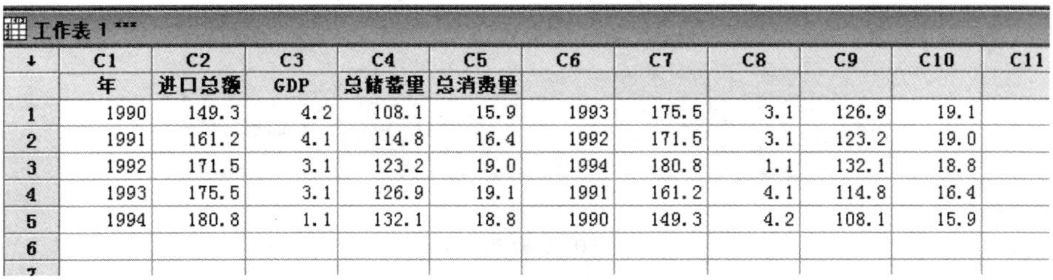

工作表 1 ***

↓	C1	C2	C3	C4	C5	C6	C7	C8	C9	C10	C11
	年	进口总额	GDP	总储蓄量	总消费量						
1	1990	149.3	4.2	108.1	15.9	1993	175.5	3.1	126.9	19.1	
2	1991	161.2	4.1	114.8	16.4	1992	171.5	3.1	123.2	19.0	
3	1992	171.5	3.1	123.2	19.0	1994	180.8	1.1	132.1	18.8	
4	1993	175.5	3.1	126.9	19.1	1991	161.2	4.1	114.8	16.4	
5	1994	180.8	1.1	132.1	18.8	1990	149.3	4.2	108.1	15.9	
6											
7											

图 1–14 排序前后的工作表

如果需要按两个变量排序, 例如先按年排序, 同年按月排序, 则应当将 “年” 选

入 “按列 (B)” 后的空格中, 将 “月” 选入 “按列 (Y)” 后的空格中。

1.3.2.4　复制矩阵

MINITAB 具有矩阵语言功能: 当若干个矩阵被记为相应字符串时, 只要在 “矩阵算术” 对话框选择这些字符串的加、减、乘、求特征向量和特征值等运算, MINITAB 就会把相应矩阵运算的结果保存在适当地方 (见 1.3.3.3), 可以随时显示出这个运算结果。但是矩阵语言功能不能直接在工作表上实施, 必须把工作表上的数据命名为 (复制到) 某个字符串, 被复制的矩阵最好命名为 M1、M2、M3 等。注意被复制的矩阵中不能有字符串, 变量名也不会被复制。

例 1.6　把表 1–5 中的数据 “复制” 成矩阵 M1。

表 1–5　数据

0.25	0.1	0.1	245
0.2	0.2	0.1	90
0.1	0.1	0.2	175

解　将表 1–5 输入到工作表 C1—C4, 由指令 “数据 > 复制 > 列到矩阵” 进入 “复制列到矩阵” 对话框。将 C1—C4 选入 “从列复制” 下空格, “在当前工作表中, 在矩阵中” 下的空格中输入 M1 (见图 1–15)。点击 “确定”, 在使用 MINITAB 矩阵语言时, M1 就代表被复制的矩阵。

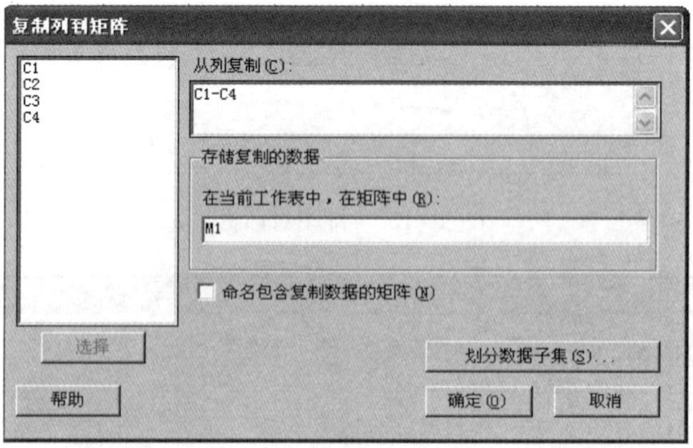

图 1–15　复制对话框

1.3.2.5 显示矩阵

为了得到 MINITAB 存储的某个矩阵 (以字符串命名) 的值, 只要执行下述指令: 由指令 “数据 > 显示数据” 进入 “显示数据” 对话框; 把该矩阵名选入 “要显示的列、向量和矩阵” 下的空格; 点击 “确定” 后, 在会话窗口将会显示出该矩阵 (参见例 1.13)。

1.3.3 计算菜单的部分功能

MINITAB 的 “计算” 菜单有多种功能, 下面介绍其中一些最常用的。

1.3.3.1 产生随机数

MINITAB 的 “随机数据” 对话框能产生多种随机数, 这些随机数可以用于蒙特卡罗方法, 也可以在抽样验收中应用。以下各举一个例子。

例 1.7 为了随机模拟的需要, 产生长度为 10 的正态随机数 (即 10 个随机数, 它们彼此独立); 正态分布的均值是 0, 标准差为 1。(实际随机模拟问题中需要的随机数列长得多, 绝不会是长度为 10, 这里为了易于看到全部随机数, 以便了解方法, 长度仅取为 10。)

解 从 “计算 > 随机数据 > 正态” 进入 “正态分布” 对话框, 在 “要生成的数据行数” 中输入 10, 在 “存储于列” 中输入任一列名 (例如 C1)①, 在均值后空格中输入 0, 在标准差后空格中输入 1 (如图 1–16)。点击 “确定” 后在工作表上可以得到 10 个随机数: −1.19086, −0.42908, 1.68557, 0.39627, 0.24932, 0.59966, 0.68194, 0.41558, −1.00966, 0.85638 (见图 1–17)。

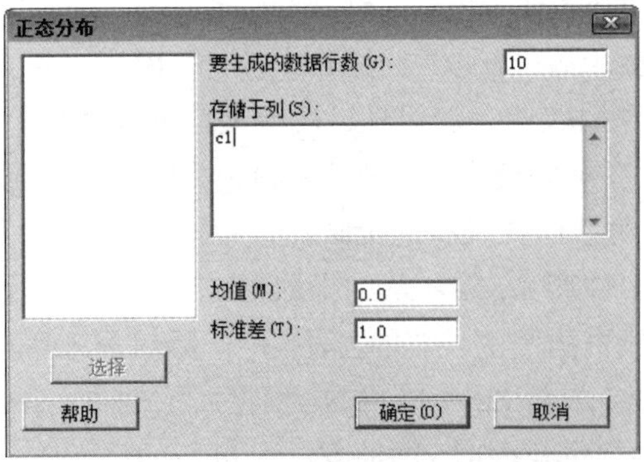

图 1–16 正态分布随机数的对话框

① 给 MINITAB 发出有关 “列名” 的指令时, 西文字的大小写效果都一样, 例如图 1–16 中填入 C1 或者 c1 的运算结果都一样。本书描述时不加以区分, 以后不再另外说明。

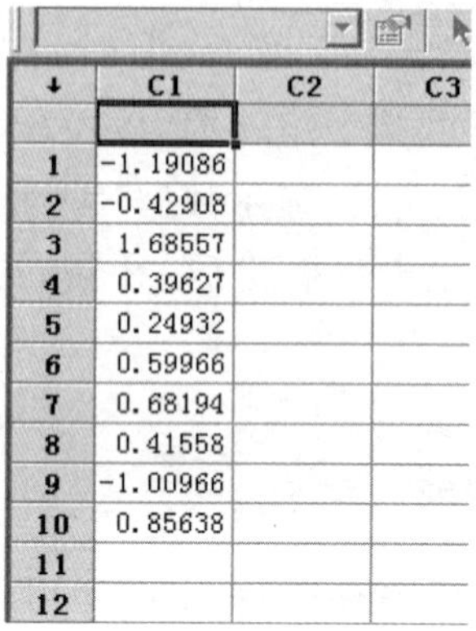

↓	C1	C2	C3
1	-1.19086		
2	-0.42908		
3	1.68557		
4	0.39627		
5	0.24932		
6	0.59966		
7	0.68194		
8	0.41558		
9	-1.00966		
10	0.85638		
11			
12			

图 1–17 正态随机数出现在工作表上

注意: 如果重复执行上述指令, 那么得到的随机数就变成另外的 10 个数! 为什么? 原来 MINITAB 生成的随机数不是真正 “随机” 的, 而是计算出来的, 所以也称为 “伪随机数”。为了计算随机数需要一个数作为 “种子”, 由它出发经过复杂计算得到随机数。按照例 1.7 步骤产生随机数时, 没有另外指定 “种子”; 每次计算随机数时, MINITAB 就自动用当时电脑的时间确定种子。因而不同时刻, 不同电脑的种子不一样, 从而产生的随机数不一样。这种用电脑时间确定种子而产生的数, 随机性较强, 适宜用来抽检产品。如果使用蒙特卡罗方法或者有其他用途, 需要得到固定的一串随机数, 则可以通过设定 “基数” 来确定种子: 每次产生随机数前, 都从 “计算 > 设置基数” 进入 “设置基数” 对话框, 在其中填一个固定正整数, 例如 12345 (种子), 点击 “确定”。例如我们指定 “种子” 是 12345, 不管重复上述步骤多少次, 得到的正态随机数一定总是 10 个数: -0.62114, -1.40840, -1.29763, -0.28549, 1.14537, -0.03051, 0.67787, -0.25124, 0.19611, 1.38979。

随机数的用处很多, “随机抽取” 就是其中一种。例如一批产品共 N 件, 需要从中随机抽样 n 件, 怎样抽取才有随机性? 社会上广泛使用的 “摇号” 也是随机抽取问题。例 1.7 的方法 (在均匀整数中选取前 n 件) 也有缺点: 可能出现 “重号”; 这时采用 “来自列的样本” 对话框就没有这个缺点。

例 1.8 设有 234 件产品, 需要从中抽取 32 件检验, 应当如何选取?

解 很自然想到能否仿照例 1.7 的方法, 把产品编成 1 至 234 号, 产生 1~234 个整数均匀分布随机数, 取前 32 个随机数, 根据所取的 32 个数确定这 32 件产品。当产品件数很多, 而抽样量较少时, 这种方法是可行的。而本例产品件数 234 不很多, 所取件数 32 不太少, 则会出问题: 抽出的号会 “重号”。例如像例 1.7 那样产生整数均匀分布随机数 (未确定种子)。取其前 32 个, 可能抽得 2 个 72、2 个 86、2 个 98、2 个 118。这样一来只得到 28 个随机数, 而不是 32 个。如果再在剩下 202 件产品中补抽 4 件, 就不具有均匀性了 (可用类似例 1.7 的方法试试)。为了避免这种“重号”现象, MINITAB 专门设计抽取样本功能 (通过对话框“来自列的样本”)以便在样本量不太多时产生整数随机数。

本例做法分两步。第一步用“产生模板化数据”对话框把 234 件产品编号 1~234, 并把编号存于某列 (例如 C1 列): 提交指令“计算 > 产生模板化数据 > 简单数集”进入“简单数集”对话框; 在“将模板数据存储在”空格中填 C1, 在“从第一个值”空格中填 1, 在“至最后一个值”行中填 234, 其余各空格都填 1; 点击“确定”(见图 1–18)。这时 C1 列上顺序排列 234 个自然数: 1~234. 第二步从这 234 个号中选出 32 个: 再从“计算 > 随机数据 > 来自列的样本”进入“来自列的样本”对话框, 在“取样行号”空格中填写 32; 在“来自列”空格中填写 C1; 在“将样本存储在”空格中填写 C2; 点击“确定”, C2 列中就存有选出的号 (见图 1–19)。如果我们预先设置基数为 12345, 那么得到的样本号就如图 1–20。再把这 32 个数按从小到大排序, 得到 17, 27, 34, 44, 57, 58, 64, 67, 79, 81, 91, 97, 98, 100, 113, 114, 118, 123, 134, 140, 143, 151, 156, 165, 173, 174, 181, 198, 208, 209, 225, 231。

注意: 为了便于读者掌握, 我们设置了基数。实际抽样时, 为了确保公平、透明, 一般不能设置基数; 否则会引起误会, 认为你为了预先知道摇号结果而做了手脚。

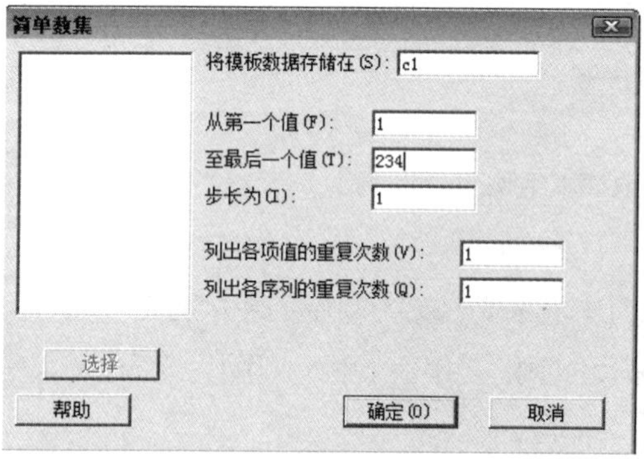

图 1–18 “产生模板化数据”对话框

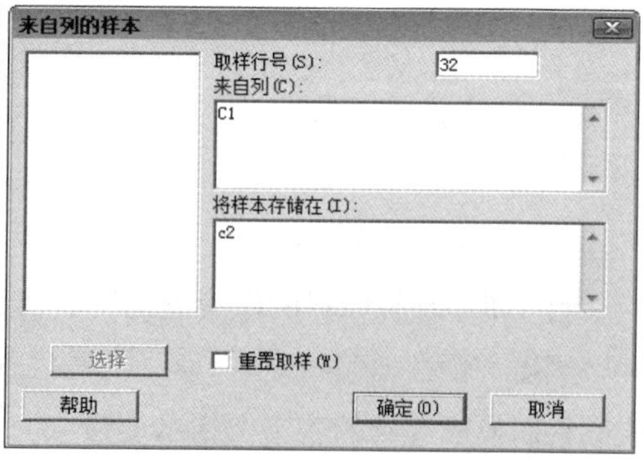

图 1–19 “来自列的样本”对话框

1.3.3.2 类别变量形式化为指示变量形式

数据集中有些变量用来把数据分类, 例如变量是性别、地点、商品种类等, 它们的值按性别、地点、商品种类的不同把数据分类, 这样的变量称为类别变量 (类别变量在中文中通常被称为“属性变量”或定性变量, 它们的值可能是字符串, 详细含义见第 9 章)。类别变量的样本有多种表示形式, 有时需要把类别变量形式转化成指示变量形式 (只取 0 和 1 的变量称为指示变量或示性变量)。具有不同值的一个类别变量等同于若干个指示变量。通常某指示变量取 1 表示具有某性质, 取 0 表示不具有某性质。

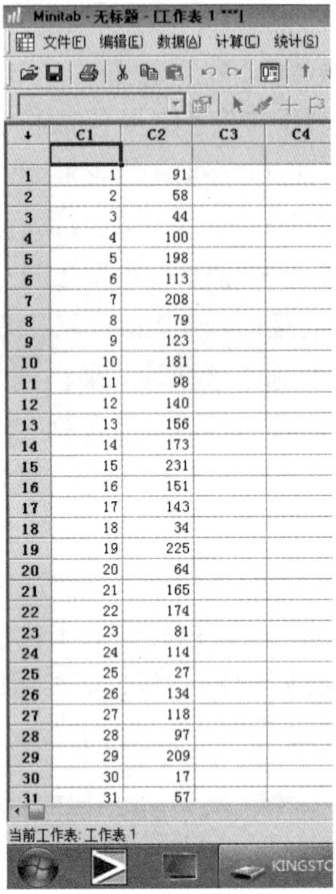

↓	C1	C2	C3	C4
1	1	91		
2	2	58		
3	3	44		
4	4	100		
5	5	198		
6	6	113		
7	7	208		
8	8	79		
9	9	123		
10	10	181		
11	11	98		
12	12	140		
13	13	156		
14	14	173		
15	15	231		
16	16	151		
17	17	143		
18	18	34		
19	19	225		
20	20	64		
21	21	165		
22	22	174		
23	23	81		
24	24	114		
25	25	27		
26	26	134		
27	27	118		
28	28	97		
29	29	209		
30	30	17		
31	31	57		

图 1−20 抽取样本结果

例 1.9 某种原料的供货商是甲、乙、丙 3 家。12 个月供货商分别是:

甲, 丙, 乙, 乙, 乙, 乙, 丙, 丙, 甲, 甲, 甲, 乙。

试把它们换成等价的若干个指示变量。

解 因为类别变量 “供货商” 有 3 个不同值: 甲、乙、丙。在 MINITAB 中可以这样表示: 把这 12 个 “值” 排在工作表上 C1 列, 并命名为 “供货商”; 为了显示月份, 另加一列 C2, 变量名为 “月”, 变量的值取 1 至 12; 见数据文件: 类别_供货商.MTW。类别变量 “供货商” 等价于 3 个 “指示变量”, 例如变量名为 “供货商_甲” “供货商_乙” “供货商_丙” 的 3 个指示变量。当某月供货商是甲时 (变量 “供货商” 的值是 “甲”), 指示变量 “供货商_甲” 取 1, 另两个指示变量取 0; 当某月供货商是乙时 (变量 “供货商” 的值是 “乙”), 指示变量 “供货商_乙” 取 1, 另两个指示变量取 0; 当某月供货商是丙时 (变量 “供货商” 的值是 “丙”), 变量 “供货商_丙” 取 1, 另两个指示变量取 0。

由指令 “计算 > 产生指示变量” 进入 “产生指示变量” 对话框; 将 “供货商” 选入 “需要指示变量的列”, MINITAB 自动在 “将指示变量存储于列” 空格中产生指示变量名: 供货商_甲、供货商_乙、供货商_丙; (如图 1–21); 点击 “确定” 后在工作表的 C3—C5 列就产生 3 个指示变量的值 (图 1–22)。

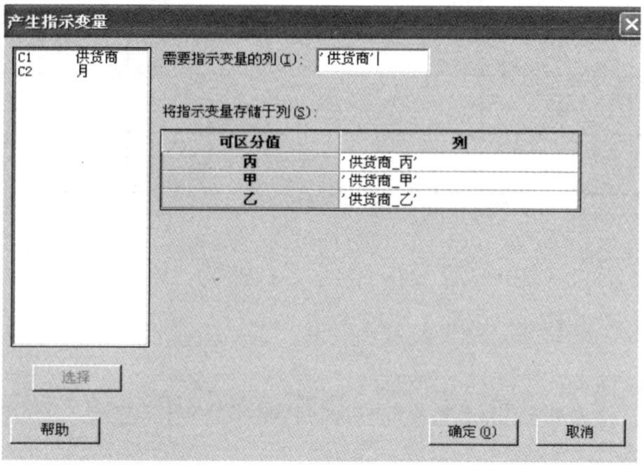

图 1–21 “产生指示变量” 对话框

↓	C1-T	C2	C3	C4	C5
	供货商	月	供货商_丙	供货商_甲	供货商_乙
1	甲	1	0	1	0
2	丙	2	1	0	0
3	乙	3	0	0	1
4	乙	4	0	0	1
5	乙	5	0	0	1
6	乙	6	0	0	1
7	丙	7	1	0	0
8	丙	8	1	0	0
9	甲	9	0	1	0
10	甲	10	0	1	0
11	甲	11	0	1	0
12	乙	12	0	0	1

图 1–22 产生指示变量工作表

1.3.3.3 对多个列计算

MINITAB “计算器” 对话框能将多列同行观测值按同一公式计算, 所得结果存入指定列。对于同一行, 所用公式可以包括算术运算, 也可以包括数学符号、逻辑计算等。实行这种计算时, 由指令 “计算 > 计算器” 可以进入 “计算器” 对话框。以下介绍几个例子。

例 1.10 某公司统计职员的绩效, 试根据表 1–6 计算每个员工的总销售额和上缴利润。

解 可以如下操作: 因为总销售额 = 单价 ∗ 销量之和; 上缴利润 = 单件利润 ∗ 单件销量之和。每个工人的资料占一行, 需要在每行作同样计算: 乘积与求和。将

表 1–6 员工绩效

姓名	甲物销量	甲物单价	甲物单件利润	乙销物量	乙物单价	乙物单件利润
张三	235	26	3.0	66	40	4.0
李四	462	25	2.5	67	38	3.8
王五	333	24	2.0	56	33	3.2

上述数据表输入工作表 C1—C7 列, 命名 C8 列为 “销售额”, C9 列为 “上缴利润”, 这两列存计算结果。工作表如图 1–23。

↓	C1-T	C2	C3	C4	C5	C6	C7	C8	C9
	姓名	甲物销量	甲物单价	甲物利润	乙物销量	乙物单价	乙物利润	销售额	上缴利润
1	张三	235	26	3.0	66	40	4.0		
2	李四	462	25	2.5	67	38	3.8		
3	王五	333	24	2.0	56	33	3.2		

图 1–23 职员绩效原始数据工作表

为了计算销售额, 提交下述命令:

指令	功能
由指令 “计算 > 计算器” 进入 “计算器” 框	让 MINITAB 实施 “计算器” 功能
在 “将结果存储在变量中” 空格中选入 ‘销售额’	指定销售额计算结果存在 C8 列
在 “表达式” 中选入 ‘甲物销量’*‘甲物单价’+‘乙物销量’*‘乙物单价’(如图 1–24)	指定销售额算式

点击 “确定”, 在 C8 列上可以得到各人销售额的值。为了计算利润额, 提交下述命令: 由指令 “计算 > 计算器” 进入 “计算器” 框。在 “将结果存储在变量中” 后选入 ‘上缴利润’, 在表达式空格输入 ‘甲物销量’*‘甲物单件利润’+‘乙物销量’*‘乙物单件利润’。点击 “确定”, C9 列上可以得到各人上缴利润的值。

如果算式中不是加法, 还需要数学函数, 读者也可在计算器对话框的 “函数 (F)” 下选用所需函数。

计算器对话框也包含逻辑计算功能, 可以使用 if(A, B, C)。if(A, B, C) 含义是: 若 A 成立, 则 =B, 否则 =C。注意若 A 中有汉字, 则在使用者选择这些符号时, MINITAB 会自动用西文半角单引号把它们括起来; 若 B 或 C 是汉字, 则使用者应当用西文半角双引号把它们括起来。

例 1.11 某公司为职员打印工资表 (为了简单仅考虑 3 名职员), 原始数据见

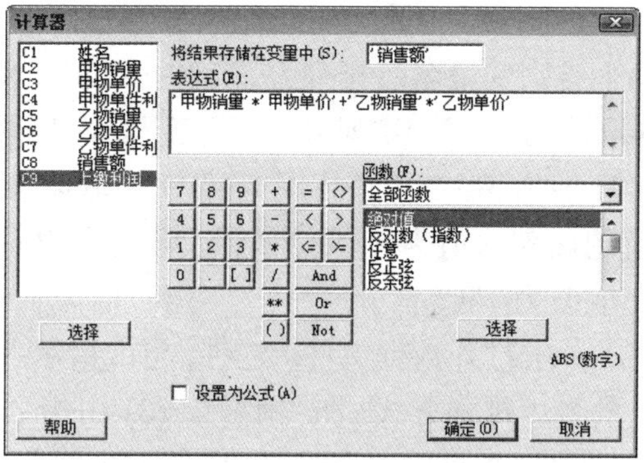

图 1–24 计算销售额和利润的对话框

表 1–7, 根据当时规定: 总收入超过 1600 元, 则超过部分的 20% 为税费, 试由下表编出工资清单。

表 1–7 职工工资原始数据

姓名	工号	基本工资	岗位津贴	奖金
张三	217	500	300	300
李四	335	800	400	500
王五	442	1000	500	800

解 可以如下操作: 将原始数据输入工作表 C1—C5, 在 C6—C8 建立变量名"毛收入""纳税否""实发"; 由指令"计算 > 计算器"进入"计算器"框。在"将结果存储在变量中"空格中选入"毛收入"。在"表达式"空格中选入'基本工资'+'岗位津贴'+'奖金'。点击"确定", 这时"毛收入"所在列给出每个职员毛收入。再由指令"计算 > 计算器"进入"计算器"框。在"将结果存储在变量中"后选入"纳税否", 在"表达式"中输入 if ('毛收入'>1600, 1, 0)(注意: 所有标点符号都应是西文半角符号)。点击"确定"。这时"纳税否"列第 1 行变成 0, 第 2, 3 行变成 1, 表示张三不纳税, 李四和王五要纳税。由指令"计算 > 计算器"进入"计算器"框。在"将结果存储在变量中"后选入"实发", 在"表达式"中输入 '毛收入'−('毛收入'−1600)*'纳税否'*0.2。点击"确定"。将所得工作表打印即得所求工资单。

调查表常让被调查者选择"是"和"否", 调查表就成为"指示变量"形式 (详见例 1.9 和 9.1 节)。使用计算器的逻辑功能, 特别是其"嵌套", 能把这些指示变量化为"类别变量"。

例 1.12 为了研究超市排列方式和销量的关系, 调查某连锁超市 300 家分店的情况, 得到指示变量形式工作表见图 1–25, 数据文件: 类别_超市指示.MTW。把该统计资料化为"类别变量形式"。

解 原工作表中有 5 个指示变量: “高” “低” “A” “B” “C”(见图 1–25)。我们需要做的工作是, 建立两个类别变量名: “排列方式” 和 “销量”。然后对每行数据考虑: 如果该行对应的 A 列取值为 1, 则 “排列方式” 取值为 A; 如果该行对应的 B 列取值为 1, 则 “排列方式” 取值为 B; 如果该行对应的 C 列取值为 1, 则 “排列方式” 取值为 C; 如果该行对应的高列取值为 1, 则 “销量” 取值为 “高”; 如果该行对应的低列取值为 1, 则 “销量” 取值为 “低”。

为此采用如下指令: (1) 打开数据文件: 类别_超市指示.MTW。(2) 在 C6 和 C7 列建立两个类别变量名: “排列方式” 和 “销量”。(3) 由指令 “计算 > 计算器” 进入 “计算器” 对话框。在 “将结果存储在变量中” 后选入 “销量”。在 “表达式” 中输入 if (‘高’=1, “高”, “低”), 见图 1–26 (注意所有标点符号是西文符号, 第一个 “高” 及前后单引号由计算器产生, 其余高、低及双引号用键盘输入), 点击 “确定”。(4) 由指令 “计算 > 计算器” 进入 “计算器” 对话框。在 “将结果存储在变量中” 后选入 “排列方式”。在 “表达式” 中输入 if (‘A’=1, “A”, if (‘B’=1, “B”, “C”)) (注意这里做了 “嵌套”, 同 (3) 一样所有标点符号是西文符号, 第一个 A、B 及前后单引号由计算器产生, 其余字符串及标点符号用键盘输入), 点击 “确定”。C6 和 C7 列即得到所需类别变量形式资料, 见图 1–27。

类别_超市指示.MTW ***

↓	C1	C2	C3	C4	C5	C6
	高	低	A	B	C	
1	1	0	0	1	0	
2	1	0	0	1	0	
3	1	0	0	1	0	
4	1	0	1	0	0	
5	1	0	0	0	1	
6	0	1	0	1	0	
7	1	0	0	0	1	
8	1	0	1	0	0	
9	0	1	0	1	0	
10	1	0	0	0	1	
11	1	0	0	0	1	
12	1	0	0	0	1	
13	0	1	1	0	0	
14	0	1	0	1	0	
15	1	0	0	1	0	

图 1–25 指示变量工作表

1.3.3.4 矩阵语言

“计算器” 也能实施 “矩阵语言”, 即用字符串表示矩阵, 通过对字符串加上运算符号, 让 MINITAB 实施相应矩阵计算。包括矩阵线性运算、矩阵乘法、矩阵求逆和求对称矩阵的特征值和特征向量。

例 1.13 用 3 种零件组装 4 种产品, 每种产品需要零件数如表 1–8, 每个零件的功耗和单价如表 1–9。求各产品的总功耗和价格。

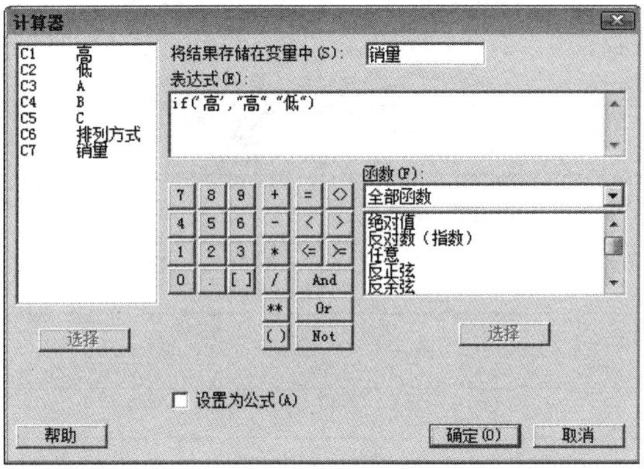

图 1–26 产生类别变量 “销量” 的计算对话框

↓	C1	C2	C3	C4	C5	C6-T	C7-T	C8
	高	低	A	B	C	排列方式	销量	
1	1	0	0	1	0	B	高	
2	1	0	0	1	0	B	高	
3	1	0	0	1	0	B	高	
4	1	0	1	0	0	A	高	
5	1	0	0	0	1	C	高	
6	0	1	0	1	0	B	低	
7	1	0	0	0	1	C	高	
8	1	0	1	0	0	A	高	
9	0	1	0	1	0	B	低	
10	1	0	0	0	1	C	高	
11	1	0	0	0	1	C	高	
12	1	0	0	0	1	C	高	
13	0	1	1	0	0	A	低	
14	0	1	0	1	0	B	低	
15	1	0	0	1	0	B	高	
16	1	0	0	0	1	C	高	
17	1	0	0	1	0	B	高	
18	1	0	1	0	0	A	高	
19	1	0	0	1	0	B	高	
20	1	0	0	0	1	C	高	
21	1	0	0	1	0	B	高	
22	0	1	1	0	0	A	低	
23	1	0	0	0	1	C	高	
24	0	1	0	1	0	B	低	
25	0	1	0	0	1	C	低	
26	0	1	0	0	1	C	低	
27	1	0	0	1	0	B	高	

图 1–27 指示变量形式和所产生类别变量形式的工作表

解 设矩阵

$$
\mathrm{M1}=\begin{bmatrix}20 & 8 & 6\\ 24 & 7 & 3\\ 22 & 6 & 5\\ 15 & 4 & 2\end{bmatrix},\quad \mathrm{M2}=\begin{bmatrix}6.5 & 30.2\\ 1.8 & 28.0\\ 2.4 & 10.5\end{bmatrix}。
$$

表 1–8 各产品需要零件数

产品/零件	零件 1	零件 2	零件 3
产品 1	20	8	6
产品 2	24	7	3
产品 3	22	6	5
产品 4	15	4	2

表 1–9 零件的功耗和单价

零件	功耗	单价
零件 1	6.5	30.2
零件 2	1.8	28.0
零件 3	2.4	10.5

产品的总功耗和价格由矩阵乘法 M3=M1×M2 算出。用 MINITAB 具体计算步骤如下。(1) 将表 1–8 和表 1–9 分别输入工作表 C1—C3、C4—C5 (只输入数字, 不输 “零件” 列)。(2) 通过 “复制” 功能, 将 C1—C3 复制为矩阵 M1; 将 C4—C5 复制为矩阵 M2。(3) 从 “计算 > 矩阵 > 矩阵算术” 进入 “矩阵算术” 对话框, 选定 “乘法”; 在 “乘法” 第一空格中选入 M1, 第二空格中选入 M2, 在 “将结果存储在” 空格中填 M3, 见图 1–28。(4) 点击 “确定”, 矩阵 M3 就是两个矩阵的乘积, 但是没有显示出来, 存在 MINITAB 系统内。(5) 从 “数据 > 显示数据” 进入 “显示数据” 框, 在空格中选入 M3, 见图 1–29。点击 “确定”, 在会话窗口得到 M3 的值。

```
数据显示
矩阵 M3
158.8   891.0
175.8   952.3
165.8   884.9
109.5   586.0
```

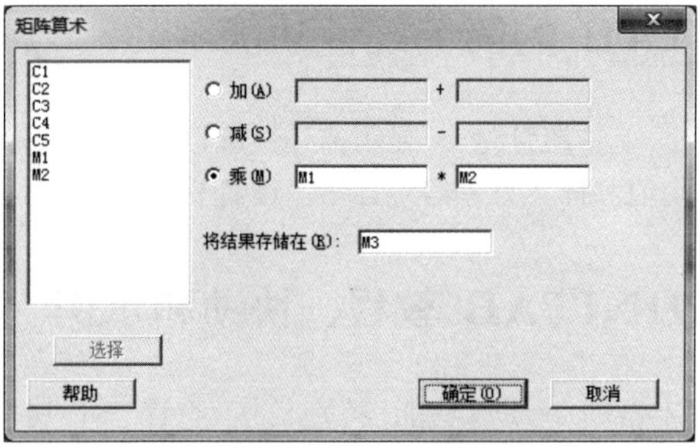

图 1–28 “矩阵算术” 对话框

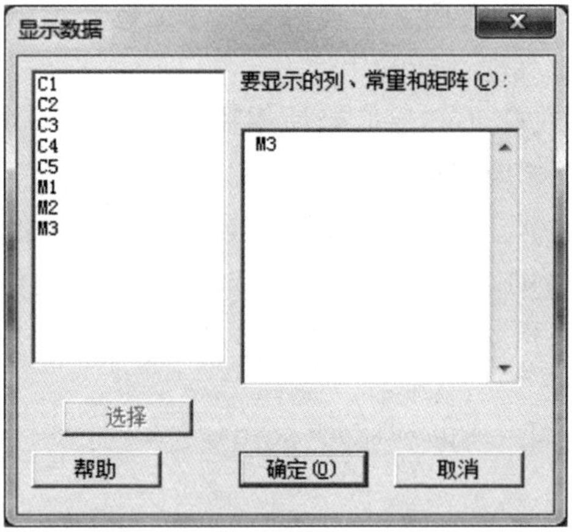

图 1–29 显示矩阵值的对话框

结果分析: 产品功耗和价格如表 1–10。

表 1–10 产品的功耗和价格

产品	功耗	价格
1	158.8	891.0
2	175.8	952.3
3	165.8	884.9
4	109.5	586.0

1.4 MINITAB 的简单统计功能

由指令 “统计 > 基本统计量 > 显示描述性统计” 进入 “显示描述性统计” 对话框, 可以得到样本均值和样本方差等统计量。读者易于掌握, 不再赘述。

1.5 关于 MINITAB 教程、协助和示例

MINITAB 有丰富的 “帮助” 功能, 特别是其 “教程” 和 “协助” 功能, 能帮助对于 MINITAB 或统计学不太熟悉的科技工作者, 使他们会用 MINITAB 解决实际问题。

当你知道应当使用哪个统计工具, 但是不熟悉该工具用法时, 由指令 “帮助 > 教程” 进入 MINITAB 的 “教程”, 进入相应统计工具介绍部分, 其中系统介绍各种统计工具和 MINITAB 其他性能的用途。

当你已经收集好数据, 不知道应当使用哪个统计工具时, MINITAB 的 “协助” 功能能协助你尽快进入相应对话框。

当你进入某个对话框, 不知道或者不记得对话框中每个 “选项” 的含义时, 可以按一下 “F1” 键, 这时帮助系统会介绍各条选项的含义, 还可以从 “示例” 中看到一些选项的用法。学习实例是学习 MINITAB 的很好途径, “示例” 可以补充本书的例子。

以下分别介绍 “教程” “协助” “示例” 的用法。

1.5.1 “教程” 的用法

由指令 “帮助 > 教程” 进入 “教程”, 点击 MINITAB 的 “教程”, 进入 MINITAB 的 “教程” 系统。如果你希望了解某个统计工具的用途, 就可以在目录中选择, 也可以利用搜索功能快速寻找。

例 1.14 为了了解 “单因子方差分析” 有什么用, 如何操作?

解 由指令 “目录 > 方差分析 > 单因子方差分析” 进入有关界面, 见图 1–30。其中 “用法 1 ~ 用法 3” 介绍单因子方差分析的 3 个用途。

如果你在目录中未见到所想查找的统计工具, 也可以点击目录右侧的 “搜索” 进入 “搜索” 框查找。

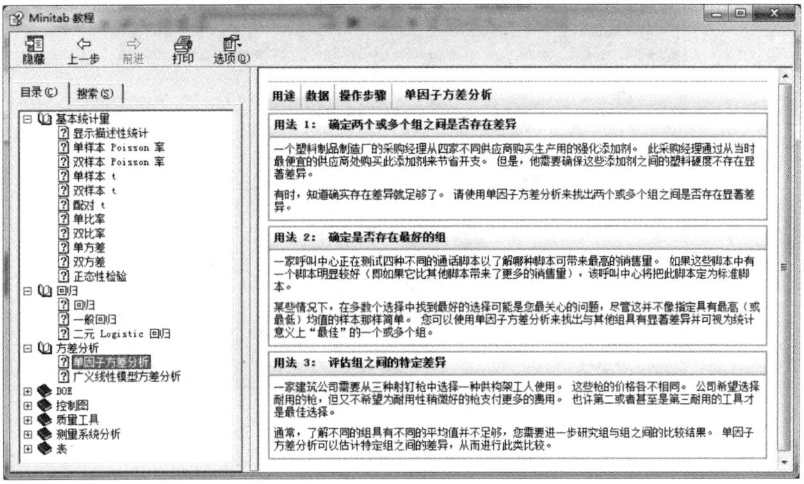

图 1–30 教程中单因子方差分析的用途

1.5.2 “协助” 的用法

当你需要做某项分析时, 应当先将数据存入 “数据窗口 (工作表)”, 如果这时不知道怎样进入合适的对话框, 可以使用 “协助” 系统。

例 1.15 已在工作表上输入例 3.8 的甲、乙两种零件各 5 个产品的强度, 你需要做假设检验, 比较它们的均值, 但是不知道怎样进入合适的对话框, 怎么办?

解 先在工作表上将甲、乙零件的抗压强度各填在一列, 分别命名为 “甲” 和 “乙”。然后由指令 “协助 > 假设检验” 进入 “协助–假设检验” 对话框, 见图 1–31。图中最上方 “您的目标是什么?” 下面有 3 个分支: 左边分支 “比较一个样本与目

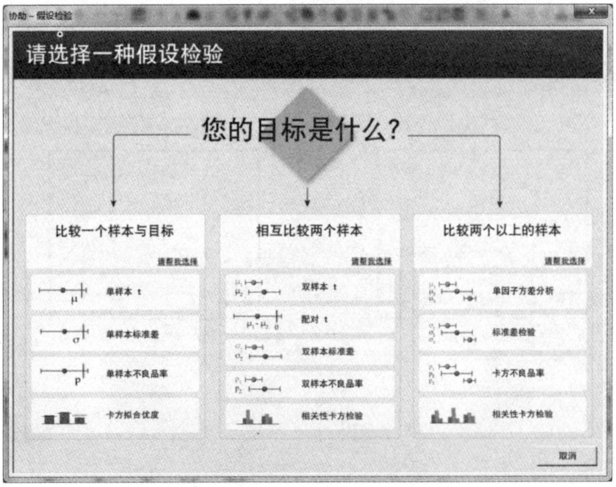

图 1–31 协助–假设检验对话框

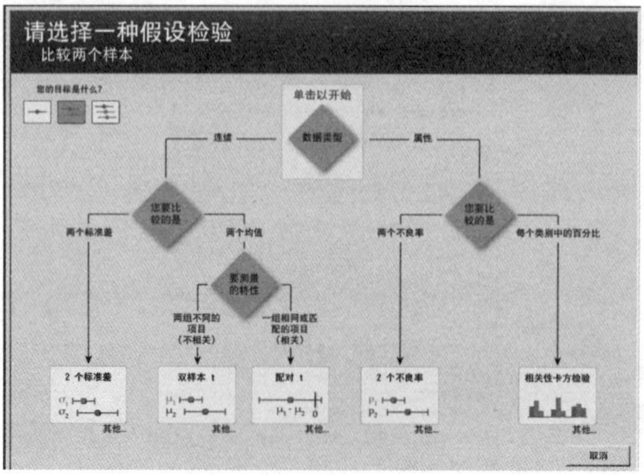

图 1–32　两个总体间比较的选择

标”, 中间分支 “相互比较两个样本”, 右边分支 “比较两个以上的样本”。因为你要比较两个样本 (甲和乙), 中间分支 “相互比较两个样本” 符合目标。于是在中间分支 “相互比较两个样本” 顶端点击 “请帮我选择” 进入中间分支, 进入 “请选择一种假设检验–比较两个样本” 对话框 (见图 1–32)。如果你知道应当使用双样本 t 检验, 那么点击 “相互比较两个样本” 下的 “双样本 t” 进入合适的对话框, 就可以像例 3.8 那样完成假设检验 (参见例 3.8)。如果你不知道怎么办, 这时根据数据类型, 有两大分支供你选择: 左端是 “连续”, 右端是 “属性”。由于你要比较的数据是连续 “数据”(观察值可以连续取值), 应当选 “数据类型” 的左支, 于是点击左边那个 “您要比较的是”。MINITAB 显示图 1–33, 让你在 “两个标准差” 和 “两个均值” 中选择。因

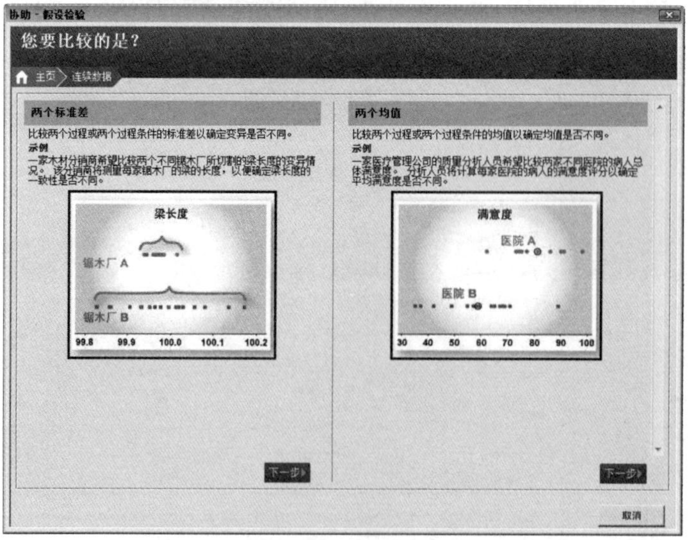

图 1–33　“两个标准差” 和 “两个均值” 的选择

为要比较的是“强度大小”, 而不是“强度的变化程度”, 所以选择“两个均值”, 点击图 1–33 中右边图的右下侧“下一步”。这时 MINITAB 显示图 1–34, 让你在“两组不相关样本的同一测量值 (独立)”和“同一组样本的两个值或有匹配关系的两个特性 (非独立)”中选择。由于考虑的例 3.8 是不同的两种零件各 5 个样品的强度, 不同零件样本值间是独立的, 因此应当选择左边图, 并点击图 1–34 中左边图的右下侧“下一步”。MINITAB 这时显示图 1–35, 其中告诉你要选择双样本 t 检验, 并且告

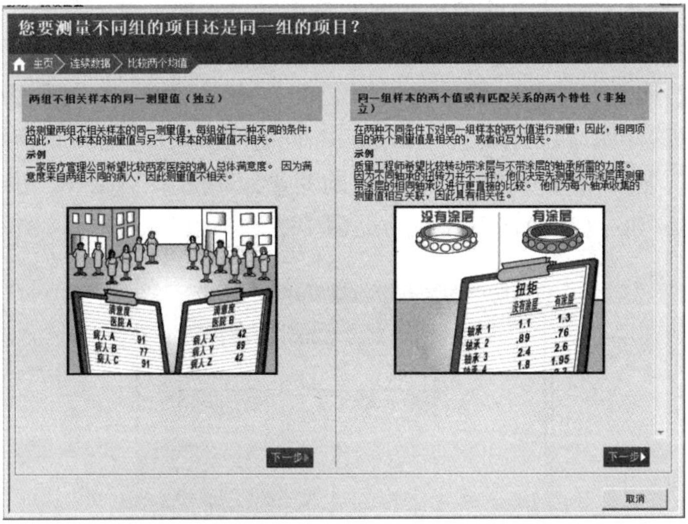

图 1–34 “两组不相关样本的同一测量值 (独立)”和“同一组样本的两个值或有匹配关系的两个特性 (非独立)”的选择

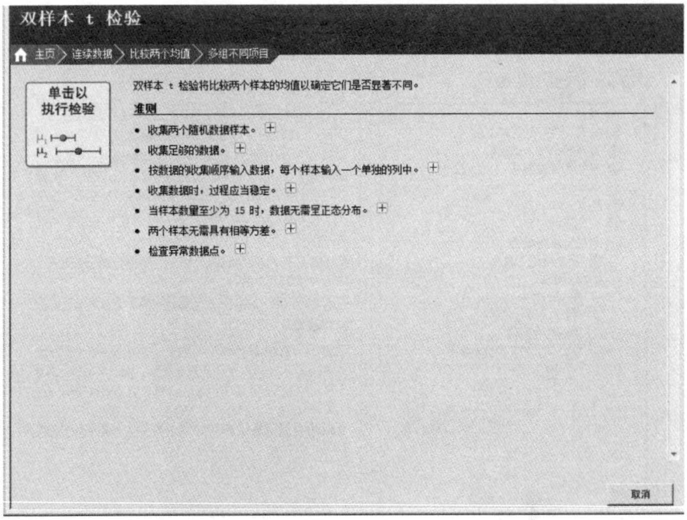

图 1–35 进行“双样本 t 检验”时的注意事项

知进行检验时所需的注意事项。以后你在进行“双样本 t 检验”时可以采用这些注意事项。

1.5.3　查找 MINITAB 例题

例题对于学习 MINITAB 的使用很有帮助，本书所有例题数据文件可扫描封底二维码获取。MINITAB 软件还自带例题库，用于介绍各种 MINITAB 计算和分析实际问题的过程。学会使用这个例题库能增加大量实例。我们举一个实例，说明显示 MINITAB 软件自带例题的方法。

例 1.16　从 MINITAB 软件自带例题库中，阅读 Xbar-R 控制图的例子。

解　可以这样做：(1) 先要进入 Xbar-R 控制图框，由本书 6.2 介绍查控制图的一般方法得知，从统计 > 控制图 > 子组的变量控制图 >Xbar-R，进入 Xbar-R 控制图框，见图 1–36。(2) 点击 F1，在帮助窗中找到“示例”，见图 1–37。(3) 点击“示

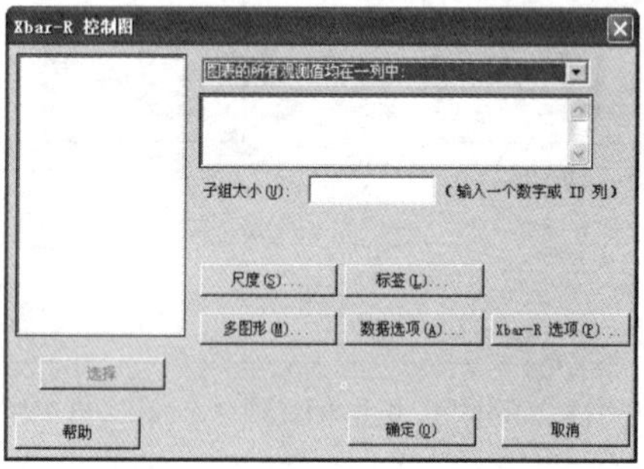

图 1–36　Xbar-R 控制图框

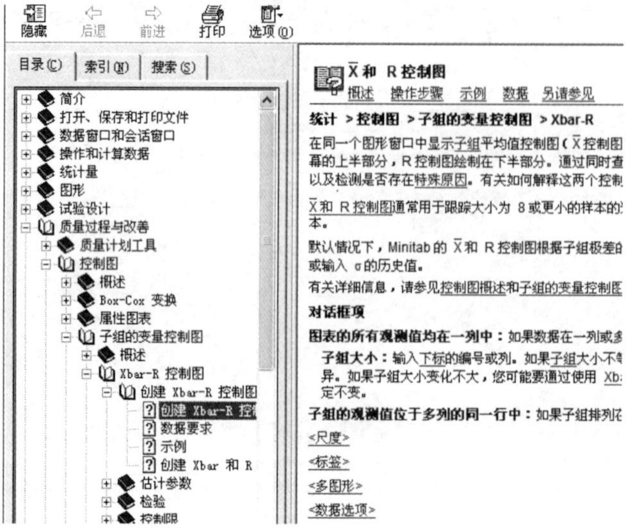

图 1–37　帮助窗

例” 后, 就会出现 MINITAB 例子 (凸轮轴控制图) 的详细展示, 见图 1−38。(4) 如果希望看到原始数据, 由图 1−38 可见, 它是 MINITAB 软件自带数据库的 “凸轮轴.MTW”。因为所有 MINITAB 数据都存在 MINITAB 软件文件夹 “/中文简体/样本数据” 中。本例由路径 “ MINITAB 软件/中文简体/样本数据/凸轮轴. MTW” 可以打开数据文件 “凸轮轴.MTW”。

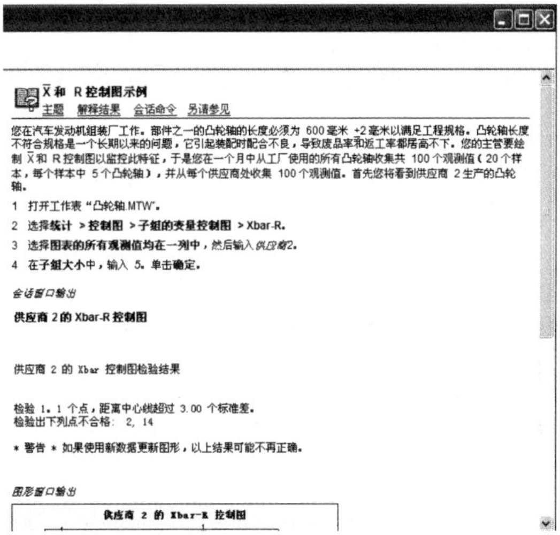

图 1−38 MINITAB 自带例题库中, Xbar-R 控制图例子的说明

小结

任务	对话框	参照例题
将多列数据堆叠成 1 列, 变量名另成一列	从 “数据 > 堆叠 > 列” 进入 “堆叠列” 对话框; 由 “数据 > 堆叠 > 列的区组” 进入 “堆叠列的区组” 对话框	1.2, 1.3
转置数据	从 “数据 > 转置列” 进入 “转置列” 对话框	1.4
数据或字符串排序	从 “数据 > 排序” 进入 “排序” 对话框	1.5
复制数据到矩阵	从 “数据 > 复制 > 列到矩阵” 进入 “复制列到矩阵” 对话框	1.6
产生正态随机数	从 “计算 > 随机数据 > 正态” 进入 “正态分布” 对话框	1.7

续表

任务	对话框	参照例题
从一大批整数中随机抽取若干个数	从 "计算 > 随机数据 > 来自列的样本" 进入 "来自列的样本" 对话框	1.8
产生指示变量	从 "计算 > 产生指示变量" 进入 "产生指示变量" 对话框	1.9
将某些列每一行的值, 按照统一公式算出存入新列	从 "计算 > 计算器" 进入 "计算器" 对话框	1.10 1.11
把指示变量化为类别变量	从 "计算 > 计算器" 进入 "计算器" 对话框	1.12
矩阵运算	从 "计算 > 矩阵 > 矩阵算术" 进入 "矩阵算术" 对话框	1.13
了解某个统计工具, 例如 "单因子方差分析" 有什么用处	从 "目录 > 方差分析 > 单因子方差分析" 进入有关界面	1.14
希望做假设检验, 不知道进入什么对话框	从 "协助 > 假设检验" 进入 "协助–假设检验" 对话框	1.15
查找 MINITAB 例题库中相应例题	进入相应问题对话框后, 点击 F1, 在帮助窗中找到 "示例"	1.16

练习题

1.1 4 家公司 1、2 月销量如表 1–11, 将它们堆叠成两个变量: 销量和厂家。

表 1–11 销量和厂家

月	甲	乙	丙	丁
1	15	28	34	22
2	12	33	28	18

1.2 对于练习 1.1 的数据, 将它们堆叠成 3 个变量: 销量、月和厂家。

1.3 在温度 t =800、850、900 (单位: °C) 下各锻造 3 根钢轴, 测量得到断裂强度 (单位: t) 如表 1–12, 试将该表的行和列互相置换。

表 1–12　断裂强度

温度	强度 1	强度 2	强度 3
800	35.8	36.2	37.1
850	39.4	39.6	38.5
900	40.1	39.6	38.9

1.4　已知四个学生语文、数学、外语成绩如表 1–13, 计算每个人的总分和平均成绩, 并给出成绩的等级: (0, 60) 不及格, [60, 80) 中, [80, 90) 良, [90, 100] 优。

表 1–13　学生成绩

编号	姓名	语文	数学	外语
001	张三	85	92	87
002	李四	88	77	97
003	王建国	92	88	95
004	李薇薇	82	86	84

1.5　如何从 1286 名顾客中随机选取 100 人进行回访?

1.6　统计出顾客对某家具 5 个方面 (式样、油漆、颜色、材料、价格) 的打分如数据文件: “类别_家具.MTW”。试将该数据改为 5 个类别变量: 式样、油漆、颜色、材料、价格。

1.7　如果想知道一般线性模型有什么用, 怎么在 “教程” 中查找?

1.8　如果你在工作表上输入 3 组连续型数据, 想比较其标准差, 怎样在 “协助” 中查找方法?

1.9　MINITAB 能计算对称矩阵的特征值和特征向量。设矩阵

$$A = \begin{bmatrix} 1 & 2 & 3 \\ 2 & 3 & 4 \\ 3 & 4 & 5 \end{bmatrix},$$

求 A 的特征值和特征向量。

提示如下。计算步骤:

(1) 在工作表上 C1~C3 列输入 A 的值。

(2) 将 C1~C3 复制到 M2。

(3) 由 “计算 > 矩阵 > 特征分析” 进入 “特征分析” 对话框, 在特征分析后空格

中填入 "M2", 在存储特征值列后空格中填入 "C4", 在特征向量矩阵后空格中填入 "M3"。

点击 "确定" 后在 C4 列查到: 特征值是 9.62348, −0.62348 和 0。当显示 M3 后, 可见对应的特征向量分别是

$$\begin{pmatrix} 0.385090 \\ 0.559510 \\ 0.733931 \end{pmatrix}, \begin{pmatrix} 0.827671 \\ 0.142414 \\ -0.542844 \end{pmatrix}, \begin{pmatrix} -0.408248 \\ 0.816497 \\ -0.408248 \end{pmatrix}。$$

第 2 章

参数估计

第 1 章介绍随机变量的分布时提及分布的参数。例如某天冲床全天冲出的每根螺丝直径服从正态分布 $N(\mu,\sigma^2)$, μ,σ 是正态分布的参数, 由它们的数值可以看出冲床的质量好不好。理论上说, μ 是全天生产的各螺丝直径总平均, 为了求出 μ 的真实值, 应当把该冲床加工的螺丝全部量一量, 求出总平均的值。实际工作中通过量出全部螺丝的直径求 μ 是不可行的; 同样通过量出全部螺丝的直径求 σ 也是不可行的。一般能够通过某种方法得到 μ 的估计值: 记为 $\widehat{\mu}$, 例如 $\widehat{\mu}=2.01\ \mathrm{mm}$, 2.01 称为 μ 的点估计。对某个参数确定一个估计值, 这个估计值称为**点估计**。但是点估计有缺点: 因为 μ 的估计值具有随机性。假如通过某种方法估计 μ 的值是 2.01, 这时不能说 "μ 的值一定是 2.01", 甚至不能说 "μ 的值是 2.01 的概率大于 10%"; 为此可以换一个思路: 找一个范围, 使 μ 在这个范围内有很大的可能性, 例如对于螺丝直径均值 μ, 通过某种方法得到区间 $(2.005, 2.013)$, μ 在这个范围内的可能性是 95%。一般地, 可以通过测量和计算得出一个区间, 某参数在该区间内有概率 $1-\alpha$, 这区间称为该参数的 $1-\alpha$ **置信区间**, $1-\alpha$ 称为**置信概率**, 也称为**置信水平**、**置信度**或**置信系数**。α 是一个较小的数, 通常取为 0.05。本章的置信区间一般是**双侧置信区间**, 即置信区间两个端点都需要估计。有时置信区间只有一个端点需要估计, 另一个却是固定的, 这样的置信区间称为**单侧置信区间**。

统计学中不同派别对置信区间有不同观点。经典学派认为, "参数 θ 属于置信区间 (置信概率是 $1-\alpha$)" 应当理解成: 按照同一方法多次抽取样本, 分别计算置信区间, 置信区间能覆盖 θ 真值的次数占取样次数比率约为 $1-\alpha$。Bayes 学派把 "参数属于置信区间的概率是 $1-\alpha$” 理解成: 被估计的参数 θ 是随机变量, 参数落在所算出的**可信区间**的概率是 $1-\alpha$。

本章研究的参数估计是对于正态分布、二点分布、Poisson 分布参数的估计。所取途径是在确定分布类型后, 通过已知一些样品的值, 去估计分布的参数。本章介绍的参数估计原理一般很简单, 很多读者都通过学习概率统计课程基本上掌握了这些原理。但是有关参数估计的问题在其他许多地方, 例如回归模型、一般线性模型、生存分析模型等中出现时 (见第 7、8、9、10 章), 参数估计的计算原理很复杂; 与本章不同, 所用 MINITAB 过程也较复杂。

本章介绍的内容基本上涉及从指令 “统计 > 基本统计量 > ···” 进入的参数估计的对话框。按各节介绍操作方法, MINITAB 在会话窗口输出 “点估计” 和 “置信区间”。为了调整选项水平和选定单双侧置信区间, 通过点击 “选项” 进入 “选项” 对话框, 在其中填写置信水平。为了取得双侧置信区间, 在选项的 “备择” 下拉列表中选择 “不等于”。为了取得单侧置信区间, 只求下限时在 “备择” 下拉列表中选择 “大于”, 只求上限时在 “备择” 下拉列表中选择 “小于” (见图 1–6)。因为绝大多数情况下, 置信概率总取 $1-0.05=95\%$; 所以除非另外声明, 置信概率空格中总取 95.0。

本章涉及的对话框都有估计参数和假设检验两种功能, 本章使用 “估计” 功能, 第 3 章使用 “检验” 功能。本章中为了集中注意力于参数估计, 故意抑制 “检验” 功能 (不选择检验); 实际使用时可以把 “参数估计” 和 “假设检验” 功能合在一起同时使用。

理论上可以证明: 当某个指标受多个因素影响时, 该指标服从正态分布。而实际问题中的指标一般都受多个因素影响, 所以除非另外声明, 所考虑的指标都按正态分布计算。

本章 2.1 和 2.2 节考虑的分布都是正态分布, 分别估计均值和方差。2.3 节考虑二点分布参数, 2.4 节考虑 Poisson 分布参数。本章介绍的内容多数在概率统计教科书中介绍过, 但是使用 MINITAB 软件可以避免繁琐的查表和计算工作, 而且很多内容也是一般教科书不具备的, 比如两个 0–1 分布总体概率差的估计, 方差不等时均值差的估计, 总体不服从正态分布但是服从连续分布时标准差的估计等。

2.1 正态总体均值的估计

本章 2.1.1 介绍用 Z 估计方法估计正态总体均值, 2.1.2 介绍用 t 估计方法估计正态总体均值, 2.1.3 介绍两总体方差相等时均值差的估计, 2.1.4 介绍两总体方差不等时均值差的估计。

为什么对正态总体要采用不同估计方法? 因为在标准差不知道时不能使用 Z

估计, 只能使用 t 估计; 而 t 估计存在缺点: 一是 t 估计所用样本方差具有随机性, 所取的值可能偏离真实标准差; 二是在样本量不很大的条件下, t 估计计算的参数的置信区间长度相比 Z 估计的大了许多。而使用 Z 估计时要求 "已知总体方差或标准差", 所以已知总体方差或标准差时应当采用 Z 估计; 当未知总体方差或标准差时只能采用 t 估计。怎样才能知道总体方差或标准差? 国标有具体规定, 例如 GB/T 8054 就有规定: 当 5M1E(即人员、设备、材料、方法、测量和环境) 无大的变化时, 认为现在产品指标的标准差就是总体标准差, 它是历史数据确定的标准差, 称为已知标准差 σ; 当不能使用历史数据时, 也应当收集较多的数据作为总体方差; 已知方差估计均值 μ 时采用正态统计量, 即 Z 统计量, 用 Z 对话框计算。当标准差 σ 实在无法较准确估计时, 估计总体均值 μ 要用到 2.1.2 介绍的方法, 用 t 对话框计算。

2.1.1 已知方差时单总体均值的估计

当总体服从正态分布, 方差 (或标准差) 已知, 要估计总体均值时, 使用 Z 统计量。这时由指令 "统计 > 基本统计量 > 单样本 Z" 进入 "单样本 Z" 对话框, 估计总体均值 μ。

例 2.1 某车间生产滚珠, 从历史数据知道滚珠直径服从正态分布, 而且直径的方差是 0.05, 某天总体标准差与历史相比无大变化, 从产品里随机抽取 6 个, 量得直径如下 (单位 mm):

$$14.6, \quad 15.1, \quad 14.9, \quad 14.8, \quad 15.2, \quad 15.1。$$

试估计该天所生产滚珠直径的平均值。

解 此题要估计当天所生产全部滚珠直径的平均值, 也就是正态分布的均值 μ。因为方差是标准差的平方, 方差是 0.05, 即标准差是 0.2236。将 6 个滚珠直径在工作表中排在 C1 列, 变量命名为 "滚珠直径" (如图 2–1)。然后提交指令如下:

指令	功能
从 "统计 > 基本统计量 > 单样本 Z" 进入 "单样本 Z" 对话框	选定用单样本 Z 对话框计算
选定 "样本所在列", 空格中选入 "滚珠直径"	指定样本值所在列
"标准差" 空格填 0.2236	指定标准差的值为 0.2236
不选择 "进行假设检验"(如图 2–2)	不使用假设检验的功能
点击 "选项", 进入 "单样本 Z-选项" 对话框	展示选项
置信水平空格中填写 95	指定置信水平是 0.95
在 "备择" 下拉列表中选择 "不等于" (如图 2–3)	选定双侧置信区间

各框点击 “确定”, 在会话窗口得到结果如下:

单样本 Z: 滚珠直径

假定标准差 =0.2236

变量	N	均值	标准差	均值标准误	95% 置信区间
滚珠直径	6	14.9500	0.2258	0.0913	(14.7711, 15.1289)

结果分析: 由 “均值” 下的数是 14.95 可知, 该日所生产全部滚珠的均值 μ 的点估计是 14.95, 95% 置信区间是 (14.7711, 15.1289)。

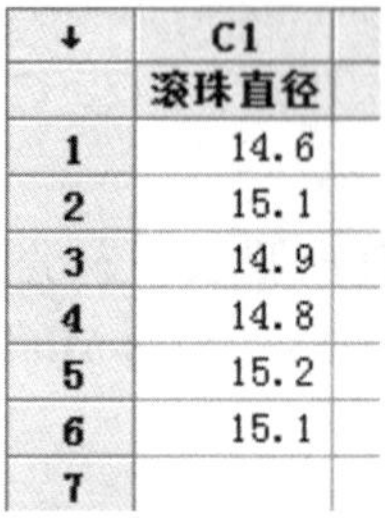

图 2–1 例 2.1 的工作表

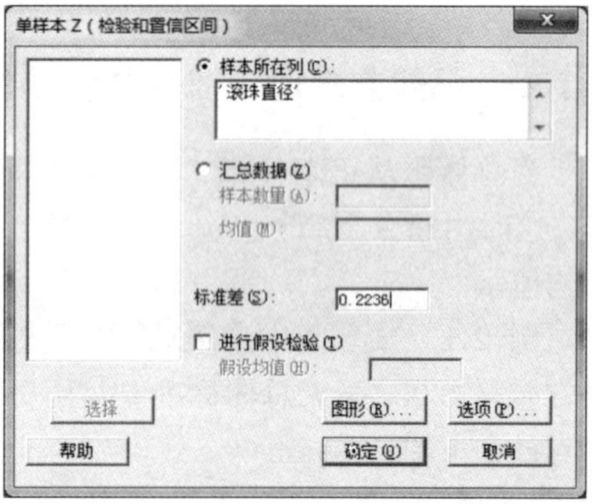

图 2–2 单样本 Z 置信区间对话框

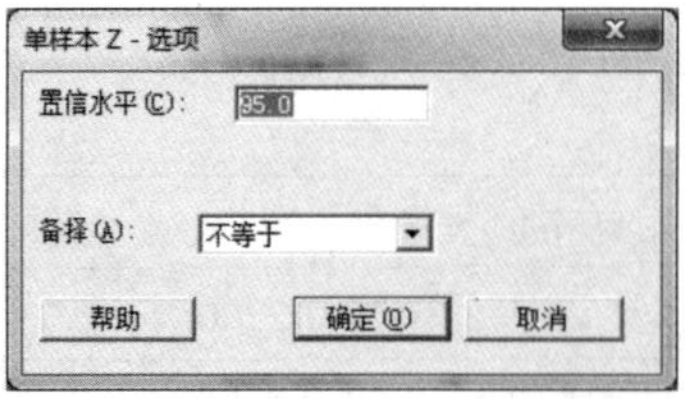

图 2–3 单样本 Z–选项对话框

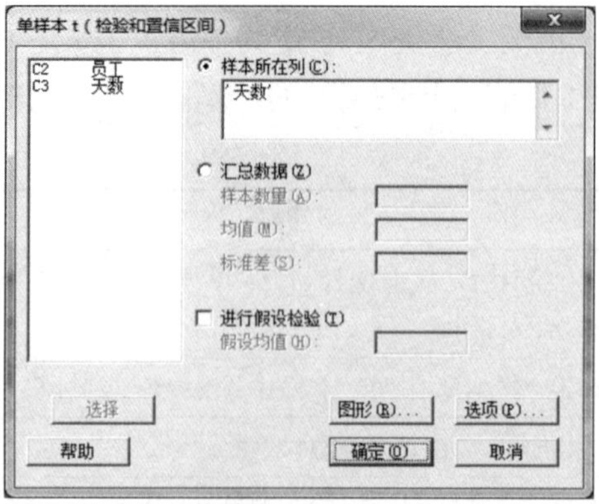

图 2–4 单样本 t 置信区间对话框

例 2.2 已知各产地绿茶中叶酸含量的方差相同, 从多个产地所产绿茶测出, 绿茶所含叶酸量的标准差都是 2.089。而从某地所产的绿茶中抽检 7 片, 测得叶酸

含量如下:

$$7.9,\quad 6.2,\quad 6.6,\quad 8.6,\quad 8.9,\quad 10.1,\quad 9.6。$$

求该地单片茶叶中叶酸含量均值的 95% 置信区间。

解 每片茶叶中叶酸含量服从正态分布; 此题要求正态分布均值 μ 的 95% 置信区间; 标准差已知是 2.089。将 7 个观测值在工作表中排成一列, 变量命名为 "叶酸含量"。从指令 "统计 > 基本统计量 > 单样本 Z" 进入 "单样本 Z" 对话框。在单样本 Z 对话框实施指令: 选定 "样本所在列", 其后空格中选入 "叶酸含量"; "标准差" 空格填 2.089; 不选择假设检验; 点击 "选项", 进入 "单样本 Z–选项" 对话框; 在置信水平空格中填写 95; 在 "备择" 下拉列表中选择 "不等于" (指定双侧置信区间); 各框点击 "确定"。读者完成结果分析。

有时观测数据已经汇总: 已算出样本均值, 要求估计总体均值 μ。这时其他指令不变, 只是在 "单样本 Z" 对话框中不选 "样本所在列", 而是采用 "汇总数据"。

例 2.3 某商店为了解居民对某种商品的需要量 Y(单位: kg), 调查了 100 户家庭, 设每户需要量 Y 服从方差为 9 的正态分布, 由 100 户算出样本均值是 10, 试求居民对该产品需求均值 μ 的 99% 置信区间。

解 从指令 "统计 > 基本统计量 > 单样本 Z" 进入 "单样本 Z" 对话框。在单样本 Z 对话框实施指令: 选定 "汇总数据", "样本数量" 空格中填入 100; "均值" 空格中填 10; "标准差" 空格中填 3; 不选择假设检验; 点击 "选项", 进入 "单样本 Z–选项" 对话框; 在置信水平空格中填写 99; 在 "备择" 下拉列表中选择 "不等于"; 各框点击 "确定"。在会话窗口得到:

单样本 Z

假定标准差 =3

N	均值	均值标准误	99% 置信区间
100	10.000	0.300	(9.227, 10.773)

结果分析: 99% 置信区间是 (9.227, 10.773)。

2.1.2 未知方差时单总体均值的估计

当方差无法知道时, 正态总体均值的估计要用到 t 分布。这时为了估计总体均值, 可用指令 "统计 > 基本统计量 > 单样本 t" 进入 "单样本 t" 对话框。

例 2.4 设用某种计算机辅助软件培训 15 名员工, 所用培训时间如下 (单位: 天, 数据文件: 参数_培训员工.MTW):

52, 44, 55, 44, 45, 59, 50, 54, 62, 46, 54, 58, 60, 62, 63。设培训每个员工所需培训时间服从正态分布, 求该分布均值 μ 的点估计和 95% 置信区间。

解 本题要估计培训每个员工所需培训时间的均值 μ, 不知道方差。将这 15 个数在工作表中排成一列, 命名该列为 "天数"。实施指令:

指令	功能
从指令 "统计 > 基本统计量 > 单样本 t" 进入 "单样本 t" 对话框	用 "t 法" 估计单总体的正态总体均值
选定 "样本所在列", 空格中选入 "天数"	指定数据所在位置
不选择 "进行假设检验" (如图 2–4)	取消假设检验功能

同已知方差情形一样; 点击 "选项", 进入 "单样本 t–选项" 对话框。在置信水平空格中填入 95; 在 "备择" 下拉列表中选择 "不等于" (见图 1–6)。各框点击 "确定" 后会话窗口得下表:

单样本 T: 天数

变量	N	均值	标准差	均值标准误	95% 置信区间
天数	15	53.87	6.82	1.76	(50.09, 57.65)

结果分析: 学员培训天数均值 μ 的点估计为 53.87, 95% 置信区间是 (50.09, 57.65)。即预计大批学员培训天数均值是 53.87 天; 95% 员工所需天数在 50.09 与 57.65 之间。

汽车轮胎的寿命服从生存分析的一些分布; 但是当样本量较大时, 也可以近似地认为轮胎寿命服从正态分布, 从而可用正态分布的参数估计方法。

例 2.5 为研究某种汽车轮胎的磨损特性, 随机地选择 16 只轮胎, 每只轮胎行驶到磨坏为止。记录所行驶的里程如下 (单位: km):

41250, 40187, 43175, 41010, 39265, 41872, 42654, 41287,
38970, 40200, 42550, 41095, 40680, 43500, 39775, 40400。

假设这些数据来自正态总体, 且方差未知, 求均值的置信度为 0.95 的单侧置信下限 (95% 的车至少能坚持多少公里不被磨坏)。

解 本题要估计均值 μ, 标准差未知, 将这 16 个数在工作表中排成一列, 命名该列为 "里程" (见数据文件: 参数_轮胎里程.MTW)。由于方差未知, 从指令 "统计 > 基本统计量 > 单样本 t" 进入 "单样本 t" 对话框。点击 "选项", 进入 "单样本 t−选项" 对话框。在置信水平空格中填入 95; 因为求单侧置信下限, 在 "备择" 下拉列表中选择 "大于"。各框点击 "确定" 后会话窗口得到下列结果:

单样本 T: 里程

变量	N	均值	标准差	均值标准误	95% 下限
里程	16	41117	1347	337	40527

结果分析: 里程均值 μ 的点估计是 41117 km, μ 的 95% 置信区间是 (40527, ∞), 即轮胎里程大于 40527 km 的概率是 0.95。这个置信区间是单侧置信区间。

2.1.3 双总体均值差的估计 (方差相等)

有时需要双总体均值差的估计: 两个总体分别服从正态分布 $N(\mu_1, \sigma_1^2)$ 和 $N(\mu_2, \sigma_2^2)$, 需要估计 $\mu_1 - \mu_2$。

对于双总体均值差的估计, MINITAB 仅介绍未知方差的情形, 采用 t 统计量。由于两个总体方差不等, 教科书中估计双总体均值差的公式不适用。不能用其他方法判定两个总体方差相等时, 可以先用 3.4.3 的方法验证两个正态总体方差是否相等。当两个总体方差相等时, 应当用 2.1.3 的方法估计它们均值的差; 当两个总体方差不等时, 可用 2.1.4 的方法估计它们均值的差。

例 2.6 设有甲乙两种零件可以彼此代用, 但甲零件比乙零件制造简单且造价低。经过试验获得抗压强度数据 (单位: kg/cm^2) 为

甲: 88, 87, 82, 90, 91,

乙: 89, 89, 90, 84, 88。

已知甲乙两种零件的抗压强度分别服从正态分布 $N(\mu_1, \sigma^2)$, $N(\mu_2, \sigma^2)$。为考虑性价比, 求甲乙零件抗压强度差的估计。

解 甲乙两种零件的抗压强度分别是两个总体, 设甲乙两种零件的抗压强度总体均值分别为 μ_1, μ_2, 本例需要估计 $\mu_1 - \mu_2$。已知条件是标准差相同, 都是 σ, 但是 σ 的值未知。这时应当用 "双样本 t" 对话框实施计算。

MINITAB 的操作方法是: 先在工作表上将甲乙零件的抗压强度各填在一列, 分别命名为 "甲" 和 "乙"。然后实施如下操作:

指令	功能
从"统计 > 基本统计量 > 双样本 t"进入"双样本 t"对话框	让 MINITAB 在未知方差条件下, 计算"均值差"
在"双样本 t"对话框选择"样本在不同列中","第一"样本后填写"甲","第二"样本后填写"乙"	指明两总体的样本排在两列; 被减数是甲零件, 减数是乙零件
选择"假定等方差"(如图 2–5)	指定按等方差公式计算

然后, 点击"选项", 进入"双样本 t–选项"对话框后, 置信水平空格中填写 95,"备择"下拉列表选择"不等于"。各框点击"确定"后会话窗口显示如下结果:

```
双样本 T 检验和置信区间: 甲, 乙
甲与乙的双样本 T
...
差值 =mu (甲)– mu (乙)
差值估计: −0.40
差值的 95% 置信区间: (−4.75, 3.95)
差值 =0 (与 ≠) 的 T 检验: T 值 =−0.21    P 值 =0.837   自由度 =8
两者都使用合并标准差 =2.9833
...
```

结果分析: 甲乙零件抗压强度均值之差估计为 −0.40, 差值的 95% 置信区间为 $(-4.75, 3.95)$, 如果希望置信区间短一些, 应当增加检测样品 (样本量加大)。

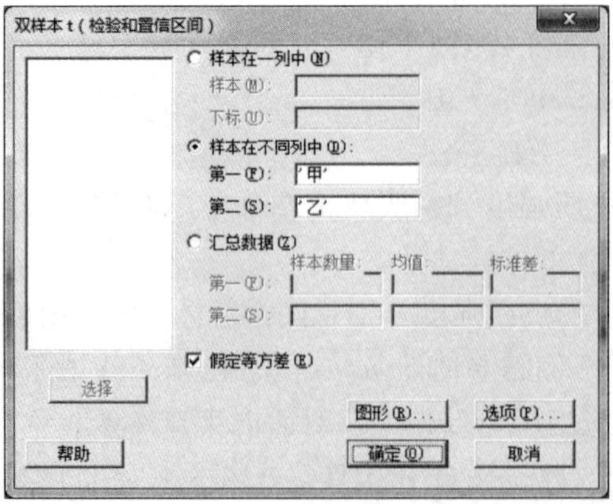

图 2–5 双样本 t 置信区间对话框

2.1.4 双总体均值差的估计 (方差不相等)

方差不等时均值差的估计步骤同 2.1.3 一样, 只是在 "双样本 t" 对话框中不选择 "假定等方差"。

例 2.7 甲乙两个铸造厂生产同一铸件, 假设两厂铸件的重量都服从正态分布, 测得重量如下 (单位: kg, 数据文件 "参数_铸件重量.MTW"):

甲厂: 93.3, 92.1, 94.7, 90.1, 95.6, 90.0, 94.1;

乙厂: 95.6, 94.9, 96.2, 95.1, 95.8, 96.3。

已知两厂生产的铸件方差不等, 试估计两厂生产的铸件重量均值之差。

解 先在工作表上将两厂生产的铸件重量各填在一列, 分别命名为 "甲厂" 和 "乙厂"。然后从 "统计 > 基本统计量 > 双样本 t" 进入 " 双样本 t" 对话框。再在 "双样本 t" 对话框中选择 "样本在不同列中", "第一" 后空格选入 "甲厂", "第二" 后空格选入 "乙厂", 以便估计两厂铸件重量之差; 不选择 "假定等方差"。然后, 点击 "选项", 进入 "双样本 t–选项" 对话框后, 置信水平空格中填写 95, "备择" 选择双侧检验 "不等于"。各框点击 "确定" 后会话窗口得下表:

双样本 T 检验和置信区间: 甲厂, 乙厂

甲厂与乙厂的双样本 T

	N	均值	标准差	均值标准误
甲厂	7	92.84	2.20	0.83
乙厂	6	95.650	0.568	0.23

差值 =mu (甲厂)– mu (乙厂)

差值估计: −2.807

差值的 95% 置信区间: (−4.918, −0.696)

差值 =0 (与 ≠) 的 T 检验: T 值 =−3.25 P 值 =0.017 自由度 =6

输出结果说明: 甲厂铸件均值–乙厂铸件均值的点估计值是 −2.807; 甲厂铸件均值–乙厂铸件均值的 95% 置信区间是 (−4.918, −0.696)。此题经过 3.4.2 的检验, 证明两厂铸件方差不等。

如果两厂铸件重量方差相等, 采用 2.1.3 方法算得差值 95% 置信区间是 (−4.850, −0.764), 区间长度比例 2.7 的短。由此可见在估计两总体均值差时, 如果两总体方差相等应当采用 2.1.3 的方法, 以便得到较短的置信区间。

2.2 正态总体方差的估计

估计方差有重要的意义, 一方面方差反映数据的分散程度, 方差越大, 精度越差, 越需要加强管理; 另一方面估计出方差还有许多其他用途。

为了估计一个总体方差, 可用指令 “统计 > 基本统计量 > 单方差” 进入 “单方差” 对话框。当知道总体服从正态分布时, 应当读取输出结果中的 “卡方” 行的数据; 当知道总体不服从正态分布, 而是连续分布时, 应当读取输出结果中的 “Bonett” 行的数据。

还应当注意: 一般说来方差的点估计值不是标准差点估计值的平方; 方差的区间估计值也不是标准差区间估计值两端的平方。因此输出结果中分别给出标准差和方差的估计。

2.2.1 单总体方差估计

例 2.8 在对等离子体刻蚀器的合格性试验中取得了在硅片上刻蚀均匀性的 20 个观察值。这些数据如下 (数据文件: 参数_等离子.MTW):

5.34, 6.65, 4.76, 5.98, 7.25, 6.00, 7.55, 5.54, 5.62, 6.21,
5.97, 7.35, 5.44, 4.39, 4.98, 5.25, 6.35, 4.61, 6.00, 5.32。

经检验证实它们来自正态总体, 求 σ^2 的点估计和 95% 置信区间。

解 将这 20 个数排成一列, 命名为 “刻蚀”。然后提交如下指令:

指令	功能
由指令 “统计 > 基本统计量 > 单方差” 进入 “单方差” 对话框	进行单方差估计
选定 “样本所在列”, 空格中选入 “刻蚀”	指定观测数据所在列
不选择 “假设检验” (如图 2–6)	不执行假设检验功能

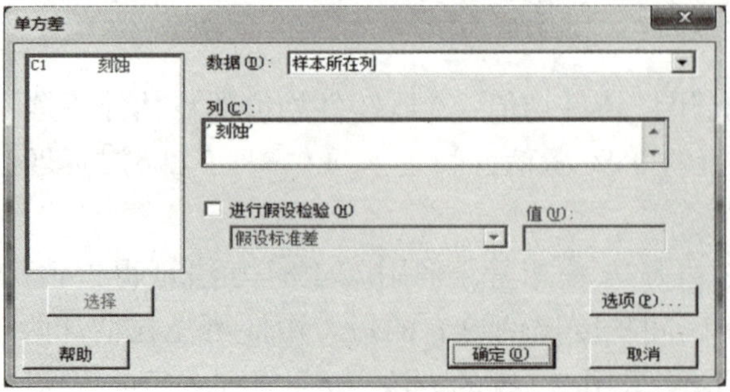

图 2–6 单方差对话框

点击 “选项”, 进入 “单方差–选项” 对话框。在置信水平空格中填入 95; 在 “备择” 下拉列表中选择 “不等于”。各框点击 “确定”, 在会话窗口得到如下输出:

单方差检验和置信区间: 刻蚀

方法

卡方方法仅适用于正态分布。
Bonett 方法适用于任何连续分布。

统计量

变量	N	标准差	方差
刻蚀	20	0.889	0.790

95% 置信区间

变量	方法	标准差置信区间	方差置信区间
刻蚀	卡方	(0.676, 1.299)	(0.457, 1.686)
	Bonett	(0.677, 1.294)	(0.458, 1.675)

结果分析: “方差” 下刻蚀所在行对应的数是 0.790, 故方差的点估计是 0.790; 因为总体是正态, 由倒数第 2 行可见方差 95% 置信区间是 (0.457, 1.686)。

2.2.2 连续非正态总体方差的估计

当总体是连续随机变量而不服从正态分布时, 估计方差的 MINITAB 指令同 2.2.1, 但解释结果时只看倒数第 1 行 (标有 “Bonett” 那一行)。

例 2.9 为了解某地区成年人心脏健康状况, 项目小组对该地区的成年人进行了随机抽样, 并且测量了评价心脏健康水平的若干项指标。表 2–1 是小组测量的脉搏 (次数/分钟) 的数据 (数据文件: 图形_心脏数据.MTW)。经检验脉搏的数值不服从正态分布 (但是仍服从连续分布), 给出脉搏标准差的点估计和 95% 置信区间。

解 在工作表上将这 45 个脉搏值排成一列, 命名为 “脉搏”, 见数据文件: 图形_心脏数据.MTW。然后由指令 “统计 > 基本统计量 > 单方差” 进入 “单方差”

表 2–1 成年人脉搏

序号	脉搏	性别
1	64	男
2	96	女
3	78	女
...	...	...

对话框; 选定 "样本所在列", 空格中选入 "脉搏"; 不选择假设检验; 点击 "选项", 进入 "单方差–选项" 对话框, 在置信水平空格中填入 95; 在 "备择" 下拉列表中选择 "不等于"。各框点击 "确定"。在会话窗口得到如下输出:

```
单方差检验和置信区间: 脉搏

方法

卡方方法仅适用于正态分布。
Bonett 方法适用于任何连续分布。

统计量

变量  N   标准差  方差
脉搏  45  11.6    134

95% 置信区间

变量   方法     标准差置信区间   方差置信区间
脉搏   卡方     (9.6, 14.6)      (92, 214)
       Bonett   (9.7, 14.4)      (95, 208)
```

结果分析: 由表头 "统计量" 下的数可见, 该地区成年人脉搏的标准差点估计是 11.6。表头 "95% 置信区间" 下是置信区间的信息, **因为脉搏数据不服从正态分布, 区间估计值应当用 "Bonett" 估计方法**。由倒数第 1 行可见该地区成年人脉搏标准差 95% 置信区间是 (9.7, 14.4)。

2.3 比率 (0–1 分布均值) 的估计

有时, 得到的观测值是两种 “状况” 之一, 例如产品是次品还是正品, 对某人投赞成票或反对票。作为统计模型, 把这种数据化为随机变量: 取某种状况时随机变量取 “1”, 取另一种状况时随机变量取 “0”。例如 “1” 表示次品或赞成, “0” 表示正品或反对。这种只取两个值 “0 与 1” 的随机变量称为二点分布随机变量或 0–1 随机变量。这种随机变量的均值就是随机变量取 “1” 的概率, 记为 p, MINITAB 称为比率 p, 因为总体中个体数很大时, 总体取 1 的比率 (比例) 等于概率 p。通常需要估计比率 p: 总体中通常包含非常多的个体, 例如产品批量很大, 可能有成千上万; 要知道全部产品的次品率, 不可能对所有产品检验。**比率估计就是从少量的抽查 (调查) 数据出发估计总体的** p。所以 “比率的估计” 就是 “0–1 随机变量均值的估计”。

通常把抽样或调查的原始数据 “汇总”, 例如调查 238 人, 其中表态赞成的有 154 人 (样本中取 1 的频数 =154)。MINITAB 称统计调查总数 =“试验数”, 随机变量取 1 的样品数 =“事件数”。对于上述关于赞成与否的例子, MINITAB 称汇总数据是: “试验数”=238, “事件数”=154。

2.3.1 介绍单个总体比率的估计, 2.3.2 介绍两个总体比率差的估计。

2.3.1 单比率的估计

当要估计一个 0–1 分布总体事件发生的概率 (比率) 时, 使用 “单比率” 对话框。用 MINITAB 指令 “统计 > 基本统计量 > 单比率” 进入 “单比率” 对话框, 实施单个 0–1 分布总体比率估计。

例 2.10 如果想统计某市成年男人通过电视观看某场足球赛的概率 (比例)p, 可以采取在路上调查行人的方式。假设调查了 324 名成年男人, 其中有 148 人看了; 那么能否肯定成年男人观看某场足球赛的概率是 p=128/324=0.395 呢? 显然不能, 因为可能你所问的人多数属于喜欢看球赛的群体, 那么 p 就高估了; 也可能你所问的人多数属于不喜欢看球赛的群体, 那么 p 就低估了。为了保证调查数据的准确性, 要考虑 p 的置信区间。怎样做呢?

解 首先选择被调查者时要注意做到均匀性, 避免只调查某些类型的人, 其次也要采用区间估计方法考虑调查数据的偶然性。看过足球答案记为 1, 未看足球的记为 0, 此时原始调查数据服从 0–1 分布。经过汇总后得到 324 次试验中 128 人取 1, 196 人取 0。为求概率 (比率) p, 提交如下指令:

指令	功能
从 “统计 > 基本统计量 > 单比率” 进入 “单比率” 对话框	让 MINITAB 实施单比率估计和检验
在 “单比率” 对话框选择 “汇总数据”	表明输入的是 “汇总数据” 而不是原始数据
在 “事件数” 后填 128; 在 “试验数” 后填 324(见图 2–7)	表明 “被调查人数”=324, “看过人数”=128
不选择 “进行假设检验”	不让 MINITAB 做假设检验
点击 “选项” 后进入 “单比率–选项” 对话框	展示一些选项
在 “单比率–选项” 对话框中 “置信水平” 空格填写 95	指定置信水平是 0.95
在 “备择” 下拉列表中选择 “不等于”	指定计算双侧置信区间

各框点击 “确定” 后在会话框上显示:

单比率检验和置信区间

样本	X	N	样本 p	95% 置信区间
1	128	324	0.395062	(0.341463, 0.450597)

由此可见看足球比赛的比率点估计是 0.395062, 区间估计 (95% 的置信区间) 是 (0.341463, 0.450597)。该区间不包含 0.5, 所以可以估计观看足球的人不到成年男人的一半。

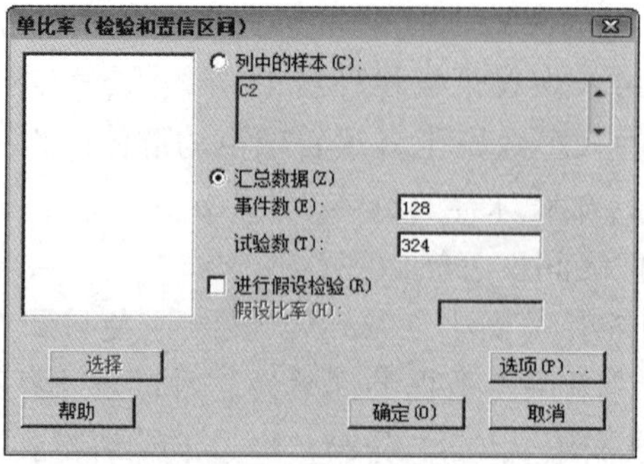

图 2–7 单比率对话框

以下再看一个经典例题, 它在估计“一个总体有多少个体”时很有用。

例 2.11 从湖中随机抓出 400 条鱼, 在其身上做下记号, 放入湖中。24 小时后 (使带记号鱼充分混合到鱼群中) 从湖中随机捕捉 300 条, 其中 20 条有记号, 问湖中有多少条鱼?

解 初看这是一个算术问题: 300 条鱼中 20 条有记号, 说明有记号的鱼占比率为 20/300; 而湖中有记号的鱼共有 400 条, 由 $400\div(20/300)=6000$ 知道有 6000 条鱼。但是细想一下, 这样的估计不严谨: 鱼是随机游动的, 抓上的 300 条鱼中带记号的鱼所占比例与水库全体鱼中有记号鱼所占的比例相比, 可能大, 也可能小; 设湖中带记号的鱼所占比例 (概率) 为 p, 所捕的 300 条鱼中带记号的鱼所占比例一般不会恰好是 p。于是应当从“300 条鱼中 20 条有记号”这一调查数据出发估计 p 的大体范围。由这个范围就能估计湖中鱼的数目。估计 p 大体范围的问题就是求置信区间, 可用 MINITAB 求解。提交如下指令:

指令	功能
从“统计 > 基本统计量 > 单比率”进入“单比率”对话框	让 MINITAB 实施单比率估计和检验
在“单比率”对话框选择“汇总数据”	表明输入的是“汇总数据”而不是原始数据
在“事件数”后填 20; 在“试验数”后填 300	表明“调查数”=300, “有记号数”=20
不选择“进行假设检验”	不让 MINITAB 做假设检验
点击“选项”后进入“单比率–选项”对话框	展示一些选项
在“单比率–选项”对话框中“置信水平”空格填写 95	指定置信水平是 0.95
在“备择”下拉列表中选择“不等于”	指定计算双侧置信区间

各框点击“确定”后会话窗口得到:

单比率检验和置信区间

样本	X	N	样本 p	95% 置信区间
1	20	300	0.066667	(0.041194, 0.101086)

结果分析: 可见 p 的估计值是 0.066667, p 的 95% 置信区间为 (0.041194, 0.101086), 从而鱼总数的点估计是 400/0.066667=6000; 鱼总数的 95% 置信区间约

为 (400/0.101086, 400/0.041194), 即水库中的鱼 95% 可能在 3957 条和 9710 条之间。

2.3.2 双比率差的估计

当要估计两个 0–1 随机变量均值之差 (两个概率之差) 时, 使用 “双比率” 对话框。用指令 “统计 > 基本统计量 > 双比率” 进入 “双比率” 对话框。

例 2.12 为了检验广告效果, 在某地先调查 123 人, 愿意购买某商品的有 23 人; 连续广告 3 个月后 (使全体居民知道广告), 调查 110 人, 愿意购买某商品的有 25 人。试估计广告效果。

解 把广告前后的居民购买该商品的意愿 (是或否) 看成两个总体 X_1 和 X_2: 广告前某人愿意购买记为 X_1=1, 不愿购买记为 X_1=0; 广告后某人愿意购买记为 X_2=1, 不愿购买记为 $X_2 = 0$。设广告前后愿意购买者比率 (概率) 分别为 p_1, p_2, 本例就是要估计 $p_2 - p_1$。这问题就是两个总体比率差的估计。因为题目给出的数据是 “汇总数据”, 在对话框中要选用 “汇总数据” 选项, 又因为 MINITAB 总是用第 1 个统计数据的比率减去第 2 个统计数据的比率, 因此要在对话框中把被减数 (广告后) 的试验数和事件数放在 “第一” 后的空格, 把减数 (广告前) 的试验数和事件数放在 “第二” 后的空格, 于是提交指令:

指令	功能
由 “统计 > 基本统计量 > 双比率” 进入 “双比率” 对话框	让 MINITAB 估计双总体比率的差
在 “双比率” 对话框选择 “汇总数据”	指定数据形式是 “汇总数据”
在 “第一” 后面 “事件” 数空格填 25; 在 “试验” 数空格填 110	第一个总体 (被减数) 调查 110 人, 愿意购买数 25 人
在 “第二” 后面 “事件” 数空格填 23; 在 “试验” 数空格填 123 (如图 2–8)	第二个总体 (减数) 调查 123 人, 愿意购买数 23 人
点击 “选项” 后进入 “双比率–选项” 对话框	展示选项
在 “置信水平” 空格填写 95	指定计算 95% 置信区间
在 “双比率–选项” 对话框中选择 “不等于” (如图 2–9)	让 MINITAB 计算双侧置信区间

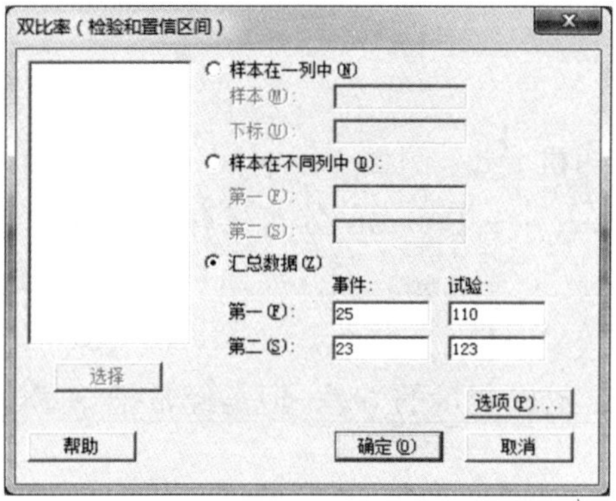

图 2–8　双比率对话框

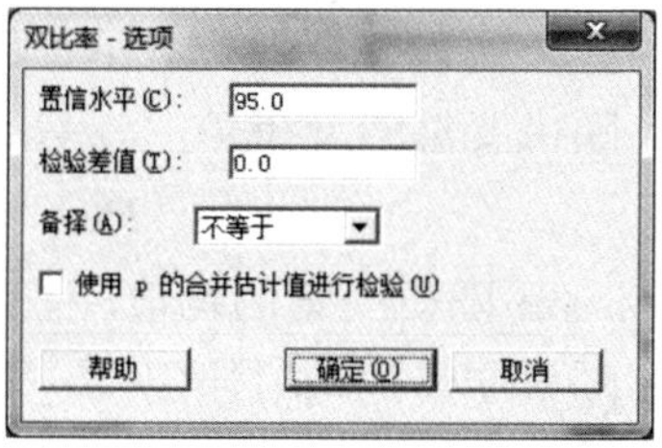

图 2–9　双比率–选项对话框

各框点击确定后在会话窗口得到:

双比率检验和置信区间

样本	X	N	样本 p
1	25	110	0.227273
2	23	123	0.186992

差值 =p(1)–p(2)

差值估计: 0.0402809

差值的 95% 置信区间: (–0.0640313, 0.144593)

差值 =0 (与 ≠0) 的检验: Z=0.76　P 值 =0.449

Fisher 精确检验: P 值 =0.51

结果分析: 由此可见通过广告使人们购买该产品意愿 (比率) 提高 0.0402809; 但是提高购买该产品意愿 (比率) 的 95% 置信区间是 $(-0.0640313, 0.144593)$。置信区间长度 $= 0.144593 + 0.0640313$ 较长而且包含负数, 不能说明广告一定提高人们购买产品的意愿。为了缩短置信区间长度, 使置信区间内全是正数或负数, 应当调查更多的人。

2.4 Poisson 分布参数估计

Poisson 分布随机变量是一种常用离散随机变量, 例如一段时间进入某大商场或车站人数, 它只能取非负整数值: $k = 0, 1, 2, \cdots$。Poisson 分布只有一个参数 λ。Poisson 随机变量的分布是

$$P(X = k) = e^{-\lambda}\lambda^k/k!。$$

λ 是 Poisson 随机变量的均值, 也是 Poisson 随机变量的方差; 但是经常把 λ 作为 Poisson 随机变量的均值使用。

为了估计 Poisson 随机变量的均值 λ, 由指令 "统计 > 基本统计量 >Poisson 率" 进入 "单样本 Poisson 率" 对话框或 "双样本 Poisson 率" 对话框, 可以估计 Poisson 分布的参数或它们的差。

2.4.1 介绍单个服从 Poisson 分布总体均值的估计, 2.4.2 介绍两个服从 Poisson 分布总体均值差的估计。

2.4.1 单总体均值的估计

例 2.13 某公司抽查编程错误情况, 每千行中错误数服从 Poisson 分布, 也就是说:

$$P(\text{千行中错误数} = k) = e^{-\lambda}\lambda^k/k!。$$

设某次共抽查 1.5 万行, 每千行中错误数如表 2–2 (汇总数据)。求每千行中错误数均值的 95% 置信区间。

表 2–2 每千行错误数

错误数	0	1	2	3	4
频数	3	4	2	5	1

解 因为 Poisson 分布的均值就是参数 λ, 本题要求估计参数 λ, 即每千行错误行数均值 λ 的点估计和 95% 置信区间。将错误数和频数分别存入 C1 和 C2 列, 命名为 "错误数" 和 "频数", 即在工作表中将表 2–2 转置。然后实施操作: 由指令 "统计 > 基本统计量 > 单样本 Poisson 率" 进入 "单样本 Poisson 率" 对话框, 在 "样本所在列" 后空格中选入 "错误数", 在 "频率列 (可选)" 后空格中选入 "频数", 点击 "确定", 如图 2–10。点击 "选项" 后进入 "单样本 Poisson 率–选项" 对话框, 在该对话框中保持 95 不变, 选择 "不等于"。

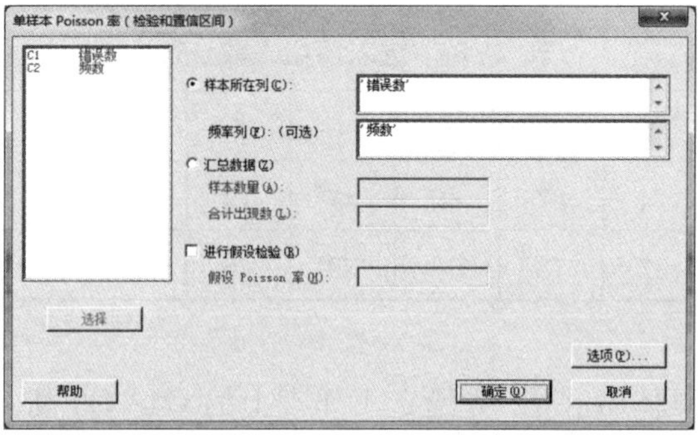

图 2–10 单样本 Poisson 率对话框

各框点击“确定”后在会话窗口得到:

单样本 Poisson 率: 错误数的置信区间

使用频率于频数

变量	合计出现次数	N	出现率	95% 置信区间
错误数	27	15	1.80000	(1.18621, 2.61891)

观测值的“长度”=1。

结果分析: “出现率”下面的数就是参数估计值, 可见参数 λ=1.80000; 由于该参数就是总体均值, 所以每千行中错误数均值是 1.8 个。由倒数第二行最后部分可见每千行错误数均值 λ 的 95% 置信区间是 (1.18621, 2.61891)。95% 置信区间长度是 $2.61891 - 1.18621 = 1.4327$, 为了缩小置信区间长度, 应当调查更多行, 统计每千行的错误数。

2.4.2 双总体均值差的估计

有时需要估计两个服从 Poisson 分布的随机变量均值的差。

例 2.14 今年某天上午 9 时至 11 时对进入某商场的人数进行统计, 间隔时间是 20 秒, 去年同天也做了类似统计。进入人数的频数统计数据如表 2–3 (其中多于 9 人的都算 10 人), 已知进入人数服从 Poisson 分布, 求 20 秒内今年平均人数比去年平均人数增加的 95% 置信区间。

解 “去年市民在 20 秒内进入商场的人数”和“今年市民在 20 秒内进入商场的人数”是两个总体, 它们都服从 Poisson 分布, 但是参数 λ_1, λ_2 不同, 现在需要计

表 2–3 进入商场人数分布

进入人数	0	1	2	3	4	5	6	7	8	9	10
去年频数	28	74	87	86	47	19	10	1	1	1	0
今年频数	9	37	78	68	79	46	26	12	6	3	1

算参数差 $\lambda_1 - \lambda_2$。具体做法是: 先给定工作表上的 C1~C3 列, C1 命名为 “进入人数”, 该列前 11 个数来自表 2–3 第 1 行, 该列后 11 个数同样来自表 2–3 第 1 行; C2 命名为 “频数”, 该列前 11 个数来自表 2–3 第 2 行, 该列后 11 个数来自表 2–3 第 3 行; C3 命名为 “年”, 前 11 个值是 “去年”, 后 11 个值是 “今年”(数据文件: 参数_进入人数.MTW)。这样一来, C3 列给出年份, C2 列是相应年进入人数的频数, 见图 2–11。然后实施操作: 由指令 “统计 > 基本统计量 > 双样本 Poisson 率” 进入 “双样本 Poisson 率” 对话框, 选定 “样本在一列中”, 在 “样本” 后空格中选入 “进入人数”, 在 “下标” 后空格中选入 “年”, 在 “频数列 (可选)” 后空格中选入 “频数”, 如图 2–12, 点击 “确定”。

↓	C1	C2	C3-T	C4
	进入人数	频数	年	
1	0	28	去年	
2	1	74	去年	
3	2	87	去年	
4	3	86	去年	
5	4	47	去年	
6	5	19	去年	
7	6	10	去年	
8	7	1	去年	
9	8	1	去年	
10	9	1	去年	
11	10	0	去年	
12	0	9	今年	
13	1	37	今年	
14	2	78	今年	
15	3	68	今年	
16	4	79	今年	
17	5	46	今年	
18	6	26	今年	
19	7	12	今年	
20	8	6	今年	
21	9	3	今年	
22	10	1	今年	
23				

图 2–11 不同年进入商场人数工作表

在会话窗口得到:

```
双样本 Poisson 率: 进入人数, 年的检验和置信区间
使用频率于频数
...
差值 = 比率 (去年) − 比率 (今年)
差值估计: −1.00787
差值的 95% 置信区间: (−1.25951, −0.756230)
...
```

结果分析: 倒数第 2 行 “差值估计” 是 $\lambda_1 - \lambda_2$ 的点估计, 可见去年 20 秒内平均进入人数比今年少 1.00787; 倒数第 1 行是 $\lambda_1 - \lambda_2$ 的区间估计, 可见今年平均进入人数比去年多出数值的 95% 置信区间是 (0.75623,1.25951)。由于该区间不包含 0, 可以证明今年平均进入人数 λ_1 比去年平均进入人数 λ_2 大。

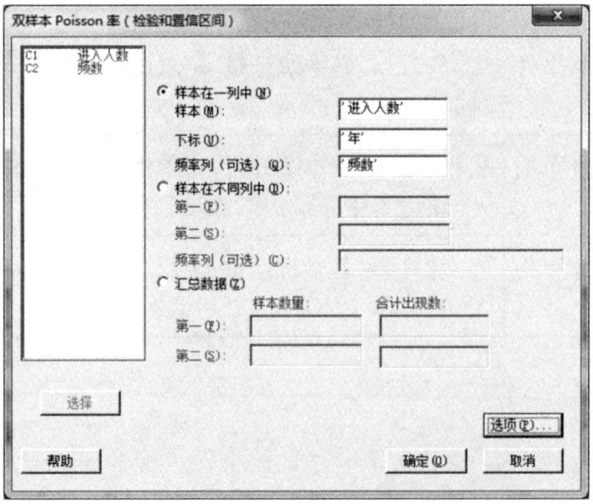

图 2−12 双样本 Poisson 率对话框

小结

任务	对话框	参照例题
正态总体, 已知方差估计均值	从 “统计 > 基本统计量 > 单样本 Z” 进入 “单样本 Z” 对话框	2.1, 2.2, 2.3
正态总体, 未知方差估计均值	从 “统计 > 基本统计量 > 单样本 t” 进入 “单样本 t” 对话框	2.4, 2.5

续表

任务	对话框	参照例题
两个正态总体, 相等未知方差估计均值差	从“统计 > 基本统计量 > 双样本 t”进入“双样本 t”对话框	2.6
两个正态总体, 不相等未知方差估计均值差	从“统计 > 基本统计量 > 双样本 t”进入“双样本 t”对话框	2.7
估计单个正态总体的方差	从“统计 > 基本统计量 > 单方差”进入“单方差”对话框	2.8
估计单个非正态总体的方差	从“统计 > 基本统计量 > 单方差”进入“单方差”对话框	2.9
估计 0–1 分布单总体某事件发生的概率	从“统计 > 基本统计量 > 单比率”进入“单比率”对话框	2.10, 2.11
估计 0–1 分布两总体某事件发生的概率的差	从“统计 > 基本统计量 > 双比率”进入“双比率”对话框	2.12
估计单总体 Poisson 分布的均值	从“统计 > 基本统计量 > 单样本 Poisson 率”进入“单样本 Poisson 率”对话框	2.13
估计双总体 Poisson 分布均值的差	从“统计 > 基本统计量 > 双样本 Poisson 率”进入“双样本 Poisson 率”对话框	2.14

练习题

2.1 在某砖厂生产的一批砖中, 随机地抽取 6 块, 测量其抗断强度 (单位: MPa) 分别为:

$$3.366,\quad 3.106,\quad 3.264,\quad 3.287,\quad 3.122,\quad 3.205。$$

设该批砖的抗断强度 X 服从正态分布 $N(\mu, 0.11^2)$, 求该批砖平均抗断强度的点估计和 95% 置信区间。

2.2 已知某种木材横纹抗压力值服从正态分布, 对 10 个试件测试横纹抗压力数据如下 (单位: $\mathrm{kg/cm^2}$):

$$482,\quad 493,\quad 457,\quad 471,\quad 510,\quad 446,\quad 435,\quad 418,\quad 394,\quad 469。$$

试估计该木材横纹抗压力均值的 95% 置信区间。

2.3 某种羊毛在处理前后, 各抽取一些样品, 测得含脂率数据如下 (单位: 0.01, 数据文件: 参数_含脂率.MTW):

处理前: 19, 18, 21, 30, 66, 42, 8, 12, 30, 27;

处理后: 15, 13, 7, 24, 19, 4, 8, 20。

已知羊毛含脂率服从正态分布, 但处理前后方差不等, 试估计处理前后含脂率均值的差。

2.4 某车间生产滚珠, 从长期生产实践中知道滚珠直径服从正态分布, 从某天生产的滚珠中随机抽取 6 粒, 测得直径如下 (单位: mm):

14.7, 15.0, 14.9, 14.8, 15.2, 15.1。

估计这天滚珠的标准差。

2.5 从一批冷拔铜丝中任取 10 根, 试验其折断力, 得数据如下 (单位: kg, 数据文件: 参数_冷拔铜丝.MTW):

578, 572, 570, 568, 572, 570, 570, 596, 584, 572。

已知这批冷拔铜丝折断力不服从正态分布, 试估计这批冷拔铜丝的方差。

2.6 为了调查市民是否赞成设置某个绿地, 记者调查 200 名成人, 赞成的有 170 人, 求全城成人中赞成设置该绿地的人所占比率, 以及比率的 95% 置信区间。

2.7 某种产品采用老工艺生产时抽查 120 件, 其中有 4 件次品; 采用新工艺生产时抽查 150 件, 其中有 3 件次品。求工艺改革后次品率降低值的点估计和区间估计。

2.8 Rutherford 等 1910 年做了著名实验: 每隔 7.5 秒的时间观测一次, 测试这 7.5 秒内到达某指定区域的质点数, 将数据整理成表 2–4 (其中大于等于 10 的全归为等于 10 的一类)。已知质点数服从 Poisson 分布, 试求参数 λ 的 95% 置信区间。

表 2–4 放射质点数分布

质点数	0	1	2	3	4	5	6	7	8	9	10
频数	57	203	383	525	535	408	273	139	45	27	16

2.9 公司 A、B 都生产电视机, 该公司对每个季度生产的有缺陷屏幕的单元数进行了计数 (如表 2–5)。设两公司每个季度生产的有缺陷屏幕的单元数分别服从参数为 λ_1, λ_2 的 Poisson 分布。求 $\lambda_1 - \lambda_2$ 的 95% 置信区间。

表 2–5 屏幕缺陷单元分布

缺陷数	9	10	11	14	15	16	17	18	19	20	21	22	23	24	27
A 频数	1	1	1	5	3	3	1	8	4	5	2	3	1	1	1
缺陷数	19	20	22	23	24	25	26	27	30	31	35				
B 频数	2	2	2	1	2	2	1	2	2	2	2				

第 3 章

假设检验

假设检验是一种非常重要的统计方法, 在总体分布参数的检验、总体分布类型的检验、方差分析、回归、实验设计、抽样检验等处广泛使用。本章对某些分布的参数做假设检验 (3.1 节 ~3.5 节), 也检验观测数据是否符合某些分布类型 (3.6 节)。假设检验的原理是概率性反证法。现在举一通俗例子说明概率性反证法的原理。

例 3.1 为了检验两个学生某次作业是否相互抄袭, 检查这两份作业的卷面, 由学生卷面上的雷同数 (所谓雷同, 一般指发生错误而且错得一模一样的卷面文字; 或者语气特点完全一致的句子) 做出判断。通常的简单做法是由经验给出阈值, 例如对某次作业根据经验取阈值等于 4, 当两份作业雷同数大于或等于 4 时, 不抄袭的概率很小, 判定两份作业存在抄袭; 当雷同数小于 4 时, 抄袭的概率不大, 判定不存在抄袭。这相当于建立两个假设:

原假设 H_0: 两学生未抄袭;

备择假设 H_1: 两学生有抄袭。

判定这两个假设中哪一个成立。判定方法是: 由卷面确定 "雷同数", 当它较大 (例如大于或等于 4) 时, 因为如果不抄袭, 如此大的雷同数很难发生, 从而判定备择假 H_1 成立, 否则判定原假设 H_0 成立。

例 3.1 采用如果 "原假设成立", 概率很小的事件居然发生 (概率小的事很难发生), 从而判定 "原假设不成立", "备择假设成立"。这种方法称为 "概率性反证法"。

一般高校概率统计教科书中, 介绍假设检验有关内容时, 也都采用 "概率性反证法"。首先建立原假设 (也称为零假设) 和备择假设 (也称为对立假设); 然后选定检验统计量 (类似于 3.1 中的雷同数); 根据小概率查表, 求出 "拒绝域" (拒绝域通过检验统计量的概率分布构造而得), 检验统计量落在拒绝域的概率应当很小。

之后的假设检验步骤是: 计算检验统计量, 根据检验统计量的大小做判断。如果检验统计量落在拒绝域, 在原假设成立条件下小概率事件发生了, 就应当断定原假设不成立。当检验统计量不落在拒绝域时, 没有充分理由否定原假设, 只好按照类似法院判案的 "疑罪从无" 原理, 判定原假设成立。"概率性反证法" 也称为 "显著性检验"。

对检验统计量、"拒绝域"、查表方法感兴趣的读者可以阅读高校的数理统计教科书, 例如 [2, 14]。

MINITAB 软件代替人们做了许多工作, 免去很多麻烦: 使用它后不需要考虑建立什么样的检验统计量, 也不建立 "接受域" 和 "拒绝域" 的一般形式, 更不用查表。仅仅做如下工作: (1) 向 MINITAB 提供观测数据以及假设检验的原假设和备择假设; MINITAB 根据观测数据给出检验统计量的值, 自行计算 P 值 (P 值就是检验统计量落在某个区域的概率, 例如例 3.1 中规定雷同最大数是 4, P 值就是雷同数大于或等于 4 的概率)。(2) 根据 P 值进行判断: 如果 P 值很小 (例如小于 0.05), 说明在原假设成立的条件下小概率事件发生了, 从而断定原假设不成立, 备择假设成立; 当 P 值不小时, 按照类似法院判案的 "疑罪从无" 原理, 判定原假设成立。

怎样选择原假设和备择假设? 初学统计的大学生和实际工作者有时容易混淆这个问题, 按照已故张尧庭教授的说法, 在设置原假设和备择假设时, 备择假设往往是人们希望统计检验证明成立的事件 (例如你想证明产品质量不合格, 以 "产品质量指标不合格" 为备择假设; 如果想证明产品质量特别好, 以 "产品质量指标特别好" 为备择假设), 原假设则是便于计算检验统计量分布的事件。通过本章的实例可以体会张先生的说法。

如果希望通过概率性反证法证明某个量 C 不等于指定值 b, 就以 "$C \neq b$" 为备择假设, 以 "$C = b$" 为原假设 (这种假设检验称为双边检验)。如果希望证明某个量大于 a, 就设 "该值大于 a" 为备择假设, "该值等于 a" 做原假设; 如果希望证明某个值小于 a, 就设 "该值小于 a" 为备择假设, "该值等于 a" 做原假设; 这两种假设检验也称为单边检验。本章中原假设往往只取等号, 理论上可以证明, 单边检验原假设中添上不等号的检验也是一样的: 当备择假设是 "$a > b$" 时, 原假设也可以是 "$a \leqslant b$", 当备择假设是 "$a < b$" 时, 原假设也可以是 "$a \geqslant b$"。

本章只介绍用 MINITAB 做假设检验的操作: 在工作表中恰当地输入和使用观测数据, 选择合适的对话框并在其中填写和选择, 再在会话窗口查看 MINITAB 算出的 P 值, 从而做出判定。

从 "统计 > 基本统计量 > ···" 进入相应对话框, 可以指示 MINITAB 做本章的假设检验。在 3.1~3.5 节中为了指明备择假设, 应当在 xxx 对话框中点击 "选项" 从而进入 "xxx–选项对话框", 在该对话框中文字 "备择" 下有 "下拉列表", 其中有 3 个选项: 大于、小于和不等于 (见图 1–6)。当备择假设是 "xxx>yyy" 时, 在 "下拉列表" 中选择 "大于" (简称为 "备择" 选择 "大于", 或称为在备择选项中选择 "大于"); 当备择假设是 "xxx<yyy" 时, 在 "下拉列表" 中选择 "小于" (简称为 "备择" 选择 "小于", 或称为在备择选项中选择 "小于"); 当备择假设是双边检验 ("$C \neq b$") 时, 在 "下拉列表" 中选择 "不等于" (简称 "备择" 选择 "不等于", 或称为在备择选项中选择 "不等于")。也可以采用另一种检验方法: 在对话框的 "置信水平" 空格中填入显著性水平, 然后观测会话窗口, 如果原假设的数值在置信区间内, 则接受原假设, 否则拒绝原假设, 接受备择假设 (见例 3.2).

经过电脑计算分析后, MINITAB 在会话窗口显示原假设与备择假设, 并给出 P 值 (概率)。读者可以据此查看所选原假设与备择假设是否符合你的想法, 并且在符号 "P" 下找到 "P 值", 若 P 值小于显著性水平, 则判定备则假设成立, 否则判定原假设成立。

判断 P 值是否很小的值 (概率) 称为 "显著性水平" 或 "显著度"。除非另外声明, 本章一般取显著性水平 $\alpha = 0.05$; 有的时候 P 值不容易太小, 也以 0.1 为显著性水平; 也有人在 P 值小于 0.01 时, 称备择假设高度显著。

本章 3.1、3.2、3.3 节假设总体服从正态分布, 进行关于总体均值 μ 的假设检验; 3.4 节假设总体服从正态分布, 进行关于总体标准差 σ 的假设检验; 3.5 节假设总体服从 0–1 分布, 进行均值 p ("比率") 的假设检验; 3.6 节介绍对总体分布类型的检验。

本章的假设检验不考虑 "两类错误的概率", 第 4 章的抽样检验中再讨论这个问题。

"等价检验" 这一统计方法也能从另一个角度进行抽样检验。粗略地说, 等价检验的原假设、备择假设恰好与本章原假设、备择假设对调。MIINITAB 的 R18 版能实施 "等价检验", 关心的读者可以阅读 [12].

3.1 正态单总体 Z 检验

当总体服从正态分布而方差已知时, 同第 2 章参数估计一样, 对均值的检验应当采用 Z 检验。MINITAB 用指令 "统计 > 基本统计量 > 单样本 Z" 进入 "单样本 Z" 对话框, 从而进行 Z 检验。

例 3.2 是双边检验的例子。

例 3.2 某厂生产的猪肉罐头规定每听中猪肉净重 500(单位: g), 由历史数据知每听猪肉净重服从正态分布, 标准差是 2。某天抽样中测得 5 听罐头猪肉净重是:

$$501, 507, 498, 502, 504。$$

那么该天单听罐头猪肉净重均值是否符合标准?

解 符合标准的含义是单听罐头猪肉净重平均重量是 500, 不能与 500 有显著差异。这是双边检验。因为怀疑罐头重量均值不符合标准, 想证明均值不合格, 以均值不等于 500 为备择假设。为此建立假设:

$$H_0 : \mu = 500, \quad H_1 : \mu \neq 500。$$

然后在工作表上将 5 听罐头猪肉净重输入一列, 命名该列为 "罐头重量"。再提交下列指令:

指令	功能
从 "统计 > 基本统计量 > 单样本 Z" 进入 "单样本 Z" 对话框	让 MINITAB 实施 Z 检验
选定 "样本所在列"	指定数据是原始数据, 未汇总
"样本所在列" 下空格中选入 "罐头重量"	指定数据所在列是 "罐头重量" 列
"标准差" 空格填 2	指定标准差是 2
选择 "进行假设检验"	要求进行假设检验
"假设均值" 空格填 500 (如图 3–1)	让均值与 500 相比较

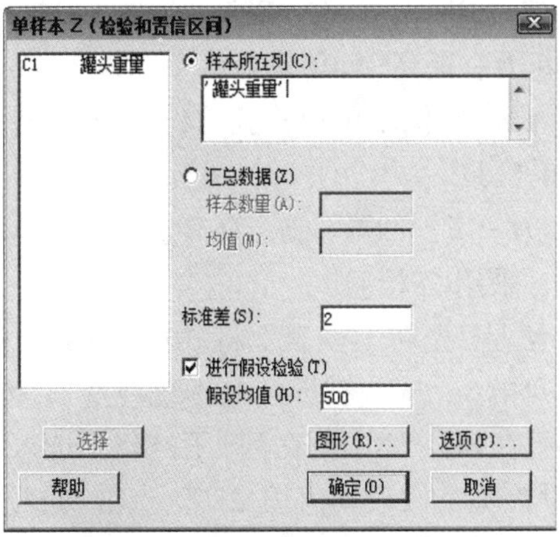

图 3–1 单样本 Z 检验对话框

点击 "选项", 进入 "单样本 Z–选项" 对话框, 置信水平保持默认值 0.95, 由于是双边检验, 在 "备择" 选项中选择 "不等于"。各框点击 "确定", 在会话窗口得到结

果如下:

```
单样本 Z: 罐头重量


mu=500 与 ≠500 的检验
假定标准差 =2


  变量     N    均值      标准差   均值标准误      95% 置信区间           Z      P
罐头重量   5   502.400    3.362     0.894      (500.647, 504.153)   2.68   0.007
```

结果分析: 会话窗口第 1 行 "mu=500 与 ≠500 的检验" 说明原假设和备择假设分别是 "$H_0 : \mu = 500,\ H_1 : \mu \neq 500$"。第 2 行 "假定标准差 =2" 说明已知标准差是 2。最后一行前 3 个数分别说明样本量 =5; 这个猪肉净重的样本均值 μ=502.4; 样本标准差 $s = 3.362$; 最后一列的 P 值 =0.007<0.05, 因而拒绝原假设, 接受备择假设, 即认为当天所生产罐头猪肉净重的均值不合标准。另一种判别方法是: 会话窗口中 95% 置信区间是 (500.647, 504.153), 回顾被检验的原假设值是 500, 它不在置信区间内, 也否定了原假设; 而且看出猪肉净重偏大。

例 3.3 是单边检验的例子。

例 3.3 某车间生产铜丝, 根据历史资料, 所生产铜丝折断力 (单位: kg) 服从正态分布, 且均值是 285, 标准差是 4。现在换了新材料, 所生产铜丝折断力 X 服从正态分布且标准差不变。随机抽出的 10 根铜丝的折断力是:

289, 286, 285, 284, 286, 285, 285, 286, 298, 292。

问是否有理由认为, 折断力有提高 (均值是否大于 285)?

解 设 X 的均值为 μ, 本例是单边检验, 此处希望证明 "均值大于 285", 根据张尧庭先生的说法, 即要检验:

$$H_0 : \mu = 285, \quad H_1 : \mu > 285 \quad 或 \quad H_0 : \mu \leqslant 285, \quad H_1 : \mu > 285。$$

由于总体标准差 4 已知, 采用 Z 检验。

MINITAB 操作方法是: 先在工作表上将 10 个折断力输入一列, 命名该列为 "折断力"。然后提交下列指令: 从 "统计 > 基本统计量 > 单样本 Z" 进入 "单样本 Z" 对话框; 选定 "样本所在列", "样本所在列" 下空格中选入 "折断力"; "标准差" 空格填 4; 选择 "进行假设检验"; 假设均值填 285。点击 "选项", 进入 "单样本 Z–选项" 对话框, 置信水平保持默认值 0.95, 根据备择假设 $H_1 : \mu > 285$ 的符号 ">", 在 "备择" 选项中选择 "大于"。各框点击 "确定", 在会话窗口得到结果如下:

单样本 Z: 折断力

mu=285 与 >285 的检验
假定标准差 =4

变量	N	均值	标准差	均值标准误	95% 下限	Z	P
折断力	10	287.60	4.35	1.26	285.52	2.06	0.020

结果分析: 因为最后一行最后一列显示的 P 值 =0.02<0.05, 判定接受 $H_1: \mu > 285$, 即使用新材料情况下折断力确有提高。

实际问题中有时对数据做了汇总, 得到的观测数据简化成样本均值, 这时 MINITAB 做假设检验的方法基本不变, 只是无需使用工作表; 而在 "单样本 Z" 对话框中, 说明数据是 "汇总" 数据, 并填写样本均值和样本量。

例 3.4 一台自动车床加工零件的直径 X (单位: cm) 服从正态分布, 在正常情况下 $X \sim N(5, 0.6^2)$, 今从一天生产的产品中随机抽取 36 个, 分别测量其直径, 算得样本均值 $\bar{x} = 4.8$, 假设零件的方差保持不变。是否有理由认为, 该车床这天的生产不正常?

解 设自动车床加工零件的直径均值是 μ, 本题要检验自动车床加工零件的直径均值是否不等于 5, 这是双边检验问题:

$$H_0: \mu = 5, \quad H_1: \mu \neq 5。$$

已知总体标准差是 0.6, 因而采用 Z 检验。

因为数据做了汇总, MINITAB 操作方法是: 不需要工作表, 直接提交下列指令:

指令	功能
从 "统计 > 基本统计量 > 单样本 Z" 进入 "单样本 Z" 对话框, 选择 "进行假设检验"	要求进行单样本 Z 检验
在 "单样本 Z" 对话框选择 "汇总数据"	要求 MINITAB 分析 "汇总数据"
"样本数量" 填 36	样本容量是 36
"均值" 空格填 4.8	36 个观测值的样本均值是 4.8
"标准差" 空格填 0.6	总体标准差是 0.6
"假设均值" 空格填 5(如图 3–2)	要检验 "总体均值" 与 5 的关系

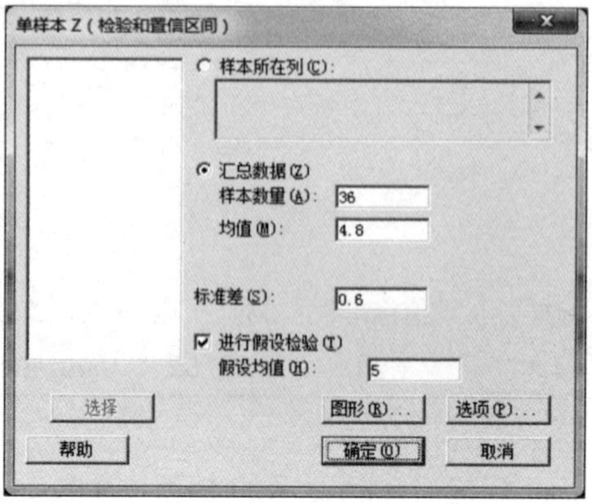

图 3–2 选择汇总数据的对话框

然后点击 “选项”, 进入 “选项” 对话框后, “备择” 选项中选择 “不等于”。各框点击 “确定” 后在会话窗口得到:

单样本 Z

mu=5 与 ≠5 的检验
假定标准差 =0.6

N	均值	均值标准误	95% 置信区间	Z	P
36	4.800	0.100	(4.604, 4.996)	−2.00	0.046

结果分析: 由于 P 值 =0.046<0.05, 认为存在显著差异, 即均值不等于 5, 也就是说生产不正常。

例 3.5 组装厂要求一种元件使用寿命不得低于 1000 小时, 今从一批这种元件中随机抽取 25 件, 测得其寿命的样本均值为 950 小时, 已知这种元件寿命服从标准差为 100 小时的正态分布。试在显著性水平等于 0.05 下确定这批元件是否合格?

解 设元件的使用寿命是 μ。“使用寿命不得低于 1000 小时” 意指 $\mu \geqslant 1000$, 不合格产品意指使用寿命低于 1000 小时的产品。因为想证明这批产品不合格, 故本例要检验:

$$H_0: \mu \geqslant 1000, \quad H_1: \mu < 1000 \quad \text{或} \quad H_0: \mu = 1000, \quad H_1: \mu < 1000。$$

使用 MINITAB 检验方法是: 由指令 “统计 > 基本统计量 > 单样本 Z” 进入 “单样本 Z 对话框”, 选定 “汇总数据”, “样本数量” 空格中填入 25, “均值” 空格中填入 950, “标准差” 空格中填入 100, 选择 “进行假设检验”, 假设均值填 1000。点击 “选项” 后, 在 “备择” 选项中根据备择假设选择 “小于”。各框点击 “确定” 后, 在会话窗口得到如下结果:

```
单样本 Z

mu=1000 与 <1000 的检验
假定标准差 =100

N   均值    均值标准误   95% 上限     Z        P
25  950.0      20.0         982.9     −2.50   0.006
```

结果分析: 由于 P 值 =0.006<0.05, 所以接受备择假设, 即这批元件寿命小于 1000 小时, 这批产品不合格。

3.2 正态总体 t 检验

当能够知道总体标准差时尽量采用 Z 检验, 因为所用标准差比较稳定, 检验效果好。但许多情况下总体标准差未知, 这时可以采用 t 检验。MINITAB 用指令 “统计 > 基本统计量 > 单样本 t” 进入 “单样本 t” 对话框, 从而进行 t 检验。和 Z 检验一样, 利用 “备择” 中选择 “大于”“小于” 和 “不等于” 实施单侧和双侧检验。

例 3.6 用热敏电阻测温仪间接测量地热勘探井底温度 (单位: °C), 设测量值 $X \sim N(\mu, \sigma^2)$, 现在重复测量 7 次, 测得温度如下:

$$112.0,\quad 113.4,\quad 111.2,\quad 112.0,\quad 114.5,\quad 112.9,\quad 113.6。$$

而用其他方法测得井底温度的真值 $\mu_0 = 112.6$, 试问是否有理由认为, 用热敏电阻测温仪间接测量温度有系统偏差 ($\alpha = 0.05$)?

解 设用热敏电阻测温仪间接测量地热数据总体均值为 μ, 有系统偏差就是 μ 不等于 112.6。本例要检验:

$$H_0 : \mu = 112.6, \quad H_1 : \mu \neq 112.6。$$

总体标准差 σ 未知, 是双边检验。由于总体方差未知, 采用 t 检验。

MINITAB 操作方法是: 先在工作表上将 7 次测量温度填在一列, 命名该列为 “测量温度”。然后提交下列指令 (见图 3–3):

指令	功能
从 “统计 > 基本统计量 > 单样本 t” 进入 “单样本 t” 对话框	让 MINITAB 实施 t 检验
在 “单样本 t” 对话框选定 “样本所在列”	指定以列形式输入变量的值
在 “样本所在列” 空格中选入 “测量温度”	指定样本值所在列
选择 “进行假设检验”, 假设均值填 112.6	要求检验均值, 与 112.6 比较

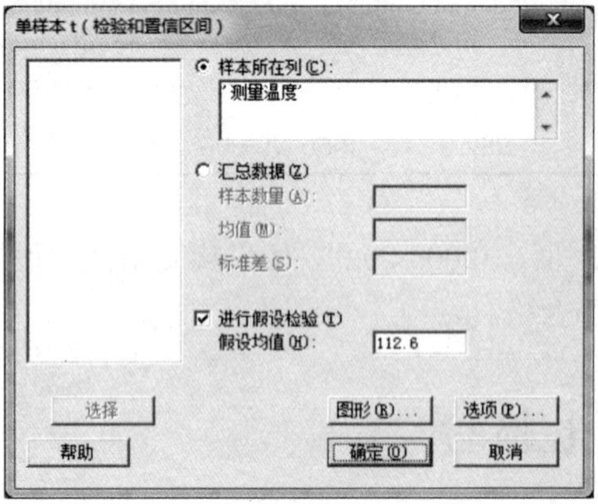

图 3–3　单样本 t 检验对话框

再点击 “选项”, 进入 “选项” 对话框。根据备择假设, 在 “备择” 选项中选择双侧检验 “不等于”。各框点击 “确定” 后会话窗口得下表:

单样本 T: 测量温度

mu=112.6 与 ≠112.6 的检验

变量	N	均值	标准差	均值标准误	95% 置信区间	T	P
测量温度	7	112.800	1.136	0.429	(111.750, 113.850)	0.47	0.658

输出结果分析: 7 次测量样本均值为 112.8, 由输出的 P 值 =0.658>0.05, 无法否定原假设, 只能接受原假设, 得出结论: 热敏电阻测温仪间接测量温度没有系统偏差。

例 3.7　某电子元件的寿命 (单位: 小时) $X \sim N(\mu, \sigma^2)$, μ, σ^2 均未知。现从这批电子元件中随机抽取 16 只, 测得其寿命分别为:

159,　280,　101,　212,　224,　379,　179,　264,
222,　362,　168,　250,　149,　260,　485,　170。

销售商宣称这批电子元件的平均寿命大于 225 小时, 问从这些检测数据, 是否有理由认为这批电子元件的平均寿命大于 225 小时 (显著性水平 $\alpha = 0.05$)?

解 设电子元件寿命总体均值为 μ, 为证实销售商所言不虚, 就要证明这批电子元件的平均寿命大于 225 小时。因此假设:

$$H_0 : \mu \leqslant 225, \quad H_1 : \mu > 225,$$

总体标准差 σ 未知, 采用 t 检验, 是单边检验。

使用 MINITAB 操作方法是: 先在工作表上将 16 个寿命填在一列, 命名该列为 "元件寿命"。然后从 "统计 > 基本统计量 > 单样本 t" 进入 "单样本 t" 对话框, 选择 "样本所在列", 在样本所在列 (变量名) 空格中选入 "元件寿命"; 选择 "进行假设检验", 假设均值填 225。再点击 "选项", 进入 "选项" 对话框, 在 "备择" 选项中选择单侧检验 "大于"。

各框点击 "确定" 后会话窗口得下列结果:

单样本 T: 元件寿命

mu=225 与 >225 的检验

变量	N	均值	标准差	均值标准误	95% 下限	T	P
元件寿命	16	241.5	98.7	24.7	198.2	0.167	0.257

输出结果分析: 由输出的 P 值 =0.257>0.05, 可以得出结论: 接受原假设, 认为电子元件的平均寿命并不显著大于 225 小时。16 个元件寿命样本均值为 241.5, 看起来比 225 大了不少, 但因为 MINITAB 算出的样本标准差 98.7 也很大, 导致 T 值 $(241.5 - 225)/98.7 = 0.167$ 较小, 所以得出接受原假设的结论。

3.3 双总体 t 检验和配对 t 检验

双总体 t 检验和配对 t 检验都有两个总体, 都要对这两个总体均值的差进行假设检验。但是双总体 t 检验要求两总体都是正态分布, 而配对 t 检验不要求。配对 t 检验的两次单个观测值间存在一定联系, 双总体 t 检验的两次单个观测值间不存在联系。双总体 t 检验和配对 t 检验时, 可能要求检验差值是不等于的某个数; 例如可能要求检验差值是否等于 2.34。在这种情形下, 应当在 "xxx–选项" 对话框中, 在 "差值" 空格中填写预期两总体均值的差 (例如 2.34)。

3.3.1　双总体 t 检验

当有两个正态总体, 需要判定它们的均值是否相等, 而又不知道它们的方差时, 可以进行双样本 t 检验。MINITAB 用指令 “统计 > 基本统计量 > 双样本 t” 进入 “双样本 t” 对话框, 从而进行 t 检验。和单总体检验一样, 利用 “备择” 下拉列表中的 “选项” 实施单侧和双侧检验。一般教科书中做双样本 t 检验时, 只介绍两个总体方差相等的情形, 而 MINITAB 既能在两个总体方差相等的情形做检验, 也能在两个总体方差不等的情形做检验。当预先确定两个总体的方差相等时, 应当在 “双样本 t” 对话框中选择 “假定等方差”; 反之则不选。

例 3.8　设有甲、乙两种零件可以彼此代用, 但甲零件比乙零件制造简单且造价低。经过试验获得抗压强度数据 (单位: kg/cm^2) 为:

甲: 88,　87,　82,　90,　91;

乙: 89,　89,　90,　84,　88。

已知甲、乙两种零件的抗压强度分别服从正态分布 $N(\mu_1, \sigma^2)$, $N(\mu_2, \sigma^2)$. 问是否有理由认为: 为了保证抗压强度质量, 不能用乙零件代替甲零件 (取 $\alpha = 0.05$)?

解　甲、乙两种零件的抗压强度是两个总体, 总体均值分别为 μ_1, μ_2, 本例要检验

$$H_0 : \mu_1 = \mu_2, \quad H_1 : \mu_1 \neq \mu_2。$$

标准差相同, 都是 σ, 但是 σ 值未知。由于总体方差未知, 采用 t 检验。

MINITAB 操作方法是: 先在工作表上将甲、乙零件的抗压强度各填在一列, 分别命名为 “甲” 和 “乙”。再从 “统计 > 基本统计量 > 双样本 t” 进入 “双样本 t” 对话框, 在 “双样本 t” 对话框选择 “样本在不同列中”, “第一” 后选入 “甲”, “第二” 后选入 “乙”; 选择 “假定等方差”, 如图 3–4。

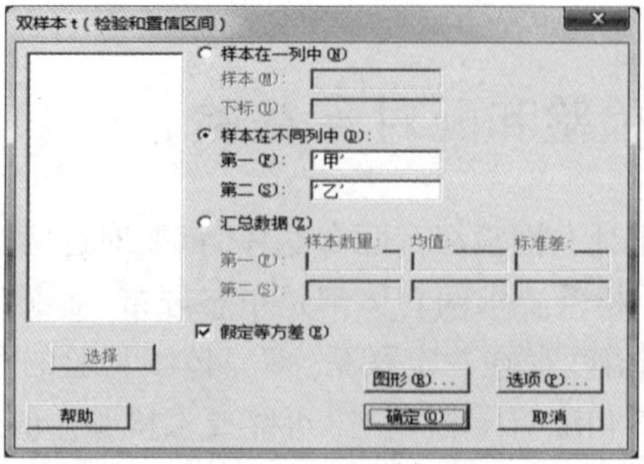

图 3–4　双样本检验对话框

然后, 点击 “选项”, 进入 “选项” 对话框后, “检验差值” 保持 0.0 (因为原假设均值之差是 0); “备择” 选项中选择 “不等于”。各框点击 “确定” 后会话窗口得下表:

双样本 T 检验和置信区间: 甲, 乙

甲与乙的双样本 T

	N	均值	标准差	均值标准误
甲	5	87.60	3.51	1.6
乙	5	88.00	2.35	1.0

差值 =mu (甲) − mu (乙)
差值估计: −0.40
差值的 95% 置信区间: (−4.75, 3.95)
差值 =0 (与 ≠) 的 T 检验: T 值 = −0.21 P 值 = 0.837 自由度 = 8
两者都使用合并标准差 = 2.9833

输出结果分析: 甲、乙零件抗压强度样本均值分别为 87.6 和 88。由倒数第二行 "差值 =0 (与 ≠) 的 T 检验" 可见原假设和备择假设是 $H_0: \mu_1 = \mu_2$, $H_1: \mu_1 \neq \mu_2$。由 P 值 $= 0.837 > 0.05$, 可以得出结论: 没有理由认为, 不能用乙零件代替甲零件; 接受原假设, 即认为: 甲、乙零件抗压强度总体均值没有显著差异。

例 3.9 用标准方法和新方法分别冶炼 10 炉钢, 其得率分别见表 3–1 (数据文件: 参数_炼钢.MTW):

表 3–1 炼钢得率

标准方法	78.1	72.4	76.2	74.3	77.4	78.4	76.0	75.5	76.7	77.3
新方法	79.1	81.0	77.3	79.1	80.0	79.1	79.1	77.3	80.2	82.1

假设两种方法生产钢的工艺精度相同, 即标准方法和新方法生产的钢方差相同。试检验新方法是否提高得率。

解 两种方法的得率是两个正态总体, 新方法和标准方法总体均值分别为 μ_1, μ_2, 本例要检验 $H_0: \mu_1 = \mu_2$, $H_1: \mu_1 > \mu_2$。其中 H_0 称为原假设, 表示 μ_1, μ_2 无显著差异; H_1 称为备择假设, 表示 μ_1 比 μ_2 大, 是单边检验。已知条件是标准差相同, 都是 σ (未知)。由于总体方差未知, 采用 t 检验。

MINITAB 操作方法是: 先在工作表上将两种方法的得率各填在一列, 命名为 "标准方法" 和 "新方法"。然后从 "统计 > 基本统计量 > 双样本 t" 进入 "双样本 t" 对话框, 在 "双样本 t" 对话框选择 "样本在不同列中", "第一" 后填写 "新方法", "第二”后填写“标准方法”(注意: MINITAB 总是用“第一”对应的值减去“第二”对应的值); 选择“假定等方差”。再点击“选项”, 进入“选项”对话框后, “检验差值”保持 0.0 (差值 =0, 即均值相等); “备择”选项中选择“大于”。各框点击“确定”后在会话窗口得到:

新方法与标准方法的双样本 T

	N	均值	标准差	均值标准误
新方法	10	79.43	1.49	0.47
标准方法	10	76.23	1.82	0.58

差值 =mu (新方法) − mu (标准方法)

差值估计: 3.200

差值的 95% 置信下限: 1.908

差值 =0 (与 >) 的 T 检验: T 值 =4.30 P 值 =0.000 自由度 =18

两者都使用合并标准差 =1.6657

结果分析: 由倒数第 2 行“差值 =0 (与 >) 的 T 检验”可见原假设和备择假设是 $H_0 : \mu_1 = \mu_2$, $H_1 : \mu_1 > \mu_2$。由 P 值 =0.000 很小, 接受备择假设, 即新方法的得率大于旧方法。

当两个总体方差不等时, 要做双样本的 t 检验, 步骤同例 3.9, 不同之处只是在“双样本 t”对话框中不选“假定等方差”。例如把例 2.7 数据修改, 成为数据文件: 参数_铸件重量改.MTB。对于这一数据, 读者可以在假设两个工厂生产的铸件方差相等和不相等两种情形下, 检验两个工厂生产的铸件平均重量是否相等 (练习 3.11)。同一观测数据, 采用方差相等假设时, 判定铸件重量均值相等; 采用方差不等假设时, 判定铸件重量均值不等。这是因为两种假设下检验统计量不同, 因而算得的 P 值不同。

3.3.2 配对 t 检验

有时遇到以下情形: (1) 配对的两个受试对象分别接受两种不同的处理; (2) 同一受试对象接受两种不同的处理; (3) 同一受试对象处理前后的结果需要进行比较; (4) 同一对象的两个部位给予不同的处理。在这几种情形下, 采用配对 t 检验目的性更强, 效率更高。这时单独一个变量的观测值不一定服从正态分布, 两总体的方差也不一定相同, 但是两变量对应观测值的差则一定要服从正态分布, 这种情况下所做的检验称为“配对 t 检验”或成对数据的检验。MINITAB 用指令“统计 > 基

本统计量 > 配对 t” 进入 “配对 t” 对话框, 从而做 “配对 t 检验”。同双总体 t 检验一样, 利用 “备择” 下拉列表中的选项实施单侧和双侧检验。

例 3.10 有两台仪器用于测量材料中某种金属的含量。为了鉴定这两台仪器测量结果有无差异, 取 9 块材料分别用这两台仪器各测一次, 得到的数据如下 (数据文件: 参数_仪器.MTW):

甲: 0.9, 0.91, 1.12, 0.82, 1.18, 0.89, 0.88, 0.87, 0.89;

乙: 0.1, 0.19, 0.52, 0.32, 0.78, 0.69, 0.68, 0.77, 0.89。

问这两台仪器测量值有无差异?

解 因为本例是用同一块材料在两台仪器上测量, 而且标准差未知, 属于配对 t 检验。由于材料重量对测量结果有影响, 甲仪器的观测值不服从正态分布, 乙仪器的观测值勉强服从正态分布, 所以不能使用双总体 t 检验。但是因为每次测量的是同一材料, 且两台仪器观测值的差服从正态分布 (读者可用 3.6.1 的方法证明), 所以可以使用配对 t 检验。设甲、乙仪器测得数据之差服从均值 $\mu_1-\mu_2$ 的正态分布, 要检验假设

$$H_0:\mu_1-\mu_2=0,\quad H_1:\mu_1-\mu_2\neq 0。$$

将数据分两列填入工作表 C1 和 C2 列, 分别命名为 “甲” 和 “乙”。

然后从 “统计 > 基本统计量 > 配对 t” 进入 “配对 t” 对话框, 在 “配对 t” 对话框选择 “列中的样本”, “第一样本” 后填写 “甲”, “第二样本” 后填写 “乙” (见图 3–5)。

点击 “选项”, 进入 “配对 t–选项” 对话框后 “检验差值” 保持 0.0; “备择” 选项为 “不等于”。各框点击确定得到如下结果:

配对 T 检验和置信区间: 甲, 乙

甲–乙的配对 T

	N	均值	标准差	均值标准误
甲	9	0.9400	0.1227	0.0409
乙	9	0.5489	0.2827	0.0942
差值	9	0.3911	0.2832	0.0944

平均差的 95% 置信区间: (0.1734, 0.6088)

平均差 =0 (与 ≠0) 的 T 检验: T 值 =4.14 P 值 =0.003

结果分析: 由第 1 行 “甲−乙的配对 T” 可见, 此处做了配对 t 检验。由最后一行第 1 列 “平均差 =0 (与 ≠0) 的 T 检验” 可见, 原假设和备择假设是:

$$H_0 : \mu_1 - \mu_2 = 0, \quad H_1 : \mu_1 - \mu_2 \neq 0;$$

由最后一行最后一列 “P 值 =0.003<0.05”, 可见均值差与 0 有显著差异, 也即这两台仪器测量值不相同。

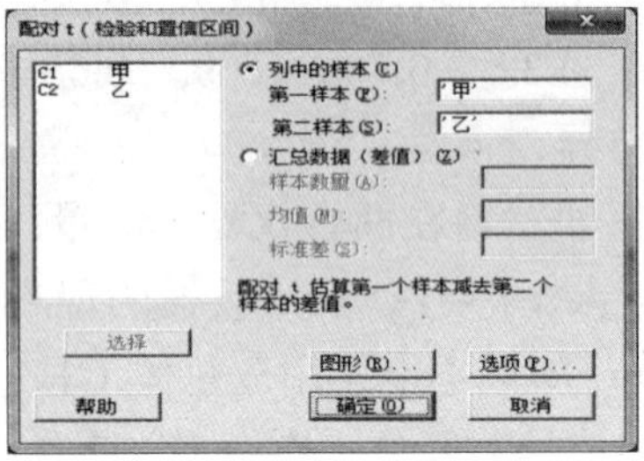

图 3–5 配对 t 检验对话框

例 3.11 为了比较用来做鞋子后跟的两种材料的耐磨性是否有显著差异, 选取 15 个男子, 每人穿一双新鞋, 鞋子左脚以材料 A 做后跟, 右脚以材料 B 做后跟, 厚度都是 10(单位: mm)。过了 1 个月后再测量厚度, 得数据如表 3–2。

问是否可以认为 A 材料比 B 材料耐穿?

表 3–2 鞋后跟磨损数据

A 材料	B 材料	A 材料	B 材料	A 材料	B 材料
6.6	7.4	9.3	9.1	6.1	4.4
7.0	5.4	7.9	6.3	8.9	7.7
8.3	8.8	8.5	7.5	6.1	4.2
8.2	8.0	7.8	7.0	9.4	9.4
5.2	6.8	7.5	6.5	9.1	9.1

解 由于材料分别用在 15 个人身上, 所以本例应当使用配对 t 检验。用 3.6.1 方法可以证明 A、B 磨剩厚度之差服从正态分布; 设 μ_1 和 μ_2 分别是 A 材料和 B 材料的磨剩厚度, A 材料比 B 材料耐穿就是 $\mu_1 - \mu_2$ 显著大于 0, 本题要检验假设:

$$H_0 : \mu_1 - \mu_2 = 0, \quad H_1 : \mu_1 - \mu_2 > 0。$$

为此将数据输入工作表, 把表 3–2 变成两列, 变量名分别为 A 材料、B 材料 (数据文件: 参数_后跟.MTW)。

然后从 “统计 > 基本统计量 > 配对 t” 进入 “配对 t” 对话框, 在 “配对 t” 对话框选择 “列中的样本”, “第一样本” 后填写 “A 材料”, “第二样本” 后填写 “B 材料”; 点击 “选项”, 进入 “配对 t–选项” 对话框后 “检验差值” 保持 0.0; “备择” 选择单侧检验 “大于”。各框点击确定, 在会话窗口得到:

配对 T 检验和置信区间: A 材料, B 材料

A 材料–B 材料的配对 T

	N	均值	标准差	均值标准误
A 材料	15	7.727	1.289	0.333
B 材料	15	7.173	1.630	0.421
差值	15	0.553	1.023	0.264

95% 平均差下限: 0.088

平均差 =0 (与 >0) 的 T 检验: T 值 =2.10 P 值 =0.027

结果分析: 由其中 P 值 =0.027<0.05 知接受 H_1, 即 A 材料比 B 材料显著耐磨。

3.4 正态总体方差和标准差的检验

标准差是方差的平方根。实际问题中方差用来刻画变异的大小: 方差与精度反变, 从而常常要检验方差是否小于或等于标定值; 或比较两种工序方差的大小。另一方面, 第 2 章估计参数; 本章 3.1~3.3 节 Z 检验和 t 检验时都对总体方差做了假设: 单总体方差 (或标准差) 等于某值; 两总体方差 (或标准差) 彼此相等, 或彼此不等; 这样假设是否合理? 我们也应当在均值检验前加以检验。其他许多地方, 例如回归分析的计算中也要比较方差或标准差。本节介绍直接从观测数据判断方差及标准差是否大于、小于某值的检验 (3.4.1) 或彼此相等的检验 (3.4.2)。

因为方差是标准差的平方, 所以只要对标准差检验就够了。

对于正态总体, MINITAB 和一般统计教科书一样, 都使用卡方检验。对于非正态连续总体, 一般统计教科书不介绍检验方差的方法, 而本章中要考虑: MINITAB 对于单总体的检验采用 Bonett 方法, 对于双总体的检验采用 Levene 方法。在对每个实际数据进行检验时, MINITAB 同时给出正态或非正态的检验结果 (P 值)。如果数据来自正态总体, 读者采用会话窗口所载输出结果中卡方检验的 P 值, 否则采

用 Bonett 方法或 Levene 检验方法的 P 值。

3.4.1 单总体方差和标准差的假设检验

MINITAB 的“单方差”对话框能把某个总体标准差或方差与指定值比较, 包括单边或双边检验。

具体操作方法是: 由指令“统计 > 基本统计量 > 单方差”, 进入“单方差”对话框。指定样本所在位置后, 点击“选项”进入“单方差–选项”对话框, 在“备择”空格选择“大于”“小于”或“不等于”从而检验标准差大于某值、小于某值或不等于某值。

例 3.12 某快递公司投送发往美国的邮件, 随机抽取了 28 份邮件的投递时间记录如下:

90, 73, 59, 52, 80, 100, 64, 75, 53, 68, 81, 65, 68, 59,
95, 55, 67, 92, 60, 71, 94, 93, 77, 79, 89, 86, 83, 78。

已知投递时间服从正态分布, 为了做均值的检验, 假设标准差是 14, 这是否合理?

解 设投递时间的标准差为 σ, 因为想证明它不等于 14, 因此本例要检验:

$$H_0 : \sigma = 14, \quad H_1 : \sigma \neq 14。$$

这就是对 1 个总体 1 个样本的检验, 是双边假设检验。MINITAB 解法是: 先在工作表上将 28 份邮件的投递时间填在一列, 命名该列为“投递时间”, 见数据文件: 参数_投递时间.MTW。再提交下列指令:

指令	功能
由“统计 > 基本统计量 > 单方差”, 进入“单方差”对话框	让 MINITAB 进行单方差检验
在“单方差”对话框上选择“样本所在列”	观测数据是单列形式, 并非汇总形式
在其下空格选入“投递时间”	分析“投递时间”列的值
选择“进行假设检验”, “假设标准差”填写 14(如图 3–6)	进行检验, 标准差与 14 比较
点击“选项”进入“单方差–选项”对话框	显示选项
在“备择”选项中选择“不等于”	备择假设是标准差不等于 14

各框点击“确定”后会话窗口得到:

单方差检验和置信区间: 投递时间

方法

原假设 西格玛 =14

备择假设 西格玛 ≠14

卡方方法仅适用于正态分布。

Bonett 方法适用于任何连续分布。

统计量

变量	N	标准差	方差
投递时间	28	13.9	194

95% 置信区间

变量	方法	标准差置信区间	方差置信区间
投递时间	卡方	(11.0, 19.0)	(121, 360)
	Bonett	(11.8, 17.7)	(139, 314)

检验

变量	方法	检验统计量	自由度	P 值
投递时间	卡方	26.77	27	0.953
	Bonett			0.970

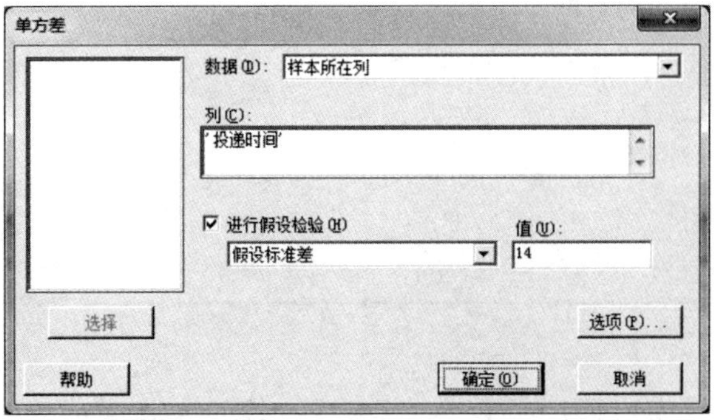

图 3–6 单方差检验对话框

结果分析: 因为本节总体服从正态分布, 应当选用卡方方法, 由表头 “检验” 的表中可见, “卡方” 所在行的 P 值 =0.953>0.05, 可见接受原假设: 投递时间的总体标准差是 14。

例 3.13 规定某种导线电阻标准差不得超过 0.005(单位: Ω), 今从生产的一批导线中抽取 9 根样品, 测得样本标准差 $s = 0.007$, 问在显著性水平 α=0.05 下能否认为这批导线的标准差偏大?

解 设这批导线的标准差为 σ, 因为要考虑是否偏大, 以 σ >0.005 为备择假设, 本例要检验:

$$H_0 : \sigma \leqslant 0.005, \quad H_1 : \sigma > 0.005。$$

MINITAB 操作是: 从 “统计 > 基本统计量 > 单方差”, 进入 “单方差” 对话框。因为题目给出的观测数据是 “汇总数据” 在 “单方差” 对话框上 “数据” 行选择 “样本标准差”, 在 “样本数量” 空格填入 “9”, 样本标准差空格填入 “0.007”; 选择 “进行假设检验”, 选择 “假设标准差”, 其后空格中填写 0.005。点击 “选项” 进入 “单方差–选项” 对话框, 在 “备择” 选项中选择 “大于”。各框点击 “确定” 得到:

单方差检验和置信区间

方法

原假设　西格玛 =0.005
备择假设　西格玛 >0.005

卡方方法仅适用于正态分布。
Bonett 方法不能使用汇总数据计算。

检验

方法	检验统计量	自由度	P 值
卡方	15.68	8	0.047

结果分析: 会话窗口最后一张表, 表头是 “检验”, 其中最后一行可见, P 值 = 0.047<0.05, 所以接受备择假设, 即认为这批导线标准差大于 0.005 (不合格)。

3.4.2 双总体标准差或方差比的检验

因为方差或标准差可以用来测量工艺精度, 为了比较两种工艺精度, 就要比较它们产品指标的标准差或方差; 不仅要比较两个标准差的大小, 有时还需要比较一个指标标准差和另一个指标标准差的若干倍。

MINITAB 的 “双方差” 对话框能比较两个总体方差比的单边或双边检验。

具体操作方法是: 由指令 “统计 > 基本统计量 > 双方差”, 进入 “双方差” 对话框; 分别指定两总体样本所在位置后, 点击 “选项” 进入 “双方差选项对话框”; “假设比率” 下选择 “方差 1/方差 2”; 并填写需要检验它们的标准差比值。在 “备择” 选项中选择 “大于” “小于” 或 “不等于”。

例 3.14 在自动车床上采用新旧两种工艺加工同一种零件, 现测量一批零件的加工偏差 (单位: μm) 分别为 (数据文件: 参数_工艺比较.MTW):

旧工艺 : 2.7, 2.4, 2.5, 3.1, 2.7, 3.5, 2.9, 2.7, 3.5, 3.3;

新工艺 : 2.6, 2.1, 2.7, 2.8, 2.3, 3.1, 2.4, 2.4, 2.7, 2.3。

假设测量的加工偏差都服从正态分布, 所得的两个样本相互独立。试问是否有理由认为, 自动车床在新旧工艺下的加工精度有差异 ($\alpha = 0.05$)?

解 设旧工艺总体标准差为 σ_1, 新工艺总体标准差为 σ_2, 加工精度是否有差异, 就是要做两个总体双边假设检验:

$$H_0 : \sigma_1 = \sigma_2, \quad H_1 : \sigma_1 \neq \sigma_2。$$

也就是说做假设检验

$$H_0 : \sigma_1/\sigma_2 = 1, \quad H_1 : \sigma_1/\sigma_2 \neq 1。$$

为此可先在工作表上将旧新工艺偏差填入两列, 分别命名为 “旧工艺” 和 “新工艺”。然后提交指令:

指令	功能
由指令 “统计 > 基本统计量 > 双方差”, 进入 “双方差” 对话框	让 MINITAB 检验两总体方差
在 “双方差” 对话框上选择 “样本在不同列中”	两总体观测值分别存在两列
在 “第一” 后填写旧工艺, 在 “第二” 后填写 “新工艺”(见图 3–7)	指出两总体观测值所在列
点击 “选项” 进入 “双方差–选项” 对话框, “假设比率” 下选择 “方差 1/方差 2”, 其后空格保持 1; 在 “备择” 选项中选择 “不等于”	检验两总体标准差之比是否 “等于 1”

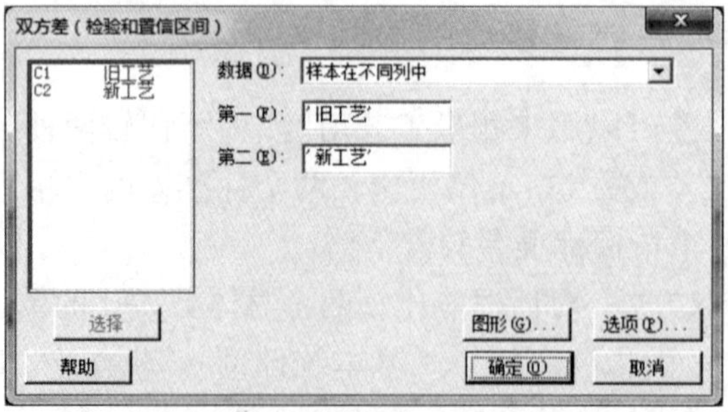

图 3–7 双方差对话框

各框点击 “确定” 后会话窗口得到:

双方差检验和置信区间: 旧工艺, 新工艺

方法

原假设	西格玛 (旧工艺)/西格玛 (新工艺)=1
备择假设	西格玛 (旧工艺)/西格玛 (新工艺)≠1
显著性水平	Alpha=0.05

统计量

变量	N	标准差	方差
旧工艺	10	0.400	0.160
新工艺	10	0.295	0.087

标准差比 =1.356

方差比 =1.838

95% 置信区间

数据分布	标准差比置信区间	方差比置信区间
正态	(0.676, 2.720)	(0.457, 7.400)
连续	(0.651, 2.747)	(0.424, 7.547)

检验

方法	DF1	DF2	检验统计量	P 值
F 检验 (正态)	9	9	1.84	0.378
Levene 检验 (任何连续分布)	1	18	0.98	0.336

结果分析: 在表头"方法"下的表中可以见到"原假设西格玛 (旧工艺)/西格玛 (新工艺)=1, 备择假设西格玛 (旧工艺)/西格玛 (新工艺)≠1", 说明原假设和备择假设分别是:

$$H_0 : \sigma_1/\sigma_2 = 1, \quad H_1 : \sigma_1/\sigma_2 \neq 1。$$

由表头"检验", "F 检验 (正态)"一行的 P 值 =0.378>0.05, 可见接受原假设, 即认为两种工艺方差相等。

注意: 输出的最后两行中, F 检验适用于正态总体, Levene 检验适用于非正态连续总体。

以下的例子中检验标准差的倍数。

例 3.15 为了减少波动, 某车间实施六西格玛管理, 实施前后分别加工 10 根轴得到数据如下 (数据文件: 参数_轴.MTW):

实施前: 9.924, 9.958, 10.023, 10.005, 9.911, 9.990, 10.001, 9.927, 9.998, 10.026;

实施后: 9.994, 9.995, 10.010, 10.007, 9.989, 9.983, 10.013, 10.002, 9.998, 10.005。

已知实施六西格玛管理前后轴的长度都服从正态分布, 能否认为实施六西格玛管理后标准差小于原来的一半?

解 设实施六西格玛管理前标准差为 σ_1, 实施六西格玛管理后标准差为 σ_2, 本例要做两个总体单边假设检验:

$$H_0 : \sigma_1/\sigma_2 \leqslant 2, \quad H_1 : \sigma_1/\sigma_2 > 2。$$

为此可先在工作表上将六西格玛管理前后轴的直径填入两列, 分别命名为"实施前"和"实施后"。然后提交指令: 由指令"统计 > 基本统计量 > 双方差", 进入"双方差"对话框; 在"双方差"对话框上选择"样本在不同列中"; 在"第一"后填写"实施前", 在"第二"后填写"实施后"; 点击"选项"进入"双总体–选项"对话框, "假设比率"下选择"标准差 1/标准差 2", 其后空格填入 2; 进入"双方差–选项"对话框后, 在"备择假设"选项中选择"大于"; 各框点击"确定"后会话窗口得到:

双方差检验和置信区间: 实施前, 实施后

方法

原假设	西格玛 (实施前)/西格玛 (实施后)=2
备择假设	西格玛 (实施前)/西格玛 (实施后)>2
显著性水平	Alpha=0.05

续表

统计量

变量	N	标准差	方差
实施前	10	0.043	0.002
实施后	10	0.010	0.000

标准差比 =4.486

方差比 =20.122

95% 单侧置信区间

数据分布	标准差比下限	方差比下限
正态	2.516	6.330
连续	2.187	4.783

检验

方法	DF1	DF2	检验统计量	P 值
F 检验 (正态)	9	9	5.03	0.012
Levene 检验 (任何连续分布)	1	18	3.60	0.037

结果分析: 在表头 "方法" 下的表中可以见到 "原假设西格玛 (实施前)/西格玛 (实施后)=2, 备择假设西格玛 (实施前)/西格玛 (实施后)>2", 说明原假设和备择假设分别是

$$H_0: \sigma_1/\sigma_2 \leqslant 2, \quad H_1: \sigma_1/\sigma_2 > 2。$$

因为两总体都服从非正态分布, 由表头 "检验" 的表倒数第 2 行的 P 值 =0.012<0.05 可见, 接受备择假设 $H_1: \sigma_1/\sigma_2 > 2$, 即认为实施六西格玛管理前标准差, 比实施六西格玛管理后标准差的 2 倍显著地大。

多个总体方差相等的检验见第 7 章。

3.5 比率检验

在第 2 章 2.3 节比率的估计中, 介绍了试验的可能结果只有两个的情形。作为数学模型, 用只取两个值 “1” 与 “0” 的随机变量表示它们: 1 表示一个状态, 0 表示另一个状态; 它的分布称为 0–1 分布或 “二点分布”。该随机变量取 1 的概率为 p。p 是二点分布随机变量的均值。计数抽样问题都以二点分布随机变量为模型。通常二点分布的观测值进行汇总, 称为” 汇总数据”。

MINITAB 中 p 称为 “比率”。对比率也要进行检验, 例如通过少量产品中次品的个数, 检验次品率是否低于预定标准。比率检验就是从观测数据出发对 p 的大小进行判断。MINITAB 用指令 “统计 > 基本统计量 > 单 (双) 比率” 进入 “单 (双) 比率” 对话框, 实施比率检验。

3.5.1 单总体比率的检验

对某种产品的次品率进行检验, 或者对某种商品购买率的检验都属于单总体比率的检验。

例 3.16 某种产品在通常情况下次品率为 6%。现在从生产出的一批产品中随机地抽取 50 件进行检验, 发现有 4 件次品。问是否有理由认为, 这批产品的次品率高于 6% ($\alpha = 0.05$)?

解 设这种产品次品率为 p, 要判断次品率是否高于 6%, 即要检验假设:

$$H_0: p \leqslant 0.06, \quad H_1: p > 0.06。$$

这种产品中每一件可能是次品, 也可能是正品; 描述它的是二点分布随机变量。而本题只涉及一个总体均值的检验, 是单个比率的检验, 也是单边检验。为此提交指令:

指令	功能
从 “统计 > 基本统计量 > 单比率” 进入 “单比率” 对话框	让 MINITAB 实行比率检验
在 “单比率” 对话框选择 “汇总数据”	输入数据是汇总数据
在 “事件数” 后填 4, 在 “试验数” 后填 50	样本量是 50, 次品数是 4
选择 “进行假设检验”, 在 “假设比率” 后填 0.06 (见图 3–8)	总体次品率 p 与 0.06 相比

点击 “选项” 后进入 “单比率–选项” 对话框, 在 “单比率–选项” 对话框的备择选项中选择 “大于”。各框点击确定后在会话窗口得到:

单比率检验和置信区间

p=0.06 与 p>0.06 的检验

样本	X	N	样本 p	95% 下限	精确 P 值
1	4	50	0.080000	0.027788	0.353

结果分析: 由表中第 1 行 “p=0.06 与 p>0.06 的检验” 可见原假设和备择假设是

$$H_0: p \leqslant 0.06, \quad H_1: p > 0.06,$$

由最后一行, 最后一列精确 P 值 =0.353>0.05, 知不能否定原假设, 即不能认为次品率明显高于 0.06。

此处样本算出的样本次品率 0.08 大于 0.06, 为什么假设检验得不到次品率大于 0.06 的结论? 这是样本量不够大的缘故。如果抽取 500 件进行检验, 发现有 40 件次品, 样本中次品比率仍为 0.08, 那么按上述步骤进行, 就能判定次品率明显高于 0.06。所以选取较大样本量, 才能对总体均值状况做出较准确判断。

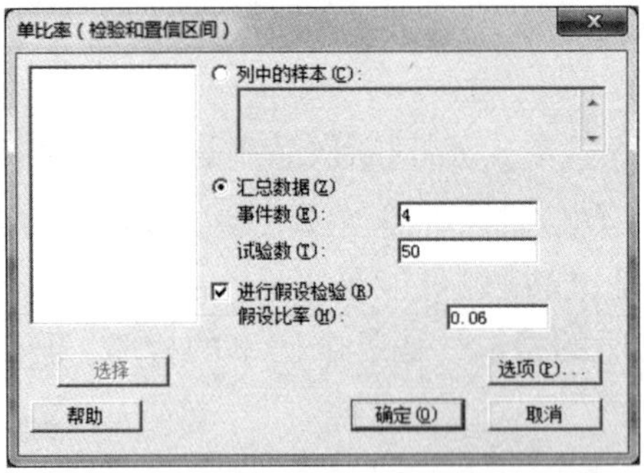

图 3–8 “单比率” 对话框

3.5.2 双总体比率差的检验

有时需要比较两个 0–1 分布的均值 p_1 和 p_2, 这时就要做双总体比率差的检验, 简称为双比率的检验。

例 3.17 为了检验某种广告效果, 在甲地区连续广告 3 个月, 在乙地区不做广告, 两地区条件大体相同。3 个月后在两地区分别调查 800 人和 1000 人, 甲地区有 25 人愿意购买此商品, 乙地区有 14 人愿意购买此商品。问是否有理由认为广告有效果?

解 设甲、乙两地全体愿购买者比率 (单个人愿意购买的概率) 分别为 p_1, p_2, 无效果就是 p_1, p_2 相等; 有效果就是 p_1 比 p_2 显著大。本例要检验:

$$H_0: p_1 = p_2, \quad H_1: p_1 > p_2。$$

这是两个总体 (甲、乙两地愿意购买者) 比率的检验, 也是单边检验。用指令 "统计 > 基本统计量 > 双比率" 进入 "双比率" 对话框。在 "双比率" 对话框选择 "汇总数据"; 在 "第一" 后的 "事件" 数填 25, 在 "试验" 数填 800; 在 "第二" 后的 "事件" 数填 14, 在 "试验" 数填 1000 (见图 3–9)。

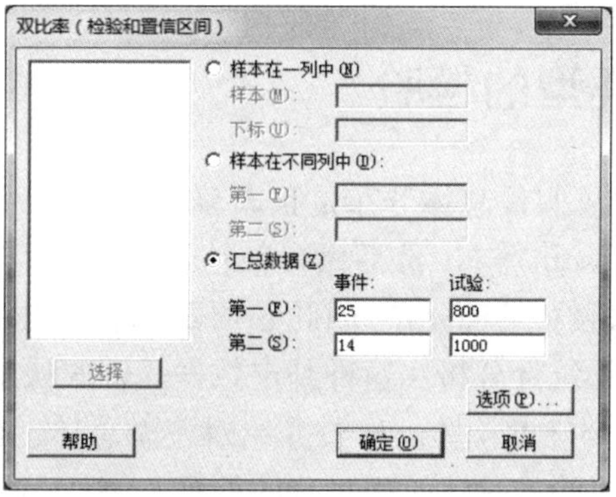

图 3–9 "双比率" 对话框

点击 "选项" 后进入 "双比率–选项" 对话框, 在 "双比率–选项" 对话框的备择选项中选择 "大于"。执行指令后在会话窗口得到:

```
双比率检验和置信区间

样本  X    N     样本 p
 1    25   800   0.031250
 2    14   1000  0.014000

差值 =p(1)−p(2)
差值估计: 0.01725
差值的 95% 置信下限: 0.00542926
差值 =0 (与 >0) 的检验: Z=2.40   P 值 =0.008

Fisher 精确检验: P 值 =0.010
```

结果分析: 由 “差值 =p(1)−p(2)” 和 “差值 =0 (与 >0) 的检验”, 可见原假设和备择假设分别是

$$H_0 : p_1 = p_2, \quad H_1 : p_1 > p_2。$$

广告前愿意购买者样本比率是 0.03125; 广告后愿意购买者样本比率是 0.014。由倒数第 2 行的 P 值 =0.008<0.05 知, 应当拒绝原假设, 承认备择假设, 即认为广告有效果。Fisher 精确检验在样本量较小 (n <40) 时必须使用, 此例样本量较大, 可以不用, 以便和统计教科书查表结论一致。

3.6 总体分布类型的检验

在本章前 4 节中, 总假设总体分布是正态分布, 再做假设检验; 上一章还有例题曾经设总体服从 Poisson 分布, 然后做参数估计, 这种假设是否合理? 许多统计问题的解决依赖于数据服从某种分布, 因此必须先根据观测数据判定总体是否服从某种分布, 以便进一步做统计分析。这种判定数据是否服从某种分布的检验称为分布检验, 也称为分布拟合优度检验。本节介绍对正态总体、Poisson 总体做拟合优度检验的方法, 并且提供检查总体是否对称的检验 (对称性检验)。

3.6.1 正态分布的检验

本书绝大多数统计分析都是基于数据服从正态分布的假设, 如果不能从历史经验或理论分析判断这些资料来自正态分布, 就应当先检验一下 (MINITAB 称这种检验为正态性检验)。其原假设和备择假设分别是:

H_0: 总体服从正态分布, H_1: 总体不服从正态分布。

正态性检验可以通过在正态分布纸上手工描点判别, 但是在正态分布纸上描点得不到定量的结论, 而且描点所需要的工作量也很大。所以最好还是从指令 “统计 > 基本统计量 > 正态性检验” 进入 “正态性检验” 对话框, 用该对话框实施正态性检验。

例 3.18 随机抽取 10 个零件, 测得其直径与标准尺寸的偏差如下 (单位: 0.01 mm):

100.5, 90.0, 100.7, 97.0, 99.0, 105.0, 95.0, 85.0, 91.7, 83.0。

检验这组数据是否来自正态总体?

解 将这 10 个数输入工作表排成一列, 命名为 “偏差”。提交以下指令:

指令	功能
从指令“统计 > 基本统计量 > 正态性检验”进入“正态性检验”对话框	让 MINITAB 实施正态性检验
在“变量”后空格中选入“偏差”	对变量“偏差”的 10 个值进行检验
在“正态性检验”下选定 Anderson-Darling (见图 3–10)	采用 Anderson-Darling 统计量实施检验

点击“确定”后得概率图 (图 3–11), 从图形可见, 散点基本上在一直线附近, 从而估计数据应当来自正态总体, 但这只是定性的分析。从图的右上方方格中可见 Anderson-Darling 统计量的值是 0.225; P 值 =0.753>0.05, 从而定量地接受原假设 H_0: 偏差数据应当来自正态总体。

如果在“正态性检验”下不选 Anderson-Darling, 而是选 Ryan-Joiner 或 Kolmogrov-Smirnov (见图 3–10), 那么就用另外的统计量进行检验。

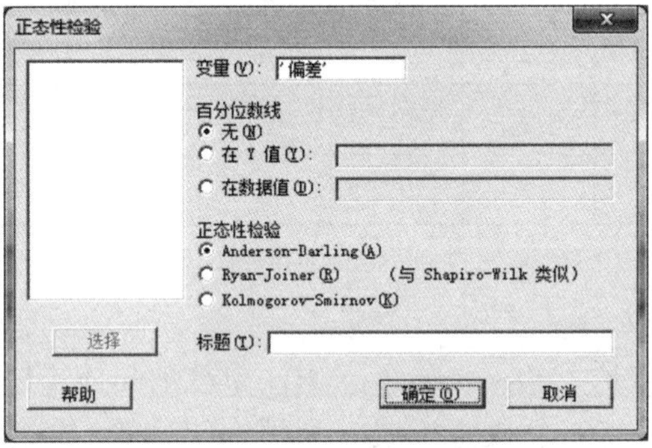

图 3–10　正态性检验对话框

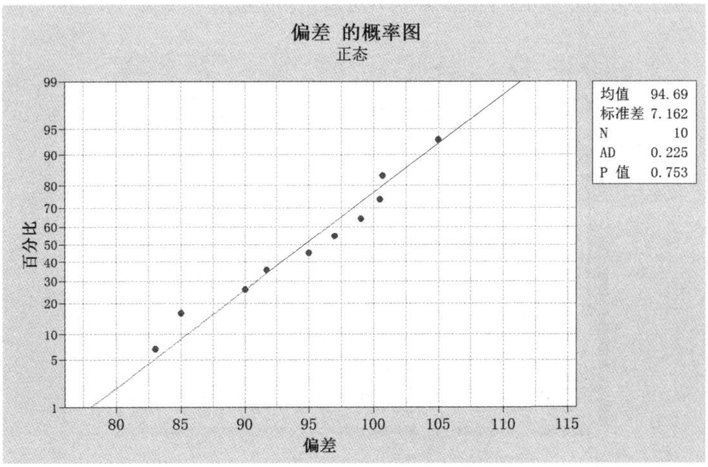

图 3–11　正态性检验的“概率图”

3.6.2 Poisson 分布的检验

Poisson 分布的分布检验的原假设和备择假设分别是:

H_0: 数据总体服从 Poisson 分布, H_1: 数据总体不服从 Poisson 分布。

例 3.19 保险公司想使用 U 控制图 (见第 6 章) 监测某十字路口的每月事故数。由于 U 控制图需要假定数据服从 Poisson 分布, 因此保险公司需要评估每月事故数是否服从 Poisson 分布。公司记录了该十字路口 50 个月中每月事故数如表 3–3 (数据文件: 参数_路口事故.MTW)。从这 50 个数据判断路口事故数是否服从 Poisson 分布。

表 3–3 某路口的每月事故数

2	0	2	2	4	1	4	0	4	2
3	0	3	3	1	2	3	0	1	2
3	1	3	2	4	4	3	4	2	3
4	4	3	2	4	1	2	0	1	3
4	0	4	1	0	2	2	4	1	2

解 建立以下假设:

H_0: 事故数总体服从 Poisson 分布, H_1: 事故数总体不服从 Poisson 分布。

MINITAB 操作是: 将 50 个数值排成一列填入工作表, 命名为 "事故数"; 从 "统计 > 基本统计量 >Poisson 分布的拟合优度检验" 进入 "Poisson 分布的拟合优度检验" 对话框; 在 "变量" 空格中选入 "事故数" (见图 3–12)。

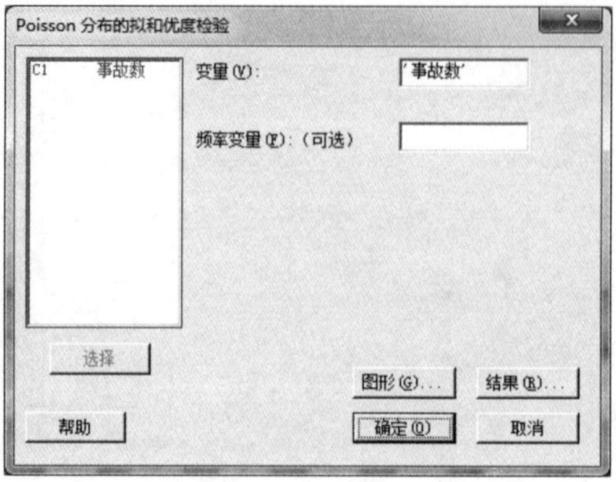

图 3–12 Poisson 分布拟合优度检验

点击 "确定" 在会话窗口得到:

Poisson 分布的拟和优度检验

数据列: 事故数

事故数的 Poisson 均值等于 2.24

事故数	观测	Poisson 概率	期望	对卡方的贡献
0	7	0.106459	5.3229	0.52839
1	8	0.238467	11.9234	1.29097
2	13	0.267083	13.3542	0.00939
3	10	0.199422	9.9711	0.00008
>= 4	12	0.188569	9.4285	0.70136

N	N*	自由度	卡方	P 值
50	0	3	2.53020	0.470

结果分析: 由最后一行 P 值 =0.47>0.05 可见接受 H_0, 即认为总体服从 Poisson 分布。

3.6.3 对称性检验

当得到一组数据后, 怎样判断这组数据的总体是否对称? 即是否存在一个数 a, 数据所属的概率密度函数关于直线 $x = a$ 对称? 用 "对称图" 对话框可以方便地解决此问题。"对称图" 对话框画出的对称图由一根直线及若干点组成, 如果所有点都与直线很接近, 分布就是对称的; 如果多数点向直线上方偏离, 则分布的左尾部延伸严重 (左边胖、右边瘦); 如果多数点向直线下方偏离, 则分布的右尾部延伸严重 (左边瘦、右边胖)。画对称图要求样本量至少是 25。从 "统计 > 质量工具 > 对称图" 可进入 "对称图" 对话框, 从而做 "对称性" 检验。

例 3.20 对于画直方图例中所用数据 "图形_心脏数据.MTW", 检验其中 "脉搏" 数据是否来自对称总体。

解 打开数据 "图形_心脏数据.MTW", 提交下列指令:

指令	功能
从 “统计 > 质量工具 > 对称图” 进入 “对称图” 对话框	让 MINITAB 检验分布对称性
在 “对称图” 对话框的变量空格中选入 “脉搏”(如图 3−13)	指定对 “脉搏” 列的值画对称图

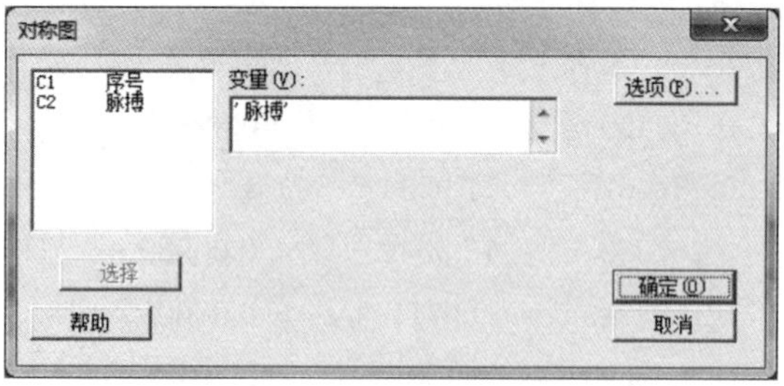

图 3−13 “对称图” 检验对话框

点击 “确定” 得到图 3−14。图中右侧许多点在直线下方, 可见右尾部延伸严重。右上角的直方图也表明右尾部延伸严重 (左边瘦、右边胖), 从而认为不对称。

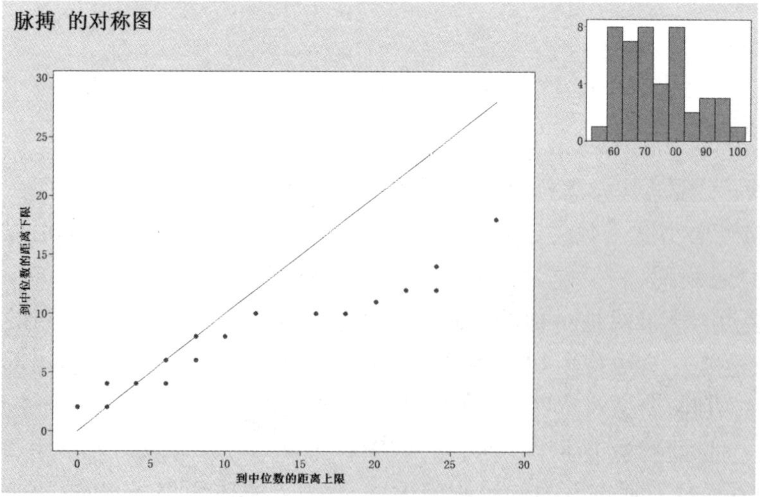

图 3−14 对称图检验结果

小结

任务	对话框	参照例题
已知方差, 对单正态总体均值进行假设检验	从 “统计 > 基本统计量 > 单样本 Z” 进入 “单样本 Z” 对话框	3.2, 3.3, 3.4, 3.5
未知方差, 对单正态总体均值进行假设检验	从 “统计 > 基本统计量 > 单样本 t” 进入 “单样本 t” 对话框	3.6, 3.7
未知方差, 对双正态总体均值的差进行假设检验	从 “统计 > 基本统计量 > 双样本 t” 进入 “双样本 t” 对话框	3.8, 3.9
检验配对数据均值差	从 “统计 > 基本统计量 > 配对 t” 进入 “配对 t” 对话框	3.10,3.11
对单正态总体方差进行假设检验	由 “统计 > 基本统计量 > 单方差”, 进入 “单方差” 对话框	3.12, 3.13
对双总体方差的比进行假设检验	由 “统计 > 基本统计量 > 双方差”, 进入 “双方差” 对话框	3.14, 3.15
对单个 0–1 总体均值进行检验 (单比率)	从 “统计 > 基本统计量 > 单比率” 进入 “单比率” 对话框	3.16
对两个 0–1 总体均值差进行检验 (双比率)	从 “统计 > 基本统计量 > 双比率” 进入 “双比率” 对话框	3.17
检验总体是否服从正态分布	从 “统计 > 基本统计量 > 正态性检验” 进入 “正态性检验” 对话框	3.18
检验总体是否服从 Poisson 分布	从 “统计 > 基本统计量 >Poisson 分布的拟合优度检验” 进入 “Poisson 分布的拟合优度检验” 对话框	3.19
检验总体分布密度是否对称	从 “统计 > 质量工具 > 对称图” 进入 “对称图” 对话框	3.20

练习题

(除非另外声明, 显著性水平 $\alpha = 0.05$。)

3.1 用自动包装机包装葡萄糖, 规定标准为每袋 0.5 (单位: kg)。设每袋糖重

量服从正态分布, 由历史经验知: 标准差等于 0.015。某批葡萄糖中随机抽取 9 袋, 称得重量为:

0.497, 0.506, 0.518, 0.524, 0.488, 0.511, 0.510, 0.515, 0.512。

问这批葡萄糖的平均重量是否超过 0.5?

3.2 在某砖厂生产的一批砖中, 随机地抽取 6 块, 测量其抗断强度 (单位: MPa) 分别为:

3.366, 3.106, 3.264, 3.197, 3.122, 3.205。

设砖的抗断强度 X 服从正态分布 $N(\mu, 0.11^2)$, 问是否有理由认为, 这批砖的抗断强度是 3.250 (显著性水平 $\alpha = 0.01$)?

3.3 某厂生产的灯泡寿命 X 服从正态分布, 抽测某批 10 个灯泡的寿命 (单位: 小时) 如下:

1490, 1440, 1680, 1610, 1500, 1750, 1550, 1420, 1800, 1580。

未知标准差, 能否认为该批灯泡寿命小于 1500?

3.4 某车间生产云母带规定厚度标准值是 0.13 (单位: mm), 历史上云母带厚度服从正态分布, 且标准差是 0.015。某天产品中抽查 10 件, 发现厚度的样本均值为 0.136, 问生产是否正常?

3.5 某厂生产绳索, 原来平均抗断强度为 136.08(单位: kg), 标准差为 10.89。现在采用快速加工, 标准差不变。45 次测试得到抗断强度样本均值为 133.81。问快速加工是否降低质量? (设两种加工方法抗断强度都服从正态分布。)

3.6 文学家马克·吐温和斯诺特格拉斯的小品文中 3 个字母组成词所占文中词比例如下表 (分别取自 8 篇和 10 篇小品文)。试检验 2 人小品文中 3 个字母组成词所占比例是否有差异? (设所占比例都服从正态分布。)

马克·吐温: 0.225, 0.262, 0.217, 0.240, 0.230, 0.229, 0.235, 0.217;

斯诺特格拉斯: 0.209, 0.205, 0.196, 0.210, 0.202, 0.207, 0.224, 0.223, 0.220, 0.201。

3.7 在酿造啤酒时, 干燥麦芽的两种方法都会产生致癌物质 NDMA, 每种方法各 12 个样品的 NDMA 含量数据如下:

老方法: 6, 4, 5, 5, 6, 5, 5, 6, 4, 6, 7, 4;

新方法: 2, 1, 2, 2, 1, 0, 3, 2, 1, 0, 1, 2。

设老新方法含量分别服从均值 μ_1, μ_2 的正态分布, 试检验假设:

$$H_0: \mu_1 - \mu_2 = 2, \quad H_1: \mu_1 - \mu_2 > 2。$$

3.8 某厂两个化验室每天同时从工厂的冷却水中取样, 化验其中杂质 ppm (即杂质质量占全部溶液质量的百万分比) 一次。表 3–4 是 7 天记录:

表 3–4

日期	1	2	3	4	5	6	7
甲化验室	1.15	1.86	0.75	1.82	1.14	1.65	1.90
乙化验室	1.00	1.90	0.90	1.80	1.20	1.70	1.95

问两化验室测定结果间有无差异? (设所有冷却水杂质 ppm 值都服从正态分布。)

3.9 设某厂生产矩形镜框, 其宽与长之比率服从正态分布, 今从所生产的一批镜框中随机选取 20 件, 测得宽与长之比率如下:

0.693, 0.749, 0.654, 0.670, 0.662, 0.672, 0.615, 0.606, 0.690, 0.628,

0.668, 0.611, 0.606, 0.609, 0.601, 0.553, 0.570, 0.884, 0.576, 0.933。

试检验总体标准差是否等于 0.11。如果检验结果表明总体标准差等于 0.11, 再用总体标准差等于 0.11 做 Z 检验: 均值是否等于 0.618?

3.10 某电子元件的寿命 (单位: 小时) $X \sim N(\mu, \sigma^2)$, μ, σ^2 均未知。现从这批电子元件中随机抽取 16 只, 测得其寿命分别为:

159, 280, 101, 212, 224, 379, 179, 264,

222, 362, 168, 250, 149, 260, 485, 170。

如果规定这批元件寿命标准差不得超过 10 小时, 问这批元件标准差是否合格?

3.11 对于数据文件 "参数_铸件重量改.MTW", 试检验甲厂铸件标准差是否大于乙厂铸件标准差的 1.5 倍。如果发现两厂铸件方差不等, 再检验均值是否相等。(设两厂铸件重量都服从正态分布。)

3.12 某国总统选举前预测某人选票能否超过半数, 通过调查 10000 人, 其中 5113 人同意选他, 能否由此断定他的选票会超过半数?

3.13 某公司需采购二十台新复印机。在根据价格、复印质量、保修和功能对多个品牌进行比较后, 将选择范围缩小到两个品牌: X 品牌和 Y 品牌。有关人员认为决定性因素是品牌的可靠性, 即购买后一年内需要维修的比率。过去一年该公司恰有 X、Y 品牌的机器各 50 台, 维修历史记录显示, 6 台 X 品牌的机器和 8 台 Y 品牌的机器需要维修。能否由此判定 Y 品牌的机器比 X 品牌的机器需要更多维修?

3.14 对于画直方图例中所用数据 "图形_心脏数据.MTW", 检验其是否来自正态总体。

3.15 某厂从每天生产的录像带抽查 1 卷 (长 350 m), 20 天测得疵点数如表

3–5 (数据文件: 控制图_录像带.MTW), 从表 3–5 检验疵点数是否服从 Poisson 分布?

表 3–5 录像带疵点数

疵点数	7	1	2	5	0	6	2	0	4	4	6	3	3	1	6	3	1	3	5	6

3.16 画数据 "检验_面粉重量.MTW" 的对称图, 并分析: 数据服从的分布是否对称?

第 4 章

抽样检验

产品质量的重要性是众所周知的, 为了保证产品质量就要制定质量标准和进行检查 (测量)。早在春秋战国时期 (公元前 350 年左右), 我国一些地区, 例如秦国为了保证产品质量, 就由政府统一发布一些产品 (例如武器) 规格, 并且加以检验。当前我国生产力高度发达, 社会产品无比丰富和复杂, 国际产品交流异常广泛, 对质量的要求很高, 产品的质量检验更加必不可少。不仅不同公司间交接产品时要检验质量, 同一企业内部不同工序间交接元件或半成品时也要检验, 有关政府管理部门更要检验产品质量。不仅对产品要检验, 对于社会服务也要检验。但是在许多情形下, 由于各种原因不可能对每件产品 (包括元件或半成品) 进行检验: 因为每件产品的检验费工费时, 检验很多件产品从经济上考虑不合适; 而且有的检验会损坏产品 (例如炮弹的检验需要通过试射)。只能在每批产品中抽出几件来检验, 通过对这几件产品的检验而对这批产品质量做结论: 使用方应当接收还是拒绝这批产品。这就是抽样检验, 也称为抽样验收。抽样检验第一步就是要确定分多少批抽样, 每批产品抽多少件, 如何抽出产品, 以及如何根据这几个样品测量结果和历史信息对这批产品的质量做出判断, 这就是抽样方案, 较复杂的抽样检验规则称为抽样计划 (见文献 [21, 22])。

抽样检验是按照规定的抽样方案, 随机地一次或多次从一批或一个过程中抽取少量个体 (作为样本) 进行检验, 根据样本检验的结果和历史信息判定一批产品或一个过程是否可以被接受。

由于产品质量越来越受到重视, 需要做的抽样检验越来越广泛、复杂, 国际标

准化组织 (ISO) 制定了许多文件, 用以规范抽样方案和抽样计划。我国原国家质量检验监督检疫总局和中国标准化研究院也制定、引进和推广了大量抽样检验国标 (国家标准), 用以规范我国各式各样的抽样检验。MINITAB 软件重点关注产品质量, 它也具有抽样检验的功能, 本章专门介绍用 MINITAB 实施抽样检验的基本思想和方法, 以及国标 GB/T 8054-2008 计量标准型一次抽样检验程序及表 [19] 的应用。此外, 也简单介绍 GB/T 13262-2008 [20] 和 GB/T 13264-2008 [24], 它们对于计数产品的抽样检验有用, 后者对于小批量计数产品的抽样检验特别有用。

本章介绍的只限于孤立批的一次抽样检验, 是最简单的抽样检验 (只抽一次)。孤立批是指对于本批产品, 得不到历史抽样检验信息的一批产品。掌握本章内容, 不仅能够解决这些最简单常用的抽样检验问题, 还有助于理解国内外更复杂的抽样检验方法和抽样计划。有许多复杂的抽样检验方法在多个国标中介绍, 读者可以到有关机构查询 (例如质量工作人员培训机构、标准化研究机构)。

本章分为三大部分: 第一部分 (4.1 节) 介绍两类错误及其概率。由于抽样检验问题要考虑生产方和使用方双方利益, 必须介绍两类错误的概念, 在产品抽样检验中同时考虑两类错误是抽样检验最基本的特点, 两类错误及其概率在本章每一例题或习题中都被提及。第二部分 (4.2 节) 介绍在同时考虑两类错误的概率时, 仅仅以均值大小为判别准则的抽样检验。从数学观点出发, 这类检验被称为 “附条件” 的判别, 书中提出了两种实施这种检验的判别方法。第一种是使用 MINITAB 或其他方法求出样本量并抽测样本值, 然后把这种检验化为 “不考虑第二类错误的假设检验方法”。文献 [14] 介绍了这种方法, MINITAB 也提倡使用这种方法。第二种是同时求得样本量和接收常数, 再做判断的方法, 文献 [19, 25] 介绍这种方法。这两种方法分别称为 “抽样检验方法 1” 和 “抽样检验方法 2”。4.2.1~4.2.3 首先介绍已知功效、样本量和差值中的两个, 求第 3 者的方法, 并举例介绍抽样检验方法 1 的应用。4.2.4 介绍抽样检验方法 2 的应用。第三部分 (4.3~4.5 节) 介绍同时考虑两类错误的概率时, 以批次品率大小为判别准则的抽样检验方法, 其中批次品率可以用数学方法从样本估算。这些抽样检验的数学模型都是 “附条件的假设检验”, 都采用同时求得样本量和接收常数, 再做判断的方法。4.3 节介绍以批次品率大小为判别准则抽样检验时的一些概念。4.4 节介绍计数产品的抽样检验方法, MINITAB 称为按属性抽样检验。4.5 节介绍计量产品的抽样检验方法, MINITAB 称为按变量抽样检验。

4.5 节和 4.2 节共同的地方是: 产品的关键指标都服从正态总体, 都考虑两类错误的概率, 都要采用合理的样本量 (样本量太小则不能同时控制两类错误的概率, 样本量太大则经济上不合适)。但是 4.5 节与 4.2 节的 “功效与样本量计算” 有区别: (1) 4.2 节中只对总体均值直接推断, 不考虑对批次品率的影响, 因而只需考虑产品的规格限和两类错误; 而 4.5 节则从样本值估计批次品率, 以估计出的批次品率为判断的标准, 因而不仅需要考虑规格限, 还要考虑 AQL 和 RQL。(2) 4.5 节要考虑批量的影响以及一些实际需要的数据, 例如平均检验总数 (ATI)、平均交付质量 (AOQ) 等; 但 4.2 节中不考虑。(3) 4.5 节中产品有规格限, 超出规格限即为次品, 次品率低于一定范围, 这批产品高概率接收; 次品率高于一定范围, 这批产品低概率接收。4.2 节中则指定 "合格质量规格限" 和 "极限质量规格限", 当质量指标在 "合格质量规格限" 内时高概率接收这批产品, 当质量指标超出 "极限质量规格限" 时低概率接受这批产品。

本章所述文献和 MINITAB 有关的计算中, 有时采用二项分布模型, 有时采用 Poisson 分布模型, 加上计算和造表时精度的影响, 因而同一数据, 用不同方法计算时结果略有差异。

4.1 第二类错误和功效概念

在假设检验问题中使用的检验统计量是随机变量, 得到的观测值可能很大也可能很小, 因而存在两类错误: 第一类错误和第二类错误。**第一类错误称为 "拒真", 即 H_0 成立情况下, 由于检验统计量的随机性而被判为 H_1 成立**; 例如例 3.1 中, 学生确实没有互相抄袭, 而碰巧由于种种原因, 两人卷面有 4 处以上 "雷同", 因而被判 "抄袭"。他们被冤枉了, 这种 "被冤枉" 错误就是第一类错误。第 3 章中广泛使用的 "显著性水平" 就是第一类错误概率的上限。**第二类错误称为 "取伪" 或 "纳伪", 即 H_1 成立, 而被判为 H_0 成立**; 例如例 3.1 中, 两学生确实互相抄袭了, 但是碰巧抄袭到的答案中绝大多数是正确答案, 这些答案尽管是抄袭的却看不出是 "雷同", 从而卷面 "雷同" 数少于 4 处, 卷面被认为 "未抄袭", 这种错误就是第二类错误。

通常第一类错误概率记为 α, 但是 MINITAB 也把显著性水平 (第一类错误概率的允许上限) 记为 α。第二类错误概率通常记为 β, 但是 MINITAB 也把第二类错误概率的允许上限记为 β。抽样检验中经常考虑一个**检验的功效** $1-\beta$; 正如文献 [12] 中指出: "在原假设不成立的条件下, 能够拒绝原假设, 也就是能够分辨出原假设和备择假设的差别, 这就是检验能力的表现, 其概率值当然越大越好。我们将侦测到两总体间这种差别的能力称为检验功效, 即 $1-\beta$。" MINITAB 有时把 1 与第二类错误的概率允许下限之差也称为功效 $1-\beta$。

控制第二类错误的概率比较麻烦, 而且在多数实际工作中也不考虑第二类错误。例如例 3.6 中, 怀疑热敏电阻测温仪有系统偏差, 希望通过假设检验证实怀疑。如果假设检验结果不能判定热敏电阻测温仪有系统偏差 (这时仅仅计算了第一类错误的概率), 要不要再考虑犯有第二类错误, 即热敏电阻测温仪确实有系统偏差而通过这 7 次测量后的计算未发现? 不需要。首先计算第二类错误概率比较麻烦, 要根据 "间距" 来计算。其次第 3 章中从 7 个观测数据 "判定热敏电阻测温仪没有系统偏差", 不等于最终判定热敏电阻测温仪没有偏差; 人们无奈地根据 "疑罪从无" 的原则, 从观测数据作出热敏电阻测温仪没有系统偏差判定的同时, 还可以从其他方面进一步检查。不仅第 3 章的假设检验, 在许多统计方法 (例如回归分析、方差分析、生存分析) 中做假设检验时, 一般也不考虑第二类错误的概率。

但是许多实际问题中两类错误的概率都必须同时考虑, 特别在商品由 "生产方"(包括零部件提供方) 交付 "使用方"(包括接受零部件进行加工的一方或市场检验方) 的时候。这时抽样检验结果完全确定这批产品的命运 (拒收或接收), 必然存在两类错误。如果假设检验中只考虑第一类错误, 就会导致使用方的质量要求不能得到保证, 而且理论上可以证明: 如果样本量不变, 那么修改判断规则使第一类错误概率减小, 必然导致按修改后规则判断时第二类错误概率增大; 反之修改判断规则使第二类错误概率减小必然导致第一类错误概率加大。为了兼顾 "生产方"(或称为 "供应方") 和 "使用方" 的利益 (同时控制两类错误概率), 必须增大样本量。文献 [12] 中形象直观地说明了增大样本量能使第一、二类错误的概率减小的理由; 但是正如本章开始时所介绍的, 增大样本量会增加成本, 样本量不能增加得太大。因而人们只能寻求 "**最合理的**" 抽样方案: **既控制两类错误的概率, 样本量又要尽可能小。**

同时控制第一、二类错误的概率的完满途径是生产方和使用方商定具体规则: 确定原假设和备择假设, 指定正数 α (生产方风险, MINITAB 称为生产者风险)、β (使用方风险, MINITAB 称为消费者风险) 或者指定功效 $1-\beta$, 在保证第一类错误的概率不超过 α, 第二类错误概率不超过 β 条件下, 找出合适的样本量; 根据规定的样本量随机抽样, 并加以测量; 再由抽出的样本按照预先设定的规则判别是否接收这批产品。在 4.2.1~4.2.3 中这种规则是化为第 3 章的假设检验, 而在 4.2.4 中是通过与 "接收常数" 比较完成的, 样本量和接收常数合在一起称为抽样方案。

4.2 只考虑均值时功效和样本量的确定, 两种判别方法

本节首先介绍只考虑均值时抽样检验中同时考虑两类错误概率的概念, 文献 [19] 称这类检验问题是 "计量产品标准型一次抽样检验", 特别解释了常见抽样检验符号的含义。然后介绍两种判别方法: 抽样检验方法 1 和抽样检验方法 2, 从而根据样本有效判别接受还是拒绝这批产品。本书在 4.2.1~4.2.3 中介绍抽样检验方法 1 的使用, 其中包括已知 "差值"、样本量、功效中两者, 用 MINITAB 求第三者的方法。MINITAB 和许多文献称这种求第三者的计算为样本量的计算。样本量的计

算在使用抽样检验方法 1 时是十分重要的。4.2.1 介绍正态总体单样本 Z 检验的样本量计算，4.2.2 介绍正态总体单样本 t 检验的样本量计算，4.2.3 介绍双正态总体 t 检验的样本量计算。4.2.4 介绍抽样检验方法 2 解决正态总体单样本 Z 检验和 t 检验的问题，读者可以参阅文献 [19, 25]。

抽样检验方法 1 和抽样检验方法 2 从数学问题 (原假设、备择假设、两类错误的限定) 方面来看是一致的。但是检验方法 2 不涉及 MINITAB 的使用，而且专门用于产品是否接收的问题，两类错误概率也限定在 0.05 或 0.1；但是它在解决例 4.13 一类检验问题时特别有用。

文献 [14] 中介绍用查表法对多个显著水平和第二类错误概率限，查出样本量，从而使用该书第 8 章第 2 节的假设检验知识解决本书 4.2.1～4.2.3 中问题的方法。文献 [19] 介绍了抽样检验方法 2 的原理。文献 [25] 详细介绍抽样检验方法 2 的应用。文献 [19, 25] 中仅对显著性水平 =0.05，功效 =0.9 的情形造出求样本量和接收常数的表 (见本书附表 1～4)，从而解决本书 4.2.1～4.2.2 问题。

抽样检验方法 1 和抽样检验方法 2 的效能是相同的。读者可以对例 4.3 和例 4.7 (用抽样检验方法 1 判断)，改用抽样检验方法 2，得到的结论是相同的。

为了理解只考虑质量中心的抽样检验，我们先介绍一个实例 (例 3.3 改为同时考虑两类错误)，以它为例可以说明本章中所考虑的两类错误问题的数学模型。

实例：某车间生产铜丝，根据历史资料，所生产铜丝折断力 X(单位：kg) 服从正态分布 $N\ (\mu, \sigma^2)$，且均值是 285，标准差是 4。现在试用新材料，所生产铜丝折断力 X 服从正态分布且标准差不变，如果折断力均值超过 290，新材料才有使用价值 (被接收)。为了检验新材料是否具有使用价值，应当怎样检验？按惯例假设当 $\mu \geqslant 290$ 时功效 =0.9，显著性水平 =0.05.

这个问题中铜丝折断力均值 μ 是被关注的**特性指标**，一般抽样检验书中称它为 "**质量中心**"。生产方强调自己用新材料生产的铜丝折断力均值 μ 超过 290，而使用方对此抱有怀疑，于是需要判断 μ=285 还是 μ 超过 290。使用方希望显著性水平越小越好，以免新材料折断力均值 $\mu = 285$ 而被误判为折断力 μ 超过 290。生产方希望功效越大越好，以免新材料折断力均值 μ 超过 290 而被误判为折断力 $\mu = 285$。同时考虑两方的利益，就必须同时采用两个条件：第一类错误概率不超过 0.05，当 H_1 中 $\mu \geqslant 290$ 时第二类错误概率不超过 0.1；在满足这两个条件下做假设检验。因为该检验附有条件，我们记该检验为

$$H_0: \mu = 285, \quad H_1: \mu > 285 \left| \begin{array}{l} \text{满足条件: 第一类错误概率 } \leqslant 0.05, \\ \text{当 } \mu \geqslant 290 \text{ 时第二类错误概率 } \leqslant 0.1, \end{array} \right.$$

这里竖线后面表示假设检验的条件。为了简略本书把第一类错误概率记为 p_1，第二类错误概率记为 p_2。α (本例 =0.05) 代表使用方利益；β (本例 =0.1) 代表生产方

利益。存在一个正数 δ (本例 $\delta = 290 - 285 = 5$), 要求满足条件: 第一类错误概率 p_1 不超过 α, 当 H_1 中 $\mu \geqslant \mu_0 + \delta$ 时第二类错误概率 p_2 不超过 β。这类问题一般的假设检验形式是:

$$H_0 : \mu = \mu_0, \quad H_1 : \mu > \mu_0 | p_1 \leqslant \alpha, \quad \mu \geqslant \mu_0 + \delta \text{ 时 } p_2 \leqslant \beta。 \tag{4–1}$$

(4–1) 简略记为 $H_0 : \mu = \mu_0$, $H_1 : \mu \geqslant \mu_0 + \delta$。根据标准差是否已知, 这类问题可能用 Z 检验和 t 检验解决。在 4.2.1 和 4.2.2 中还要分别考虑如下两类 Z 检验和 t 检验问题。

第一类是, 存在一个正数 δ, 要求满足条件: 第一类错误概率不超过 α, 当 H_1 中 $\mu \leqslant \mu_0 - \delta$ 时第二类错误概率不超过 β。这类假设检验记为

$$H_0 : \mu = \mu_0, \quad H_1 : \mu < \mu_0 | p_1 \leqslant \alpha, \quad \mu \leqslant \mu_0 - \delta \text{ 时 } p_2 \leqslant \beta。 \tag{4–2}$$

(4–2) 简略记为 $H_0 : \mu = \mu_0$, $H_1 : \mu \leqslant \mu_0 - \delta$。

第二类是, 存在一个正数 δ, 要求满足条件: 第一类错误概率不超过 α, 当 H_1 中 $|\mu - \mu_0| \geqslant \delta$ 时第二类错误概率不超过 β。这类假设检验记为

$$H_0 : \mu = \mu_0, \quad H_1 : \mu \neq \mu_0 | p_1 \leqslant \alpha, \quad |\mu - \mu_0| \geqslant \delta \text{ 时 } p_2 \leqslant \beta。 \tag{4–3}$$

(4–3) 简略记为 $H_0 : \mu = \mu_0$, $H_1 : |\mu - \mu_0| \geqslant \delta$。

类似地, 4.2.3 中两个总体特性指标分别服从正态分布 $N(\mu_1, \sigma^2)$, $N(\mu_2, \sigma^2)$, 需要解决如下三类双样本 t 检验。

第一类问题是, 存在一个正数 δ, 要求满足条件: 第一类错误概率不超过 α, 当 H_1 中 $\mu_1 - \mu_2 \geqslant \mu_0 + \delta$ 时第二类错误概率不超过 β; 在此二条件下假设检验记为

$$H_0 : \mu_1 - \mu_2 = \mu_0, \quad H_1 : \mu_1 - \mu_2 > \mu_0 | p_1 \leqslant \alpha, \quad \mu_1 - \mu_2 \geqslant \mu_0 + \delta \text{ 时 } p_2 \leqslant \beta。 \tag{4–4}$$

(4–4) 简略记为 $H_0 : \mu_1 - \mu_2 = \mu_0$, $H_1 : \mu_1 - \mu_2 \geqslant \mu_0 + \delta$。

第二类问题是, 存在一个正数 δ, 要求满足条件: 第一类错误概率不超过 α, 当 H_1 中 $\mu_1 - \mu_2 \leqslant \mu_0 - \delta$ 时第二类错误概率不超过 β; 在此二条件下假设检验记为

$$H_0 : \mu_1 - \mu_2 = \mu_0, \quad H_1 : \mu_1 - \mu_2 < \mu_0 | p_1 \leqslant \alpha, \quad \mu_1 - \mu_2 \leqslant \mu_0 - \delta \text{ 时 } p_2 \leqslant \beta。 \tag{4–5}$$

(4–5) 简略记为 $H_0 : \mu_1 - \mu_2 = \mu_0$, $H_1 : \mu_1 - \mu_2 \leqslant \mu_0 - \delta$。

第三类问题是, 存在一个正数 δ, 要求满足条件: 第一类错误概率不超过 α, 当 H_1 中 $|\mu_1 - \mu_2 - \mu_0| \geqslant \delta$ 时第二类错误概率不超过 β; 这类假设检验记为

$$H_0 : \mu_1 - \mu_2 = \mu_0, \quad H_1 : |\mu_1 - \mu_2| \neq \mu_0 | p_1 \leqslant \alpha, \quad |\mu_1 - \mu_2 - \mu_0| \geqslant \delta \text{ 时 } p_2 \leqslant \beta。 \tag{4–6}$$

(4–6) 简略记为 $H_0 : \mu_1 - \mu_2 = \mu_0$, $H_1 : |\mu_1 - \mu_2 - \mu_0| \geqslant \delta$。

同第 3 章开始部分所述, (4–1)、(4–2)、(4–4) 和 (4–5) 的原假设中等号也可以改为 $\geqslant$ 或 $\leqslant$。

(4–1) 至 (4–6) 中正数 δ 称为“间距”, MINITAB 中有时也称 $-\delta$ 为间距。可以证明在样本量 n 固定条件下, δ 很小时第二类错误概率很大, δ 很大时第二类错误概率很小。但是实际问题中 δ 不可能很大, 只有让样本量增大才能使第一类和第二类错误概率同时足够小, 样本量不够大时 (4–1) — (4–6) 无法检验。

文献 [14] 介绍了**抽样检验方法 1**: 根据 (4–1) — (4–6) 取得合适样本量并根据所取样本取得样本值后 (合适的样本量求法见 4.2.1 — 4.2.3 和文献 [12,14]), 把 (4–1) — (4–6) 中条件撤除, 化为“不考虑第二类错误的假设检验” (4–7) — (4–12), 根据所得样本按第 3 章步骤实施检验, 由“不考虑第二类错误的假设检验”结果作出抽样检验的结论。具体化条件假设检验为无条件假设检验的方法如下。

(1) 假设检验

$$H_0: \mu = \mu_0, \quad H_1: \mu > \mu_0 | p_1 \leqslant \alpha, \quad \mu \geqslant \mu_0 + \delta \text{ 时 } p_2 \leqslant \beta$$

化为假设检验

$$H_0: \mu = \mu_0, \quad H_1: \mu > \mu_0, \tag{4–7}$$

只考虑显著水平 α。若 (4–7) 判定 H_0 成立, 则判定 (4–1) H_0 成立; 否则判定 $\mu \geqslant \mu_0 + \delta$ 成立。

(2) 假设检验

$$H_0: \mu = \mu_0, \quad H_1: \mu < \mu_0 | p_1 \leqslant \alpha, \quad \mu \leqslant \mu_0 - \delta \text{ 时 } p_2 \leqslant \beta$$

化为假设检验

$$H_0: \mu = \mu_0, \quad H_1: \mu < \mu_0, \tag{4–8}$$

只考虑显著水平 α。若 (4–8) 判定 H_0 成立, 则判定 (4–2) H_0 成立; 否则判定 $\mu \leqslant \mu_0 - \delta$ 成立。

(3) 假设检验

$$H_0: \mu = \mu_0, \quad H_1: \mu \neq \mu_0 | p_1 \leqslant \alpha, \quad |\mu - \mu_0| \geqslant \delta \text{ 时 } p_2 \leqslant \beta$$

化为假设检验

$$H_0: \mu = \mu_0, \quad H_1: \mu \neq \mu_0, \tag{4–9}$$

只考虑显著水平 α。若 (4–9) 判定 H_0 成立, 则判定 (4–3) H_0 成立; 否则判定 $|\mu - \mu_0| \geqslant \delta$ 成立。

(4) 假设检验

$$H_0: \mu_1 - \mu_2 = \mu_0, \quad H_1: \mu_1 - \mu_2 > \mu_0 | p_1 \leqslant \alpha, \quad \mu_1 - \mu_2 \geqslant \mu_0 + \delta \text{ 时 } p_2 \leqslant \beta$$

化为假设检验

$$H_0: \mu_1 - \mu_2 = \mu_0, \quad H_1: \mu_1 - \mu_2 > \mu_0, \tag{4–10}$$

只考虑显著水平 α。若 (4–10) 判定 H_0 成立, 则判定 (4–4) H_0 成立; 否则判定 $\mu_1 - \mu_2 \geqslant \mu_0 + \delta$ 成立。

(5) 假设检验

$$H_0: \mu_1 - \mu_2 = \mu_0, \quad H_1: \mu_1 - \mu_2 < \mu_0 | p_1 \leqslant \alpha, \quad \mu_1 - \mu_2 < \mu_0 - \delta \text{ 时 } p_2 \leqslant \beta$$

化为假设检验

$$H_0: \mu_1 - \mu_2 = \mu_0, \quad H_0: \mu_1 - \mu_2 < \mu_0, \tag{4–11}$$

只考虑显著水平 α。若 (4–11) 判定 H_0 成立, 则判定 (4–5) H_0 成立; 否则判定 $\mu_1 - \mu_2 \leqslant \mu_0 - \delta$ 成立。

(6) 假设检验

$$H_0: \mu_1 - \mu_2 = \mu_0, \quad H_1: |\mu_1 - \mu_2| \neq \mu_0 | p_1 \leqslant \alpha, \quad |\mu_1 - \mu_2 - \mu_0| \geqslant \delta \text{ 时 } p_2 \leqslant \beta$$

化为假设检验

$$H_0: \mu_1 - \mu_2 = \mu_0, \quad H_1: \mu_1 - \mu_2 \neq \mu_0, \tag{4–12}$$

只考虑显著水平 α。若 (4–12) 判定 H_0 成立, 则判定 (4–6) H_0 成立; 否则判定 $|\mu_1 - \mu_2| \geqslant \mu_0 + \delta$ 成立。

抽样检验方法 1 的实例见例 4.3、4.7 和 4.8。

文献 [19, 25] 介绍了**抽样检验方法 2**: 首先建立附条件的假设检验公式 (4–1) 至 (4–6), 然后同时求出样本量和接收常数, 根据样本量抽取样品并且计算 Q 值和接收常数相比, 从而做出判断 (详见 4.2.4)。

抽样检验方法 1 和抽样检验方法 2 的效果是一样的; 但是使用抽样检验方法 2 制表和查表时做了省略, 因而同一问题用两种不同方法检验, 可能结果略有差异。

4.2.1 单样本 Z 检验的功效和样本量计算

关于已知 “标准差” 的条件: 文献 [19] 规定, 当产品质量稳定, 并有近期质量管理或抽样检验的数据能预先确定批标准差时, 采用 Z 检验。其中还规定如果最近 20~25 批生产是稳定的 (经过控制图检验判定), 可以用它们的样本标准差均值作为已知标准差。

由指令 “统计 > 功效和样本数量 > 单样本 Z” 可以进入 “单样本 Z 的功效和样本数量” 对话框, 见图 4–1。其中标准差空格必须填写, 且填写由历史经验得到标准差的值。“差值” 空格填写法见表 4–1。在样本数量、差值、功效值空格中任意指定 2 项, MINITAB 可以算出第 3 项。

当进入 “单样本 Z 的功效和样本数量” 对话框后, 点击 “选项” 按钮, 进入 “单样本 Z 的功效和样本数量–选项” 对话框, 见图 4–2。应当根据需要选择 “备择假设” 中的小于、大于、不等于; 具体使用法如表 4–1。显著性水平空格中一般保持 0.05, 如果实际问题要求显著性水平为其他值, 可以修改。

首先举一个求样本量的例子。

例 4.1 某车间生产铜丝, 根据历史资料, 所生产铜丝折断力 (单位: kg) 服从

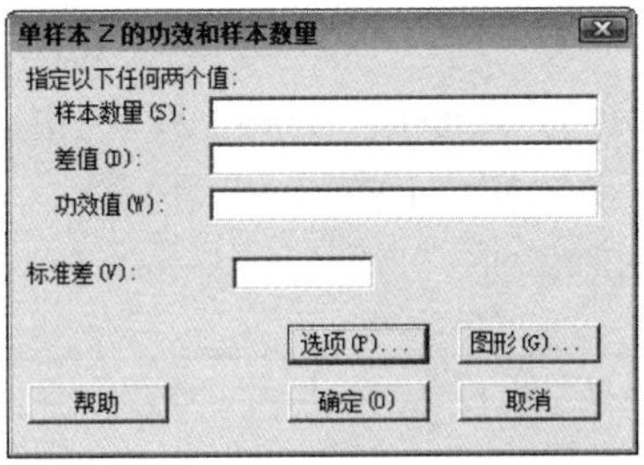

图 4–1 “单样本 Z 的功效和样本数量” 对话框

表 4–1 单样本 Z 的功效、样本数量和选项的填写格式

原假设和备择假设	“差值” 空格填写	“备择假设” 选择
$H_0:\mu=\mu_0, H_1:\mu\geqslant\mu_0+\delta$	δ	大于
$H_0:\mu=\mu_0, H_1:\mu\leqslant\mu_0-\delta$	$-\delta$	小于
$H_0:\mu=\mu_0, H_1:\lvert\mu-\mu_0\rvert\geqslant\delta$	δ	不等于

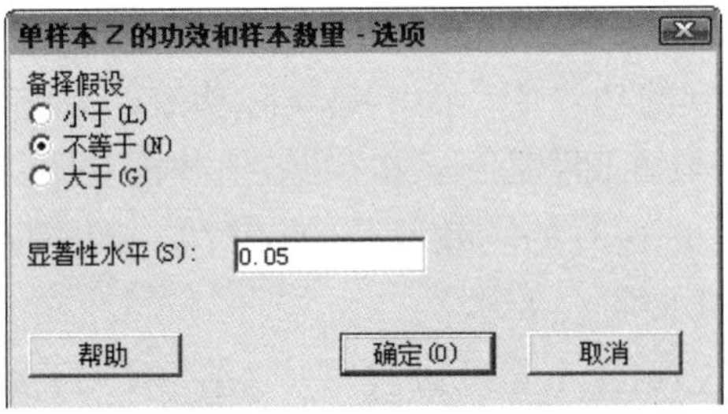

图 4–2 “单样本 Z 的功效和样本数量–选项” 对话框

正态分布, 且均值是 285, 标准差是 4。现在试用新材料, 所生产铜丝折断力 X 服从正态分布且标准差不变, 如果折断力均值超过 290, 新材料才有使用价值。为了检验新材料是否具有使用价值, 应当至少测量多少根铜丝的折断力? 按惯例假设功效 =0.9, 显著性水平 = 0.05。

解 本例假定新材料生产铜丝折断力 X 服从正态分布且标准差等于 4。要确定能否采用新材料, 依题意要做 (4–1) 类型假设检验:

$$H_0:\mu\leqslant 285,\quad H_1:\mu\geqslant 290,$$

所以差值 = 290 − 285 = 5。于是采用指令 “统计 > 功效和样本数量 > 单样本 Z”, 进入 “单样本 Z 的功效和样本数量” 对话框。在 “功效值” 空格填写 0.9, 在 “差值”

空格填写 5, 在“标准差”空格填写 4。点击选项按钮后进入“单样本 Z 的功效和样本数量–选项”对话框。选择“备择假设”中的“大于”, 因为没有另外声明, 显著性水平仍取 0.05, 所以显著性水平空格中保持 0.05 不变。

各框点击确定后, 会话区得到:

功效和样本数量

单样本 Z 检验

检验均值 = 零 (与 > 零)

计算功效的均值 = 零 + 差值

Alpha=0.05 假定标准差 =4

差值	样本数量	目标功效	实际功效
5	6	0.9	0.921760

结果分析: 由会话区倒数第 1 行可见, 样本数量 =6, 也就是说应当试验 6 根铜丝。由倒数第 1 行最后一个数可见: 实际功效 =0.921760; 之前的 0.9 对应的是目标功效 (原来希望达到的功效值), 而不是实际功效。这里为什么实际功效不能取 0.9 呢? 当样本量是 5 与 6 间某个小数时功效值才能是 0.9; 实用中样本量不能是小数, 只好取样本量为 6, 这时的功效就是 0.921760。也即是说第二类错误的概率是 $1-0.921760$, 小于 0.1, 符合要求。

由于 μ_0 的大小不影响样本量的计算, 所以给 MINITAB 下达指令时, 不涉及 μ_0 的值, 因而 MINITAB 的输出中总取 μ_0 为 0, 所以会话窗口输出第 3 行中说“检验均值 = 零 (与 > 零)”, 而不是“检验均值 =285 (与 >285)”。4.2.1 和 4.2.2 中各例的会话输出中都只和零比较, 也是出于同样原因。

下面举一个计算功效的例子。

例 4.2 某种止痛药的有效期是 6 小时 (实际使用时, 因为各人的差异, 所以有效期是随机变量, 均值是 6 小时), 现在研制新止痛药。为了向客户证明新药比原来旧药有效期多 1 小时以上, 随机选择 25 例患者使用新药, 测量该药有效时间, 设新药有效时间 T 服从正态分布, 参考以往经验, 确定已知标准差 $\sigma=2$。设显著性水平 $=0.04$。求这种检验的功效。

解 因为要证明新药有效, 做 (4–1) 类型假设检验:

$$H_0: \mu=6, \quad H_1: \mu \geqslant 7,$$

此例下限是 7, 标准值是 6。据题意 $\sigma=2$, $n=25$, 差值 $=7-6=1$。计算功效的具体操作如下: 由指令 “统计 > 功效和样本数量 > 单样本 Z” 进入 “单样本 Z 的功效和样本数量” 对话框; 在 “样本数量” 后空格中输入 25; 在 “差值” 后空格中输入 1; 在 “标准差” 后空格中输入 2。点击 “选项” 进入 “ 单样本 Z 的功效和样本数量–选项”, 对话框再实施如下指令: 备择选择 “大于”; 显著性水平空格输入 0.04。各框点击 “确定”, 在会话窗口得到:

```
功效和样本数量

单样本 Z 检验

检验均值 = 零 (与 > 零)
计算功效的均值 = 零 + 差值
Alpha=0.04   假定标准差 =2

差值   样本数量     功效
 1        25      0.773166
```

结果分析: 此项检验的功效为 0.773166。一般客户总要求功效为 0.9, 所以样本量 =25 时功效不能满足客户要求, 应当加大样本量。

解决实际抽样检验问题时, 可以使用抽样检验方法 1, 综合使用本章样本量计算知识与第 3 章知识。

例 4.3 如果例 4.1 中随机抽出的 10 根铜丝的折断力 (单位: kg) 是:

289, 286, 285, 284, 286, 285, 285, 286, 298, 292。

能否认为, 折断力有提高? (显著水平 =0.05, 功效 =0.9。)

解 例 4.1 中算出 $n = 6$ 即可, 这里样本量 =10 大于 6, 样本越多分辨力越强。因此不应当舍去 4 个样品, 应当全部使用这 10 个样品。由抽样检验方法 1, 有了样本值后应当检验

$$H_0 : \mu = 285, \quad H_1 : \mu > 285,$$

因此我们按照第 3 章中做法操作。在工作表上将 10 个折断力输入一列, 命名该列为 “折断力”。然后实施下列指令: 从 “统计 > 基本统计量 > 单样本 Z” 进入 “单样本 Z” 对话框; 选定 “样本所在列”, “样本所在列” 下空格中选入 “折断力”; “标准差” 空格填 4; 选择 “进行假设检验”; 假设均值填 285。点击 “选项”, 进入 “单样本 Z–选项” 对话框, 置信水平保持默认值 95, 根据备择假设 $H_1 : \mu > 285$ 的符号 “>”, 在 “备择” 选项中选择 “大于”。各框点击 “确定”, 在会话窗口得到结果如下:

单样本 Z: 折断力

mu=285 与 >285 的检验
假定标准差 =4

变量	N	均值	标准差	均值标准误	95% 下限	Z	P
折断力	10	287.60	5	1.26	285.52	2.06	0.020

结果分析: 因为 P 值 =0.02 小于显著水平 0.05, 因此我们判断备择假设成立: 由抽样检验方法 1 可判定折断力大于或等于 290。

再举一个求间距的例子, 虽然在实际应用中, 求间距的情况很少见。

例 4.4　设机器加工某种轴时, 每根轴长度规定为 500(单位: mm)。从长期实践知, 加工所得轴长度服从标准差为 2 的正态分布。使用方和供货方商定: 抽查某批轴的长度是否合格时, 如果这批轴均值误差超过 δ, 使用方则拒收这批轴, 否则接收。这是 (4–3) 类型假设检验

$$H_0: |\mu-\mu_0|=0, \quad H_1: |\mu-\mu_0| \geqslant \delta。$$

由于实际情况所限, 希望适当选择间距。如果根数 (样本量) 为 20, 显著性水平为 0.05, 功效为 0.9, 那么间距 δ 应当是多少?

解　操作如下: 由指令 "统计 > 功效和样本数量 > 单样本 Z" 进入 "单样本 Z 的功效和样本数量" 对话框; 在 "样本数量" 后空格中输入 20; 在 "功效值" 空格中输入 0.9; 在 "标准差" 后空格中输入 2。点击 "选项" 进入 "单样本 Z 的功效和样本数量–选项" 对话框再提交如下指令: "备择假设" 选择 "不等于"; 显著性水平空格输入 0.05。各框点击 "确定", 在会话窗口得到:

功效和样本数量

单样本 Z 检验

检验均值 = 零 (与 ≠ 零)
计算功效的均值 = 零 + 差值
Alpha=0.05　假定标准差 =2

样本数量	功效	差值
20	0.9	1.44965

由此输出可得间距 $\delta = 1.44965$。因为样本量固定时, 间距越大, 功效值越大, 可取 $\delta = 1.45$。

4.2.2 单样本 t 检验的功效和样本量计算

根据文献 [19] 规定, 当产品质量不稳定, 或者没有近期质量管理或抽样检验的数据从而不能预先确定批标准差时, 采用正态单样本 t 检验。正态单样本 t 检验的功效和样本量计算的原理和方法基本同 4.2.1。不同的是由于历史标准差未知, 需要通过实验取得标准差的估计值 (详见例 4.5 和例 4.6)。

由指令 "统计 > 功效和样本数量 > 单样本 t" 可以进入 "单样本 t 的功效和样本数量" 对话框, 见图 4–3。其中 "标准差" 空格是必须填写的, 但标准差未知, 怎么办? 可以由样本量合适的样本估计出标准差, 填入该空格 (详见例 4.6)。

估计出标准差后, 在样本数量、差值和功效值中任意指定 2 项, 以便 MINITAB 算出第 3 项。这时还要点击 "选项", 进入 "单样本 t 的功效和样本数量–选项" 对话框, 见图 4–4。应当选择 "备择假设" 中的小于、大于、不等于三者之一, 其作用同 4.2.1。显著性水平空格中一般保持 0.05。

"单样本 t 的功效和样本数量" 对话框中 "差值" 空格的填写、"单样本 t 的功效和样本数量–选项" 对话框中 "备择假设" 选项 (大于、小于和不等于) 的选择, 同 4.2.1 一样应当按表 4–1 填写, 以便于 MINITAB 计算, 也便于使用者理解 MINITAB 产生结果的含义。

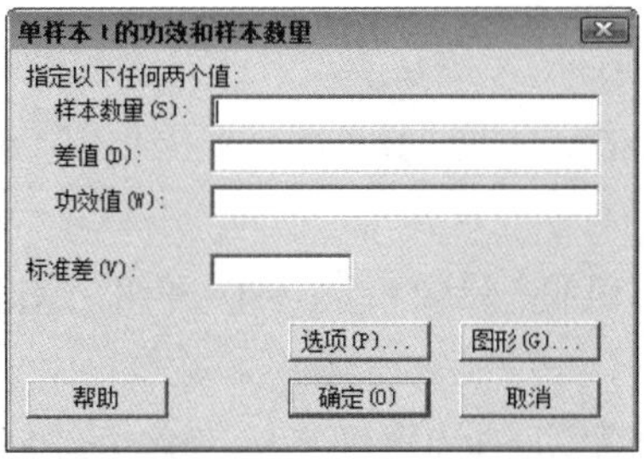

图 4–3 "单样本 t 的功效和样本数量" 对话框

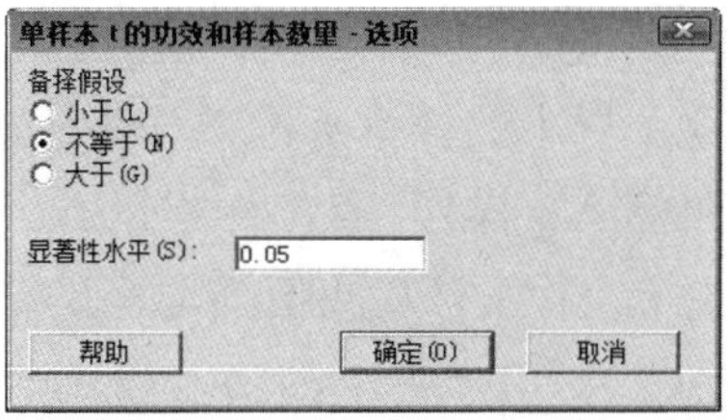

图 4–4 "单样本 t 的功效和样本数量–选项" 对话框

例 4.5 用某种方法治疗婴儿贫血病。设治疗后血红蛋白均值 μ(单位: g/L) 增加 18.5 为有效, 用这种方法治疗后血红蛋白含量 X 是正态分布随机变量。因为不知道 X 的标准差, 准备通过 t 检验来判别这种方法是否有效。通过调阅部分病例估计出 X 的样本标准差为 11.8; 要求显著性水平不超过 $\alpha = 0.05$, 第二类错误概率不超过 $\beta = 0.1$。问需要观测多少病例?

解 这题实际上是做 (4–1) 类型 t 检验

$$H_0 : \mu = \mu_0, \quad H_1 : \mu \geqslant \mu_0 + 18.5。$$

X 的历史标准差虽不知道, 但是有了估计值。依题意 $\delta = 18.5$, σ 估计值 $= 11.8$, $\alpha = 0.05$, 功效 $= 1 - 0.1 = 0.9$。具体操作如下: 由指令 "统计 > 功效和样本数量 > 单样本 t" 进入 "单样本 t 的功效和样本数量" 对话框; 在 "差值" 后空格中输入 18.5; 在 "功效值" 后空格中输入 0.9; 在 "标准差" 后空格中输入 11.8。点击 "选项" 进入 "单样本 t 的功效和样本数量–选项" 对话框再实施如下指令: 备择选择 "大于", 显著性水平空格输入 0.05。各框点击 "确定", 在会话窗口得到:

```
功效和样本数量

单样本 t 检验

检验均值 = 零 (与 > 零)
计算功效的均值 = 零 + 差值
Alpha=0.05   假定标准差 =11.8

差值    样本数量    目标功效    实际功效
18.5    6           0.9         0.947421
```

结果分析: 从最后一行可见: 只要观测 6 例即可, 这时实际功效已达 0.947421, 超过要求的 0.9。

例 4.5 通过调阅一小批病儿估计出样本标准差 (例如调阅几十个病人), 这是医疗问题的特性: 可以同时知道若干个病儿的生理指标。许多工业产品的抽样检验中, 无法事先估计标准差, 只是预计样本量较大, 为了估计标准差, 以便计算 t 检验的样本量, 可以采用以下方法: 先适当选取一值 n_0 (文献 [19] 规定 n_0 不小于 11), 抽取容量为 n_0 的样本, 以这个样本的样本标准差作为标准差, 进入 "单样本 t 的功效和样本数量" 对话框, 仿照例 4.6 操作, 查出样本量 n_1; 若 $n_1 \leqslant n_0$ 则取 n_0 为所求样本量, 否则再抽取 $n_1 - n_0$ 个独立观测值与原来的观测值合并, 以这 n_1 个样品的样本标准差作为标准差进入 "单样本 t 的功效和样本数量" 对话框, 仿照例 4.6 查出样本量 n_2; 若 $n_1 \geqslant n_2$ 则取 n_1 为所求样本量, 否则再抽取 $n_2 - n_1$ 个独立观测值与原来的观测值合并, 以这 n_2 个样品的样本标准差作为标准差进入 "单样本 t 的功效和样本数量" 对话框, 查出样本量 n_3; 以此类推。文献 [19] 规定: 当 n_i 超过 20 即停止上述过程, 不再补充新观测资料, 以 n_i 个观测资料为最终观测数据。

例 4.6 问题同例 4.1, 但预先没有抽取铜丝的折断力。根据历史资料, 旧法所生产铜丝折断力 (单位: kg) 服从正态分布, 且均值是 285。现在试用新材料, 所生产铜丝折断力 X 服从正态分布, 但是没有样本, 标准差也未知, 实际问题要求: 如果折断力均值超过 290, 新材料才有使用价值。在此新材料所得折断力的标准差未知的条件下, 为了检验新材料是否具有使用价值, 应当至少测量多少根铜丝的折断力? 按惯例假设功效 =0.9, 显著性水平 =0.05。

解 此例不知道新材料生产出的铜丝折断力的标准差, 需要 t 检验。"单样本 t 的功效和样本数量" 对话框中必须填写标准差的值, 而标准差的值又未知。这时可以测量用新材料生产的一定数量的样品以便估计出样本标准差的值。例如先测试 11 根用新材料生产的铜丝的折断力分别是 289, 281, 284, 286, 283, 293, 292, 295, 288, 287, 299。用第 2 章 2.2.1 的方法容易算出, 样本标准差是 5.47。为了考察这 11 根铜丝数据是否足够, 于是在 "单样本 t 的功效和样本数量" 对话框的差值空格中填写 5, 在功效空格中填写 0.9, 在标准差空格中填写 5.47。点击选项按钮后进入 "单样本 t 的功效和样本数量–选项" 对话框, 选择 "备择假设" 中的大于, 因为没有另外要求, 显著性水平空格中保持 0.05 不变。各框点击确定后得到:

```
功效和样本数量

单样本 t 检验

检验均值 = 零 (与 > 零)
计算功效的均值 = 零 + 差值
Alpha = 0.05   假定标准差 = 5.47

差值    样本数量    目标功效    实际功效
  5        12          0.9      0.906309
```

由倒数第 1 行知, 所需样本数量 =12, 而这里仅测试了 11 根铜丝折断力, 样本量不够。于是应当再试验 1 根铜丝, 测定折断力。如果测出新的这根铜丝的折断力是 304, 这 11+1=12 根铜丝折断力的样本标准差 =6.82, 再次进入 "单样本 t 的功效和样本数量" 对话框; 在差值空格中填写 5, 在功效空格中填写 0.9, 在标准差空格中填写 6.82, 点击选项按钮后进入 "单样本 t 的功效和样本数量–选项" 对话框。选定 "备择假设" 中的大于, 显著性水平空格中取 0.05。各框点击确定后, 得到:

功效和样本数量

单样本 t 检验

检验均值 = 零 (与 > 零)
计算功效的均值 = 零 + 差值
Alpha = 0.05 假定标准差 =6.82

差值	样本数量	目标功效	实际功效
5	18	0.9	0.909589

结果分析: 由此得出样本量为 18, 它大于前一步算出的样本量 12。于是再新增 18 − 12 = 6 根铜丝, 测试折断力, 若测得值为 289, 287, 284, 288, 293, 297 (全部测量值存入数据文件: 参数_折断力.MTW)。计算这 18 根铜丝样本标准差 = 6.03。仿照刚才步骤, 再次通过 "单样本 t 的功效和样本数量–选项" 对话框, 以标准差 6.03 填入标准差空格, 算得样本量为 14。因为 14<18, 所以应当由这 18 根铜丝的折断力数据决定这批铜丝折断力是否为 290。

例 4.7 对例 4.6 的数据检验: 新方法生产的铜丝折断力均值是否提高到 290?

解 因为本题是 (4–1) 类型 t 检验

$$H_0 : \mu = 285, \quad H_1 : \mu \geqslant 290,$$

根据抽样检验方法 1, 取得合适样本量和样本后, 应当做假设检验

$$H_0 : \mu = 285, \quad H_1 : \mu > 285。$$

于是按第 3 章检验步骤, 先打开数据文件 "参数_折断力.MTW", 然后实施下列指令: 从 "统计 > 基本统计量 > 单样本 t" 进入 "单样本 t" 对话框; 选定 "样本所在列", "样本所在列" 下空格中选入 "折断力"; 选择 "进行假设检验"; 假设均值填 285。点击 "选项", 进入 "单样本 t–选项" 对话框, 置信水平保持默认值 95, 根据备择假设 $H_1 : \mu > 285$ 的符号 ">", 在 "备择假设" 选项中选择 "大于"。各框点击 "确定", 在会话窗口得到结果如下:

单样本 T: 折断力

mu=285 与 >285 的检验

变量	N	均值	标准差	均值标准误	95% 下限	T	P
折断力	18	289.94	6.03	1.42	287.47	3.48	0.001

结果分析: 18 个样品算出的样本标准差为 6.03。因为 P 值 =0.001 小于显著水平 0.05, 所以否定原假设。由检验法则 1 可判定折断力大于或等于 290。

4.2.3 双样本 t 检验的功效和样本量的计算

本节介绍两个正态总体均值差 t 检验的功效和样本量计算, 即 (4–4)~(4–6) 类型抽样检验问题求功效或样本量。

由指令 "统计 > 功效和样本数量 > 双样本 t" 进入 "双样本 t 的功效和样本数量" 对话框, 见图 4–5, 点击其中选项按钮进入 "双样本 t 的功效和样本数量–选项" 对话框, 见图 4–6。在这两个对话框中适当填写空格后, 可以指示 MINITAB 完成有关 "双样本 t 的功效和样本数量" 的计算。这两个对话框使用方法类似 4.2.2。

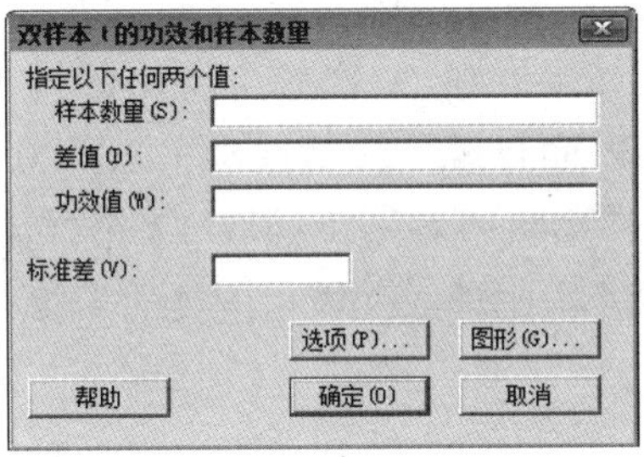

图 4–5 "双样本 t 的功效和样本数量" 对话框

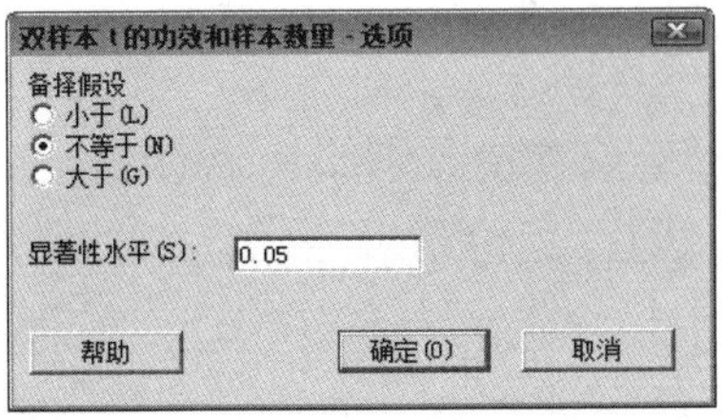

图 4–6 "双样本 t 的功效和样本数量–选项" 对话框

"双样本 t 功效和样本数量" 对话框中填的 "差值" 空格, 以及 "双样本 t 的功效和样本数量–选项" 对话框中的 "备择假设", 应当按表 4–2 填写。

进入 "双样本 t 的功效和样本数量" 对话框后可以对双样本 t 检验问题, 由样本量、功效、δ 三者中的两个求出第三个值。最常用的是双样本 t 检验的功效或样本量互求, 但是总假设两个总体方差相等。和 4.2.2 计算 t 检验的样本量一样, 估计 t 检验功效或样本量时仍必须输入总体的标准差, 如果无法得到标准差的历史值, 可以采用例 4.6 的做法, 不断确定样本量, 取样, 确定样本方差, 再确定样本量……

表 4–2　双样本 t 的功效和样本数量以及选项的填写格式

原假设和备择假设类型	"差值" 空格填写	备择下拉列表中选择
$H_0: \mu_1 = \mu_2, H_1: \mu_1 - \mu_2 \leqslant -\delta$	$-\delta$	小于
$H_0: \mu_1 = \mu_2, H_1: \mu_1 - \mu_2 \geqslant \delta$	δ	大于
$H_0: \mu_1 = \mu_2, H_1: \lvert\mu_1 - \mu_2\rvert \geqslant \delta$	δ	不等于

MINITAB 算出两个总体的最少样本量 n 是相同的; 当算出最少样本量 n 以后, 再去假设检验时, 两个总体的样本量 n_1, n_2 可以不等, 但是必须满足 $n_1 \geqslant n, n_2 \geqslant n$。

例 4.8　汽车燃料中辛烷值越高越好, 燃料 B 比较便宜。燃料 B 销售方说 A、B 两种燃料差不多, 燃料 A 销售方说燃料 A 辛烷含量比燃料 B 多 5 个单位以上。运输公司决定: 抽样检验, 如果燃料 A 辛烷含量比燃料 B 多 5 个单位以上, 则使用燃料 A, 否则使用燃料 B, 而且规定显著性水平 $\alpha = 0.01$, 第二类错误概率 β 不超过 0.01。运输公司从两种燃料中各随机抽取 12 个样品化验其辛烷值, 得数据如表 4–3 (数据文件: 参数_燃料比较.MTW), 问能否判断 "燃料 A 辛烷含量比燃料 B 多 5 个单位以上"?

表 4–3　辛烷含量数据

A	81	84	79	76	82	83	84	80	79	82	81	79
B	76	74	78	79	80	79	82	76	81	79	82	78

解　设 A、B 两种燃料辛烷含量分别服从 $N(\mu_1, \sigma^2), N(\mu_2, \sigma^2)$。"燃料 A 辛烷含量比燃料 B 多 5 个单位以上" 等价于 $\mu_1 - \mu_2 \geqslant 5$, 因为标准差未知, 本例就是要求做 (4–4) 类型 t 检验:

$$H_0: \mu_1 - \mu_2 \leqslant 0, \quad H_1: \mu_1 - \mu_2 \geqslant 5。$$

显著性水平 $= 0.01$, 功效 $= 1 - 0.01 = 0.99$。根据抽样检验方法 1, 首先要决定样本量。为此采取如下步骤。(1) 估计标准差: 先比较 A、B 两种燃料辛烷值的方差 (用 3.4.2 的方法), 发现没有显著差异。分别求两组数据的样本方差 (用 2.2.1 的方法) 得 5.606 和 6.061, 于是两组数据的联合标准差估计值是 $s = \sqrt{(5.606 + 6.061)/2} = 2.415$。(2) 求样本量: 据题意提交如下指令: 由 "统计 > 功效和样本数量 > 双样本 t" 进入 "双样本 t 的功效和样本数量" 对话框; 在 "差值" 后空格中输入 5; 在 "功效值" 后空格中输入 0.99; 在 "标准差" 后空格中输入 2.415。点击 "选项" 进入 "双样本 t 的功效和样本数量–选项" 对话框, 再实施如下指令: 备择选择 "大于"; 显著性水平空格输入 0.01。各框点击 "确定", 在会话窗口得到:

功效和样本数量

双样本 t 检验

检验均值 1= 均值 2 (与 >)

计算均值 1 的功效 = 均值 2+ 差值

Alpha = 0.01 假定标准差 =2.415

差值	样本数量	目标功效	实际功效
5	12	0.99	0.992244

结果分析: 由最后一行可见每个总体样本量应当是 12 (每种燃料观测数都不少于 12)。如果上列输出中算得所需样本量多于 12, 就应当仿照例 4.5 的做法, 再补充抽样、估计标准差、计算样本量…… 但是例 4.8 中算出的样本量恰好等于已知数据的样本量, 所以就取样本量 = 12, 即使用这已知的 12 对数据。

为了决定使用哪种燃料, 由抽样检验方法 1 知, 现在应当做只考虑第一类错误的双样本 t 假设检验

$$H_0 : \mu_1 - \mu_2 \leqslant 0, \quad H_1 : \mu_1 - \mu_2 > 0。$$

为此, 打开数据文件 "参数_燃料比较.MTW"; 由指令 "统计 > 基本统计量 > 双样本 t" 进入 "双样本 t" 对话框, 在双样本 t 对话框选择 "样本在不同列中", "第一" 后选入 "A", "第二" 后选入 "B"; 选择 "假定等方差", 如图 3–4。然后, 点击 "选项", 进入 "双样本 t–选项" 对话框, "检验差值" 保持 0.0; "置信水平" 空格填入 99, 备择选项中选择 "大于"。各框点击 "确定" 后会话窗口得到:

双样本 T 检验和置信区间: A, B

A 与 B 的双样本 T

	N	均值	标准差	均值标准误
A	12	80.83	2.37	0.68
B	12	78.67	2.46	0.71

差值 = mu (A) − mu (B)

差值估计值: 2.167

差值的 99% 置信下限: −0.307

差值 = 0 (与 >) 的 T 检验: T 值 = 2.20 P 值 = 0.019 自由度 = 22

两者都使用合并标准差 = 2.4152

由倒数第 2 行 P 值 =0.019>0.01 可见, 第一类错误的概率是 0.019, 大于预定显著性水平 0.01, 所以应当接受原假设, 由判别法则 1 可知 A 燃料辛烷含量不比 B 燃料多 5 个单位, 应当选用 B 燃料。

例 4.9 设导线 A 和导线 B 的电阻都服从正态分布, 方差相等, 若导线 A 比导线 B 的电阻均值小 0.03, 就采用导线 A, 否则采用导线 B。两种导线各抽取 6 根, 计算出它们电阻的样本方差是 0.0008821 和 0.0009281。为了做 t 检验, 应当各抽取多少根电线测量电阻? 假设取显著性水平为 0.04, 功效为 0.95。

解 这里是 (4–5) 类型假设检验。按照文献 [19] 的规定, 应当首先对每种导线选定 11 根, 而此例样本容量仅有 6, 所以应当对每种导线各再抽取 5 根, 测量这 22 根导线的电阻; 用第 2 章 2.2.1 的方法容易算出, 它们的样本标准差各是多少, 并且用第 3 章 3.4.2 的方法判断这两种导线电阻方差是否相同。如果两种导线电阻的方差没有显著差异, 再按照例 4.8 的方法判断 22 根电阻数据是否够用, 如果不够用, 就要仿照例 4.5 做法再增加一些样品试试; 如果还不够用, 再增加样品, 以此类推。

例 4.10 为了比较甲乙两地儿童身高 (单位: m) 是否有差异, 已知甲乙两地儿童身高分别服从均值为 μ_1 和 μ_2 的正态分布, 规定 "μ_1 和 μ_2 相差大于或等于 0.02" 为有差异。在两地各随机选取 100 名儿童, 测量他们的身高并做 t 检验。根据这 200 名儿童的测量数据知, 他们的身高标准差估计值都是 0.0315, 显著性水平是 0.01, 那么功效是多少?

解 此例是 (4–6) 类型假设检验。$H_0: \mu_1 = \mu_2$, $H_1: |\mu_1 - \mu_2| \geqslant 0.02$。因为样本量 = 100, 远大于 20, 无需再增大样本量。可以采取如下指令: 由 "统计 > 功效和样本数量 > 双样本 t" 进入 "双样本 t 的功效和样本数量" 对话框; 在 "样本数量" 后空格中输入 100; 在 "差值" 后空格中输入 0.02; 在 "标准差" 后空格中输入 0.0315, 因为由 100 个样品估计样本标准差是可信的。点击 "选项" 进入 "双样本 t 的功效和样本数量–选项" 对话框, 再实施如下指令: 备择选择 "不等于", 显著性水平空格输入 0.01。各框点击 "确定", 在会话窗口得到:

```
功效和样本数量

双样本 t 检验

检验均值 1= 均值 2 (与 ≠)
计算均值 1 的功效 = 均值 2+ 差值
Alpha = 0.01  假定标准差 = 0.0315

差值    样本数量    功效
0.02    100         0.969671
```

结果分析: 由最后一行可见功效 =0.969671, 一般情形功效都是 0.9, 所以样本量 100 足够。但是如果取更大功效, 例如取功效为 0.99, 那么样本量 100 就不够了。

4.2.4 通过与接收常数比较确定是否接收一批产品

4.2.1 至 4.2.3 中使用 MINITAB 方便地求出合理样本量, 从而对产品抽样并进行检测, 测出样本值, 于是能够进行第 3 章的假设检验, 最终解决同时考虑两类错误的检验问题 (抽样检验方法 1)。以下介绍的抽样检验方法 2 也可以用来解决同时考虑两类错误的检验问题。

抽样检验方法 2 的步骤是: 通过查表得到合适的样本量和 "**接收常数**"; 根据样本量随机抽查并测出样本值, 将所得检测数据算出的 Q 值和 "**接收常数**" 相比, 若 Q 值大于或等于接收常数则接受 H_0, Q 值小于接收常数则接受 H_1; 这种与 "**接收常数**" 比较的方法不仅适用于 4.2 的情形, 也在 4.4 和 4.5 中广泛使用。文献 [19] 第 4 部分 "以均值为质量指标的抽样检验" 对于 4.2.1 和 4.2.2 (正态分布总体的 Z 检验和 t 检验) 的情形做了详细说明, 给出用以查找样本量和接收常数的表 (限于 $\alpha = 0.05$, $\beta = 0.1$ 的情形)。表中给出最合理的样本量 n 和相应 "**接收常数**" (通常记为 k) (见本书附表 1~4)。最合理的样本量和 "**接收常数**" 合在一起, 可以用来做出判别。文献 [25] 介绍了求合理样本量的原理, 也给出和附表 1~4 同样的表。以下简介文献 [19] 有关正态总体的一次抽样验收部分 (第 4 部分), 说明从附表 1–4 查出抽样方案的方法。学会这里介绍的接收常数的用法, 对于学习其他国标也是有益的。

在 4.2.4 中考虑的质量中心 X 都服从正态分布 $N(\mu, \sigma^2)$; 均值 μ 符合 "合格质量规格限" 的每批产品, 被拒收的低概率 (显著性水平) 都要求不超过 0.05; 均值 μ 超出 "极限质量规格限" 的每批产品, 被接受的低概率都要求不超过 0.1 (功效不小于 0.9)。以下介绍 "合格质量规格限" 和 "极限质量规格限" 的符号和含义。为了便于理解, 我们通过以下 3 个例子说明。

例 4.11 使用方要求固体苛性钠中的杂质氧化铁 Fe_2O_3 含量要低, 批均值含量在 0.0040% 以下则该批合格, 批均值含量在 0.0050% 以上以低概率 (显著度为 0.05) 被接收。已知 $\sigma = 0.0006\%$, 试确定抽样方案。

例 4.12 某种钢材的抗拉强度 (单位: Pa) 以大为好, 批均值在 46×10^7 以上则该批合格, 在 43×10^7 以下则以低概率接收, 已知历史标准差为 4×10^7, 试确定抽样方案。

例 4.13 设某种产品的标准尺寸 (单位: mm) 是 100, 如果批平均尺寸在 100±0.2 之内, 则该批是合格品; 如果批平均尺寸在 100±0.5 之外, 则该批为不合格品。已知历史标准差 σ =0.3, 求抽样方案。

在例 4.11 中苛性钠中氧化铁含量越低越好, 这种越小 (低) 越好的质量指标称为望小型质量指标。0.0040% 是合格品中氧化铁含量的最大值, 此例就是 (4–1) 类型, 双方商定 $\mu_0 = 0.0040\%$, $\mu_0 + \delta = 0.0050\%$. 在文献 [19] 中, μ_0 被称为合格质量的上规格限, 记为 $\mu_{0\mathrm{U}}$; $\mu_0 + \delta$ 被称为极限质量的上规格限, 记为 $\mu_{1\mathrm{U}}$。"极限质量"可以理解为"可以接受的最差的质量"。

在例 4.12 中钢材抗拉强度越大越好, 这种越大越好的质量指标称为望大型质量指标, 此例就是 (4–2) 类型。46×10^7 是合格品最小值, 双方商定 $\mu_0 = 46 \times 10^7$, $\mu_0 - \delta = 43 \times 10^7$。在文献 [19] 中, μ_0 被称为合格质量的下规格限, 记为 $\mu_{0\mathrm{L}}$; $\mu_0 - \delta$ 被称为极限质量的下规格限, 记为 $\mu_{1\mathrm{L}}$。

在例 4.13 中某种产品的标准尺寸越接近 100 越好, 这种越接近某值越好的质量指标称为望目型质量指标。此例是 (4–3) 类型检验的推广。双方商定 $\mu_0 = 100$, 要求 $|\mu - 100| \leqslant 0.2$ 时被判为不合格的概率小于 0.05, 要求 $|\mu - 100| \geqslant 0.5$ 时被判为合格的概率小于 0.1。在文献 [19] 中 100.2 被称为合格质量的上规格限, 记为 $\mu_{0\mathrm{U}}$; 100.5 被称为极限质量的上规格限, 记为 $\mu_{1\mathrm{U}}$; 99.8 是合格品最小值, 被称为合格质量的下规格限, 记为 $\mu_{0\mathrm{L}}$; 99.5 被称为极限质量的下规格限, 记为 $\mu_{1\mathrm{L}}$。使用文献 [19] 附表时, 必须满足 $\mu_{0\mathrm{L}} - \mu_{1\mathrm{L}} = \mu_{1\mathrm{U}} - \mu_{0\mathrm{U}}$。

根据文献 [19], σ 表示标准差, s 表示抽得样品的样本标准差。4.2.1 的情形 (单样本 Z 检验) 应当使用以下介绍的 "σ" 法; 4.2.2 的情形 (单样本 t 检验) 应当使用以下介绍的 "s" 法。表 4–4 和表 4–5 说明 "σ" 法和 "s" 法的关键步骤。这两张表第一列指明抽样检验类型: 各有 3 种; 第 1 行是备择假设取 "大于" 号的抽样检验 (文献 [19] 称为有上规格限的检验); 第 2 行是备择假设取 "小于" 号的抽样检验 (文献 [19] 称为有下规格限的检验); 第 3 行是备择假设取 "不等于" 号的抽样检验, 比 (4–3) 类型检验更复杂 (文献 [19] 称为有双侧规格限的检验)。第 2 列指明所使用的附表。第 3 列指明用来查抽样方案的统计量 A, A', C, B, B', D (由这些统计量在表中查出抽样量 n 和接收常数 k)。第 4 列指明统计量 Q 的计算公式。第 5 列指出判别接收还是拒收这批产品的准则。所用附表 1~4(列在本书最后部分) 分别是文献 [19] 的表 1~4。

以下举例说明表 4–4 和表 4–5 的用法。所有例题选自文献 [19]。

表 4–4 "σ" 法关键步骤表

假设	所查附表	查表求抽样方案所用统计量	判定统计量	判别准则
$H_0: \mu \leqslant \mu_{0\mathrm{U}}$ $H_1: \mu \geqslant \mu_{1\mathrm{U}}$	附表 1	$A = (\mu_{1\mathrm{U}} - \mu_{0\mathrm{U}})/\sigma$	$Q_\mathrm{U} = (\mu_{0\mathrm{U}} - \overline{x})/\sigma$	$Q_\mathrm{U} \geqslant k$ 接收, 否则拒收

续表

假设	所查附表	查表求抽样方案所用统计量	判定统计量	判别准则
$H_0: \mu \geqslant \mu_{0L}$ $H_1: \mu \leqslant \mu_{1L}$	附表 1	$A' = (\mu_{0L} - \mu_{1L})/\sigma$	$Q_L = (\overline{x} - \mu_{0L})/\sigma$	$Q_L \geqslant k$ 接收, 否则拒收
$H_0: \mu_{0L} \leqslant \mu \leqslant \mu_{0U}$ $H_1: \mu_{1L} \geqslant \mu$ 或 $\mu \geqslant \mu_{1U}$ 必须满足条件 $\mu_{0L} - \mu_{1L} = \mu_{1U} - \mu_{0U}$	附表 2	$A = (\mu_{1U} - \mu_{0U})/\sigma$ $c = (\mu_{0U} - \mu_{0L})/\sigma$	$Q_U = (\mu_{0U} - \overline{x})/\sigma$ $Q_L = (\overline{x} - \mu_{0L})/\sigma$	$Q_U \geqslant k$ 而且 $Q_L \geqslant k$ 接收, 否则拒收

表 4–5　“s” 法关键步骤表

假设	所查附表	查表求抽样方案所用统计量	判定统计量	判别准则
$H_0: \mu \leqslant \mu_{0U}$ $H_1: \mu \geqslant \mu_{1U}$	附表 3	$B = (\mu_{1U} - \mu_{0U})/s$	$Q_U = (\mu_{0U} - \overline{x})/s$	$Q_U \geqslant k$ 接收, 否则拒收
$H_0: \mu \geqslant \mu_{0L}$ $H_1: \mu \leqslant \mu_{1L}$	附表 3	$B' = (\mu_{0L} - \mu_{1L})/s$	$Q_L = (\overline{x} - \mu_{0L})/s$	$Q_L \geqslant k$ 接收, 否则拒收
$H_0: \mu_{0L} \leqslant \mu \leqslant \mu_{0U}$ $H_1: \mu_{1L} \geqslant \mu$ 或 $\mu \geqslant \mu_{1U}$ 必须满足条件 $\mu_{0L} - \mu_{1L} = \mu_{1U} - \mu_{0U}$	附表 4	$B = (\mu_{1U} - \mu_{0U})/s$ $D = (\mu_{0U} - \mu_{0L})/s$	$Q_U = (\mu_{0U} - \overline{x})/s$ $Q_L = (\overline{x} - \mu_{0L})/s$	$Q_U \geqslant k$ 而且 $Q_L \geqslant k$ 接收, 否则拒收

例 4.11　使用方要求固体苛性钠中的杂质氧化铁 Fe_2O_3 含量要低, 批均值含量在 0.0040% 以下则该批合格, 批均值含量在 0.0050% 以上以低概率 (显著度为 0.05) 被接收。已知 $\sigma = 0.0006\%$, 试确定抽样方案。

解　这里关心的是这批产品的指标: 氧化铁 Fe_2O_3 的含量, 用 μ 来表示。若 μ 过高则产品被拒绝, 所以要做抽样检验:

$$H_0: \mu \leqslant 0.000040, \quad H_1: \mu \geqslant 0.000050,$$

又由于 σ 已知, 所以应当按表 4–4 第 1 行操作。由该行第 2 列可知应当查本书末附表 1。由表 4–4 第 3 列知统计量 $A = (\mu_{1U} - \mu_{0U})/\sigma = (0.00005 - 0.00004)/0.000006 = 1.667$。用 $A = 1.667$ 查本书附表 1, A 在第 3 行给出的范围 $(1.463 \sim 1.689)$ 内, 由此行查得 $n = 4, k = -0.882$。所以抽样方案是样本量 $n = 4$, 接收常数 $k = -0.882$。若测量的样本 (4 件样品) 中氧化铁含量均值

为 $\overline{x}$, 由表 4–4 第 4、5 列知, 令 $Q_{\mathrm{U}} = (0.00004 - \overline{x})/0.000006$。判别准则是: 若 $Q_{\mathrm{U}} \geqslant -0.882$ 则判定接收这批固体苛性钠产品, 否则拒收。

例 4.12　某种钢材的抗拉强度 (单位: Pa) 以大为好, 批均值在 46×10^7 以上则该批合格, 在 43×10^7 以下则以低概率接收, 已知历史标准差为 4×10^7, 试确定抽样方案。

解　这里关心的是这批产品的指标: 钢材抗拉强度, 用 μ 来表示。因为 μ 过低产品被拒绝, 所以要做抽样检验:

$$H_0 : \mu \geqslant 46 \times 10^7, \quad H_1 : \mu \leqslant 43 \times 10^7。$$

又由于 σ 已知, 所以应当按表 4–4 第 2 行操作。由该行第 2 列可知应当查本书末附表 1。由表 4–4 第 3 列知 $A' = (\mu_{0\mathrm{L}} - \mu_{1\mathrm{L}})/\sigma = (46-43)/4 = 0.75$, 用 $A' = 0.75$ 查本书附表 1, 查到 A' 在第 15 行给出的范围 $(0.731 \sim 0.755)$ 内, 由此行查得 $n = 16$, $k = -0.411$。所以抽样方案是样本量 $n = 16$, 接收常数 $k = -0.411$。若测量的样本 (16 件样品) 中抗拉强度均值为 $\overline{x}$。由表 4–4 第 4、5 列可知: 令 $Q_{\mathrm{L}} = (\overline{x} - 46)/4$。判别准则是: 若 $Q_{\mathrm{L}} \geqslant -0.411$, 则判定接收这批产品, 否则拒收。

例 4.13　设某种产品的标准尺寸 (单位: mm) 是 100, 如果批平均尺寸在 100 ± 0.2 之内, 则该批是合格品; 如果批平均尺寸在 100 ± 0.5 之外, 则该批为不合格品。已知历史标准差 $\sigma=0.3$, 求抽样方案。

解　这里关心的是这批产品的指标, 即产品的某种尺寸, 用 μ 来表示。因为 μ 误差过大产品被拒绝, 所以要做抽样检验:

$$H_0 : \mu_{0\mathrm{L}} \leqslant \mu \leqslant \mu_{0\mathrm{U}}, \quad H_1 : \mu_{1\mathrm{L}} \geqslant \mu \text{ 或 } \mu \geqslant \mu_{1\mathrm{U}},$$

其中 $\mu_{0\mathrm{L}} = 99.8$, $\mu_{0\mathrm{U}} = 100.2$, $\mu_{1\mathrm{L}} = 99.5$, $\mu_{1\mathrm{U}} = 100.5$, 因为 $\mu_{0\mathrm{L}} - \mu_{1\mathrm{L}} = \mu_{1\mathrm{U}} - \mu_{0\mathrm{U}}$, 所以应当按表 4–4 第 3 行计算, 可得:

$$A = (\mu_{1\mathrm{U}} - \mu_{0\mathrm{U}})/\sigma = 0.3/0.3 = 1; \quad c = (\mu_{0\mathrm{U}} - \mu_{0\mathrm{L}})/\sigma = 0.4/0.3 = 1.333。$$

由 $A = 1$ 在附表 2 各页第 1 行查找, 由 1 在范围 $(0.980 \sim 1.039)$ 内, 查得 $n = 9$; 在该列下方查找 $c = 1.333$, 它属于最末一行 "0.867 以上" 的范围内, 它对应的 k 值 $= -0.548$。于是抽样方案是 $(9, -0.548)$。抽取 9 件产品测量特性指标, 得 $x_1, x_2, \cdots, x_9$, 从而求得 $\overline{x}$。由表 4–4 第 4、5 列知, 令

$$Q_{\mathrm{U}} = (100.2 - \overline{x})/0.3, \quad Q_{\mathrm{L}} = (\overline{x} - 99.8)/0.3。$$

判别准则是: 若 Q_{U} 大于或等于 -0.548, 而且 Q_{L} 也大于或等于 -0.548, 则判定接收批产品; 否则拒收。

以下是 "s" 法的例子。

例 4.14　规定某种原材料的 SO_2 化学成分低于 1.5% 者为合格产品, 超过 2.5% 者以低概率接收。由于没有近期质量控制或抽样数据, 生产方和使用方根据以往经验商定样本标准差估计值为 $s = 0.85\%$。试确定抽样方案。

解 这里关心的是这批产品的指标, 即 SO_2 化学成分, 用 μ 来表示。因为 μ 过高产品被拒绝, 所以要做抽样检验:

$$H_0:\mu\leqslant 0.015,\quad H_1:\mu\geqslant 0.025,$$

因为未知标准差, 采用 "s" 法。所以应当按表 4–5 第 1 行操作。按照该行第 2 列, 应当查书末附表 3。按照表 4–5 该行第 3 列, 且已知 $\mu_{0\mathrm{U}}=0.015$, $\mu_{1\mathrm{U}}=0.025$, $s=0.0085$, 计算出 $B=(0.025-0.015)/0.0085=1.176$。由附表 3 查出 1.176 在区间 $(1.160\sim 1.259)$, 它在附表第 5 行。该行可见样本量 $n=8$, 接收常数 $k=-0.670$, 这就是抽样方案。取 8 件产品, 化验出样本的 SO_2 含量均值 $\overline{x}$。由表 4–5 第 4 列知, 应当计算 $Q_{\mathrm{U}}=(0.015-\overline{x})/0.0085$。由表 4–5 第 5 列知判别准则是: 若 Q_{U} 大于或等于 -0.670, 则接这批产品, 否则拒绝这批产品。

例 4.15 要求一批钢板的硬度较大为好: 当钢板的洛氏硬度超过 75 时可以接收, 洛氏硬度低于 70 时不可接收。由于无法预知批标准差, 使用方和生产方商定, 采用 "s" 法中规定的抽取样本方法来估计标准差, 并商定第一次试抽样本量为 20, 求所需的抽样方案。

解 这里关心的是这批产品的洛氏硬度, 用 μ 来表示。依题意是要做抽样检验:

$$H_0:\mu\geqslant 75,\quad H_1:\mu\leqslant 70$$

因为未知总体标准差, 应当按表 4–5 第 2 行操作。由表 4–5 第 2 行知应当查附表 3。已知 $\mu_{0\mathrm{L}}=75$, $\mu_{1\mathrm{L}}=70$。随机选定 20 块钢板, 测量其硬度, 得 $x_1,x_2,\cdots,x_{20}$, 计算样本标准差 s, 假设 20 块钢板硬度标准差 $s=6$。由表 4–5 第 3 行知要计算 $B'=(\mu_{0\mathrm{L}}-\mu_{1\mathrm{L}})/s=(75-70)/6=0.833$。从附表 3 中查找抽样方案: 从第 12 行找到 0.833 属于 $(0.800\sim 0.839)$ 的范围内; 在第 12 行可查得 $n=15$, $k=-0.455$。因为 $15<20$, 只需选用 15 块钢板测试值, 但这样不能充分利用已有钢板硬度测量值, 所以样本量 $=15$ 不好, 应当以 20 为样本量。在样本量 $=20$ 的行 (第 16 行) 查得 $k=-0.387$, 于是由样本 $x_1,x_2,\cdots,x_{20}$ 求得样本均值 $\overline{x}$。判别准则是: 由表 4–5 第 4 列计算 $Q_{\mathrm{L}}=(\overline{x}-75)/6$; 由表 4–5 第 5 列可知, 若 Q_{L} 大于或等于 -0.387 则接收这批产品, 否则拒绝这批产品。

4.3 产品抽样检验进一步概念

4.2.1 至 4.2.4 中对于产品抽样检验问题都不考虑批次品率 p (一批产品的总次品率), 而是直接以产品的特性指标, 例如长度、重量、电阻等为拒绝和接收的标准, 这些特性指标服从正态分布。但是当前大多数质量检验问题中都必须通过批次品率 p 来考虑是否接收一批产品。例如某公司计划从国外购买 10 万支圆珠笔芯, 要审查这批产品质量时, 不是直接考虑圆珠笔芯的耐磨长度 (即书写长度, 单位: km), 而是除耐磨长度外还要考虑毒性、外观等指标, 综合这些指标判断圆珠笔芯是否合格; 通过这批圆珠笔芯的批次品率 p 来决定是否接收这批产品 (详见例 4.16)。例 4.16 中买方和卖方商定: 如果这批产品总次品率 p 低于 0.00095, 则这批笔芯是合格品, 买方一定接收; 如果这批笔芯总次品率 p 高于 0.0075, 则这批产品是劣等品, 买方有权拒收。又如某商场买进一批白糖, 规定每袋重量 500 g 以上为合格品, 低于 490 g 为不合格品, 商场不直接考虑这批糖平均每袋重量, 而是与厂方商定: 这批袋糖总次品率高于 8% 必须退货; 总次品率低于 1% 必须接收。像这样对产品是否接受的判断, 不仅要考虑这批产品的某个特性指标 (例如总体均值), 更重要的是要考虑这批产品中不合格品的比率 (批次品率)。这时 4.2.1、4.2.2 和 4.2.4 的方法就不适用了, 需要引入新的概念和新的方法。注意双方对于批次品率 p 的要求是确定的, 而抽出样品中次品数和次品数在样本中所占的比例则是随机变量。

例 4.16 的问题看起来不难解决, 把每支圆珠笔芯都检查一下, 看它是否合格, 总次品率就确定了, 从而是否拒收这批圆珠笔芯的问题就解决了。但是由于多种原因, 不能把这批笔芯每支都检验, 其一是因为检验一支笔芯的书写长度时要把笔芯磨坏; 其二是检验圆珠笔芯要付出一定代价, 10 万支都检查的代价太大了。因而只能抽样检验: 由 10 万支笔芯中随机抽出若干支, 由抽出笔芯中次品数来确定这批产品是拒收还是接收。由于抽出的次品数是随机变量, 就会产生两类错误: 这批产品真实次品率 p 低于 0.00095, 产品却被拒收 (第一类错误, 误认为次品率 p 高于 0.0075); 这批产品真实次品率 p 高于 0.0075, 产品却被接收 (第二类错误, 误认为次品率 p 低于 0.00095)。这时只好按照抽样方案实施: 可以保证这两类错误的概率都很小。通常规定第一类错误概率不超过 0.05, 第二类错误概率不超过 0.1。

对产品质量检验时, 有时不是对已生产好的一批产品直接检验, 而是对某个生产过程的产品检验。这里提到的过程是指一个连续的生产过程, 例如某生产线 24 小时连续生产, 每一分钟生产一个汽车零件, 为了监测早白班 (6 时至 14 时) 生产是否正常, 隔一定时间抽查一个零件, 看它是否是正品, 从而确定早白班生产是否正常, 这就是对早白班这一生产过程抽样检验。

本节介绍几个以批次品率为抽样检验标准的术语 (注意其中的 “质量” 一词, 一般意味着 “缺陷” “次品” 等贬义, 而日常生活中人们把质量作为褒义词使用)。

1. 计数检验和计量检验。计数检验是指考察个体是否具有某种属性或特性, 例如单个产品是合格品还是不合格品, 或者单个产品缺陷个数的检验。本章不考虑一件产品有多个缺陷的情形, 因而把是否有缺陷也称为是否是次品, 只通过考虑批次品率 (或批次品率的 100 倍、100 万倍) 做出判断。计量检验是指考察个体某个具有连续性的指标, 例如对长度、直径、重量、寿命等进行检验。

2. 生产方 (也称为供货方) 和消费方 (也称为使用方)。生产方可以是出卖商品的一方, 也可以是同一个企业中交接元件 (半成品) 的交付方。消费方可以是购买商品的一方, 也可以是同一个企业中接收元件 (半成品) 的接收方。例 4.16 中生产方是国外某公司, 消费方是国内某公司。如果某车间把加工过的半成品交给另一车间, 实施下一步加工, 那么某车间就是“生产方”, 另一车间就是“消费方”。

3. 检验批 (lot) 和批量。检验批是指提交检验的一批产品, 需要判断它们是否被接收。批量是指这批产品的总件数, 通常记为 N; MINITAB 称批量为“批次大小”。例如前述圆珠笔芯的批量就是 100000。当批量很小时, 按照指定的 AQL、RQL、生产方风险、使用方风险计算, 就可能产生不了抽样方案。如果 MINITAB 要你填写批量时而未填, MINITAB 就会按照批量很大的条件产生方案, 这样的抽样方案是不合理的。如果这时填写了批量, MINITAB 会提醒你更换条件 (详见文献 [24]), 所以当批量较小时一定要填写批量。

4. 可接收质量限 (AQL), MINITAB 记为“可接受的质量水平”。当产品批次品率低于或等于 AQL 时, 使用方必须接收这批产品。AQL 反映生产方的利益。例 4.16 中 AQL=0.00095。

5. 可拒收质量限 (RQL), MINITAB 记为“可拒收的质量水平”。当产品批次品率高于或等于 RQL 时, 使用方有权拒收产品。RQL 反映使用方的利益。例 4.16 中 RQL=0.0075。

6. 生产方风险, MINITAB 记为生产者风险 (Alpha), 即可允许的第一类错误概率最大值 α, 通常取为 0.05。它反映生产方利益, 生产方风险越小, 越不容易犯第一类错误。

7. 使用方风险, MINITAB 记为消费者风险 (Beta), 即可允许的第二类错误概率最大值, 一般记为 β, 通常取为 0.1。它反映使用方利益, 使用方风险越小, 越不容易犯第二类错误。

8. 上规格限和下规格限。 在计量检验时, 对于**望小型**产品 (见例 4.14), 指定**上规格限**, 当产品质量指标超过上规格限时, 判定产品为次品, **上规格限**记为 $\mathrm{T_U}$, MINITAB 称为**规格上限**; 对于**望大型**指标, 指定**下规格限** (见例 4.20), 当产品质量指标低于下规格限时, 判定产品为次品, **下规格限**记为 $\mathrm{T_L}$, MINITAB 称为**规格下限**; 对于**望目型**产品, 同时指定上规格限和下规格限, 当产品质量指标介于上下规格限间时, 判定产品为正品, 否则判定为次品, 一般情况下望目型产品的质量指标越接近上下规格限的均值越好 (见例 4.21)。

9. 抽样方案。对于计数检验, MINITAB 介绍最简单的一次抽样方案: 确定一个**样本量** n 和一个非负整数 c; 抽出 n 件产品检验; 当 n 件产品中次品数小于或等于 c 时判定接收这批产品; n 件产品中次品数大于 c 时判定有权不接收这批产品; c 称为**接收数** (例 4.16 最后求出最合理的抽样方案中 $n=708, c=2$)。对于计量检验, MINITAB 介绍最简单的一次抽样方案: 确定一个样本量 n 和一个非负数 k; 抽出 n 件产品检验并计算 Z.LSL 或 Z.USL; 当 Z.LSL 或 Z.USL 大于或等于 k 时判定接收这批产品; 当 Z.LSL 或 Z.USL 小于 k 时判定消费方有权拒绝这批产品; k 称为**接收常数** (MINITAB 称 k 为临界距离), 例 4.20 中最合理的抽样方案是 $n=8$, $k=1.73973$。当确定抽样方案后, 应当注意抽取样品时要有随机性和代表性, 本书对此不加叙述, 读者可以参看 [19] 以及例 1.8。

10. 补救办法。有时还对抽样检验不合格批做出补救规定, 当 n 件产品的检验结果或者是次品数比较多, 或者是计算出的 Z.LSL 或 Z.USL 比较小, 以致判定使用方有权拒收这批产品时, 而生产方还想让使用方接收这批产品中的合格部分, 于是采取补救办法: 把这批产品中未经检验的另外 $N-n$ 件产品全部检验, N 件产品中合格的接收, 不合格的拒收。注意: 尽管采取补救措施后, 这批产品中合格的都被接收, 本章仍称这批经过全检的产品为被拒收产品。MINITAB 计算时只要给出批量, 总假设采取补救措施, 计算 AOQ, AOQL, ATI 等。除非另外声明, 本章中也假定采取了补救措施。

11. 平均检验总数 (ATI)。采取补救规定后, 有两种情况: (1) n 件产品 Z.LSL 或 Z.USL 比较大, 以致判定使用方必须接收一批产品, 就按规定对这批产品全部接收, 不再检验, 这时检验总数是 n。(2) n 件产品检验出 Z.LSL 或 Z.USL 比较小, 以致使用方有权拒绝这一批产品时, 按补救办法规定对这批产品全部检验, 这批产品的检验总数就是 N。采用这种补救规定后, 每批检验总数不能预先确定: 可能是 N, 也可能是 n, 即检验总数是随机变量。所以有补救规定时平均检查总件数 (检查总件数的期望值) ATI 应当是

$$\text{ATI}=n+(N-n)\times\ (n\text{件产品检验判定使用方有权拒收这批产品的概率})。$$

无补救规定时平均检查总件数 ATI 总是 n。ATI 越大, 平均检验费用越大。

在 4.4 和 4.5 节中用 MINITAB 计算抽样方案时, 当给 MINITAB 输入批量的值后, 它总假定供应方和使用方签有 "补救规定", 按上述公式算出 ATI。

例 4.16 的检验对被检产品 (圆珠笔) 具有破坏性, 不可能全检, 不可能做出这种补救规定, 算出 ATI 无意义。有的检验产品方法不存在破坏性, 可以考虑 ATI; 例如某公司购买 10000 个儿童运动皮球, 只需要检查外观、弹性, 抽样检查不破坏皮球, 可以采用这种补救办法。

12. 平均交付质量 (AOQ) 和平均交付质量限 (AOQL)。在计数抽样时, 对于一批产品, 抽中的 n 件产品检验后, 如果检验结果是 "接收", 按约定应当把 n 件产品中次品剔除, 其中正品交付给使用方; 另有 $N-n$ 件产品未被检验, 其中可能含有的次品被使用方接收 (漏检)。如果检验结果是 "拒绝", 就不会有次品交付给使

用方，不会漏检。所以 N 件产品中可能有次品未被检验而被使用方接收，这种次品称为漏检次品，漏检次品件数是随机的。每件产品是漏检次品的平均概率称为"平均交付质量"，记为 AOQ。AOQ 越大，消费方接受的次品概率越大，AOQ 既依赖抽样方案 (例如 N、n、c)，也依赖这批产品的批次品率 p。

$$\text{AOQ} = \frac{P_\alpha p(N-n)}{N}。$$

其中 $P_\alpha =$ 这批产品被判为接收的概率 (检查 n 件产品，对它们检查或测量计算后判定这批产品被接收的概率)。因为 p 一般未知，当抽样方案固定后 p 在 [0, 1] 中变化时，AOQ 的上限 (最大值) 记为 AOQL (以字母 L 来强调上限)。也就是说

$$\text{AOQL} = \max_{p\in[0,1]} \text{AOQ}$$

在 4.4 和 4.5 节的计算中，MINITAB 分别给出 p 等于 AQL、RQL 这两个值时 AOQ 的值，还算出 p 取什么值时 AOQ 最大，以及这时 AOQ 的值 AOQL，这个 p 值一般既不是 AQL 也不是 RQL。

实际的有关质量抽样检验的标准很多很复杂：例如有时要考虑多次抽样，有时在检验本批次时还要考虑前几批检验信息的利用。这时 ATI、AOQ 和 AOQL 等术语的计算公式更复杂。

4.4 节中考虑的计数产品抽样检验的数学模型是：通过抽出的 n 件产品中次品数做假设检验

$$H_0: p \leqslant \text{AQL}, \quad H_1: p > \text{AQL} \left| \begin{array}{l} \text{满足条件: 第一类错误概率 } \leqslant \alpha, \\ \text{当 } p \geqslant \text{RQL} \text{ 时第二类错误概率 } \leqslant \beta。\end{array} \right.$$

简单记为

$$H_0: p \leqslant \text{AQL}, \quad H_1: p \geqslant \text{RQL}。$$

该模型与 (4–1) 类似，与 (4–1) 不同的是其中 p 是批次品率，而不是服从正态分布的质量中心。也只有一种判别方法：通过接受常数判断。

4.5 节中考虑的计量产品抽样检验的数学模型是：通过抽出的 n 件产品的特性指标值做假设检验

$$H_0: p \leqslant \text{AQL}, \quad H_1: p > \text{AQL} \left| \begin{array}{l} \text{已知特性指标规格限} \\ \text{满足条件: 第一类错误概率 } \leqslant \alpha, \\ \text{当 } p \geqslant \text{RQL} \text{ 时第二类错误概率 } \leqslant \beta。\end{array} \right.$$

简单记为

$$H_0: p \leqslant \text{AQL}, \quad H_1: p \geqslant \text{RQL}。$$

该模型也与 (4–1) 有点相似，与 (4–1) 不同的是这里原假设与备择假设中 p 是批次品率，而不是质量中心参数，而且只有一种判别方法：通过与接收常数比较判断。这里已知条件中规格限可能是上规格限、下规格限或双侧规格限。

有时生产方和使用方会提出不同的抽样方案, 尤其国际贸易时各国也可能提出不同的抽样方案, 到底不同方案间有何优缺点? 对谁有利? 对谁不利? 有利或不利到什么程度? 这就需要算一下。改革开放前, 我国购买某国一批光学玻璃时, 需要检验其中有害物质, 有害物质含量高了就会使光学产品不能使用, 因此需要抽样检验。该国厂商竟然提出不合理的抽样检验方案, 如果按照他们的抽样检验方案, 就会使我国吃大亏。因此分析每个抽样方案的优缺点, 比较不同抽样方案的差异很重要。不仅国际间产品交流需要比较抽样检验方案或抽样检验计划, 国内产品交流时也应当比较。以下 4.4 和 4.5 节中都介绍了用 MINITAB 比较抽样检验方案的方法。

4.4 计数抽样检验

本节介绍用 MINITAB 对计数产品抽样检验, 确定接收常数的方法。

MINITAB 提供按属性抽样验收对话框 (MINITAB 所说抽样验收就是抽样检验)。当被检验产品的指标是计数数据时, 由指令 "统计 > 质量工具 > 按属性抽样验收" 进入 "按属性抽样验收" 对话框。

"按属性抽样验收" 对话框最上面一行的下拉列表中可以选择 "创建抽样计划" 和 "比较用户定义的抽样计划", 当选择前一选项时, 对话框见图 4–7, 本节称这样的对话框为 "按属性抽样验收–创建抽样计划" 对话框, 该对话框可用以建立最合理的抽样方案, 详见 4.4.1; 当选择后一选项时, 对话框如图 4–8, 本节称这样的对话框为 "按属性抽样验收–比较用户定义的抽样计划" 对话框, 该对话框可以对用户决定的任意抽样方案计算第一类错误概率、第二类错误概率、AOQ、AOQL 和 ATI 等, 从而比较抽样方案, 详见 4.4.2。

使用国标 GB/T 13262-2008 [20] 不合格品百分数的计数标准型一次抽样检验程序及抽样表, 以及 GB/T 13264-2008 [24] 不合格品百分数的小批计数抽样检验程序及抽样表, 也可以实施计数抽样检验, 这里不再叙述。

4.4.1 建立计数抽样方案

为了建立抽样方案先进入 "按属性抽样验收–创建抽样计划" 对话框。

该对话框 "测量值类型" 下拉列表中可以选择 "接受/不接受 (缺陷)" 和 "缺陷数" 二者之一, 当选择 "接受/不接受 (缺陷)" 时, MINITAB 对批次品率 (或其 100 倍、1000000 倍) 数据计算, 并使用二项分布模型计算概率; 当选择 "缺陷数" 时, MINITAB 对次品数数据计算, 并使用 Poisson 分布模型计算概率。本章仅介绍选

择 “接受/不接受 (缺陷)” 的使用, 不选择 “缺陷数”。

“质量水平的单位” 下拉列表用于选择批次品率的单位, 其中可以选择 “不良品率” “比率缺陷” “每百万缺陷数” 三者之一, 从而决定以下 “可接受质量水平 (AQL)” 空格和 “可拒收质量水平 (RQL 或 LTPD)” 空格中所填数值: 选择 “比率缺陷” 时, 所填数量应当是批次品率; 选择 “不良品率” 时, 所填数值应当 =100×“批次品率”, 即次品百分数; 选择 “每百万缺陷数” 时, 所填数值应当 =1000000×“批次品率”。例如对于例 4.16, 可接受的批次品率是 0.00095, 可拒绝的批次品率是 0.0075。当选择 “比率缺陷” 时, “可接受质量水平 (AQL)” 空格和 “可拒收质量水平 (RQL 或 LTPD)” 空格中填写批次品率 0.00095 和 0.0075; 当选择 “不良品率” 时, “可接受质量水平 (AQL)” 空格和 “可拒收质量水平 (RQL 或 LTPD)” 空格中填写次品百分数 0.095 和 0.75; 当选择 “每百万缺陷数” 时, “可接受质量水平 (AQL)” 空格和 “可拒收质量水平 (RQL 或 LTPD)” 空格中填写每百万产品中次品数 950 和 7500。

“可接受质量水平 (AQL)” 空格中输入被指定的 AQL。

“可拒收质量水平 (RQL 或 LTPD)” 空格中输入被指定的 RQL。

“生产者风险 (Alpha)” 空格中输入被指定的生产方风险, 常用 0.05。

“消费者风险 (Beta)” 空格中输入被指定的消费方风险, 常用 0.1。

“批次大小” 空格中输入批量, 以便让 MINITAB 计算并输出 AOQ、AOQL 和 ATI。当批量很小时, 按照原来的 AQL、RQL、生产方风险、使用方风险很可能产生不了抽样方案。所以当批量较小 (例如批量是 100 左右甚至更小) 时一定要填写批量。

“按属性抽样验收–创建抽样计划” 还有其他选择, 暂不介绍。当在该对话框的上述空格填写适当数据后, 点击确定就能完成相应任务。

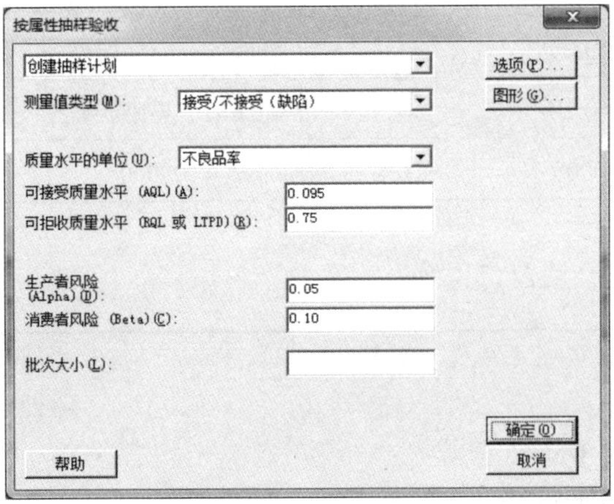

图 4–7 “按属性抽样验收–创建抽样计划” 对话框

首先考虑本章开始举出的计数抽样检验问题。

例 4.16 设国内某公司要从国外某公司购买 10 万支圆珠笔芯, 需要抽样, 以便判定这批产品是否合乎要求, 从而决定是否接收这批产品。生产方要求批次品率低于 0.00095 时这批产品被接收 (第一类错误不超过 $\alpha = 0.05$), 使用方要求批次品率高于 0.0075 时有权拒收 (第二类错误概率不超过 $\beta = 0.1$, 或功效不小于 0.9)。问应当使用何种抽样方案最合适?

解 这里需要检验:

$$H_0: p \leqslant 0.00095, \quad H_1: p \geqslant 0.0075,$$

而且 $\alpha = 0.05$, $\beta = 0.1$。需要建立合理的抽样方案, 即确定合理样本量和接收数, 以便由抽样检验结果做出判断。按照 "按属性抽样验收–创建抽样计划" 对话框的功能提交如下指令:

指令	功能
由 "统计 > 质量工具 > 按属性抽样验收" 进入 "按属性抽样验收" 对话框, 在最上面的下拉列表中选择 "创建抽样计划"	让 MINITAB 制定抽样方案: 计算样本量接收常数, 告知判别接收还是拒收一批产品的规则
"测量值类型" 下拉列表中选择 "接受/不接受 (缺陷)"	使用批次品率数据, 用二项分布模型计算概率
"质量水平的单位" 选择 "不良品率"	指定填写的批次品率单位为次品百分数
"可接受质量水平" 空格填写 0.095	保障生产方利益, 批次品率不超过 0.095% 时高概率接收
"可拒收质量水平" 空格填写 0.75	保障使用方利益, 批次品率超过 0.75% 时高概率拒收
保持 "生产者风险" 为 0.05	确保第一类错误概率不超过 0.05
保持 "消费者风险" 为 0.10	确保第二类错误概率不超过 0.1
批次大小空格中填 100000	批量 =100000

点击 "确定", 在会话窗口得到:

```
按属性的抽样验收


测量值类型: 通过/通不过
以百分比缺陷表示的批次质量
```

续表

批次大小: 100000
使用二项分布来计算接受概率

可接受质量水平 (AQL): 0.095
生产者风险 (Alpha): 0.05

可拒收质量水平 (RQL 或 LTPD): 0.75
消费者风险 (Beta): 0.1

生成的计划

样本数量 708
接受数 2

如果 708 取样中的不良品数 <=2, 接受该批次, 否则拒绝。

百分比

缺陷	接受概率	拒绝概率	AOQ	ATI
0.095	0.969	0.031	0.091	3768.2
0.750	0.100	0.900	0.074	90071.9

平均交付质量限 (AOQL)=0.192 (以 0.320 百分比缺陷)

结果分析: MINITAB 还在原会话窗口输出图形, 本书对图形不做分析, 所以输出中删去这一行, 以后各例都同样处理。(1) 表头 "生成的计划" 下面的三行是 "抽样方案表", 由表可知应当抽样 708 件, 检测后如果次品件数 <=2, 接收该批产品, 否则拒绝。(2) 最后 4 行给出实施这一抽样方案时第一类错误、功效、AOQ 和 ATI 的值。"百分比缺陷" 下给出 AQL 和 RQL 的值。因为提交的指令中 "质量水平的单位" 选择 "不良品率", 所以输出的 AOQ 和 AOQL 单位也是以次品百分数为单位。倒数第 3 行给出: 按照这个抽样方案, 当这批圆珠笔芯次品百分数恰好是 0.095 时, 第一类错误概率是 0.031, AOQ= 每百件中 0.091 件次品。倒数第 2 行给出: 当这批圆珠笔芯百分数恰好是 0.75 时, 功效是 0.9, 第二类错误概率是 0.1, AOQ= 每百件中 0.074 件次品。倒数第 1 行给出: 当这批圆珠笔芯次品百分数恰好是 0.32 时,

AOQ 取最大值 0.192, 从而 AOQL= 每百件 0.192 件次品。因为圆珠笔芯不可能全检, ATI 应当总是样本量 n=708, 而不是 3768.2 或 90071.9。

例 4.17 是 ATI 有意义的例子。

例 4.17 甲公司从乙工厂购买一批开关计 2000 只, 需要检验合格率是否符合要求。双方商定: 如果不合格率低于 1% 就必须购买; 如果不合格率高于 8% 就必须全检, 只接受正品; 生产方风险 =0.05; 使用方风险 =0.1, 采取补救方案。试求最合理的抽样方案, 以及平均检验次数 ATI。

解 用 "按属性抽样验收" 窗口计算。依题意可以采用如下指令:

指令	功能
由 "统计 > 质量工具 > 按属性抽样验收" 进入 "按属性抽样验收" 对话框, 在最上面的下拉列表中选择 "创建抽样计划"	让 MINITAB 制定抽样方案: 计算最合理样本量和接收数
"测量值类型" 下拉列表中选择 "接受/不接受(缺陷)"	使用批次品率数据和二项分布模型计算概率
"质量水平的单位" 下拉列表中选择 "不良品率"	指定填写的批次品率单位为次品百分数
"可接受质量水平" 空格填写 1	保障生产方利益, 批次品率不超过 1% 时高概率接收
"可拒收质量水平" 空格填写 8	保障使用方利益, 批次品率超过 8% 时高概率拒收
保持 "生产者风险" 为 0.05	确保第一类错误概率不超过 0.05
保持 "消费者风险" 为 0.10	确保第二类错误概率不超过 0.1
"批次大小" 空格填写 2000	批量 =2000

点击 "确定" 后在会话区得到:

```
按属性的抽样验收

测量值类型: 通过/通不过
以百分比缺陷表示的批次质量
批次大小: 2000
使用二项分布来计算接受概率
```

续表

可接受质量水平 (AQL): 1
生产者风险 (Alpha): 0.05

可拒收质量水平 (RQL 或 LTPD): 8
消费者风险 (Beta): 0.1

生成的计划

样本数量 65
接受数 2

如果 65 取样中的不良品数 <=2, 接受该批次, 否则拒绝。

百分比

缺陷	接受概率	拒绝概率	AOQ	ATI
1	0.972	0.028	0.941	118.4
8	0.099	0.901	0.767	1808.2

平均交付质量限 (AOQL) = 2.037 (以 3.450 百分比缺陷)

可见 (1) 表头"生成的计划"下的 3 行给出最合理抽样方案: 样本数量取 65, 即要检验 65 只开关; 如果 65 只开关中的次品数 <=2, 判为接收该批开关, 不再检验; 否则甲公司有权拒收这批产品。(2) 因为事先商定有补救方案: 抽样验收判定拒收时乙工厂可以对剩余 1935 只开关全检, 这时甲公司只接收 2000 只开关中检验合格的产品。从最后 3 行可见, 当 2000 只开关中批次品率为 1% 时, 直接接收的概率是 0.972, 也即第一类错误 (被拒收或需要全检的概率) 是 0.028, 平均交付质量是每百件 0.941 件次品, 平均检验次数是 118.4 次。当 2000 只开关中批次品率为 8% 时, 第二类错误 (抽检结果判定为接受) 的概率是 0.099 (即实际功效是 0.901), 平均交付质量是每百件 0.767 件次品, 平均检验次数是 1808.2 次。当 2000 只开关中次品率为 3.450% 时, 平均交付质量达到最大值, 即每百件 2.037 件次品。

4.4.2 比较计数抽样方案

产品交易时双方可能提出不同抽样检验方案, 生产方或使用方怎样比较不同抽样检验方案对于双方的利弊? MINITAB 的"按属性抽样验收–比较用户定义的抽样计划”对话框具有这一功能，见图 4–8。进入 MINITAB 的“按属性抽样验收”对话框，在最上面的下拉列表中选择“比较用户定义的抽样计划”后，MINITAB 进入“按属性抽样验收–比较用户定义的抽样计划”对话框，从而能根据已定 AQL、RQL 计算任一抽样方案的生产方风险和使用方风险、AOQ、ATI 等。该对话框作用如下:

“测量值类型”下拉列表中可以选择“接受/不接受 (缺陷)”和“缺陷数”二者之一。当选择“接受/不接受 (缺陷)”时 MINITAB 对批次品率 (或其 100 倍、1000000 倍) 计算，并采用二项分布模型; 当选择“缺陷数”时，MINITAB 对次品数计算，并采用 Poisson 模型计算。(本书不介绍选择“缺陷数”的情形。)

“质量水平的单位”下拉列表用于选择批次品率的单位，其中可以选择“不良品率”“比率缺陷”“每百万缺陷数”三者之一，从而决定以下“可接受质量水平 (AQL)”空格和“可拒收质量水平 (RQL 或 LTPD)”空格中所填数量的单位 (详见 4.4.1)。

“可接受质量水平 (AQL)”空格中输入被指定的 AQL。

“可拒收质量水平 (RQL 或 LTPD)”空格中输入被指定的 RQL。

“样本数量”空格中填入该抽样方案的样本数量 (可以填入多个样本量以比较多个方案)。

“可接受个数”空格中填写接收数 c (可以填入与“样本数量”空格中对应的多个接收数以比较多个方案)。

“批次大小”空格中输入批量，以便计算 ATI、AOQ、AOQL，当批量较小时一定要填写批量。

“按属性抽样验收”的“比较用户定义的抽样计划”对话框，还有其他选择，暂不介绍。当在该框填写适当数据后，点击确定就能完成相应任务: 计算生产者风险和消费者风险。

例 4.18 中分析一个新方案的特性，以便与例 4.17 所得最佳方案比较。

例 4.18 假如对于例 4.17 的 AQL 和 RQL，采用抽样方案: 取样本量 =40，接收数 =20，效果如何 (生产方风险、使用方风险和 AOQL 各是多少)?

解 采用如下指令:

指令	功能
由“统计 > 质量工具 > 按属性抽样验收”进入“按属性抽样验收”对话框，在最上面的下拉列表中选择“比较用户定义的抽样计划”(如图 4–8)	让 MINITAB 计算生产方风险和使用方风险、AOQ、ATI 等
测量值类型选为“接受/不接受 (缺陷)”	使用批次品率数据和二项分布模型计算概率

续表

指令	功能
“质量水平的单位” 选择 “不良品率”	指定填写的 AQL 和 RQL 单位为次品百分数
“可接受质量水平” 空格填写 1	批次品率不超过 1% 时高概率接收
“可拒收质量水平” 空格填写 8	批次品率超过 8% 时高概率拒收
样本数量空格填写 40	样本量定为 40
可接受个数空格填写 20	接收数为 20
批次大小空格填 2000	批量 = 2000

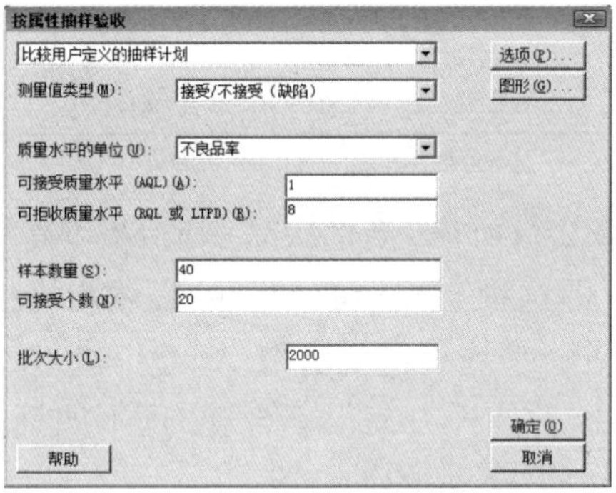

图 4–8 例 4.18 “按属性抽样验收–比较用户定义的抽样计划” 对话框

点击确定后得到:

按属性的抽样验收

测量值类型: 接受/不接受

以百分比缺陷表示的批次质量

批次大小: 2000

使用二项分布来计算接受概率

可接受的质量水平 (AQL): 1

可拒收的质量水平 (RQL 或 LTPD): 8

续表

比较用户定义的计划

样本数量 40
接受数 20

如果 40 取样中的缺陷项目 <=20, 接受该批次, 否则拒绝。

百分比

缺陷	接受概率	拒绝概率	AOQ	ATI
1	1.000	0.000	0.980	40.0
8	1.000	0.000	7.840	40.0

平均交付质量限 (AOQL) = 36.381 (以 41.019 百分比缺陷)

结果分析: 由倒数第 2 行可见, 当批次品率是 8% 时, 使用方风险 (不可接收判为可接收的概率) 是 1, 即这批有权拒收的产品必然判为接收, 对于使用方极为不利。而且倒数第 1 行指出: 平均交付质量限 AOQL=36.381% 很大, 即漏检的次品可能有 36% 之多, 所以这种抽样方案很不合理, 远不如例 4.17 算出的合理。使用方肯定会因此拒绝 $n = 40, c = 20$ 的抽样方案。

如果多种抽样方案有相同的 AQL、RQL, 那么可以把多种抽样方案合写在同一个空格中, 输出的结果也放在一起, 便于比较。

例 4.19 如果例 4.16 保持 AQL、RQL 不变, 使用方认为抽样方案不够严格, $c = 2$ 不好, 想改成 708 支圆珠笔芯中有一支不合格就有权拒收 ($c = 1$), 这样做合理吗? 如果使用方提出样本量 $n = 1900$, 接收数 $c = 6$, 是否合理? 把这两个方案和原来的方案比较一下。

解 为此需要在 AQL=0.095%, RQL=0.75% 的相同条件下, 比较 3 种抽样方案: $n = 708$, $c = 2$ (MINITAB 算出的原方案); $n = 708$, $c = 1$; $n = 1900$, $c = 6$。可以把 3 种方案的样本量、接收数顺序填在同一行。

在 "按属性抽样验收" 窗口最上面的下拉列表中选择 "比较用户定义的抽样计划", 并且在样本数量空格中填入 708、708 和 1900, 中间用空格分开; 在可接收个数空格中填 2、1 和 6, 中间用空格分开; 其余同例 4.16 的指令, 如图 4–9。

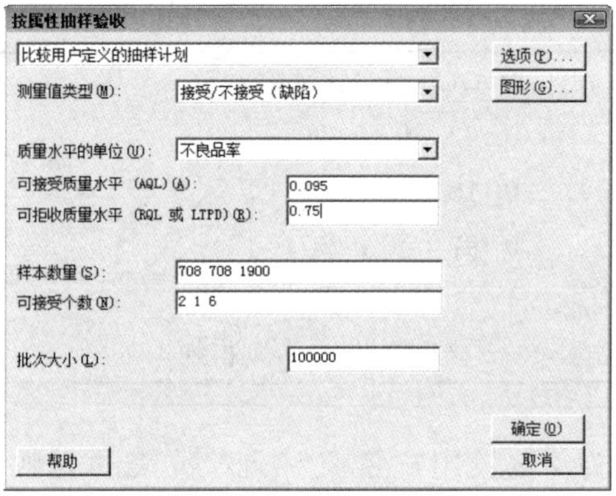

图 4–9　例 4.19 比较 3 种方案的按属性抽样验收窗口

点击确定后, 在会话区得到如下输出:

按属性的抽样验收

测量值类型: 通过/通不过

以百分比缺陷表示的批次质量

批次大小: 100000

使用二项分布来计算接受概率

可接受质量水平 (AQL): 0.095

可拒收质量水平 (RQL 或 LTPD): 0.75

比较用户定义计划

样本数量 (n)	接受数 (c)	百分比缺陷	接受概率	拒绝概率	AOQ	ATI
708	2	0.095	0.969	0.031	0.091	3768.2
708	2	0.750	0.100	0.900	0.074	90071.9
708	1	0.095	0.854	0.146	0.081	15232.9
708	1	0.750	0.031	0.969	0.023	96945.8
1900	6	0.095	0.997	0.003	0.093	2154.4
1900	6	0.750	0.012	0.988	0.009	98825.7

续表

样本数量 (n)	接受数 (c)	AOQL	百分比缺陷
708	2	0.192	0.320
708	1	0.118	0.228
1900	6	0.197	0.267

如果 n 取样中的不良品数 <=c, 接受该批次, 否则拒绝。

结果分析: 表头为 "比较用户定义计划" 数表的列数太多, 会话窗口中被 MINITAB 拆成两段, 可以把该表整理如下表:

方案	抽样量 n	接收数 c	百分比缺陷	接受概率	拒绝概率	AOQ
第一方案	708	2	0.095	0.969	0.031	0.091
	708	2	0.750	0.100	0.900	0.074
	708	2	0.320			0.192
第二方案	708	1	0.095	0.854	0.146	0.081
	708	1	0.750	0.031	0.969	0.023
	708	1	0.228			0.118
第三方案	1900	6	0.095	0.997	0.003	0.093
	1900	6	0.750	0.012	0.988	0.009
	1900	6	0.267			0.197

由表可见: 第二方案第一类错误概率为 0.146 太大, 不利于生产方。第三方案抽样量 1900 太大, 也不利于生产方; 而且对于这样大的抽样量, AOQL=0.197 反而比前两个方案大。所以还是原检验方案 ($n = 708, c = 2$) 容易被生产方和使用方接受。

4.5 计量抽样检验

再次强调本节的计量抽样检验与 4.2.1 和 4.2.2 的相同之处是: 批质量中心都服从正态分布, 都以特性指标的样本值为判断的依据。与 4.2.1 和 4.2.2 的不同之处是: 4.5 节在已知规格限条件下以批次品率 p 为主要检验标准, 而 4.2.1 和 4.2.2 不考虑批次品率; 本节必须通过计算 Z.LSL 或 Z.USL 与接收常数比较而判别。

本节与 4.4 节不同之处在于: (1) 本节中虽然以产品特性指标数据为判别依据, 但实质是以预计产品批次品率 p 为是否接收某批的唯一标准 (见 4.3 节中数学模型); 而 4.4 节中只以产品批次品率 p 为是否接收某批的标准。例 4.16 中要综合考虑外观、尺寸、环保性、漏油率和书写长度来决定每只圆珠笔芯是否合格, 它就属于 4.4 节的研究内容。如果只以书写长度 μ 的 AQL 和 RQL 为判定圆珠笔芯是否合格的唯一标准, 那么就属于本节的研究对象。(2) 4.4 节通过统计次品数与接收常数比较进行判别; 本节必须通过计算 Z.LSL 或 Z.USL 与接收常数比较而判别。

本节内容与国标文献 [19] 中第 5 部分 "以不合格品率为质量指标的抽样检验" 相同, 但是国标中仅考虑常用的显著水平 $\alpha = 0.05$, 第二类错误的概率不超过 0.1 的情形。因为 4.2.2 中详细介绍了文献 [19] 第 4 部分的用法, 这里不再介绍文献 [19] 第 5 部分的用法。

MINITAB 提供 "按变量分组抽样验收 (创建/比较)" 对话框 (抽样验收就是抽样检验) 和 "按变量分组抽样验收 (接受/拒绝批次)" 对话框实施计量检验。

由指令 "统计 > 质量工具 > 按变量抽样验收 > 创建/比较" 进入 "按变量分组抽样验收 (创建/比较)" 对话框, 寻找最合适的样本量 n 和接收常数 k, 并且计算 AOQ、ATI 等。

当确定抽样方案后需要进行抽样检验时, 有两种方法。第一种是按照样本量进行抽样, 对选出的各个样品检验得到样本值 (n 个实数), 得到样本均值 $\bar{x}$ 从而计算 Z.LSL 和 Z.USL。对于望大型质量指标, Z.LSL= (样本均值 $\bar{x}$−规格下限)/历史标准差 $\geqslant k$, 则接收该批次, 否则拒绝; 对于望小型质量指标, Z.USL= (规格上限−样本均值 $\bar{x}$)/历史标准差 $\geqslant k$, 则接收该批次, 否则拒绝; 对于望目型质量指标, 当 Z.USL−(样本均值 $\bar{x}$−规格下限)/历史标准差 $\geqslant k$ 且 Z.USL= (规格上限−样本均值 $\bar{x}$)/历史标准差 $\geqslant k$ 时接收这批产品, 否则有权拒收这批产品。当不知道历史标准差时, MINITAB 不要求填写它, 照样算出 n、k, 这时要用抽出的样本值计算样本标准差 s。对于望大型质量指标, Z.LSL= (样本均值 $\bar{x}$−规格下限)/ $s \geqslant k$, 则接收该批次, 否则拒绝; 对于望小型质量指标, Z.LSL= (规格上限−样本均值 $\bar{x}$)/ $s \geqslant k$, 则接收该批次, 否则拒绝; 对于望目型质量指标, 当 Z.USL− (样本均值 $\bar{x}$−规格下限)/ $s \geqslant k$ 且 Z.USL= (规格上限 − 样本均值 $\bar{x}$)/ $s \geqslant k$ 时接收这批产品, 否则有权拒收这批产品。对于双侧规格限, MINITAB 还输出所谓 "最大历史标准差", 实施检验时除了要计算 Z.LSL 和 Z.USL, 把它们和 k 相比外, 还要用所得样本标准差与最大历史标准差比较, 见例 4.21。

另一种利用 MINITAB 更方便地判别接收还是拒收这批产品的方法是: 把检验结果所得数据 (样本值) 输入工作表上的一列, 然后由指令 "统计 > 质量工具 > 按变量抽样验收 > 接受/拒绝批次" 进入 "按变量分组抽样验收 (接受/拒绝批次)" 对话框, 再把抽样方案和工作表的相应数据、样本所在位置输入该对话框。MINITAB 就能自行计算 Z.LSL 和 Z.USL, 把它们和 k 相比, 从而判断这批产品是接收还是有权拒收, 见例 4.23。

4.5.1 建立计量抽样方案

由指令 "统计 > 质量工具 > 按变量抽样验收 > 创建/比较" 进入 "按变量分组抽样验收 (创建/比较) 对话框"。当需要建立计量抽样方案时, 要在最上面的下拉列表中选择 "创建抽样计划", 进入 "创建抽样计划" 对话框, 如图 4–10。

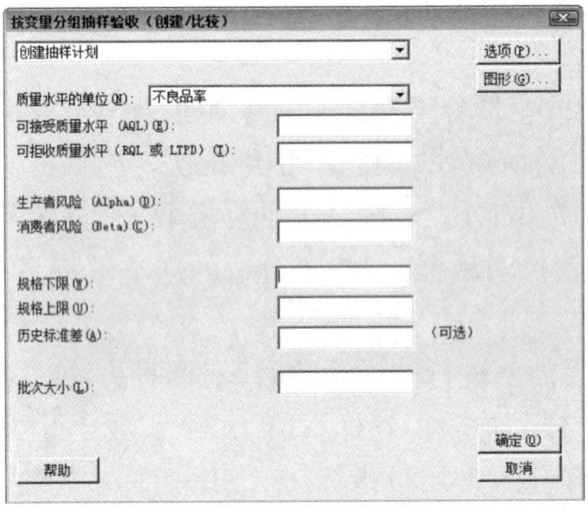

图 4–10 "按变量分组抽样验收 (创建/比较)" 对话框

各个下拉列表或空格作用如下:

"质量水平的单位" 下拉列表用于选择批次品率的单位, 其中可以选择 "不良品率" "比率缺陷" "每百万缺陷数" 三者之一, 从而决定以下 "可接受质量水平 (AQL)" 空格和 "可拒收质量水平 (RQL 或 LTPD)" 空格中所填数量的单位 (同 4.4.1)。

"可接受质量水平 (AQL)" 空格中输入被指定的 AQL。

"可拒收质量水平 (RQL 或 LTPD)" 空格中输入被指定的 RQL。

"生产者风险 (Alpha)" 空格中输入被指定的生产方风险, 常用 0.05。

"消费者风险 (Beta)" 空格中输入被指定的消费方风险, 常用 0.1。

"规格上限" 空格中填写上规格限。

"规格下限" 空格中填写下规格限。

"批次大小" 空格中可以输入批量, 以便让 MINITAB 计算并输出 AOQ、AOQL 和 ATI。当批量较小时一定要填写批量。

"历史标准差" 空格可用来指定由历史数据得到的产品质量指标的标准差, 当能知道历史标准差，且能判定本批产品标准差和历史标准差相差不多时尽量填写，这可以大大减少样本量，从而减少成本；当确实不知道历史标准差时，该空格不填 (详见例 4.21)。

"按变量分组抽样验收–创建抽样计划" 对话框还有其他选择，暂不介绍。当在 "按变量分组抽样验收" 对话框填写适当数据后，点击确定就能完成相应任务：提供抽样方案，即样本量 n 和接收常数 k。

例 4.20 设某连锁超市要从某企业购买一批 (1000 只) 某种烧鸡，设其他指标如卫生指标等已通过检验，每袋重量为 w(单位：g)，从以前多次 w 的值可知 w 标准差 $=16$，超市与企业商定这批烧鸡 w 的总平均不低于 500 时为合格品，已知可接受质量水平 $= 1\%$ (可接受批次品率 $= 0.01$)，可拒收质量水平 $= 10\%$ (可拒绝批次品率 $= 0.1$)，试求抽样方案。

解 w 是望大型指标：烧鸡的重量越大越好，下规格限 $= 500$。由于没有给出生产方风险和使用方风险，默认它们分别是 0.05 和 0.1。从而采取如下指令：

指令	功能
由指令 "统计 > 质量工具 > 按变量抽样验收 > 创建/比较" 进入 "按变量分组抽样验收 (创建/比较)" 对话框，在最上面的下拉列表选择 "创建抽样计划"	进入按 "变量分组抽样验收 (创建/比较)" 对话框，调用创建抽样方案功能
"质量水平的单位" 下拉列表中选择 "不良品率"	指定填写的批次品率单位为次品百分数
"可接受质量水平 (AQL)" 空格中输入 1	可接受批次品率为 1%
"可拒收质量水平 (RQL 或 LTPD)" 空格中输入 10	可拒收的批次品率为 10%
"生产者风险 (Alpha)" 空格中输入 0.05	确保第一类错误概率不超过 0.05
"消费者风险 (Beta)" 空格中输入 0.1	确保第二类错误概率不超过 0.1
"规格下限" 空格中填写 500	下规格限是 500
"历史标准差" 空格中填写 16	已知每袋烧鸡标准差是 16
"批次大小" 空格填写 1000	批量 $= 1000$

点击 "确定" 后会话区得到：

按变量分组抽样验收–创建/比较

以百分比缺陷表示的批次质量

规格下限 (LSL) 500
历史标准差 16
批次大小 1000

可接受质量水平 (AQL): 1
生产者风险 (Alpha): 0.05

可拒收质量水平 (RQL 或 LTPD): 10
消费者风险 (Beta): 0.1

生成的计划

样本数量 8
临界距离 (k 值): 1.73973

Z.LSL=(均值–规格下限)/历史标准差
如果 Z.LSL>=k 则接受批次; 否则拒绝。

百分比 缺陷	接受概率	拒绝概率	AOQ	ATI
1	0.951	0.049	0.944	56.1
10	0.098	0.902	0.967	903.3

平均交付质量限 (AOQL)=2.033 (以 3.932 百分比缺陷)

结果分析: 1) 由表头为 "生成的计划" 的数表可见: 样本量 = 8, 即需要检验 8 袋, 临界距离 (k 值)=1.73973, 即接收常数是 1.73973。如果知道 8 袋抽检烧鸡的平均重量 $\overline{w}$, 则可如此判断: 若 Z.LSL= $(\overline{w}-500)/16 \geqslant 1.73973$ 则超市必须接收这批烧鸡; 否则超市有权拒收这批烧鸡。2) 从倒数第 3 行可见: 当批次品率为 1% 时, 第一类错误概率是 0.049, 符合要求; AOQ (漏检次品率)= 0.944%, 如果采用补救方法 (考虑全检), 平均每批要检验 56.1 次。从倒数第 2 行可见: 当批次品率为 10% 时, 第二类错误概率是 0.098, 符合要求; AOQ (漏检次品率)= 0.967%, 如果采用补救方法 (考虑全检), 平均要检验 903.3 次。从倒数第 1 行可见: 当批次品率为

3.932% 时, AOQ (漏检次品率) 达到最大值 = 2.033%。

计量检验不应当化为计数检验, 也就是说遇到计量检验问题时, 不能先 "按属性抽样验收" 对话框算出计数检验的抽样方案, 再逐个检验抽出的样本是否是次品, 统计这批产品中次品数, 根据次品数确定这批产品是否接收, 这样做会大大增加样本量。

如果例 4.20 化为计数检验, 读者可以试试, 用属性抽样验收对话框计算 (AQL= 1%, RQL= 10%), 得到抽样方案是: 样本量是 52, 接收数是 2。对于抽出的 52 件样品要逐袋称出每袋烧鸡的重量, 并拿每袋烧鸡重量与 500 相比, 比 500 小的袋算次品, 最后统计次品袋数是否超过 2, 这样检验要称量 52 次 (练习题 4.9(1)), 很不经济 (例 4.20 算得仅需要称量 8 次)。

做计量产品的检验时, 计量检验的样本量总是较小; 而把它们化为计数检验后, 样本量要大许多, 所以实用中不要把计量检验化为计数检验。

当不知道历史标准差时, 不填 "历史标准差" 空格。当知道历史标准差时, 一定要填 "历史标准差" 空格, 否则会大大增加样本量。例 4.20 中如果不填历史标准差 16, 所得结果的所需样本量是 20, 也比 8 大多了 (练习题 4.9(2))。

对于同时有上下规格限的问题, 如果不知历史标准差, 那么判别接收还是拒绝的问题, 除了比较 Z.LSL 和 Z.USL 外还要比较样本标准差。

例 4.21 设某分厂向总厂提供一批轴, 该种轴是新产品, 不知道历史标准差。工序要求直径标准为 $10^{\pm 0.02}$ (单位: mm), 已知可接受质量水平 = 1%, 也即按照上下规格限对每根轴测量, 这批轴次品率 ⩽ 1% 时总厂 (使用方) 必须接收; 可拒收质量水平 = 8%, 即这批轴次品率 ⩾ 8% 时总厂 (使用方) 有权拒收。求抽样方案。

解 这是双侧规格限检验, 是望目型。上规格限 $T_{\mathrm{U}} = 10 + 0.02 = 10.02$, 下规格限 $T_{\mathrm{L}} = 9.98$。

由于没有给出生产方风险和使用方风险, 默认它们分别是 0.05 和 0.1。未知历史标准差。于是提交如下指令:

指令	功能
由 "统计 > 质量工具 > 按变量抽样验收 > 创建/比较" 进入 "按变量分组抽样验收 (创建/比较) " 对话框, 在最上面的下拉列表选择 "创建抽样计划"	进入 "按变量分组抽样验收 (创建/比较)" 对话框, 调用创建抽样方案功能
"质量水平的单位" 下拉列表中选择 "不良品率"	指定填写的批次品率单位为次品百分数
"可接受质量水平 (AQL)" 空格中输入 1	可接受批次品率为 0.01
"可拒收质量水平 (RQL 或 LTPD)" 空格中输入 8	可拒收的批次品率为 0.08

续表

指令	功能
"生产者风险 (Alpha)" 空格中输入 0.05	确保第一类错误概率不超过 0.05
"消费者风险 (Beta)" 空格中输入 0.1	确保第二类错误概率不超过 0.1
"规格下限" 空格中填写 9.98	下规格限是 9.98
"规格上限" 空格中填写 10.02	上规格限是 10.02

点击 "确定" 后会话区得到:

按变量分组抽样验收–创建/比较

以百分比缺陷表示的批次质量

规格下限 (LSL) 9.98
规格上限 (USL) 10.02

可接受质量水平 (AQL): 1
生产者风险 (Alpha): 0.05

可拒收质量水平 (RQL 或 LTPD): 8
消费者风险 (Beta): 0.1

生成的计划

样本数量 27
临界距离 (k 值): 1.80852
最大标准差 (MSD) 0.0094997

Z.LSL=(均值 – 规格下限)/标准差
Z.USL=(规格上限 – 均值)/标准差
如果标准差 <=MSD, Z.LSL>=k 并且 Z.USL>=k 则接受批次; 否则拒绝。

百分比缺陷	接受概率	拒绝概率
1	0.953	0.047
8	0.109	0.891

结果分析: 由表头为 “生成的计划” 的表可见, 样本量 $= 27$, 即需要抽检 27 根轴; 临界距离 (k 值)$= 1.80852$, 即接收常数 $= 1.80852$; 最大标准差 $= 0.0094997$。如果知道抽检出的 27 根轴的平均重量为 $\overline{x}$, 样本标准差 $= s$, 则可如此判断: 若 $s \leqslant 0.0094997$, Z.LSL$= (\overline{x} - 9.98)/s \geqslant$1.80852, Z.USL$= (10.02 - \overline{x})/s \geqslant$1.80852, 则总厂必须接受这批轴; 否则总厂有权拒收这批轴。

例 4.21 中如果知道历史标准差, 则应当填写, 以便减少样本量。MINITAB 输出的结果中, 也不要求比较样本标准差。如果把批量填入 “批次大小” 空格, 还能得到 AOQ 和 ATI 的信息。

4.5.2 比较计量抽样方案

和 4.4 节一样, 有时需要比较不同抽样方案, 这时可以由指令 “统计 > 质量工具 > 按变量抽样验收 > 创建/比较” 进入 “按变量分组抽样验收 (创建/比较)” 对话框, 再在顶端下拉菜单中选择 “比较用户定义的抽样计划”, 如图 4−11。

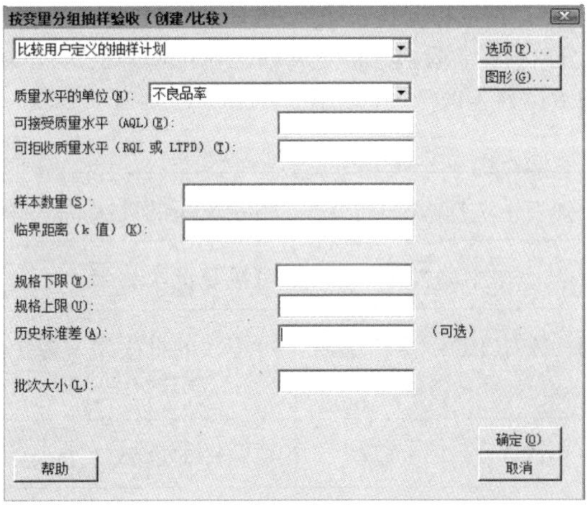

图 4−11 “按变量分组抽样验收 (创建/比较)” 对话框

“按变量分组抽样验收 (创建/比较)” 对话框具有比较功能, 空格填写如下:

“质量水平的单位” 下拉列表用于选择批次品率的单位, 其中可以选择 “不良品率”“比率缺陷”“每百万缺陷数” 三者之一, 从而决定以下 “可接受质量水平 (AQL)” 空格和 “可拒收质量水平 (RQL 或 LTPD)” 空格中所填数量的单位 (同 4.4.1)。

“可接受质量水平 (AQL)” 空格中输入被指定的 AQL。

“可拒收质量水平 (RQL 或 LTPD)” 空格中输入被指定的 RQL。

“样本数量” 空格中填入该抽样方案的样本数量。

"临界距离 (k 值)" 空格中填写该抽样方案的接收常数 k。

同例 4.19 一样, 当多个抽样方案有相同的 AQL 和 RQL 时, 可以在 "样本数量" 和 "临界距离 (k 值)" 空格中填写多个值 (见例 4.22), 以比较多个抽样方案。

"批次大小" 空格中可以输入批量, 以便计算 AOQ、AOQL 和 ATI。批量较小时, 相关计算不能进行, MINITAB 会提醒更换条件, 所以必须填写批量。

"按变量分组抽样验收" 的 "比较用户定义的抽样计划" 对话框, 还有其他选择, 暂不介绍。当在该框填写适当数据后, 点击确定就能完成相应任务: 计算一个或多个生产者风险、消费方风险、AOQ、AOQL 和 ATI 等指标。

例 4.22 如果对于例 4.20 的抽样方案感到不满, 认为批次品率是 10% 时, ATI=903.3 太大, 改用抽样方案: 样本量 =10, 接收常数为 $k = 1.67, 1.68, 1.69$。这 3 个新方案是否比原有抽样方案 $n = 8, k = 1.73973$ 好?

解 采取如下指令:

指令	功能
由 "统计 > 质量工具 > 按变量抽样验收 > 创建/比较" 进入 "按变量分组抽样验收 (创建/比较)" 对话框, 在顶端的下拉列表选择 "比较用户定义的抽样计划"	进入 "按变量分组抽样验收 (创建/比较)" 对话框, 调用比较抽样方案功能
"质量水平的单位" 下拉列表中选择 "不良品率"	指定填写的批次品率单位为次品百分数
"可接受质量水平 (AQL)" 空格中输入 1	可接受批次品率为 1%
"可拒收质量水平 (RQL 或 LTPD)" 空格中输入 10	可拒收的批次品率为 10%
"样本数量" 空格中输入 10 10 10	指定样本量都 = 10
"临界距离 (k 值)" 空格中输入 1.67 1.68 1.69	分别指定 3 个接收常数
"规格下限" 空格中填写 500	下规格限是 500
"历史标准差" 空格中填写 16	已知每袋食品标准差是 16
"批次大小" 空格中填写 1000	让 MINITAB 按批量 =1000 计算

点击 "确定" 后会话区得到:

按变量分组抽样验收–创建/比较

以百分比缺陷表示的批次质量

规格下限 (LSL) 500
历史标准差 16
批次大小 1000

可接受质量水平 (AQL): 1
可拒收质量水平 (RQL 或 LTPD): 10

比较用户定义计划

样本数量 (n)	临界距离 (k)	百分比缺陷	接受概率	拒绝概率	AOQ	ATI
10	1.67	1	0.981	0.019	0.971	28.8
10	1.67	10	0.110	0.890	1.086	891.4
10	1.68	1	0.980	0.020	0.970	30.3
10	1.68	10	0.104	0.896	1.028	897.2
10	1.69	1	0.978	0.022	0.968	31.9
10	1.69	10	0.098	0.902	0.973	902.7

样本数量 (n)	临界距离 (k)	AOQL	百分比缺陷
10	1.67	2.381	4.158
10	1.68	2.331	4.081
10	1.69	2.281	4.006

Z.LSL=(均值 – 规格下限)/历史标准差
如果 Z.LSL>=k 则接受批次; 否则拒绝。

结果分析: "比较用户定义计划" 下的表可以归纳为表 4–6。

我们最关心的是次品百分数为 10 时, ATI 的大小。当接收常数是 1.68 时, ATI=897.2, 比 903.3 减少了。如果使用方能同意第二类错误的概率是 0.11, 则可以取接收常数 $k = 1.67$, 这时 ATI=891.4 更小了。对于表的其余部分, 读者可以自己分析。

表 4–6

样本量 (n)	接收常数 (k)	百分比缺陷	接受概率	拒绝概率	AOQ	ATI
10	1.67	1	0.981	0.019	0.971	28.8
10	1.67	10	0.110	0.890	1.086	891.4
10	1.67	4.158			2.381(AOQL)	
10	1.68	1	0.980	0.020	0.970	30.3
10	1.68	10	0.104	0.896	1.028	897.2
10	1.68	4.081			2.331(AOQL)	
10	1.69	1	0.978	0.022	0.968	31.9
10	1.69	10	0.098	0.902	0.973	902.7
10	1.69	4.006			2.281(AOQL)	

4.5.3 直接利用被抽产品测量数据判定是否接收一批产品

当通过 “按变量分组抽样验收 (创建/比较)” 对话框得到抽样方案后, 测出样本值, 并通过检验得到抽样方案时, 可以不做任何计算和比较, 直接把样本值 (实验数据) 输入工作表上的一列。然后由指令 “统计 > 质量工具 > 按变量抽样验收 > 接受/拒绝批次” 进入 “按变量分组抽样验收 (接受/拒绝批次)” 对话框, 见图 4–12; 再把抽样方案和样本值所在列名称输入该对话框, MINITAB 就能判断这批产品是接收还是有权拒收。对话框中空格的作用如下:

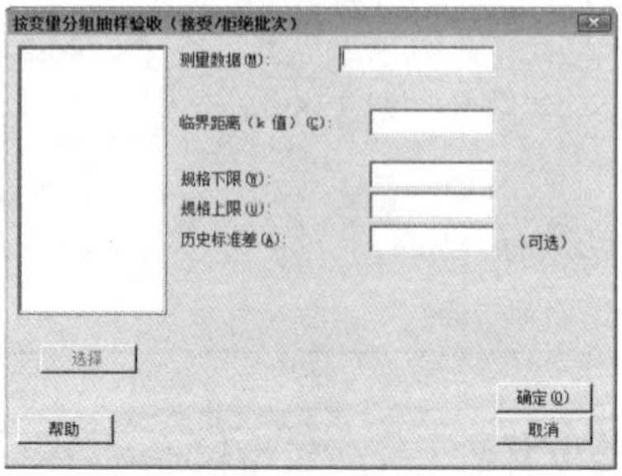

图 4–12 “按变量分组抽样验收 (接受/拒绝批次)” 对话框

“测量数据” 空格中指定被抽出样本值的位置。

“临界距离 (k 值)” 空格中指定接收常数 k。

“规格上限” 空格中填写上规格限。

“规格下限” 空格中填写下规格限。

“历史标准差” 空格填写由历史上生产情况所得标准差。

例 4.23 对于例 4.20, 如果通过抽检, 发现被测量的 8 袋烧鸡重量 (单位: g) 分别是 504, 483, 497, 512, 520, 501, 498, 505。那么连锁超市是接受还是拒收此批烧鸡?

解 将 8 个测量值输入工作表 C1 列, 列名为 “烧鸡重量”。

由指令 “统计 > 质量工具 > 按变量抽样验收 > 接受/拒绝批次” 进入 “按变量分组抽样验收 (接受/拒绝批次)” 对话框。这时可以提交如下指令:

指令	功能
由 “统计 > 质量工具 > 按变量抽样验收 > 接受/拒绝批次” 进入 “按变量分组抽样验收 (接受/拒绝批次)” 对话框	调用 “按变量抽样验收 (接受/拒绝批次)” 对话框, 直接用样本值判定是否接收这批产品
“ 测量数据” 空格中填写 “烧鸡重量”	指明样本检验所得数据在工作表 “烧鸡重量列”
“临界距离 (k 值)” 空格中填写 1.73973	将例 4.5 所得接收常数输入
“规格下限” 空格中填写 500	指定规格下限是 500
历史标准差空格填写 16	指定历史标准差是 16

点击确定后, 在会话区得到:

```
按变量分组抽样验收–接受/拒绝批次

使用烧鸡重量做出接受或拒绝的决策

样本数量   8
均值   502.5
历史标准差   16
规格下限 (LSL)   500

规格下限 Z 值   0.15625
临界距离 (k 值):   1.73973

决策: 拒绝批次。
```

结果分析: 由表中均值行可见 8 只烧鸡的样本均值 = 502.5; 由 “规格下限 Z 值” 行可见, Z.LSL= 0.15625, 小于临界值 1.73973; 决策行 (最后一行) 指出连锁超市有权拒绝这批烧鸡。

按照第 3 章 Z 检验的方法可知, 对于假设检验 $H_0: \mu \geqslant 500$, $H_1: \mu < 500$, 当样本均值大于 500 时, 就一定接受 H_0。那么为什么这里却拒收这批烧鸡? 样本均值大于 500 这一条件较容易满足。这里拒收这批产品的原因是根据本章抽样检验的规定, 预计的批次品率不得超过 8%; 这一接收的条件, 相比 “均值大于 500”, 不容易满足。

当然 “有权拒收” 不等于必须拒收这批烧鸡, 不一定把这批烧鸡退回厂家, 可以采用补救方案或降低单价, 降档销售。

小结

任务	对话框	参照例题
单正态总体已知标准差求检验样本量、功效或差值三者之一 (只考虑均值, 不考虑批次品率)	由 “统计 > 功效和样本数量 > 单样本 Z ” 进入 “单样本 Z 的功效和样本数量” 对话框	4.1~4. 4
单正态总体未知标准差求检验样本量、功效或差值三者之一 (只考虑均值, 不考虑批次品率)	由 “统计 > 功效和样本数量 > 单样本 t” 进入 “单样本 t 的功效和样本数量” 对话框	4.5~4.7
双正态总体未知标准差求检验样本量、功效或差值三者之一 (只考虑均值, 不考虑批次品率)	由 “统计 > 功效和样本数量 > 双样本 t” 进入 “双样本 t 的功效和样本数量” 对话框	4.8
用抽样检验方法 1 对 4.2.1~4.2.3 中抽样检验问题完整计算	要加上第 3 章的计算	4.3, 4.7, 4.8
用抽样检验方法 2 求单总体均值抽样检验 (不考虑批次品率) 的抽样方案	查表 4–4、表 4–5 和附表 1~ 附表 4	4.9~4.15
为计数抽样检验建立最合理的抽样方案 (以批次品率为判别标准)	由 “统计 > 质量工具 > 按属性抽样验收” 进入 “按属性抽样验收” 对话框, 在最上面下拉列表中选择 “创建抽样计划”	4.16, 4.17
比较给定计数抽样方案的两类错误概率和 AOQ、AOQL、ATI 等 (以批次品率为判别标准)	由 “统计 > 质量工具 > 按属性抽样验收” 进入 “按属性抽样验收” 对话框, 在最上面下拉列表中选择 “比较用户定义的抽样计划”	4.18, 4.19

续表

任务	对话框	参照例题
为计量抽样检验建立最合理的计量抽样方案 (以批次品率为判别标准)	由 "统计 > 质量工具 > 按变量抽样验收 > 创建/比较" 进入 "按变量分组抽样验收 (创建/比较)" 对话框, 在最上面下拉列表中选择 "创建抽样计划"	4.20, 4.21
比较给定计量产品抽样方案 (以批次品率为判别标准)	由 "统计 > 质量工具 > 按变量抽样验收 > 创建/比较" 进入 "按变量分组抽样验收 (创建/比较)" 对话框, 在最上面下拉列表中选择 "比较用户定义的抽样计划"	4.22
对计量产品直接由测量数据进行判别 (以批次品率为判别标准)	直接把实验数据输入工作表上的一列, 然后由 "统计 > 质量工具 > 按变量抽样验收 > 接受/拒绝批次" 进入 "按变量分组抽样验收 (接受/拒绝批次)" 对话框	4.23

练习题

以下各题如不另外说明, 则按照惯例设显著性水平 $\alpha = 0.05$, $\beta = 0.1$。

4.1 采用新工艺后, 某钢铁公司希望评估冷拉钢筋生产线上的钢筋平均抗拉强度 (单位: kg) 是否能从 2000 变为 2150。至少需要抽取多少根钢筋才能同时达到满足两类风险的要求? (假定强度的标准差始终为 300。)

4.2 用标准方法和新方法分别冶炼 10 炉钢, 其得率服从均值为 μ_1 和 μ_2 的正态分布, 且对新方法和标准方法计算的样本标准差相同, 都是 1.666%。如果 μ_2 比 μ_1 大 2% 则认为新方法比标准方法好。用双样本 t 检验判别新方法是否比标准方法好, 当显著性水平是 0.05 时, 功效是多少?

4.3 为了比较两种安眠药的疗效, 让 n 个人服用甲种药, 另选 n 个人服用乙种药。如果两种药的疗效 (延长时间) 相差 1 小时, 则认为疗效有差异。假设服用两种药后疗效的样本标准差都是 1.899。为了使显著性水平 = 0.05, 功效 = 0.90, 样本量 n 应当取多少? (假设疗效服从正态分布。)

4.4 对于练习题 4.1 查附表求抽样方案。

4.5 对于例 4.5 查附表求抽样方案, 设未知标准差。

4.6 设某连锁超市总店要从某企业购买一批皮蛋。超市与企业商定了每个皮蛋是否合格的条件 (色、香、味、卫生状况等), 这批皮蛋可接受质量水平 AQL= 1%, 可拒收质量水平 RQL= 10%, 生产方风险 = 0.05, 使用方风险 = 0.1, 这批皮蛋有

10000 只。试求抽样方案。

4.7 有一种错误的计数抽样方案叫百分比抽样: 按批量 5% 的比率抽样, 接收数 =0。例如批量 = 2000, AQL= 1%, RQL= 8% 时百分比抽样的方案是 $n = 100, c = 0$。试计算这种抽样方案的生产方风险和使用方风险。

4.8 规定某种合金产品中杂质含量不能超过 2000 (单位: 百万分之一), 为了判断新生产的一批产品是否可接收, 生产方和采购方商定: 批量 = 1050, 可接受质量水平 AQL= 1%, 可拒收质量水平 RQL= 8%, 生产方风险 = 0.05, 使用方风险 = 0.1, 若已知历史标准差 = 25, 并且采取 "补救措施": 当抽样检验判定拒收时, 实行全检。试求抽样方案。

4.9 (例 4.20 改编) (1) 设某连锁超市要从某企业购买一批 (1000 只) 某种烧鸡, 其他指标如卫生指标等已通过检验, 超市与企业商定对抽出的样品逐袋称重 (单位: g), 每袋烧鸡 w 的重量不低于 500 时为合格品, 否则就是次品。由样本中的次品数决定是否接收这批烧鸡。设可接受质量水平 = 1%, 可拒收质量水平 = 10%, 试求抽样方案。(2) 问题同例 4.20, 只是未知标准差。实行计量抽样检验, 试求抽样方案。

4.10 设某种滚珠直径的上下规格限分别是 10.05 和 9.95。可接受质量水平 AQL= 1%, 可拒收质量水平 RQL= 10%, 生产方风险 = 0.05, 使用方风险 = 0.1。未知历史标准差, 求抽样方案。

4.11 对于练习题 4.10, 抽出 20 个滚珠, 测量其直径分别是 (数据文件: 抽样检验_滚珠直径.MTW):

15.08, 15.04, 14.94, 14.98, 15.04, 15.02, 14.92, 15.06, 14.96, 15.08,

14.96, 15.04, 14.98, 15.04, 14.94, 15.04, 14.96, 14.96, 15.06, 14.98。

试问能否接收这批滚珠?

第 5 章

分析用图表

分析数据时, 直接观察数据不容易发现规律, 经常需要画一些图表, 以便直观和全局地分析这些数据, 这些图表称为分析用图表。这些图表可用于质量管理, 特别是实施六西格玛管理时, 分析用图表更为必要。由这些图表所得初步信息, 还可以为进一步精确分析这些数据提供思路, 也可穿插在回归分析等统计模型的分析中。本章介绍如何用 MINITAB 方便地画出这些图表。

5.1 节介绍的直方图、茎叶图、点图和箱线图用以初步分析总体的分布。5.2 节介绍的因果图和排列图使逻辑判断更加直观、全面。5.3 节介绍的散点图、矩阵图用以直观表示两组变量间的关系; 边际图既用以直观表示两个变量间的关系, 又粗略分析各个变量自身的分布。5.4 节介绍时间序列图: 1 个或多个变量随时间变化的图形。

除 5.2 节外, 其余各节由指令 "图形 > ···" 进入相应对话框, 实施简单人机对话后, MINITAB 给出图形。5.2 节由指令 "统计 > 质量工具 > ···" 进入因果图和 Pareto 图对话框, 实施简单人机对话后, MINITAB 给出图形。

5.1 直方图、茎叶图、点图和箱线图

直方图、茎叶图、点图和箱线图都可以用来图示样品的某个指标 (随机变量) 分布。4 种图形中直方图揭示的分布特性最多, 但是要求样本量很大, 以 50 以上为宜。

5.1.1 直方图

直方图由许多小矩形拼成，每个矩形的下底边长相同，称为**区间**，某个指标 (随机变量) 落于每个区间内的样本值 (观测值) 的次数称为**频数**，该频数所占百分比称为**频率**，矩形的高表示频率。直方图可用于分析数据变化规律：是否单峰？是否偏态？是否服从某种分布？生产是否正常？从 “图形 > 直方图” 进入 “直方图” 对话框，就可以画直方图。

例 5.1 为了解某地区成年人心脏健康状况，项目小组对该地区的成年人进行了随机抽样，并且测量了评价心脏健康水平的若干项指标。表 5–1 是小组测量的脉搏 (次数/分钟) 数据。使用 MINITAB 画出全体被调查人员的直方图。

表 5–1 成年人脉搏

序号	脉搏	性别	序号	脉搏	性别	序号	脉搏	性别
1	64	男	16	82	女	31	82	男
2	96	女	17	84	男	32	61	女
3	78	女	18	68	男	33	64	女
...	...	...	...	...	...	...	...	...

解 把每个人的脉搏作为一个样品，共 45 个样品。将 45 个人的信息数排成 3 列，C1: 序号; C2: 脉搏; C3: 性别 (数据文件: 图形_心脏数据.MTW)。提交下列指令:

指令	功能
从 “图形 > 直方图” 进入 “直方图” 对话框 (见图 5–1)	让 MINITAB 画直方图
选择 (点黑)4 个图形中的右上图形 (“包含拟合”)	要求直方图上带有正态曲线，以便检查数据是否符合正态分布
点击 “确定” 进入 “直方图–包含拟合” 对话框，将 “脉搏” 选为 “图形变量” (见图 5–2)	以 “脉搏” 的样本值画直方图

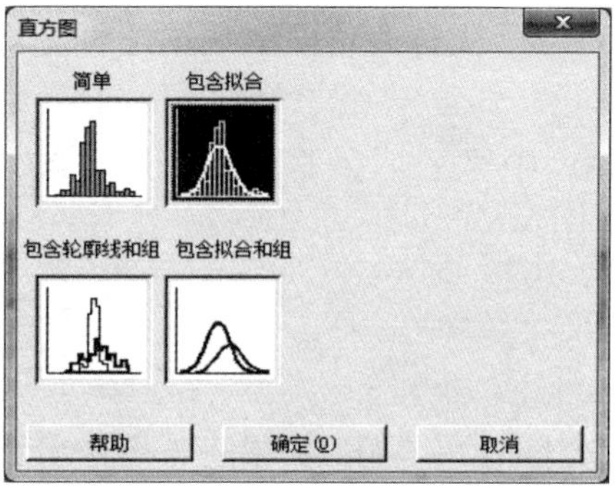

图 5–1 “直方图” 对话框

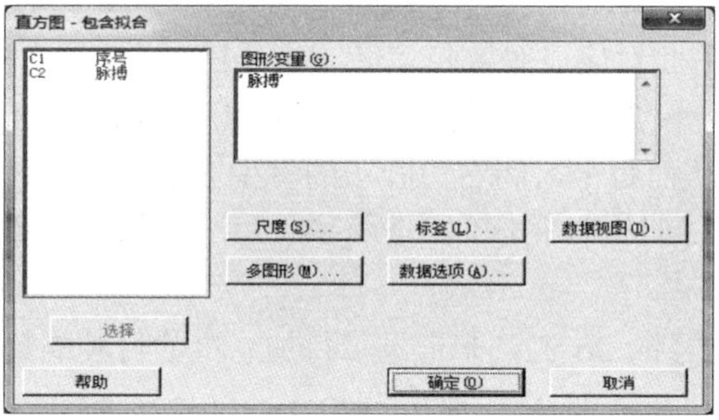

图 5–2 “直方图–包含拟合” 对话框

点击 “确定” 可得直方图 (见图 5–3)。

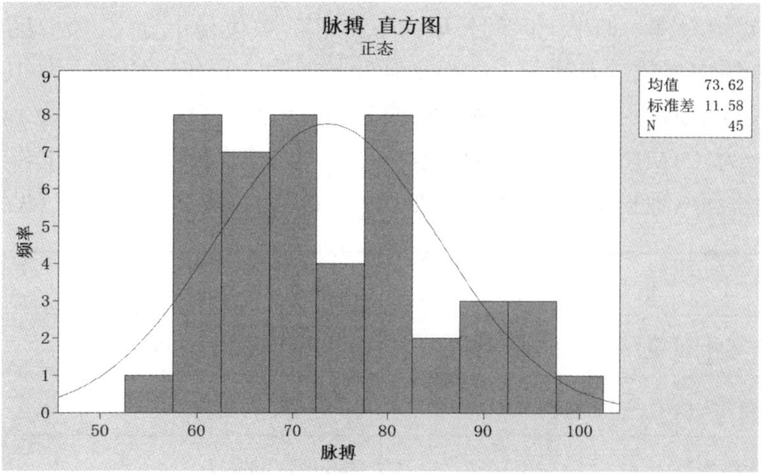

图 5–3 脉搏直方图

结果分析: 从图形可以看出直方图与正态曲线差距较大, 估计数据不服从正态分布, 具体检验方法见 3.6.1。从右上角框中数据还可见均值 = 73.62, 标准差 = 11.58。

图形_心脏数据.MTW 中男子、女子人数都少于 30, 不能单独画男子脉搏数直方图或女子脉搏数直方图。

5.1.2 茎叶图

当样本量较小时, 直方图效果不好: 如果直方图中分出较少的观测值区间, 则看不出指标 (随机变量) 分布的规律; 如果分出较多的区间, 则每个区间的样本量很少, 由于随机性每个区间的高度偶然性太大。这时可画**茎叶图**。与直方图不同, 茎叶图的区间是垂直放置的, 称为**茎**; 一般区间的长度是 10 的若干次方 (MINITAB 称该长度为增量), 由此对应一个数位。叶子则是由该数位下一个数位的数字组成 (MINITAB 称下一单位为叶子单位)。每个数字在区间内样品值的末位数排在区间的右边, 称为**叶子**, 从而每个区间右边叶子的多少表示区间内样本量大小。画图前要适当选择茎叶图区间长, 使得区间个数不多不少。用指令 "图形 > 茎叶图" 进入 "茎叶图" 对话框。

例 5.2 对某型号的 20 辆汽车记录了每加仑汽油行驶的里程如下:

29.8, 27.5, 28.3, 28.7, 27.9, 29.9, 30.1, 28.0, 28.7, 27.9,
28.5, 29.5, 27.2, 25.9, 28.4, 27.9, 28.0, 30.0, 29.5, 29.1。

试画出茎叶图, 并分析。

解 因为只有 20 个数, 最大值与最小值之差 $= 30.1 - 25.9 = 4.2$, 因此这些数据分为 5~6 组为宜。如果把区间长取为 0.1, 相应数位是十分位, 所分区间太多了, 画出的图中绝大多数没有叶子。如果把区间长取为 10, 相应的数位为 10 分位, 因为该分位只有 2 和 3 两个值, 画图时只能分为两个区间, 区间太少了。所以取竖直区间的间距为 1 (MINITAB 称 "增量" 为 1)。为此把 20 个数输入工作表的一列, 并命名为 "里程" (数据文件: 图形_汽车里程.MTW)。然后提交指令 (见图 5–4):

指令	功能
从 "图形 > 茎叶图" 进入 "茎叶图" 对话框	让 MINITAB 画茎叶图
在 "图形变量" 空格中选入 "里程"	以 "里程" 为变量
在 "增量" 空格中填入 1	茎叶图区间长为 1

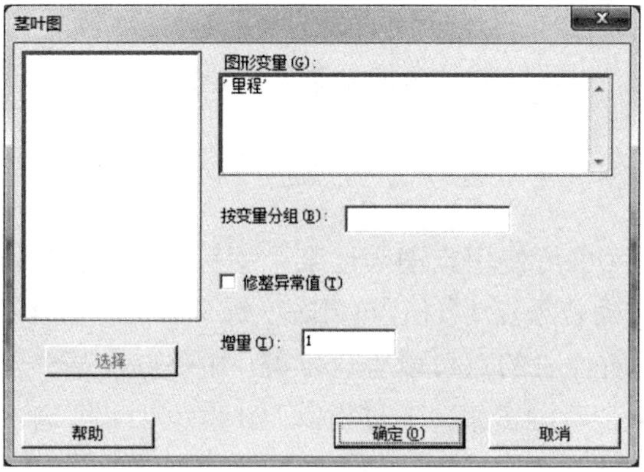

图 5–4 “茎叶图” 对话框

点击 “确定” 后在会话窗口得到:

茎叶图显示: 里程

茎叶图里程 N = 20
叶单位 = 0.10

1	25	9
1	26	
6	27	25999
(7)	28	0034577
7	29	15589
2	30	01

结果分析: 由会话窗口输出的表可见这个茎叶图的构造, 高度单位是 1, 数表第二列说明茎是 25、26、27、28、29、30 所代表的观测区间。第一列是累积计数, 其作用暂不介绍。第三列给出各个区间中的叶子——区间中各数的最后一位。统计如下:

(25, 26) 中只有 1 个数: 25.9, 末尾是 9, 有 1 片叶子 9。

[26, 27) 中没有数, 没有叶子。

[27, 28) 中有 5 个数, 末尾是 2, 5, 9, 9, 9, 有 5 片叶子 2, 5, 9, 9, 9。

[28, 29) 中有 7 个数, 末尾是 0, 0, 3, 4, 5, 7, 7, 有 7 片叶子 0, 0, 3, 4, 5, 7, 7。

[29, 30) 中有 5 个数, 末尾是 1, 5, 5, 8, 9, 有 5 片叶子 1, 5, 5, 8, 9。

大于或等于 30 的有 2 个数, 末尾是 0, 1, 有 2 片叶子 0, 1。

把末尾数作为叶子排在每个区间后面, 叶子越多, 区间中数字越多。从会话窗口的叶子数可以看出: "里程" 的分布像正态分布, 范围集中在 27 至 30。

5.1.3 点图

当样本量较小时, 也可使用**点图**表述某个指标 (随机变量) 的分布特征。**点图**由一根横轴和它上方的若干点 (数值点) 组成, 每个点的位置由它的样品值决定, 几个样品值很接近时, 所代表的点可以垂直堆叠; 如果点在某个范围密集 (例如堆叠得高), 代表数据在某个范围密集。通过指令 "图形 > 点图" 进入点图对话框。点图的优点是便于把多个样本放在一起比较。

例 5.3 对于例 5.2 中 20 辆汽车记录的每加仑汽油行驶里程数据, 画点图。

解 打开数据文件: "图形_汽车里程.MTW", 提交下述指令:

指令	功能
由 "图形 > 点图" 进入 "点图" 对话框	让 MINITAB 画点图
选择 (点黑) "一个 Y 简单", 点击 "确定" 进入 "点图–一个 Y, 简单" 对话框 (见图 5–5)	选定画一个变量的点图
在 "图形变量" 空格中选入 "里程" (见图 5–6)	以变量 "里程" 的值画图

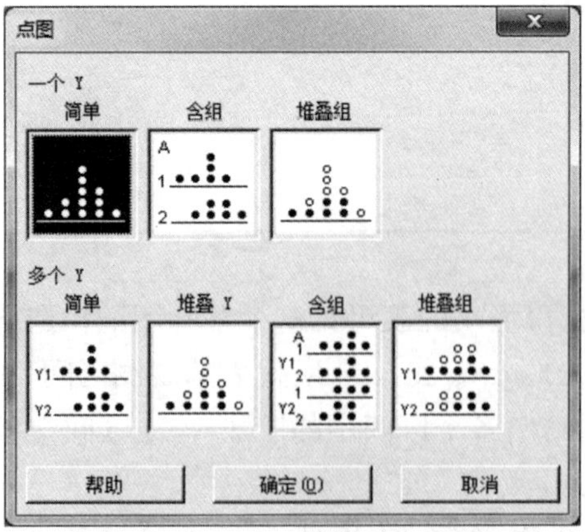

图 5–5 "点图" 对话框

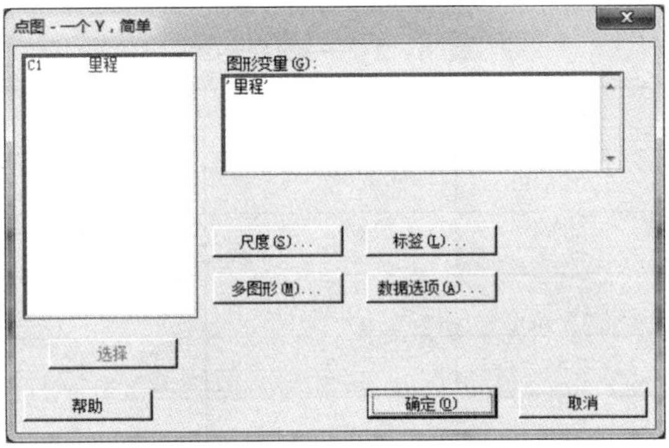

图 5–6 “点图–一个 Y, 简单” 对话框

点击 “确定” 得到点图 (如图 5–7)。

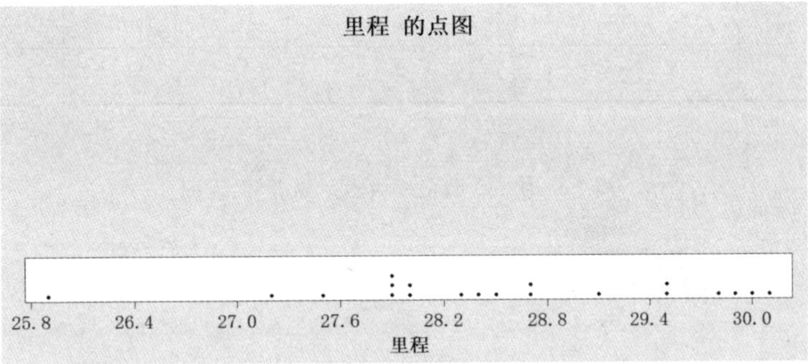

图 5–7 里程数的点图图形

结果分析: 从图 5–7 中可见, 数据最集中在里程数 27.9 (3 个点); 其次是 28、28.7 和 29.5 (两个点); 大多数数据集中在 27.9 至 30 间。可以进而分析里程集中在这里的原因。

常常把多张点图画在一起以便比较。

例 5.4 为研究工作日不同班次对次品率的影响, 统计 10 名工人周一至周五的次品率如表 5–2 (单位为 0.001)。试画出周一到周五每天次品率点图, 把这 5 个点图合在一起。

解 因为考虑每周不同时间对次品率的影响, 把每天 10 名工人的次品率作为 10 个样品, 画 1 个点图 (分图)。将数表输入工作表 (数据文件: 图形_次品率.MTW), 提交下述指令: 由指令 “图形 > 点图” 进入点图对话框; 选择 (点黑)“多个 Y 简单” 对话框 (功能是把画的多个分图拼在一张总图上); 在 “图形变量” 空格中选入周一至周五 (功能是指定图形变量分别是周一至周五), 点击 “确定” 得图 5–8。

结果分析: 由图 5–8 中可见表示周一次品率的点集中在较高水平 5~8, 表示周

表 5–2 一周次品率

周一	周二	周三	周四	周五
5	3	2	1	3
5	2	5	3	4
2	10	5	3	8
11	3	2	1	3
7	3	1	2	5
6	8	1	0	7
8	2	2	0	4
8	5	3	4	6
6	6	1	1	3
5	2	8	2	3

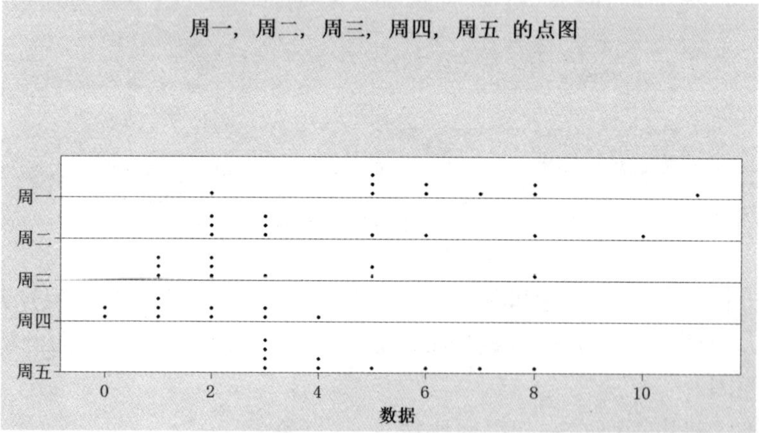

图 5–8 各天次品率点图

四次品率的点集中在较低水平 0~4。说明周一多数人次品率偏高，周四多数人次品率偏低。可以分析原因，例如是否 “假期病” 影响了周一产品的质量？

5.1.4 箱线图

箱线图把每个指标 (随机变量的样本值) 画成 1 个矩形加上两条竖直线段，矩形中间有一横线。箱线图不像直方图、茎叶图和点图那么复杂，但是它能归纳样

品主要指标 (随机变量) 分布的信息, 在比较多组数据的分布时更加简明。矩形下底高度 = 第 1 四分位数 =Q1; 矩形上底高度 = 第 3 四分位数 =Q3; 矩形中间横线高度 = 中位数; 两条竖直线段分别称为上须触线和下须触线。下须触线最下端的高度 =max (最小值, Q1−1.5*IQR), 上须触线最上端的高度 =min (最大值, Q3+1.5*IQR), 其中四分位间距 IQR=Q3−Q1。中位数显示样本位置; 矩形的高 = Q3−Q1, 显示样本分散程度。通过指令 "图形 > 箱线图" 进入 "箱线图" 对话框可以画箱线图。箱线图的具体原理可见文献 [12]。

例 5.5 某种羊毛在化学处理前后分别被抽取一组样本, 测定其含脂率如下 (数据文件: 图形_含脂率.MTW):

处理前: 0.19, 0.18, 0.21, 0.30, 0.42, 0.08, 0.12, 0.30, 0.27;

处理后: 0.15, 0.13, 0.00, 0.07, 0.24, 0.19, 0.04, 0.08, 0.20, 0.12。试将它们画成箱线图加以比较。

解 将数据排成 2 列输入工作表, 分别命名为 "处理前" 与 "处理后", 处理前后的值是两个随机变量的观测值。然后提交下列指令:

指令	功能
由指令 "图形 > 箱线图" 进入 "箱线图" 对话框 (见图 5–9)	让 MINITAB 画箱线图
选择 (点黑)"多个 Y 简单", 点击 "确定" 后进入 "箱线图–多个 Y, 简单" 对话框 (见图 5–10)	指定画多个箱线图于一张图
将 "处理前" "处理后" 都选入 "图形变量" 空格	指定以这两个变量的数值分别画箱线图

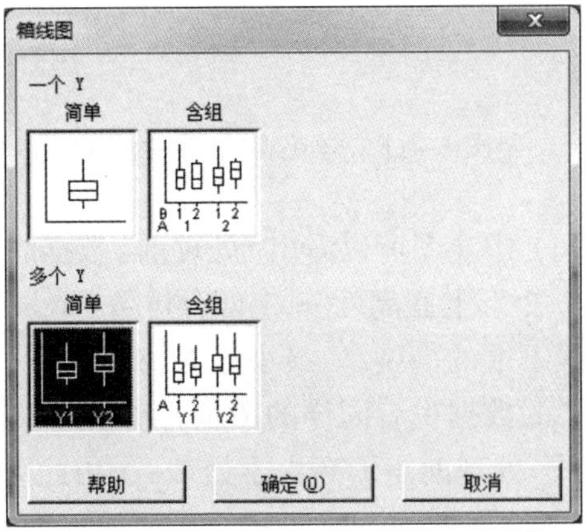

图 5–9 箱线图对话框

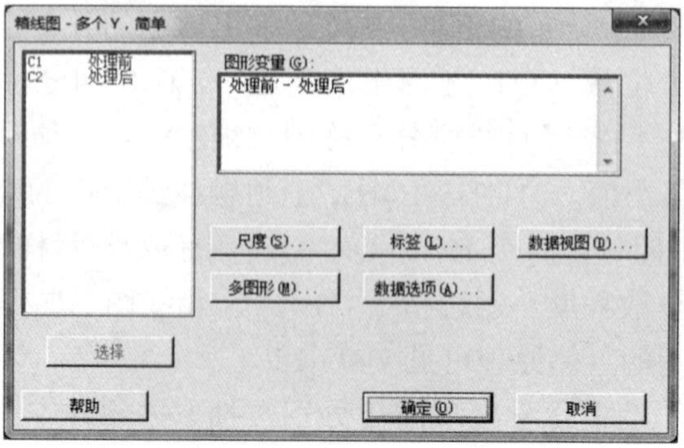

图 5–10 “箱线图–多个 Y, 简单” 对话框

点击 “确定” 后得图 5–11。

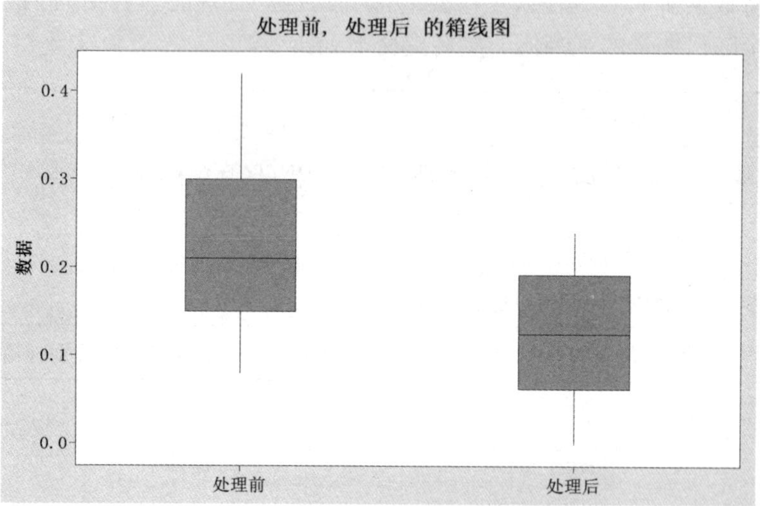

图 5–11 羊毛含脂率箱线图

结果分析: 从图 5–11 中左图可以看出 “处理前” 数据的一些特征, 矩形下底高度 = 下四分位数 =0.15; 矩形上底高度 = 上四分位数 =0.30; 矩形中间横线高度 = 中位数 =0.21; 竖直线最下端的高度 = 最小值 0.08; 竖直线最上端的高度 = 最大值 0.42。对于 “处理后” 的数据也有同样的图示。比较两个箱线图可见: 处理前中位数高, 处理后中位数低; 处理前矩形高大于处理后; 由此可见处理前 “含脂率” 高而且分散。

箱线图能够发现异常点, 如果有点落在须触线之外, 则该点是异常点。对于异常点一定要查明原因。

例 5.6 抽测某日某台自动车床加工的零件, 误差如下 (单位: 0.01 mm):

15, 13, 17, 24, 19, 14, 18, 20, 60。

试画出箱线图。

解 将数据排成 1 列输入工作表, 命名为 "零件误差"。由指令 "图形 > 箱线图" 进入 "箱线图" 对话框, 选择 (点黑)"一个 Y, 简单"。点击 "确定" 后进入 "箱线图—一个, Y 简单" 对话框, 将 "零件误差" 选入图形变量空格。点击 "确定" 后得图 5–12。

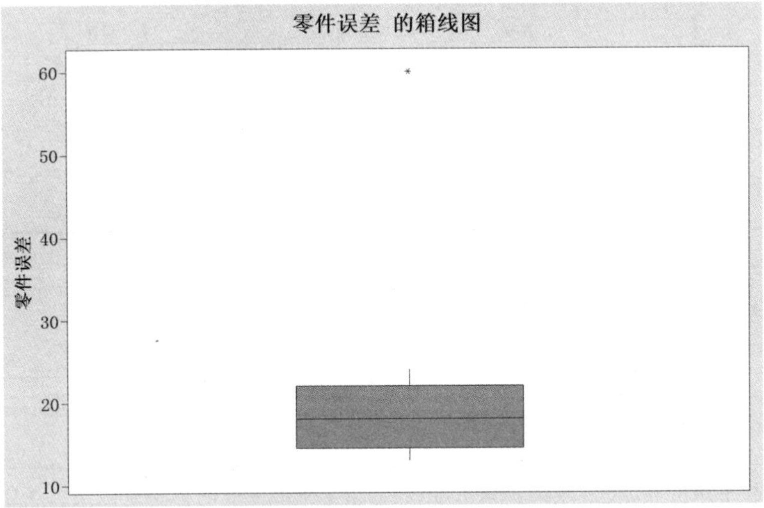

图 5–12 车床加工误差箱线图

结果分析: 图中有一个 * 号出现, 代表有一个点异常, 即第 9 个零件误差值 60 偏大, 需要查明原因。例如, 是否该零件加工时机器卡具不紧, 或者机器有故障, 还是操作错误。

5.2 因果图和排列图

5.2.1 因果图

因果图又称为鱼刺图, 用来揭示过程输出的缺陷与潜在原因间的关系。制造业一般从 5M1E, 即人员、机器设备、材料、方法、测量和环境这 6 个方面分析潜在原因; 服务与管理业一般从人、政策、程序和场所设备这 4 个方面分析潜在原因。从 "统计 > 质量工具 > 因果" 进入因果图对话框。

例 5.7　探寻 “病人在寻找 X 光室时遇到困难” 的原因时, 发现 4 个潜在原因: 政策、场所设备、人、程序。其中 “政策” 又可能有两个方面: 法规对 X 光室位置的强制性要求、隔离规则。“场所设备” 又可能有两个方面: 走廊布局图、场所标记。“人” 又可能有两个方面: 拥挤的走廊、登记处忘记提供指示。“程序” 可能是: 登记排队。数据文件是图形_X 光室.MTW”, 对此画出因果图。

解　将 4 个潜在原因填入工作表的 4 列 (C1~C4), 每列中填入所涉及方面见图 5–13。

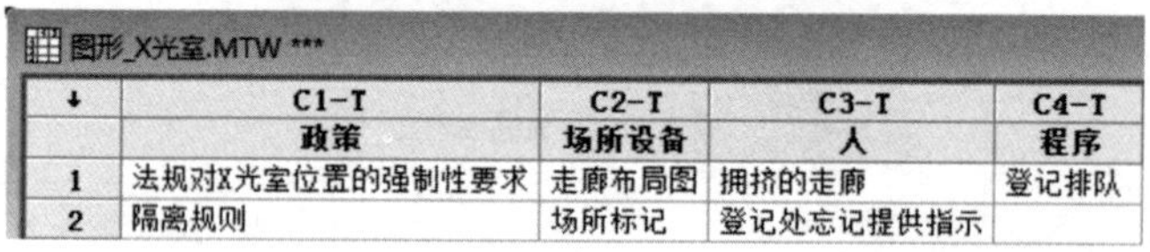
图形_X光室.MTW ***

↓	C1-T	C2-T	C3-T	C4-T
	政策	场所设备	人	程序
1	法规对X光室位置的强制性要求	走廊布局图	拥挤的走廊	登记排队
2	隔离规则	场所标记	登记处忘记提供指示	

图 5–13　病人在寻找 X 光室时遇到困难工作表

提交下列指令:

指令	功能
从 “统计 > 质量工具 > 因果” 进入 “因果图” 对话框	让 MINITAB 画因果图
在 “原因” 栏中选入: 政策、场所设备、人、程序	指定因果图的主支是政策、场所设备、人、程序
在 “标签” 栏下用键盘填入: 政策、场所设备、人、程序	指定图上主支的标签是政策、场所设备、人、程序
在效应空格中填入 “病人在寻找 X 光室时遇到困难” (见图 5–14)	指定所论问题的总目标

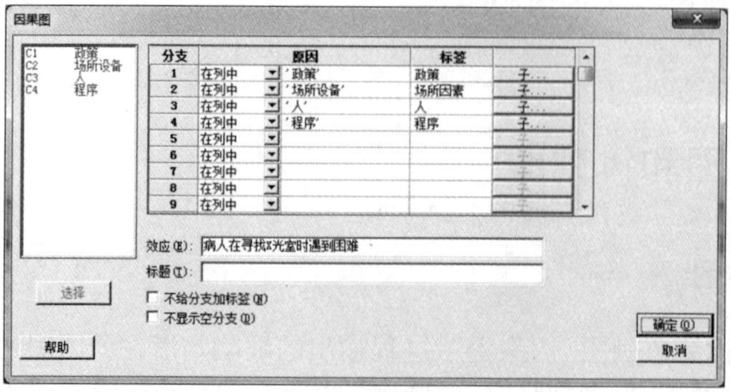

图 5–14　X 光室因果图对话框

点击 “确定” 可得因果图 5–15。

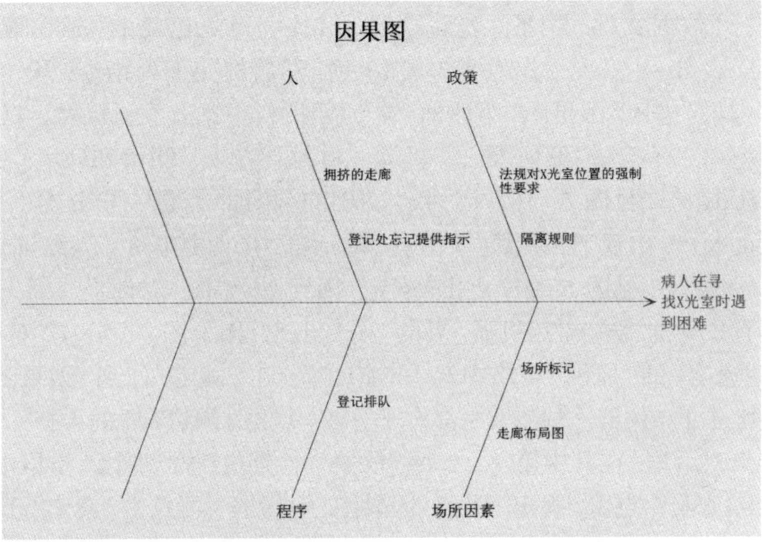

图 5–15 病人在寻找 X 光室时遇到困难的因果图

MINITAB 的因果图还具有在分支上画出下一层子分支的功能。为了使用这个功能, 要把下一层信息填入工作表的另几列, 提交指令时要点击第一层的相关部位。

例 5.8 探寻某部件表面产生疵点的原因, 从 5M1E 方面分析, 发现 6 个方面的潜在原因如表 5–3 (数据文件: 图形_表面缺陷.MTW):

表 5–3 表面疵点原因 1

人	机器	材料	方法	测量	环境
班次	车床	供应商	角度	仪器	温度
主管	位置	保管	接触	检查员	湿度
培训	速度	防锈剂	刹车		
	润滑				

其中的 “培训、速度、仪器、检查员” 方面分别又受到潜在原因影响, 如表 5–4:

表 5–4 表面疵点原因 2

培训	速度	仪器	检查员
教师	太慢	精度	不熟练
考试	不稳定	未检查	检查不全面

画出因果图。

解　打开数据文件: 图形_表面缺陷.MTW。可见已将表 5–3 输入工作表 C1~C6 列, 表 5–4 输入工作表 C7~C10 列, 然后提交下列指令: 从 “统计 > 质量工具 > 因果” 进入 “因果图” 对话框; 在 “原因” 栏中选入人、机器、材料、方法、测量和环境; 在 “标签” 栏下填入人、机器、材料、方法、测量和环境; 在效应空格中填入 “表面缺陷”, 见图 5–16。因为 “人” 中的 “培训” 有进一步分支 (子分支), 点击 “人” 后的 “子”, 出现 “因果图–子分支” 对话框, 在其中第 3 行 (培训) 的 “原因” 空格中选入 “培训”, 见图 5–17, 点击 “确定” 回到 “因果图” 对话框。因为 “机器” 中的 “速度” 有子分支, 再点击 “机器” 后的 “子”, 出现 “因果图–子分支” 对话框, 在其中第 3 行 (速度) 的 “原因” 空格中选入 “速度”, 点击 “确定” 回到 “因果图” 对话框。因为 “测量” 中的 “仪器、检查员” 都有子分支, 点击 “测量” 后的 “子”, 出现 “因果图–子分支” 对话框, 在其中第 1、2 行 (仪器、检查员) 的 “原因” 空格中分别选入 “仪器” 和 “检查员”, 点击 “确定” 回到 “因果图” 对话框。再点击 “确定”, 这时得到具有分支的因果图, 即图 5–18。

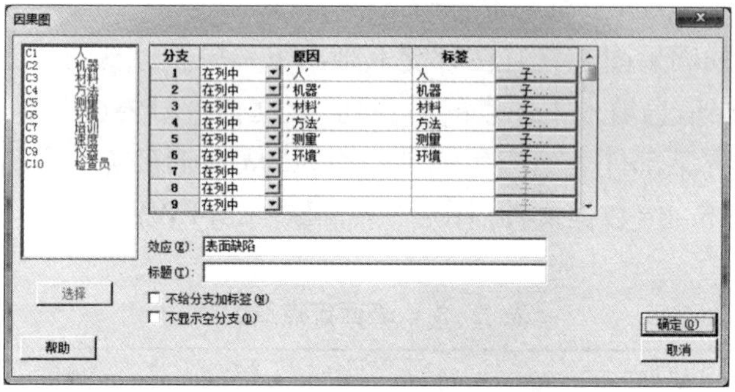

图 5–16　表面缺陷因果图对话框

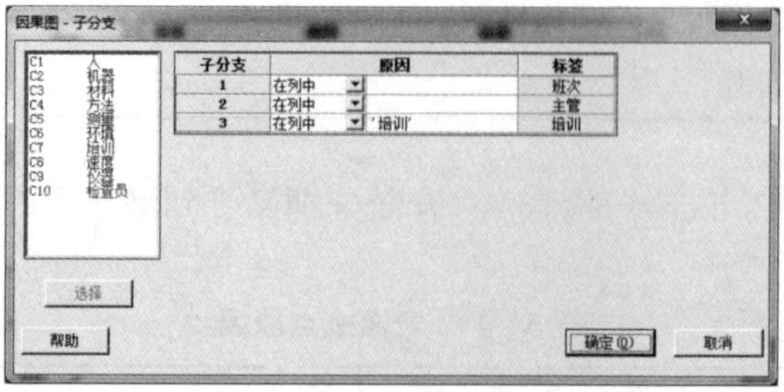

图 5–17　“因果图–子分支” 对话框

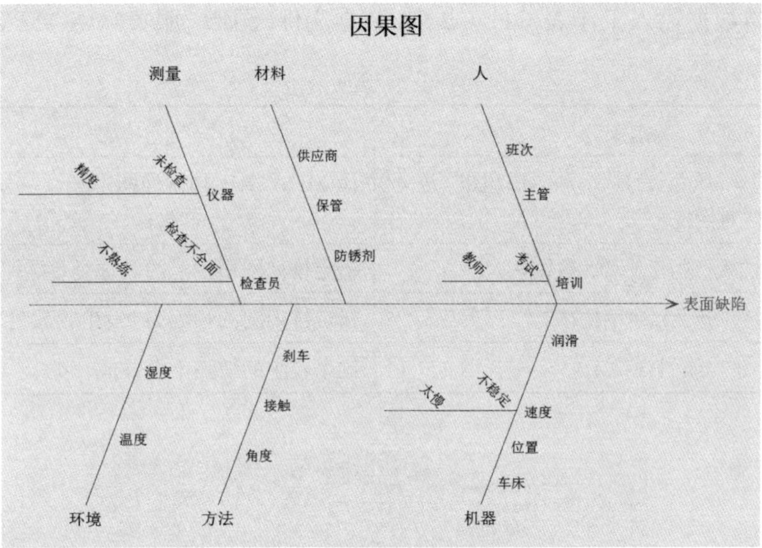

图 5–18 表面缺陷因果图

5.2.2 排列图

排列图常用于分析产生质量缺陷的原因, 找出需要改进的 “关键的少数” 因素, 又称为 Pareto 图。从 “统计 > 质量工具 >Pareto 图” 进入 Pareto 图框, 可画排列图。

例 5.9 某顾客服务过程输出缺陷数据如表 5–5, 试找出需要改进的 “关键的少数” 因素。

表 5–5 服务过程缺陷

类型	发生频数
A: 顾客等待时间长	51
B: 迟于规定时间回复	25
C: 回复不准确	13
D: 遗漏顾客信息	7
E: 账单错误	2
F: 收费错误	2

解 将数据输入工作表 C1、C2 列, 数据文件: 图形_服务缺陷.MTW。提交如下指令:

指令	功能
从 "统计 > 质量工具 >Pareto 图" 进入 "Pareto 图" 对话框	让 MINITAB 画排列图
将 "类型" 选入 "缺陷或属性数据在"	指定排列图横轴上的名称是 "类型" 的名称
将 "发生频数" 选入 "频率位于"	指定排列图的频数为 "发生频数"
选定 "不合并" (如图 5−19)	比率较小的缺陷不合并成一类

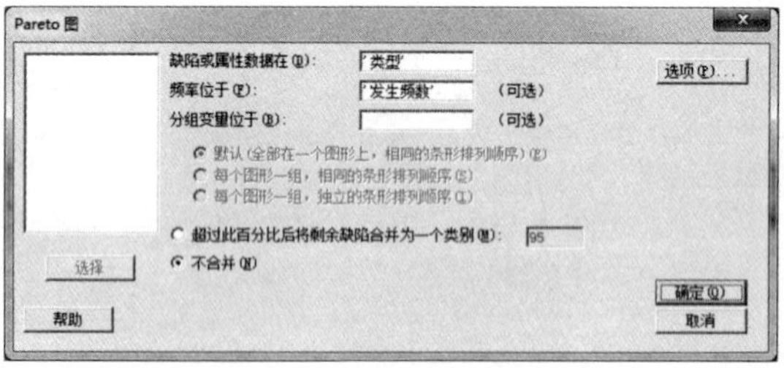

图 5−19 排列图对话框

点击 "确定" 即可得排列图, 如图 5−20。

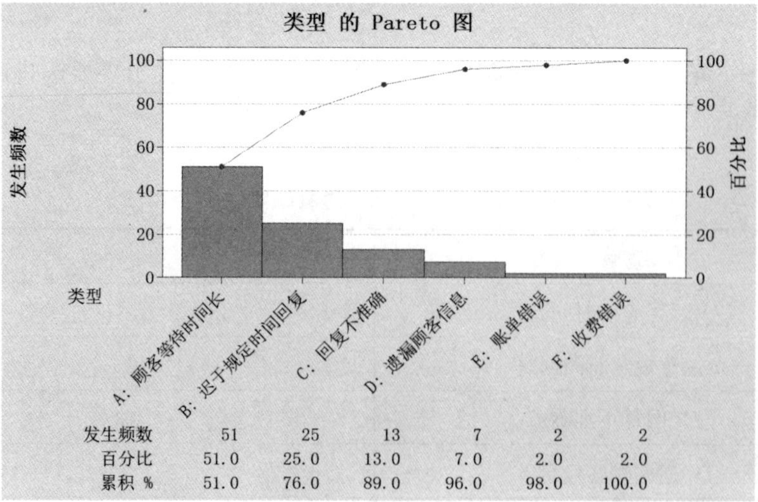

图 5−20 服务的排列图

结果分析: 由于 "顾客等待时间长" 和 "迟于规定时间回复" 共占比例超过 70%, 可见需要改进的过程关键是 "顾客等待时间长" 和 "迟于规定时间回复"。

有时需要改进的“关键的少数”因素, 不能仅由频数决定。有的缺陷尽管发生的频数少, 但是一旦发生就会造成极坏的后果, 对这样的缺陷要加上较大的权重, 因此必须考虑加权排列图。

例 5.10 某顾客服务过程输出缺陷与权重数据如表 5–6, 画出加权排列图。

表 5–6 带权重的服务过程输出缺陷

类型	权重	发生频数
A: 顾客等待时间长	5	51
B: 迟于规定时间回复	5	25
C: 回复不准确	10	13
D: 遗漏顾客信息	10	7
E: 账单错误	8	2
F: 收费错误	8	2

解 将数据输入工作表 C1、C2、C3 列。利用 MINITAB 计算器将第 C2、C3 列数值相乘存入 C4 列 (具体操作可见第 1 章)。提交如下指令: 从 “统计 > 质量工具 >Pareto 图” 进入 Pareto 图框; 将 “类型” 选入 “缺陷或属性数据在”; 将 “C4” 选入 “频率位于”; 选定 “不合并”。点击 “确定” 即可得图 5–21。(如果选择 “超过此百分比后将剩余缺陷合并为一个类别”, 并填写百分比, 则将把多个百分比较小的缺陷合并成一类。)

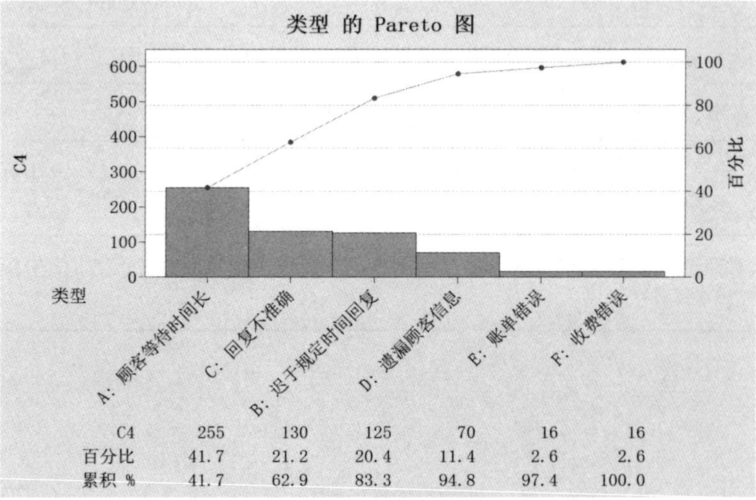

图 5–21 加权排列图

结果分析: 由于“顾客等待时间长”“回复不准确”和“迟于规定时间回复”所占比例超过 80%, 可见需要改进的过程关键是“顾客等待时间长”“回复不准确”和“迟于规定时间回复”。

5.3 散点图、矩阵图和边际图

5.3.1 散点图

散点图能直观地表示两个变量间的关系。用指令“图形 > 散点图”进入“散点图”对话框。

例 5.11 炼钢炉出钢时要用钢包装钢水, 由于使用后遭到腐蚀, 钢包容积不断扩大。表 5–7 是钢包使用次数 x 和钢包容积 y 的试验数据 (数据文件: 回归_钢包.MTW)。试画出 y 关于 x 的散点图。

表 5–7　钢包容积数据

x	2	3	4	5	7	8	10	11	14	15	16	18	19
y	106.42	108.20	109.58	109.50	110.00	109.93	110.49	110.59	110.60	110.90	110.76	111.00	111.20

解 此题中变量是钢包使用次数 x 和钢包容积 y, 要分析它们的关系。将数据排成 2 列, 分别命名为“使用次数”和“钢包容积”。采用如下指令:

指令	功能
用指令“图形 > 散点图”进入“散点图”对话框	让 MINITAB 画散点图
默认选择 (点黑)“简单”(见图 5–22)	画简单图形
点击“确定”进入“散点图–简单”, 将“钢包容积”选入“Y 变量”下空格	以“钢包容积”为“Y 变量”(纵坐标)
将“使用次数”选入“X 变量”下空格 (见图 5–23)	以“使用次数”为“X 变量”(横坐标)

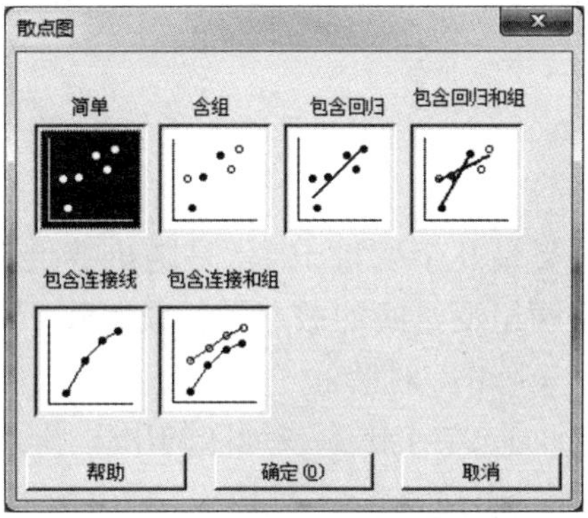

图 5–22 散点图对话框

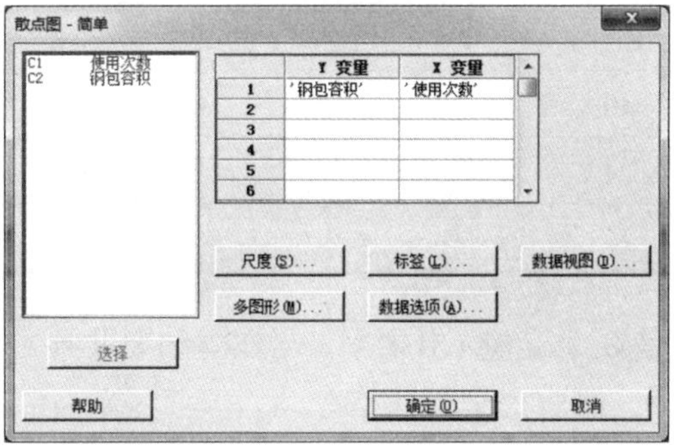

图 5–23 “散点图–简单” 对话框

各框点击 “确定” 得散点图 5–24。

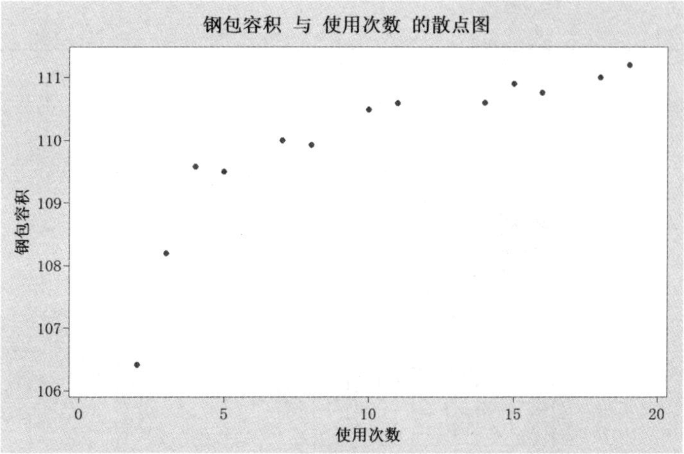

图 5–24 钢包容积散点图

结果分析: 由图可见, 钢包容积随使用次数增长而增长, 开始时增长较快, 然后增长趋缓。

5.3.2 矩阵图

矩阵图分为两类: 一类是几个变量 (通常是随机变量) 相互间的散点图所成矩阵 (如例 5.12), 另一类是两组变量间的散点图所成矩阵 (如例 5.13)。通过指令 "图形 > 矩阵图" 可以进入 "矩阵图" 对话框。

例 5.12 1995 年统计了 97 个国家或地区的出生率、死亡率和婴儿死亡率, 得到表 5–8 (数据文件: 图形_出生死亡率.MTW), 画出这 3 个变量相互的矩阵图。

表 5–8 97 个国家或地区的死亡出生率

序号	出生率	死亡率	婴儿死亡率	国家或地区
1	40.4	18.7	181.6	Afghanistan
2	24.7	5.7	30.8	Albania
···	···	···	···	···

解 这里要画的是 3 个变量 (出生率、死亡率和婴儿死亡率) 相互间的散点图。首先把数据输入工作表, 然后提交下述指令:

指令	功能
由指令 "图形 > 矩阵图" 进入 "矩阵图" 对话框	让 MINITAB 画矩阵图
选择 (点黑) 左上图的 "简单" 图形 (见图 5–25)	选中画变量组自身的矩阵图

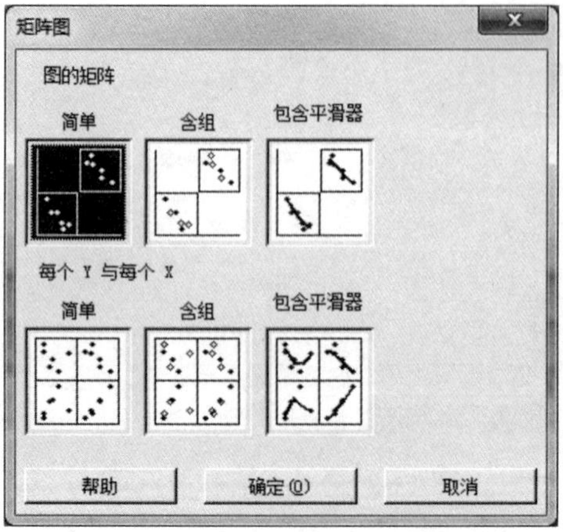

图 5–25 所有变量间矩阵图对话框

点击“确定”后，进入“矩阵图–图矩阵，简单”对话框，在图形变量空格中选入“出生率、死亡率和婴儿死亡率”，见图 5–26。点击“确定”后得到矩阵图 5–27。

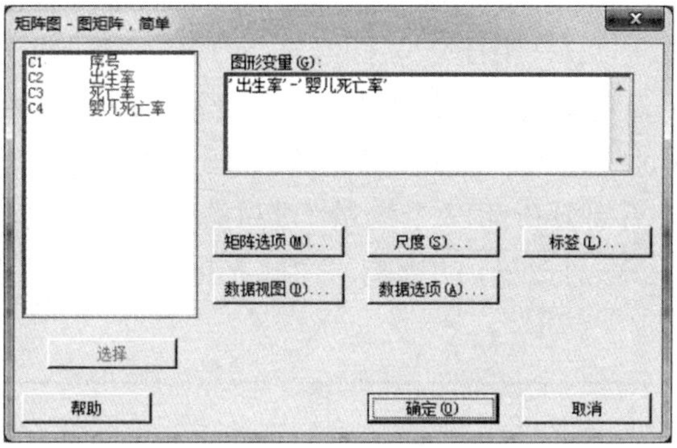

图 5–26 “矩阵图–图矩阵，简单”对话框

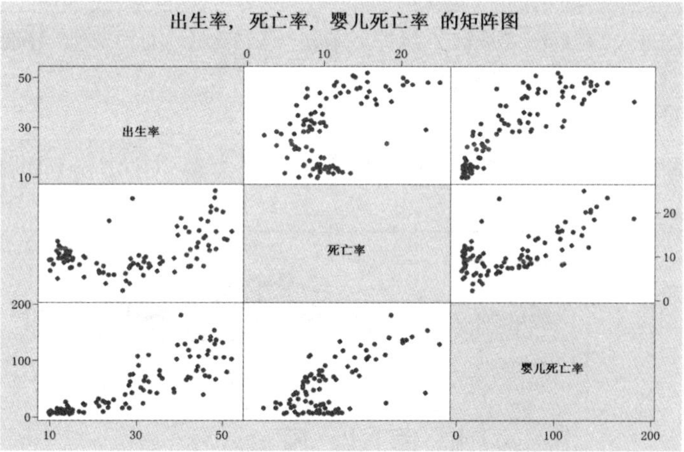

图 5–27 出生率、死亡率和婴儿死亡率的矩阵图

结果分析：描绘出生率和出生率之间的散点图没有意义，同理描绘死亡率和死亡率之间的散点图以及婴儿死亡率和婴儿死亡率之间的散点图也没有意义。因此只画出 6 幅图，其中横轴从左到右依次是“出生率、死亡率和婴儿死亡率”，纵轴从上到下依次是“出生率、死亡率和婴儿死亡率”。从 6 张散点图中可见，出生率、死亡率都和婴儿死亡率正相关（随着婴儿死亡率增大而变大）；死亡率和出生率关系不明显。当然这些结论只是从图上直观得出的，还要通过 8.1 节的精密的检验，才能得到可靠的结论。

例 5.12 中每个变量既做了自变量又做了因变量。如果我们想让某几个变量分别作自变量, 另几个变量分别作因变量, 画出的多份图成一个矩阵, 那么可以像例 5.13 那样画矩阵图。

例 5.13 某国 1990 年到 2000 年进口总额、国内生产总值 (GDP)、总储蓄量和总消费量数据见数据文件: 图形_某国经济.MTW。试画出分别以进口总额、国内生产总值 (GDP) 为自变量, 总储蓄量、总消费量为因变量的矩阵图。

解 这里有两组变量, 第 1 组是进口总额、国内生产总值 (GDP); 第 2 组是总储蓄量、总消费量。需要分析前 2 个变量 (进口总额、国内生产总值 (GDP)) 对后 2 个变量 (总储蓄量、总消费量) 的影响。为此先把数据输入工作表, 然后提交下述指令:

指令	功能
由指令 “图形 > 矩阵图” 进入 “矩阵图” 对话框	让 MINITAB 画矩阵图
选择 (点黑) 左下图的 “每个 Y 与每个 X” 下的 “简单” 图形 (见图 5−28)	选中画变量组间关系的矩阵图
点击 “确定” 后, 进入 “矩阵图−每个 Y 与每个 X, 简单” 对话框, 在 Y 变量空格中选入 “总储蓄量、总消费量”	让 “总储蓄量、总消费量” 分别作因变量
在 X 变量空格中选入 “进口总额、GDP” (见图 5−29)	让 “进口总额、GDP” 分别作自变量

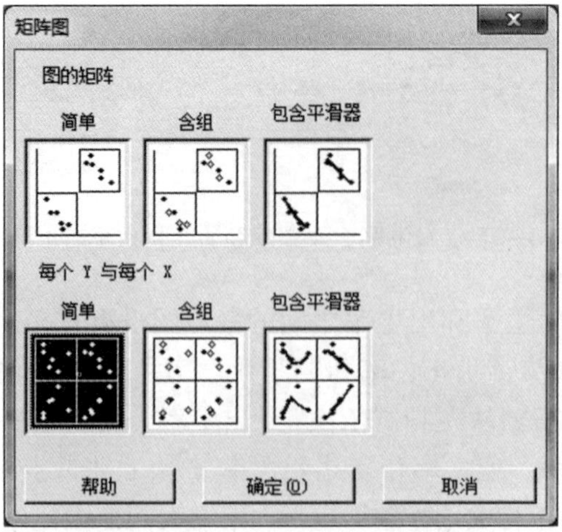

图 5−28 两组变量对另两组变量矩阵图对话框

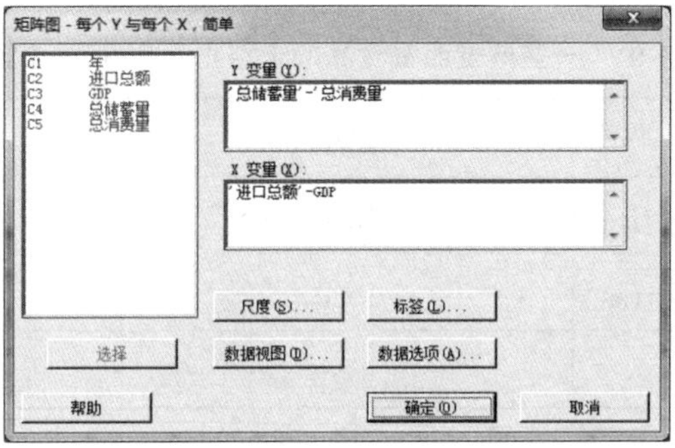

图 5–29 两组变量对另两组变量–简单矩阵图对话框

点击 “确定” 后得到矩阵图 5–30。

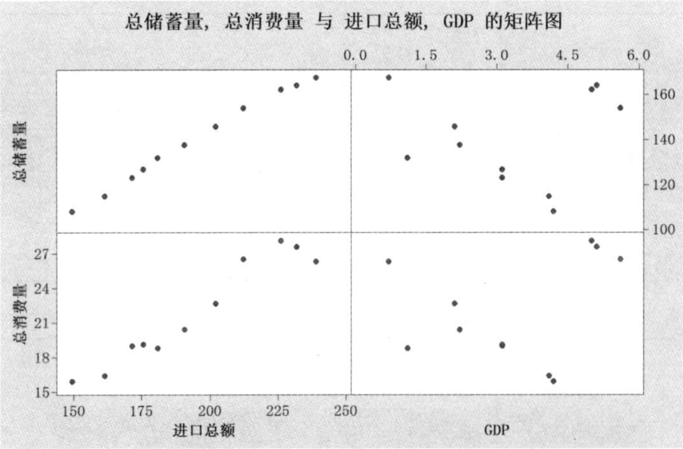

图 5–30 国民经济对话框

结果分析: 由图 5–30 左边两个散点图可见, 总储蓄量与进口总额有很好的正相关, 总消费量与进口总额有正相关; 由右边两个散点图可见, 总储蓄量与 GDP 不相关, 总消费量与 GDP 不相关。当然这些结论只是从图上直观得出的, 还要通过 8.1 节的统计检验, 才能得到可信的结论。

5.3.3 边际图

边际图既用散点图图示两个变量间的关系, 又显示各变量的分布 (通过直方图、点图或箱线图)。从指令 “图形 > 边际图” 进入 “边际图” 对话框可以画边际图。

例 5.14 一些典型西餐食品的卡路里 y 和脂肪含量 x 的数据如表 5–9(数据文件: 图形_西餐.MTW)。试画出边际图。

表 5–9 一些典型西餐食品的卡路里 y 和脂肪含量 x

食品	卡路里 y	脂肪 x
Kung Pao chicken with rice	1620	76
Chicken burrito with extras	1530	68
···	···	···

解 本题要求分析西餐食品的卡路里 y 和脂肪含量 x 的关系, 还要分析这两个变量的分布。因为样本量不大, 用点图显示数据分布。首先将表输入工作表 (或打开数据文件: 图形_西餐.MTW)。提交下列指令:

指令	功能
从指令 "图形 > 边际图" 进入 "边际图" 对话框	让 MINITAB 画边际图
选择 (点黑) "包含点图"(见图 5–31)	各自分布用点图显示
点击 "确定" 进入 "边际图–包含点图" 对话框, 将 "卡路里 y" 选入 "Y 变量" 空格	以卡路里 y 为因变量
将 "脂肪 x" 选入 "X 变量" 空格 (如图 5–32)	以脂肪含量 x 为自变量

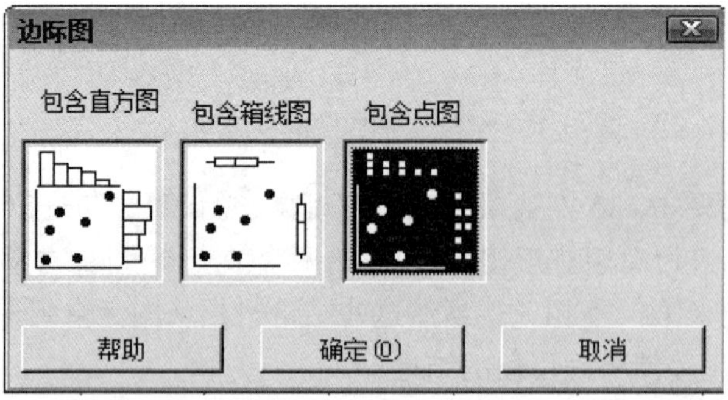

图 5–31 "边际图" 对话框

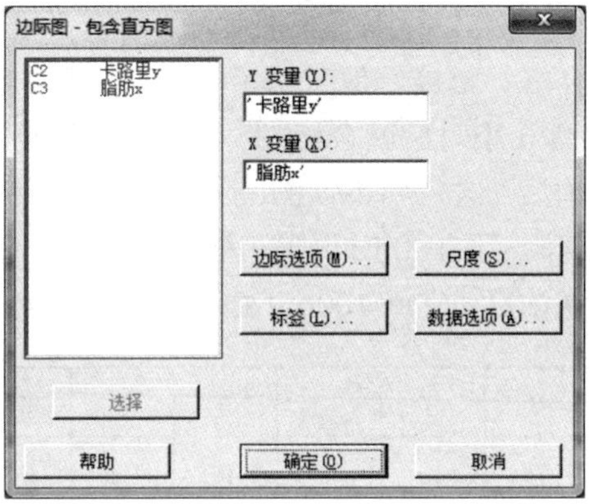

图 5–32 “边际图–包含点图” 对话框

点击 “确定” 得到边际图 5–33。

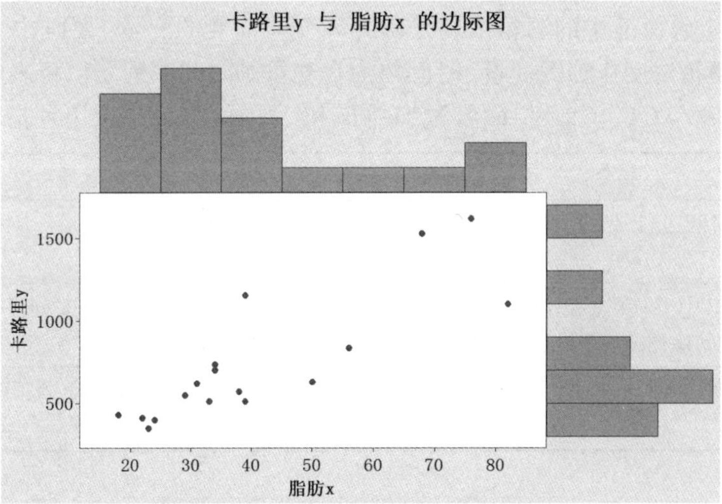

图 5–33 卡路里与脂肪含量边际图

结果分析: 由图可见卡路里与脂肪含量存在正相关, 而脂肪含量集中在 30~40, 卡路里含量集中在 400~700。

5.4 时间序列图

时间序列图也称为链图, 用来描述指标随时间变化的情况。注意原始资料中时间值 (自变量值) 间隔必须相等, 这与散点图不同。

例 5.15 某人有天中午 12 时喝了一瓶啤酒 (酒精含量 21000 mg), 下午 6 时检查结果是: 酒精含量合格。紧接着他又喝了 1 瓶, 夜里 2 时检查, 发现酒精含量超标。为什么第 1 次饮酒 6 小时后就合格, 第 2 次饮酒 8 小时后还不能开车? 为了解开他的疑问, 过了一周后 (这一周不饮酒, 让体内残存酒精全部排泄掉), 让他重新在中午 12 时喝一瓶啤酒, 下午 6 时再喝一瓶啤酒并以下午 6 时为 0 时刻, 每隔 1 小时测他血液中的酒精浓度 (或每 100 ml 血液中酒精含量) 一次, 得到如下数据:

时间	0	1	2	3	4	5	6	7	8	9	10
酒精浓度	15	56	54	49	41	36	34	33	29	28	24
时间	11	12	13	14	15	16	17	18	19	20	
酒精浓度	23	21	20	19	19	17	16	16	16	16	

数据文件: 图形_二次饮酒.MTW。画出他血液中酒精浓度的时间序列图。

解 这个人血液中的酒精浓度是随时间变化而变的变量, 要画出它变化的图形, 需要将酒精浓度作为因变量, 时间作为自变量画时间序列图。将表中时间和酒精浓度分别输入 C1、C2 列, 命名为 “时间” 和 “酒精浓度”, 提交下列指令:

指令	功能
由 “图形 > 时间序列图” 进入 “时间序列图” 对话框	让 MINITAB 画时间序列图
选择 (点黑) 其中 “简单” (见图 5–34); 点击 “确定”, 进入 “时间序列图–简单” 对话框	让 MINITAB 画最简单的时间序列图, 只有 1 个变量, 且不分段画图
将 “酒精浓度” 选入 “序列” 下的空格 (见图 5–35)	在每个时刻纵轴变量的值是酒精浓度

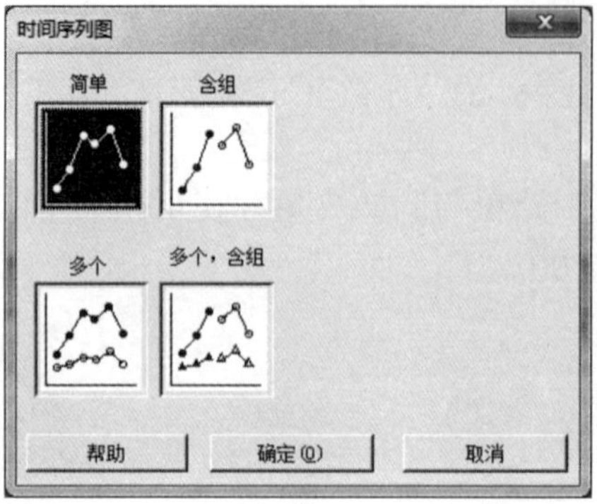

图 5–34 “时间序列图” 对话框图

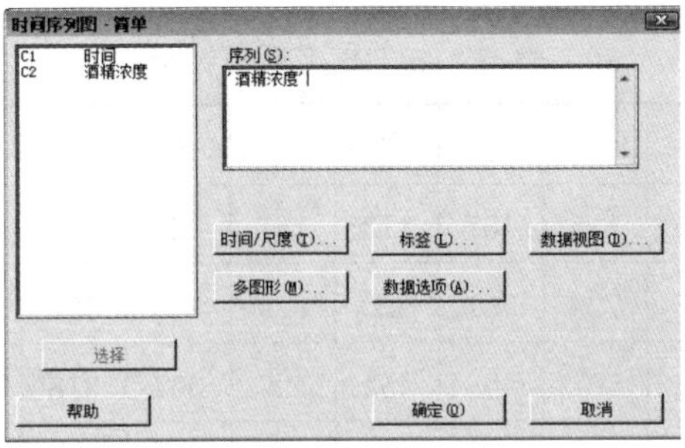

图 5–35 “时间序列图–简单” 对话框

点击 “确定” 就得到时间序列图 (见图 5–36)。

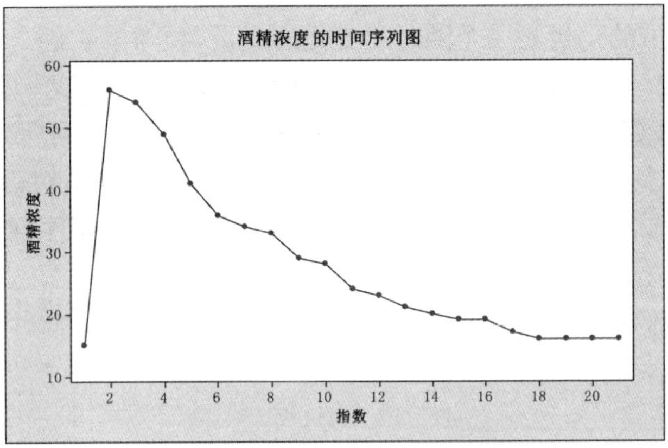

图 5–36 酒精浓度的时间序列图

结果分析: 第二次饮酒前体内酒精含量 15, 虽然没有超过 20, 但是第 2 次饮酒后酒精含量急剧上升, 超过 “饮酒驾车” 标准, 然后缓缓减少, 13 小时后才达到正常驾车标准。所以每次饮酒时都要考虑体内残存的酒精含量。经常饮酒的人特别要注意这一规律: 体内残留的酒精含量很难降为 0, 饮用少量酒就会使体内酒精含量长时间超标。当然酒精残量也是因人而异, 因酒而异, 不能把本例具体数据套用在任何人的饮酒规律上。

注意时间序列图中, 每个点显示一次观测。多个时间序列可以画在同一张图上。

例 5.16 6 名职员 12 个季度的销售量如表 5–10 (数据文件: 图形_6 人销量.MTW), 将他们的销售量序列画在同一张图上。

表 5–10 6 名职员销量

职员 \ 季度	1	2	3	4	5	6	7	8	9	10	11	12
甲	98	105	118	157	173	187	221	288	320	322	320	346
乙	192	516	729	561	520	629	538	562	618	627	738	761
丙	235	404	561	408	452	427	367	318	350	338	402	442
丁	100	135	232	134	145	224	339	276	184	171	281	480
戊	52	104	141	92	76	115	195	174	149	152	158	214
己	6	3	23	55	71	80	109	183	254	274	278	258

解 每个职员的销量是一个随时间变化的变量, 要考察它们。将表中季度数和销量分别输入 C1~C7 列, 分别命名为季、甲、乙、丙、丁、戊、己 (数据文件: 图形_6 人销量.MTW); 由指令 "图形 > 时间序列图" 进入 "时间序列图" 对话框; 选择 (点黑) 其中 "多个"; 点击 "确定", 进入 "时间序列图–多个" 对话框; 将 "甲、乙、丙、丁、戊、己" 选入 "序列" 下的空格; 点击 "确定" 就得到时间序列图 (见图 5–37)。

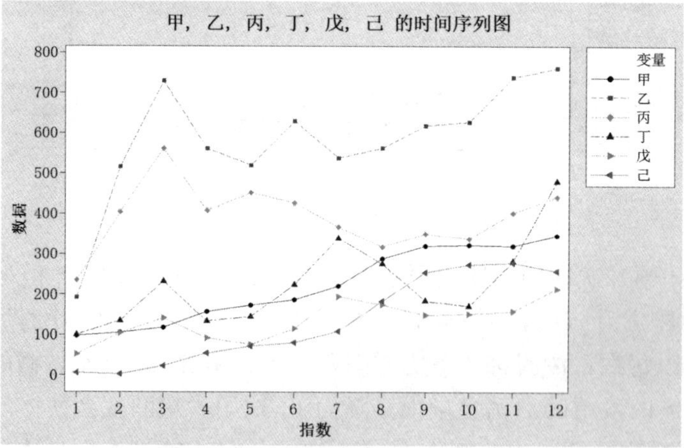

图 5–37 职员销量时间序列图

结果分析: MINITAB 画出的图是彩色线型图, 这些线型可以更好地显示每个职员的销量。从图中可见, 乙和丙的销量始终处于较高水平, 乙的业绩最好。

小结

任务	对话框	参照例题
画直方图	从 “图形 > 直方图” 进入 “直方图” 对话框	5.1
画茎叶图	从 “图形 > 茎叶图” 进入 “茎叶图” 对话框	5.2
画点图	从 “图形 > 点图” 进入 “点图” 对话框	5.3, 5.4
画箱线图	从 “图形 > 箱线图” 进入 “箱线图” 对话框	5.5, 5.6
画因果图	从 “统计 > 质量工具 > 因果” 进入 “因果图” 对话框	5.7, 5.8
画排列图	从 “统计 > 质量工具 >Pareto 图” 进入 “Pareto 图” 对话框	5.9, 5.10
画散点图	从 “图形 > 散点图” 进入 “散点图” 对话框	5.11
画矩阵图	从 “图形 > 矩阵图” 进入 “矩阵图” 对话框	5.12, 5.13
画边际图	从 “图形 > 边际图” 进入 “边际图” 对话框	5.14
画时间序列图	从 “图形 > 时间序列图” 进入 “时间序列图” 对话框	5.15, 5.16

练习题

5.1 100 个样品的拉伸强度 (单位: kgf/cm^2) 如表 5–11 (数据文件: 图形_拉伸强度.MTW), 试画出直方图。

表 5–11 拉伸强度

48.1	49.9	49.8	57.7	38.7	49.3	50.4	61.3	54.7	61.2
75.8	34.5	68.7	68.5	48.5	54.1	64.8	77.0	51.9	40.3
…	…	…	…	…	…	…	…	…	…

5.2 将数据文件 “图形_心脏数据.MTW” 中脉搏数据画成茎叶图并分析。

5.3 打开数据文件 “参数_面粉重量.MTW”, 画面粉重量的点图并分析。

5.4 英国某地区 14 件古陶器中铝、铁、镁、钙和钠的含量如表 5–12 (数据文件: 图形_古陶器.MTW), 以金属含量为变量, 画出多变量点图并分析 5 种金属含量的分布。

表 5–12 古陶器金属含量

铝	铁	镁	钙	钠
14.4	7.00	4.30	0.15	0.51
13.8	7.08	3.43	0.12	0.17
…	…	…	…	…

5.5 打开数据文件 "图形_次品率.MTW", 把周一至周五的工人次品率箱线图画在一起, 比较 5 个分布的差异。

5.6 探寻某部件间隙不稳的原因, 从 5M1E 方面分析, 发现 6 个方面潜在原因如表 5–13 (数据文件: 图形_间隙不稳定.MTW), 其中的 "积极性、检查员" 方面又受到潜在原因影响 (如表 5–14)。画出因果图。

表 5–13 间隙不稳潜在因素

人	机器	材料	方法	测量	环境
班次	车床精度	供应商	工艺参数	仪器精度	温度
人员流动	位置	无入厂检查	不易调整	检查员	湿度
积极性	速度	库存时间长	加压时间短	量具检验	粉尘
	震动过大				

表 5–14 间隙不稳进一步潜在因素

积极性	检查员
缺乏考核	不熟练
奖惩制度不合理	检查不全面

5.7 设炼油厂污水处理 COD 去除率低的缺陷和频数如表 5–15, 试画 Pareto 图, 并分析结果。

表 5–15 污水处理缺陷方式

DO 偏低	62
SS 波动	12
COD 波动	33
CN 高	5
操作失误	1
其他	2

5.8 设某批产品出现缺陷 (次品原因) 和权重如表 5–16, 画出加权排列图以找出主要原因。

表 5–16 产品缺陷方式

缺陷	频数	权重
断裂	10	10
擦伤	42	2
污染	6	1
弯曲	104	3
裂纹	4	5
砂眼	20	5
其他	14	1

5.9 牧草重量 y 与生长天数 x 的 9 次观察数据如表 5–17。试以 x 为横轴, y 为纵轴画出散点图。

表 5–17 牧草数据

x	9	14	21	28	42	57	63	70	79
y	8.93	10.80	18.59	22.33	39.35	56.11	61.73	64.72	67.08

5.10 6 个地区人均可支配收入、目标人口数和某种护肤品销量数据如表 5–18 (数据文件: 回归_护肤霜.MTW)。画这 3 个变量的矩阵图。

表 5–18 护肤品销量数据

销量 (千打)	目标人口 (千人)	人均收入 (美元)
162	274	2450
···	···	···

5.11 10 名男生智力测试数据如表 5–19 (数据文件: 图形_男生智力.MTW), 以常识、理解、积木的得分为一组变量, 以算术、填图、译码的得分为另一组变量, 画矩阵图。

表 5–19 男生智力测试数据

学生编号	常识	算术	理解	填图	积木	译码
1	14	13	28	14	22	39
2	10	14	15	14	34	35
···	···	···	···	···	···	···

5.12 美国 1979 年 1 月至 1983 年 2 月取暖用油价格、产量和储备量的月数据见数据文件: 图形_取暖用油.MTW。试将这 3 个变量的值画在同一张时间序列图上并分析。如果把月度标注在图上, 就更能看出季节对它们的影响。

第 6 章

过程控制

本章将介绍用 MINITAB 对“连续进行的生产过程或服务过程”实施统计控制的方法。虽然本章中提供的例子基本上都是生产过程的例子, 过程的结果是生产出的产品; 但是读者可以把所学的方法用于服务过程, 例如电信公司的服务、医院的服务等。本章中仅考虑过程由一个特性指标决定的情形, 通常选最关键的特性指标进行控制, 或者选几个最重要的特性指标分别控制。通过过程控制, 生产过程稳定、高质量地进行。过程控制很重要, 在 ISO 9000 中很受重视, 也是六西格玛管理控制阶段的主要工具之一。控制图出现得比较早, 早在 20 世纪 60 年代北京大学的概率统计课程中就介绍了控制图, 但是当时仅能手工绘制控制图, 很麻烦。而现在使用 MINITAB 等软件就能方便地绘制控制图。过程能力指数出现得较晚。

本章选定过程的若干时刻, 在每一时刻选取一个样本 (或者汇总数据)。通过使用 MINITAB 对这些样本值画控制图、计算过程能力指数并加以分析, 从而达到控制过程的目的。

本章过程控制分为两方面: (1) 利用控制图分析过程的稳定性, 对过程的异常因素进行预警 (6.1 节~6.3 节)。(2) 计算过程能力指数, 分析过程满足技术要求的程度, 对过程质量进行评价 (6.4 节~6.5 节)。实际控制时应当将二者结合使用。

从指令 “统计 > 控制图 > ···” 进入画控制图的对话框, 实施相应对话后可以得到控制图, 并且在会话窗口得到检验结果。

由指令 “统计 > 质量工具 > 能力分析 > ···” 进入计算能力指数的对话框。

有关过程控制的详细介绍, 特别是更多种类的控制图, 以及控制图和过程控制的原理, 可以参看国标 GB/T 4091-2001 和文献 [12, 22]。

6.1 一元控制图概念

当没有异常因素影响生产过程时, 称过程为**稳定过程**、**受控过程**或说**过程处于统计控制状态**。用控制图能直观迅速地查明过程是否为稳定过程以及不稳定的原因。

图 6–1 是一个均值控制图, 一般的质量控制图结构与此大体相同。由这图可见一般的质量控制图由 3 条线和一根点子链组成。

点子链, 即每批抽得样本的某个统计量形成的时间序列图。比如图 6–1 中的点子链, 在 25 个批次手表螺栓中抽取, 每批抽 5 个样品, 测定这 5 个螺栓扭矩, 再计算每组 5 个样品的样本均值画成时间序列图。

3 条线分别是上下控制线和中心线。中心线的高度是多批样本总平均值; 上控制线是中心线上面的线, 它和中心线的距离是 3 个标准差, 这个标准差是由观测数据算出的; 下控制线是中心线下面的线, 它和中心线的距离是 3 个标准差。上控制线的高度称为上控制限, 下控制线的高度称为下控制限。

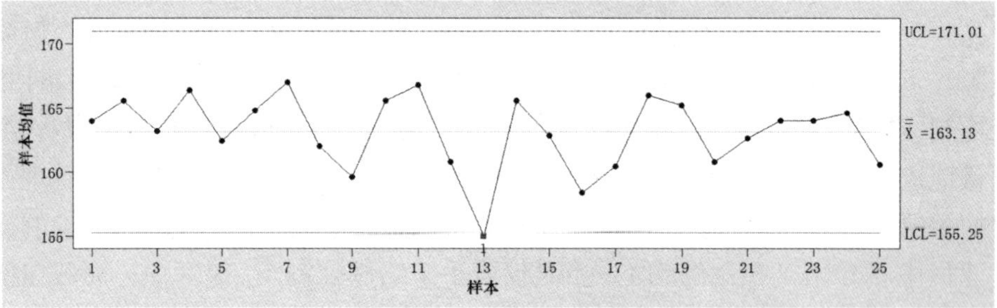

图 6–1 均值控制图

计量数据的控制图由两幅图组成, 例如对于 $\overline{\text{X}}$-R 控制图, 它由两个控制图组成, 其中 $\overline{\text{X}}$ 控制图的点子链由各批抽样样本均值 $\overline{X}_i$ $(i=1,2,\cdots,n)$ 的时间序列图构成 (如图 6–1), R 控制图的点子链由各批样本极差 R_i $(i=1,2,\cdots,n)$ 组成 (见图 6–6)。

计量控制图中对中心位置监控的图由 3 条直线组成: 分别是上下控制线和中心线。$\overline{\text{X}}$-R 图中 $\overline{\text{X}}$ 图、R 控制图的中心线高度和上下控制线高度如表 6–1 和表 6–2。

表 6–1 和表 6–2 中 A_2, D_3 和 D_4 的值都和样本量 n 有关, 可在文献 [12] 中查到。关于一般常用控制图中点子链和中心线、上下控制限的细节可以通过

表 6–1 $\overline{\mathrm{X}}$ 控制图的中心线高度和上下控制线高度

中心线高度 $\overline{X} = \frac{1}{n}\sum_{i=1}^{n}\overline{X}_i$
上控制限 $\mathrm{UCL}_{\overline{X}} = \overline{X} + 3\overline{R}/d_2\sqrt{n} = \overline{X} + A_2R$
下控制限 $\mathrm{LCL}_{\overline{X}} = \overline{X} - 3\overline{R}/d_2\sqrt{n} = \overline{X} - A_2R$

表 6–2 $\overline{\mathrm{R}}$ 控制图的中心线高度和上下控制线高度

中心线高度 $\overline{R} = \frac{1}{n}\sum_{i=1}^{n}\overline{R}_i$
上控制限 $\mathrm{UCL}_{\overline{R}} = \overline{R} + 3d_3\overline{R}/d_2\sqrt{n} = D_4R$
下控制限 $\mathrm{LCL}_{\overline{R}} = \overline{R} - 3d_3\overline{R}/d_2\sqrt{n} = D_3R$。如果按这一公式算出的 D_3 值小于 0, 则 D_3 值取为 0

MINITAB 的 “帮助 > 方法和公式 >QuaLity and Process improvement>Control Charts” 所进入的窗口和文献 [12] 找到。这些公式繁杂而且查找起来很麻烦, 读者在使用控制图时无需查找它们。本章列出了 $\overline{\mathrm{X}}$、R 控制图的中心线高度和上下控制线高度, 目的在于使读者知道: 控制图所有点子链和三条线都是根据样本数据画出来的。

本章仅介绍 7 种控制图: I-MR 图、$\overline{\mathrm{X}}$-R 图、$\overline{\mathrm{X}}$-S 图、P 图、NP 图、C 图和 U 图。更复杂的控制图, 例如 Laney 控制图、稀有事件控制图等, 其绘图方法和实施统计控制的方法见 [12]。

这 7 种图中前 3 种适用于特性指标是连续变量 (计量数据) 的情形, 基于 “总体是正态分布” 这一假设; 后 4 种适用于特性指标是次品数、瑕疵数的情形 (计数数据); P 图和 NP 图基于 “次品数服从二项分布” 这一假设; C 图和 U 图基于 “不合格数服从 Poisson 分布” 这一假设。计量控制图灵敏度高, 而且每批需要的样本量小得多, 所以在可用计量数据作图时要尽量使用计量控制图, 不要化为计数数据而画计数控制图。

6.2 计量控制图

本节介绍的计量控制图是 I-MR、$\overline{\mathrm{X}}$-R 和 $\overline{\mathrm{X}}$-S 控制图。

这 3 种控制图由两幅图组成。上面一幅对产品特性指标中心位置监控, 通常称为 $\overline{\mathrm{X}}$ 控制图。下面一幅对产品特性指标分散程度监控, 根据所用统计量, 分别称为

R 控制制图 (极差控制图)、MR 控制图 (移动极差控制图)、S 控制图。

检查计量过程是否稳定由判异准则决定。这些准则直观地用 6 个区表示: 将上下控制线间的区域分为 6 区 A、B、C、C、B、A, 它们的宽度都是一个标准差, 如图 6−2 (MINITAB 输出的控制图中不画出这 6 个区的分界线, 但是判定是否异常时, 仍以分界线为标准)。

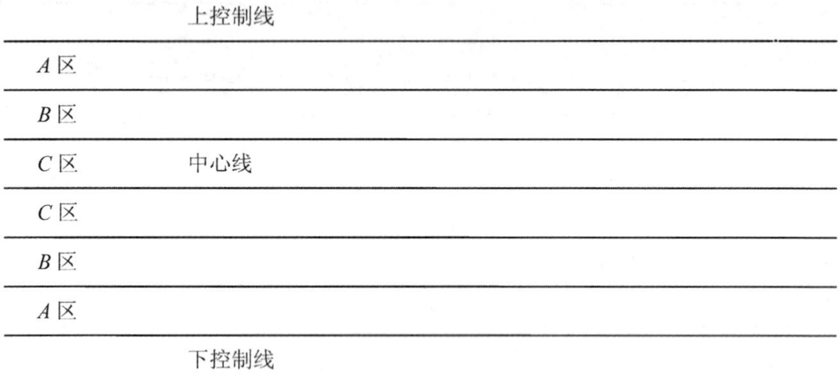

图 6−2　控制图的 6 个区

计量控制图的判异准则如下:

1) 1 点落在 A 区外 (均值太大或太小, 超出控制线, 肉眼容易看出);

2) 连续 9 点落在中心线同一侧 (均值可能偏大或偏小);

3) 连续 6 点递增或递减 (可能工具逐渐磨损、维修变坏);

4) 连续 14 点上下交替摆动 (可能分层不妥, 例如熟练程度不同的工人, 产品测量数据混在一起);

5) 连续 3 点中有 2 点落在中心线同侧的 B 区外 (可能均值发生变化);

6) 连续 5 点中有 4 点落在中心线同侧的 C 区外 (可能均值发生变化);

7) 连续 15 点在 C 区中心线上下摆动 (可能数据虚假或分层不妥);

8) 连续 8 点在中心线两侧, 但无一在 C 区 (可能分层不妥)。

如果点子链中有部分点子符合这些判异准则的任一条, 则过程很可能不是稳定的。图 6−1 有 1 点超出下控制线, 说明过程很可能不是稳定的, 有异常因素出现, 需要查明原因。

为了检查 “是否符合判异准则” 即 “是否有异常”, 可以在进入 “控制图−选项” 框后, 在该框上点击 “检验” 并适当选择。当有异常出现时 MINITAB 就会在图上用红点标出, 并在会话区显示: 是否有点符合判异准则 (有异常), 符合哪几条。

I-MR 控制图用于抽样检测比较困难或花费很多人力物力, 而每个批次只抽一个样品的情形, $\overline{\text{X}}$-R 控制图通常用于跟踪每批样本量较小, 例如样本量小于 6 的过程, 而 $\overline{X}$-S 控制图用于每批样本量较大的过程 (例如样本量 >5)。

6.2.1 I-MR 控制图

I-MR 图又称为单值移动极差控制图, 每批只抽一个样品, 适用于抽取样品特别费时、费工或价格很贵的情形。它由两张图组成: 上图是由每批单独一个观测值作为纵坐标画出的点子链; 下图是 "移动极差" 形成的点子链, 移动极差是当前观测值与前一个值差的绝对值。

例 6.1 设在 10 个批次奶粉中测量水分含量百分比。每批抽一包奶粉, 测量其含水率如表 6–3 (数据文件: 控制图_奶粉.MTW), 画 I-MR 控制图。

表 6–3 奶粉含水量

批次	1	2	3	4	5	6	7	8	9	10
x	2.9	3.2	3.6	4.3	3.8	3.5	3.0	3.1	3.6	3.5

解 在工作表上 C1 列输入 "批次" 的值, 变量名为 "批次"; C2 列输入 "水分含量百分比" 的值, 变量名为 "x"; 再提交如下指令:

指令	功能
由 "统计 > 控制图 > 单值的变量控制图 > I-MR" 进入 "单值移动极差控制图" 框	让 MINITAB 画 I-MR 图
将变量 "x" 选入变量下的空格 (见图 6–3)	以 x 的观测值计算和画图
再点击 "I-MR 选项" 进入 "单值移动极差控制图–选项" 框 (见图 6–4)	列出选项
点击 "估计", 选择 "移动极差平均值"	总极差由 9 个移动极差平均而得, 由总极差计算标准差
保持 "移动极差长度" 空格中所填 2	以相邻两次观察 "差" 的绝对值为移动极差
点击 "检验" 并选择 "执行所有的特殊原因检验" (见图 6–5)	让 MINITAB 检验所有 "判异准则"

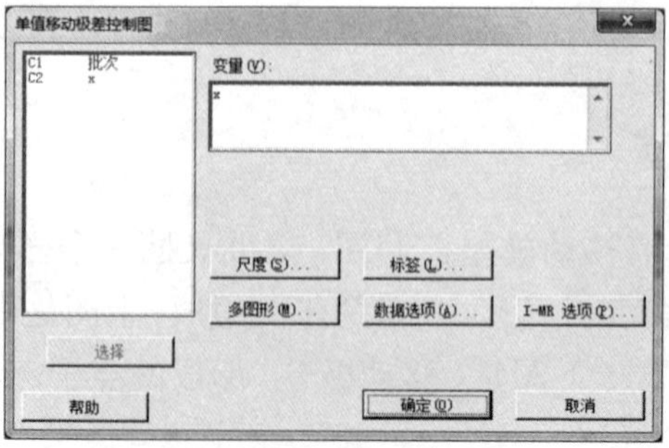

图 6–3　“单值移动极差控制图” 对话框

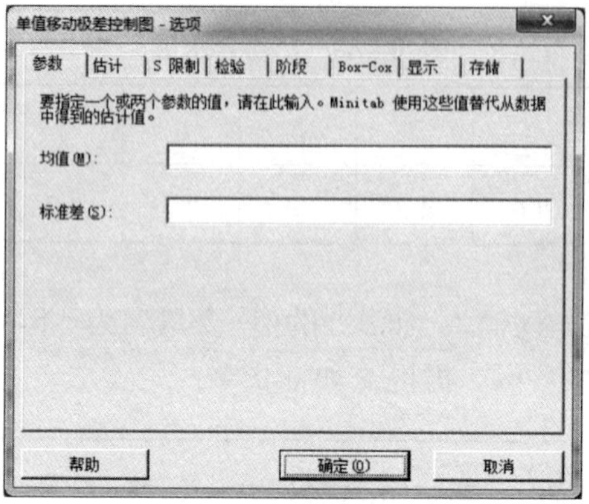

图 6–4　“单值移动极差控制图-选项” 对话框

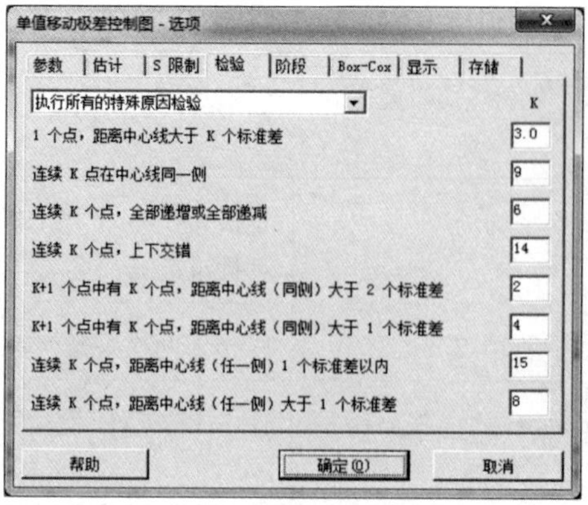

图 6–5　选择检验项目

各框点击 “确定”, 得到 I-MR 控制图 6–6。

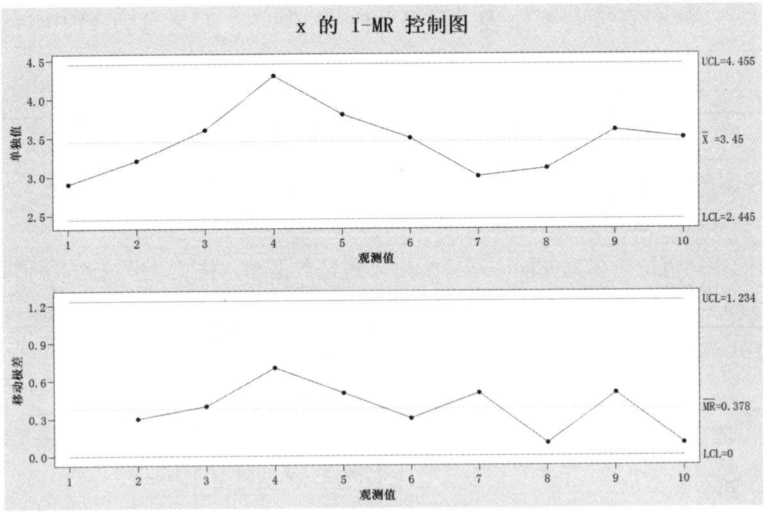

图 6–6 单值移动极差控制图

结果分析: 从控制图的上图看, 所有点全在上下控制线之间; 会话窗口没有任何检验结果显示, 说明没有任何异常出现, 应当判定过程处于稳态。下图也没有异常, 至于两条控制线不关于中心线对称, 那是因为移动极差不能小于 0, 小于 0 的图形部分被略去。

6.2.2 $\overline{\mathrm{X}}$-R 控制图

$\overline{\mathrm{X}}$-R 图由两张图组成: 上图 “样本值” 是由每批观测值的平均值 (样本均值) 作为纵坐标画出的点子链; 下图是由每批观测值 “样本极差”(该样本中相差最多的两个样品值之差, 再取绝对值) 形成的点子链。

例 6.2 为了控制某生产过程, 选定某工艺参数, 每批抽样 5 个, 选定 20 批数据如表 6–4。试画出 $\overline{\mathrm{X}}$-R 控制图。

表 6–4 工艺参数

批次	样品 1	样品 2	样品 3	样品 4	样品 5
1	3.5065	3.5086	3.50090	3.5144	3.5030
2	3.4882	3.5085	3.48840	3.5250	3.5031
...	...	...	...	...	...

解 将表 6–4 值输入工作表 (数据文件: 控制图_工艺参数.MTW)。然后提交下列指令:

指令	功能
从 “统计>控制图>子组的变量控制图 >Xbar-R(B)” 进入 “Xbar-R 控制图” 对话框	让 MINITAB 画 $\overline{X}$-R 控制图
选定 “子组的观测值位于多列的同一行中”, 将样品 1 至样品 5 选入下面的空格 (见图 6–7)	规定数据输入格式: 同一行 5 个值是一个子组, 样品 1 至样品 5 的值是同批抽样值
点击 “Xbar-R 选项” 进入 “Xbar-R 控制图–选项” 对话框	展示选项
点击 “估计”, 选定 Rbar(R)(见图 6–8)	计算各子组极差, 用 20 个极差平均值作为总极差, 从而计算控制限
点击检验, 选定 “执行所有的特殊原因检验”	要求 MINITAB 作全部 8 个 “判异准则” 检验

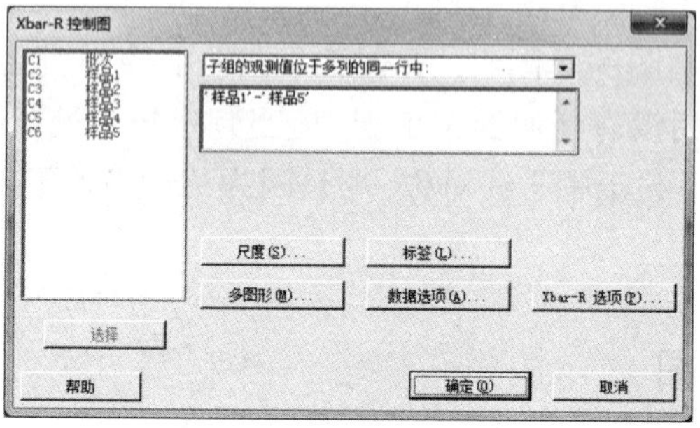

图 6–7 “Xbar-R 控制图” 对话框

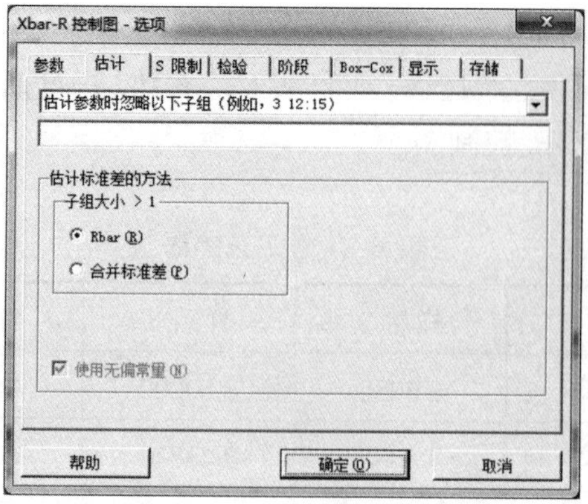

图 6–8 “Xbar-R 控制图–选项” 对话框

各框点击 “确定” 得图 6–9。

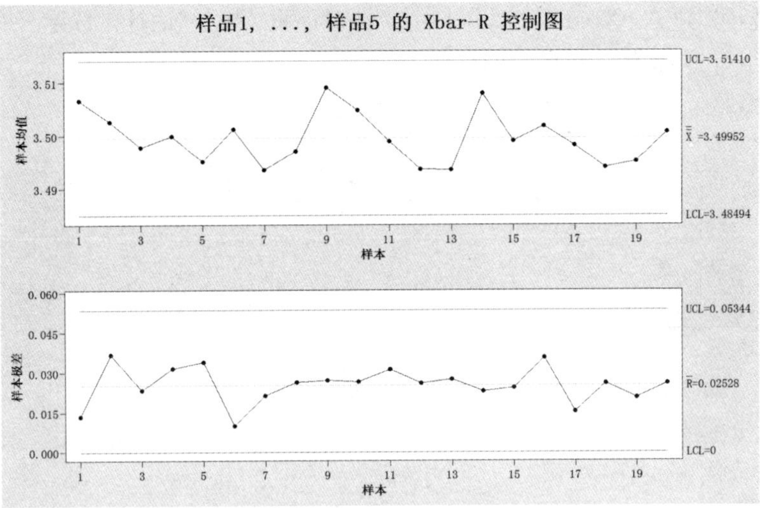

图 6–9 Xbar-R 控制图

结果分析: 从所得图形看, 所有点全在上下控制线之间, 在会话窗口没有显示异常, 判定过程处于稳态。

6.2.3 $\overline{\mathrm{X}}$-S 控制图

$\overline{\mathrm{X}}$-S 控制图由两张图组成: 上图以总均值为中心线, 画出每个子组均值时间序列图及其 3σ 控制线; 下图以所有子组样本标准差平均值为中心线, 画出每个子组样本标准差的点子链和其 3σ 控制线。

例 6.3 今从 25 个批次手表螺栓中抽取螺栓扭矩子组, 每个子组有 5 个样品, 如表 6–5(数据文件: 控制图_手表零件.MTW)。画 $\overline{\mathrm{X}}$-S 控制图。

表 6–5 手表螺栓扭矩

序号	样品 1	样品 2	样品 3	样品 4	样品 5
10	154	174	164	166	162
11	166	170	162	166	164
…	…	…	…	…	…

解 首先打开数据集 "控制图_手表零件.MTW", 再提交下列指令: 从 "统计 > 控制图 > 子组的变量控制图 >Xbar-S(A)" 进入 "Xbar-S 控制图" 对话框; 选定 "子组的观测值位于多列的同一行中", 将 "样品 1" 至 "样品 5" 选入它下面的空格; 点击

“Xbar-S 选项”, 进入 “Xbar-S 控制图–选项” 对话框; 点击 “估计”, 选定 “Sbar(S)” (功能是由各组样本标准差的平均值作为总标准差); 点击 “检验” 并选择 “执行所有的特殊原因检验”; 各框点击 “确定” 得到图 6–10。

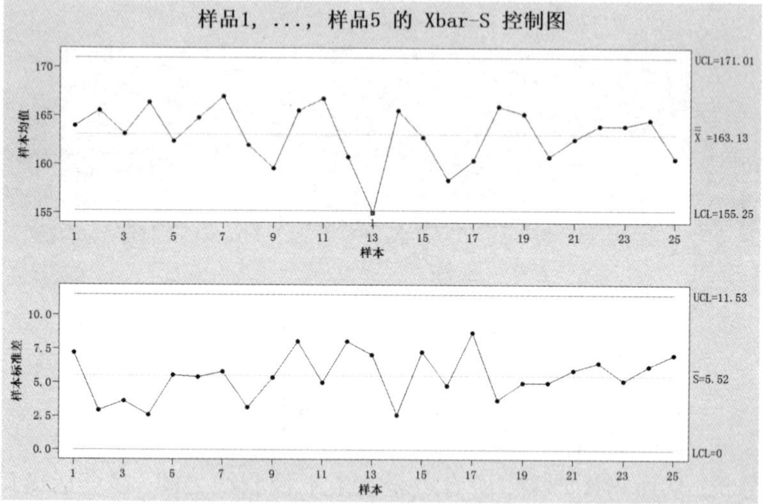

图 6–10　Xbar-S 控制图

会话窗口显示:

样品 1, ···, 样品 5 的 Xbar 控制图检验结果 检验 1。1 个点, 距离中心线超过 3.00 个标准差。 检验出下列点不合格: 13 * 警告 * 如果使用新数据更新图形, 以上结果可能不再正确。

结果分析: 从图 6–10 和会话窗口可见, 第 13 批样本均值太小, 小于下控制限, 因而看起来生产过程不处于统计控制状态。但是调查分析第 13 批均值小的原因是该班工人夹具未拧紧, 第 13 批之前和之后所有工人都注意拧紧夹具, 第 13 批出现异常是突发性原因造成。而这突发性原因以后未出现, 因此可以简单将这批 5 个观测值删除, 用剩下 24 批数据重新画控制图, 这时没有异常出现, 认为过程是稳态。

6.3 计数控制图

当要控制的特性指标是计数数据时, 要画计数控制图。本节计数控制图只介绍 P 控制图、NP 控制图、C 控制图和 U 控制图, 它们都只有一张图, 而且它们的判异准则只有 4 条如下:

1) 1 个点落在 A 区外 (均值太大或太小, 超出控制限, 肉眼容易看出);

2) 连续 9 点落在中心线同一侧 (均值可能偏大或偏小);

3) 连续 6 点递增或递减 (可能工具逐渐磨损、维修变坏);

4) 连续 14 点上下交替摆动 (可能分层不妥, 例如熟练程度不同的工人, 产品测量数据混在一起)。

P 控制图、NP 控制图用于计数数据分析, 假设单批次品数服从二项分布。C 和 U 控制图用于计点数据缺陷数, 且假设单批缺陷数服从 Poisson 分布。当抽样背景尺度相同时 (例如统计数据是同样长度同样宽度布匹上的疵点数, 同样重量铸件上的疵点数), 使用 C 控制图。当抽样背景尺度不固定时 (例如统计数据是不同长度布匹上的疵点数, 不同种铸件上的疵点数), 使用 U 控制图。再如, 如果要统计电视屏幕表面的瑕疵数, C 控制图适用于同样尺寸屏幕表面的瑕疵数, 而 U 控制图则可用于不同尺寸屏幕表面的瑕疵数。

6.3.1 P 控制图

P 控制图简称 P 图, 图中点子链显示每个子组中缺陷品的比率, 中心线高度是缺陷品的总比率 (所发现全部次品数除以全部抽样数)。每个子组上控制线与中心线距离是该子组算出标准差的 3 倍 (因为每个子组的抽样量不一样, 一般上控制线是折线)。下控制限应当是中心线减去 3 个标准差, 当差是负值时, 下控制限改为 0。

例 6.4 某公司生产晶体管, 每天随机抽取若干只, 每天的批号为 t, 每天随机抽取数为 "抽样量", 检验出的不合格品数为 "次品数", 数据见表 6–6。试画出 P 图并分析。

表 6–6 晶体管抽样结果

t	抽样量	次品数
1	158	11
2	140	11
···	···	···

解 把这 3 个变量值数据输入工作表 C1、C2、C3 列, 变量名分别是 "t" "抽样量" "次品数" (数据文件: 控制图_晶体管.MTW)。然后提交下列指令: 通过 "统

计 > 控制图 > 属性控制图 >P", 进入 "P 控制图" 对话框; 在 "变量" 空格中选入变量 "次品数"; 将 "抽样量" 选入 "子组大小 (U)" 空格, 见图 6–11; 点击 "P 控制图选项", 进入 "P 控制图–选项" 对话框, 在框中点击 "检验" 并选择 "执行所有的特殊原因检验"; 各框点击确定, 得图 6–12。

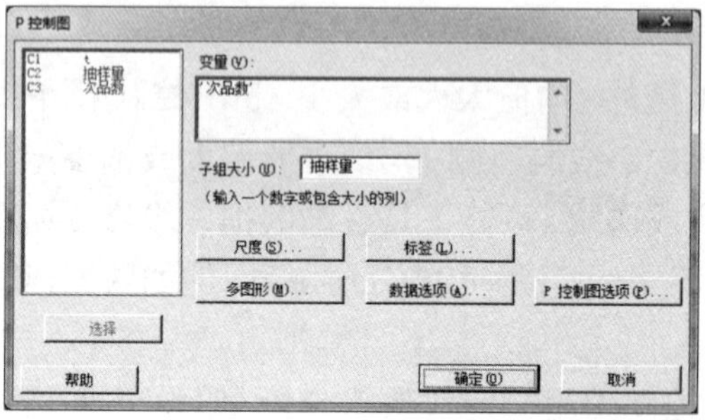

图 6–11 "P 控制图" 对话框

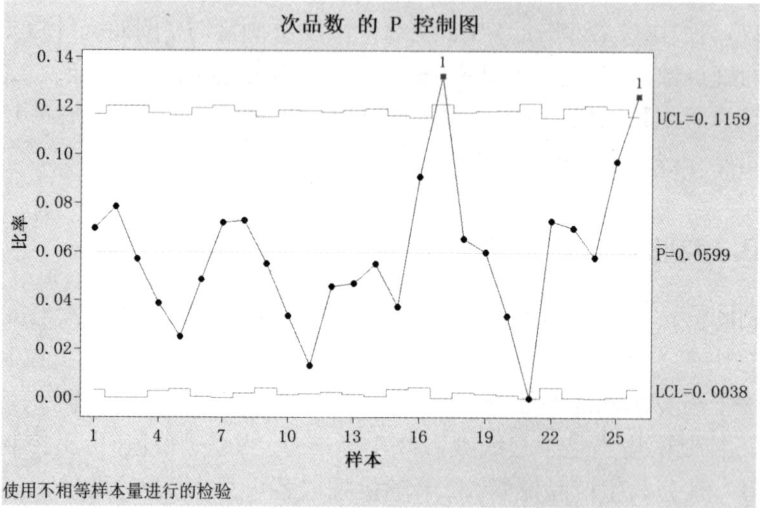

图 6–12 P 图

在会话窗口得到:

```
次品数的 P 控制图检验结果

检验 1。1 个点, 距离中心线超过 3.00 个标准差。
检验出下列点不合格: 17, 26

* 警告 * 如果使用新数据更新图形, 以上结果可能不再正确。
```

结果分析: 从图形可见第 17 和 26 批次次品率太高超出界外, 从会话窗口内容可见, 第 17 和 26 批次出现异常, 符合 "P 控制图–选项" 对话框 "检验" 第 1 项, 距离中心线超过 3.00 个标准差, 即次品率太高超出界外 (第 21 批达到下控制限, 但是次品率越低越好, 不算异常)。应当立即检查这两个批次品率高的原因。如果发现这两处异常发生的原因是像例 6.3 那样的偶然原因, 已被改正, 就删去这批数据重画 P 图; 如果产生这两处异常的原因不可以去除, 就应当从 5M1E 各个方面查明原因, 及时调整。

6.3.2 NP 控制图

NP 控制图简称 NP 图, 点子链显示每个子组中缺陷品的件数, 中心线高度是该批的样本个数 n_i 与总次品率之积, 因而是折线, 上下控制线与中心线距离是子组次品数标准差的 3 倍, 当算出的下控制限是负值时, 下控制限改为 0。NP 图有时比 P 图准确。

例 6.5 同上例数据, 要求画 NP 控制图。

解 把这 3 个变量值数据输入工作表 C1、C2、C3 列。然后提交下列指令: 通过指令 "统计 > 控制图 > 属性控制图 >NP", 进入 "NP 控制图" 框; 在 "变量" 空格中选入变量 "次品数"; 将 "抽样量" 选入 "子组大小 (U)" 空格; 点击 "NP 控制图选项" 进入 "NP 控制图–选项" 对话框, 在框中点击 "检验" 并选择 "执行所有的特殊原因检验"; 各框点击确定, 得图 6–13。

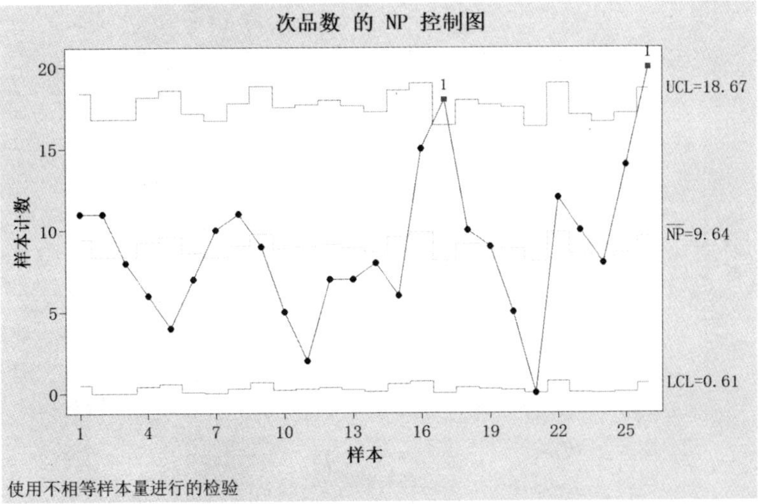

图 6–13 NP 图

在会话窗口得到:

次品数的 NP 控制图检验结果

检验 1。1 个点, 距离中心线超过 3.00 个标准差。
检验出下列点不合格: 17, 26

* 警告 * 如果使用新数据更新图形, 以上结果可能不再正确。

结果分析: 和例 6.4 相同, 从图形上和会话窗口内容可见第 17 和 26 批次次品数太多, 超出界外, 从而过程不处于统计控制状态。应当立即检查这两个批次品率高的原因。

6.3.3 C 控制图

C 控制图简称 C 图, 适用于总体服从 Poisson 分布, 而统计疵点数背景尺度相同的情形, 图中用每个批次的缺陷数画点子链。中心线是缺陷数的总平均 (所发现全部缺陷数平均值)。上控制线与中心线距离是总标准差的 3 倍 (上控制线是直线)。下控制限是中心线高度减去 3 个标准差, 当差是负值时, 下控制限改为 0。

例 6.6 某厂从每天生产的录像带中抽查 1 卷 (长度都是 350 m), 20 天检测的 20 卷录像带中不合格疵点数如表 3–5 (数据文件: 控制图_录像带.MTW), 由于不合格疵点数服从 Poisson 分布, 试画 C 图并进行分析。

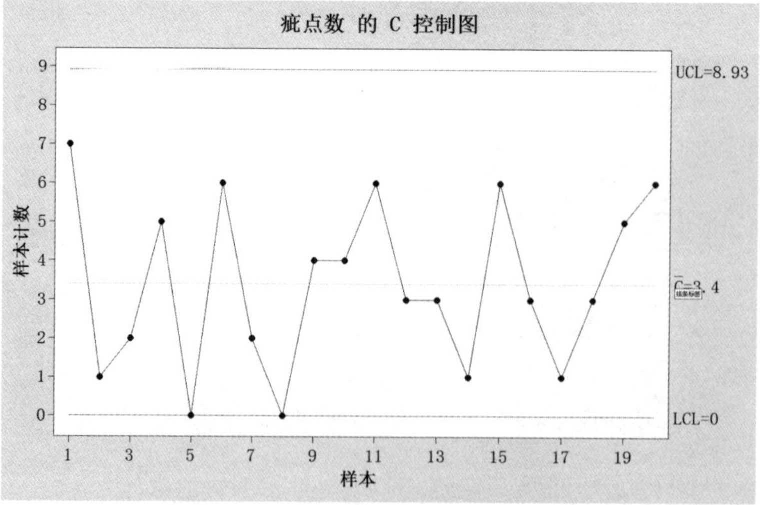

图 6–14 C 图

解 每天生产的录像带长度相同，因而应当画 C 图。先将“盘号”和“疵点数”的值输入 C1 和 C2 列，命名为“盘号”和“疵点数”(数据文件: 控制图_录像带.MTW)。然后提交指令: 通过指令“统计 > 控制图 > 属性控制图 >C(C)”，进入“C 控制图”对话框; “变量”空格中选入“疵点数”; 点击“C 控制图选项”进入“C 控制图–选项”对话框，在框中点击“检验”，并选择“执行所有的特殊原因检验”; 各框点击“确定”得图 6–14，会话窗口上不显示异常，说明过程是稳定的。

例 6.6 中如果按照“上下控制线关于中心线对称”这一规则画图，那么得出的下控制限应当是负的，而“疵点数”的值不会是负的，而且该值越小越好，因此下控制限取为 0，所以上下控制线不对称。有些点达到下控制线 (疵点为 0)，这批的生产情况也是正常的，于是考察异常点时只需考虑是否超出上控制线的点。

6.3.4 U 控制图

U 控制图简称 U 图，其原始数据有两部分: 所检查到的缺陷数，被检查的背景尺度。不同批次被检查的背景尺度不同，这时 C 图不适用。U 控制图绘制每个子组中“每背景尺度单位”的缺陷数 (每批缺陷数/每批背景尺度) 形成的点子链，例如生产幅宽相同的布匹，抽查长度不同的布匹，统计每段布的疵点数，那么 U 图中用疵点数与布匹长度的比来画点子链。如果统计不同尺寸电视屏幕中的疵点数，那么应当以屏幕面积为背景尺度，以疵点数和屏幕面积之比来画点子链。如果检查程序员编程时的错误数，应当统计错误数和程序行数，以两者之比画点子链。

U 控制图中心线高度是全部缺陷数与全部背景尺度总和之比，因而是直线。上下控制线与中心线距离是子组缺陷数与背景尺度数比值标准差的 3 倍，当算出的下控制限是负值时，下控制限改为 0; 因而上下控制线都是折线。

例 6.7 连续 20 天检测 42 英寸电视机屏幕疵点数，其中每天疵点总数和检查的屏幕数如表 6–7，试画出 U 图并分析。

表 6–7 电视机屏幕疵点数

批次	疵点总数	被检查屏幕数
1	3	10
2	8	10
···	···	···

解 因为所检查每个电视屏幕面积一样，被检查屏幕数与被检查面积成正比，以被检查屏幕数为背景尺度。将数据输入工作表，变量命名为“批次”“疵点总数”

“被检查屏幕数” (数据文件: 控制图_电视屏.MTW)。然后提交指令: 由指令“统计 > 控制图 > 属性控制图 >U”, 进入 “U 控制图” 对话框; 将 “疵点总数” 选入 “变量 (V)” 空格; 将 “被检查屏幕数” 选入子组大小 (U) 空格; 点击 “U 控制图选项” 进入 “U 控制图–选项” 对话框, 在所得对话框的图中点击 “检验”, 选择 “执行所有的特殊原因检验”。各框点击确定, 得图 6–15。

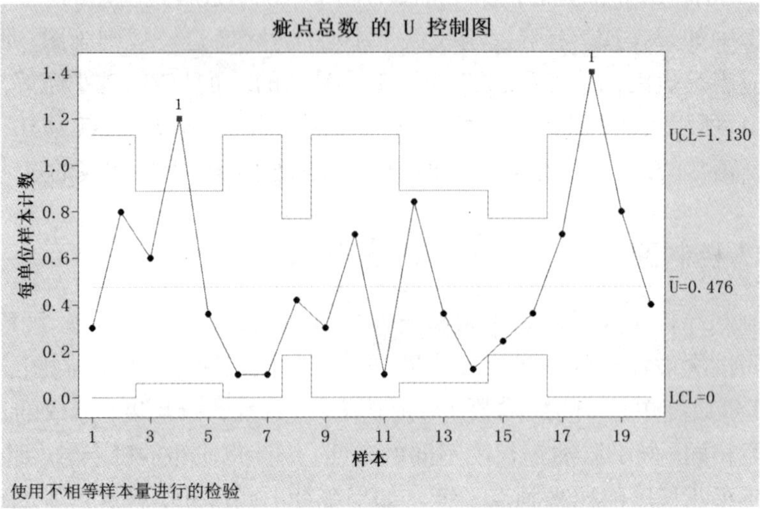

图 6–15 U 图

在会话窗口得到:

疵点总数的 U 控制图检验结果
检验 1。1 个点, 距离中心线超过 3.00 个标准差。
检验出下列点不合格: 4, 18
* 警告 * 如果使用新数据更新图形, 以上结果可能不再正确。

结果分析: 由会话窗口和图 6–15 可见, 第 4 批和第 18 批疵点数超过上控制限, 生产不处于统计控制状态, 应当检查原因。

6.4 过程能力指数

过程能力指数用于评价一个过程的质量水平满足使用方要求 (顾客要求) 的能力。有关过程能力指数的详细分析见 [12, 22, 24]。这里所指的过程是操作者、机器、原材料、工艺方法、管理和生产环境六个基本因素综合作用的过程, 也就是产品质量的生产过程。六西格玛管理对质量的要求较高, 一般管理 (传统管理) 要求较低, 这些差异可以通过对过程能力指数的要求而体现。

过程能力指数分为短期过程能力指数和长期过程能力指数。长期过程能力指数又称为过程性能指数或绩效指数。短期过程能力指数仅在稳态下才考虑, 而长期过程能力指数对于有异常波动的过程仍然具有意义。MINITAB 称长期过程能力为 "整体" 能力, 短期过程能力为 "组内" 能力。

本节介绍用 MINITAB 分别计算过程能力指数的方法: 6.4.1 和 6.4.3 介绍服从正态分布的过程能力指数计算; 6.4.2 介绍不服从正态分布的计量过程的过程能力指数计算; 6.4.4 介绍计数过程的过程能力指数计算。

可以从 "统计 > 质量工具 > 能力分析 > ···" 进入能力分析对话框, 从而计算过程能力指数 (短期和长期)。

6.4.1 质量指标服从正态分布的过程能力指数

USL, LSL 分别为规格上下限 (上下规格限或上下公差), 表示用户 (使用方) 的需要。记 $T = \text{USL} - \text{LSL}$ 为技术公差幅度 (容限), m 是质量指标最理想的值, 一般 m=(USL+LSL)/2。设产品质量指标服从 $N(\mu, \sigma^2)$, 计量产品主要过程能力指数公式如表 6–8。

表 6–8 过程能力指数

计算公式	名称
$C_p = \dfrac{T}{6\sigma}$	过程能力指数 (无漂移)
$C_{pL} = \dfrac{\mu - \text{LCL}}{3\sigma}$	单侧下限过程能力指数
$C_{pU} = \dfrac{\text{UCL} - \mu}{3\sigma}$	单侧上限过程能力指数
$C_{pk} = \min(C_{pL}, C_{pU})$	实际过程能力指数 (考虑均值漂移的影响)
C_{pk} 的另一表达式是 $C_{pk} = (1-k)C_p$	其中 $k = 2\|\mu - m\|/T$, k 是 μ 对于公差中心相对偏移的估计值

实际使用的是上述过程能力指数的估计值, 但是 MINITAB 和本书在符号上不显示所计算的是估计值。实际计算时用全部样品总均值 $\overline{X}$ 估计 μ, 使用 $\widehat{\sigma}_R = \overline{R}/d_2$ 或 $\widehat{\sigma}_s = s$ 估计 σ, $\overline{R}$ 是各批样本极差的平均值, s 是各批样本标准差平均值。MINITAB 能求出过程能力指数的估计值, 甚至 95% 置信区间 (要求置信区间, 可以进入 "能力分析 (正态分布)–选项" 和 "能力分析 (正态分布)–存储" 对话框)。注意 "能力分析 (正态分布)–选项" 对话框中 "K=" 空格中应当保持 "6" 不变。当实际问题中缺少上下限之一时, C_p 及相应单侧过程能力指数 (性能指数) 无法计算。

当过程存在波动, 需要考虑过程性能指数时, 对于表 6–8 中公式用全部 N 件样品总均值 $\overline{X}$ 估计 μ, 用全部 N 件样品的标准差 $\sigma_{LT} = \sum\sum(x_{ij} - \overline{x})^2/(N-1)$ 估计 σ, 分别得到如下估计值公式。

计算公式	名称
$P_p = \dfrac{T}{6\widehat{\sigma}_{LT}}$	潜在过程性能指数 (本行及以下的 3 个指数属于长期过程能力指数或性能指数)
$P_{pL} = \dfrac{\overline{X} - \mathrm{LCL}}{3\widehat{\sigma}_{LT}}$	单侧下限过程性能指数
$P_{pU} = \dfrac{\mathrm{UCL} - \overline{X}}{3\widehat{\sigma}_{LT}}$	单侧上限过程性能指数
$P_{pk} = \min(P_{pL}, P_{pU})$	实际过程性能指数 (考虑均值漂移的影响)

用过程能力指数进行分析的方法如下:

C_p 是最重要的过程能力指数。通过 C_p 对过程进行评价可参考以下规则 (当过程中心与 m 一致时):

1) 若 $C_p \geqslant 1.67$, 则对于传统管理过程能力, 表示过程能力过高, 经济上不一定合适。对于高标准, 特别是六西格玛管理, 过程管理能力有可能还不够, $C_p \geqslant 2$ 才是满意的标准。

2) 若 $1.67 > C_p \geqslant 1.33$, 则对于传统管理, 过程能力充足, 应当继续维持。对于高标准, 特别是六西格玛管理, 过程控制能力不足, 需要立即改进。

3) 若 $1.33 > C_p \geqslant 1$, 则对于传统管理, 过程能力也较差, 表示技术控制能力勉强, 应当设法提高。

4) 若 $1 > C_p \geqslant 0.67$, 即便对于传统管理, 过程能力也嫌不足, 表示技术管理能力已经很差, 应当采取措施立即改善。

5) 若 $0.67 > C_p$, 即便对于传统管理, 过程能力也严重不足, 表示应当采取紧急措施和全面检查, 必要时可以停工整顿。

因为一般得到的 C_p 是估计值, 以上分析是在没有均值漂移下做出的, 过程中

心不可能完全与 m 一致, 所以以上 C_p 的分析不可能完全有效, 没有哪个单独过程能力指数可以万能地用于所有过程, 也没有一个过程可以通过一个单独指数被完整地描述, 所以要通过综合使用过程能力指数进行分析。

1) 若 C_p 与 C_{pk} 接近, 这说明过程中心 $\overline{X}$ 已经接近规范中心 m。若 C_p 与 C_{pk} 相差较大, 这说明过程中心 $\overline{X}$ 已经远离规范中心 m, 需要努力使 $\overline{X}$ 立即接近规范中心 m。例如 $C_p = 1.8$, $C_{pk} = 1.2$, 这说明 C_p 与 C_{pk} 相差很大, 需要将生产过程的实际质量中心调整至公差中心处。

2) 若 C_p 与 C_{pk} 都较小, 说明过程波动大, 这时需要减少过程标准差。例如, $C_p = 0.9$, $C_{pk} = 0.85$, 则说明过程的实际中心离公差中心不远, 问题的关键是降低标准差。

3) 若 C_p 与 P_p 接近, 这说明子组间波动较小, 无异常波动出现。

4) 若 C_p 与 P_p 差异较大, 这说明子组间波动较大, 有异常波动出现。

若 C_p, C_{pk}, P_p, P_{pk} 都很接近, 且都较大, 说明过程已经处于受控状态, 且过程有能力生产接近零缺陷的产品。

5) 从高标准的六西格玛管理角度看, C_{pk}, C_p 都大于 2 (公差超过 12 倍 σ) 的过程才是理想的过程。但是要求过程能力过高, 对 5M1E 的要求也很高, 需分析从经济上考虑是否合适。

为了强调质量指标偏离目标值造成的质量损失, 显示优质产品所占比例, 还可以把目标值 m 引入过程能力指数, 建立另外的过程能力指数 C_{pm}, C_{pmk}。令 $\sigma_m^2 = \widehat{\sigma}^2 + (\overline{X} - m)^2$, 则

$$C_{pm} = \frac{T}{6\sigma_m}, \quad C_{pmk} = \frac{C_{pk}}{\sqrt{1 + \left(\dfrac{\overline{X} - m}{\sigma_m}\right)^2}}。$$

下例就是用 MINITAB 计算过程能力指数的例子。

例 6.8 设某产品的关键尺寸服从正态分布, 质量要求是 6.000 ± 0.020 (单位: mm)。为了分析加工过程的过程能力, 从连续 24 批产品中各抽 3 件, 测得尺寸如表 6–9。如果目标值是 6.000, 计算过程能力指数。

表 6–9 某产品关键尺寸数据

批次	样品 1	样品 2	样品 3
1	6.028	6.003	6.020
2	6.014	5.994	6.008
···	···	···	···

解　首先将表 6–9 数据输入工作表 C1~C4 列, 变量名取为批次、样品 1、样品 2、样品 3 (数据文件: 控制图_关键尺寸.MTW), 然后提交下列指令:

指令	功能
从 “统计 > 质量工具 > 能力分析 > 正态” 进入 “能力分析 (正态分布)” 对话框	让 MINITAB 计算正态分布过程能力指数
指定 “子组跨数列”, 空格中选入 “样品 1—样品 3”	每批样品观测值排列在样品 1、样品 2、样品 3 这 3 列
在 “规格下限” 中输入 “5.98”, 在 “规格上限” 中输入 “6.02”(如图 6–16)	指定上下规格限
点击 “选项” 进入 “能力分析 (正态分布)–选项” 对话框, 在 “目标” 后空格中输入 6.00, 其他保持不变 (见图 6–17)	指定目标值是 6.00

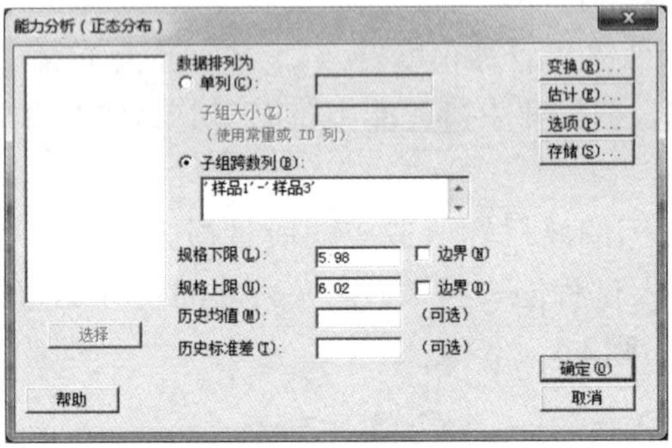

图 6–16　能力分析 (正态分布) 对话框

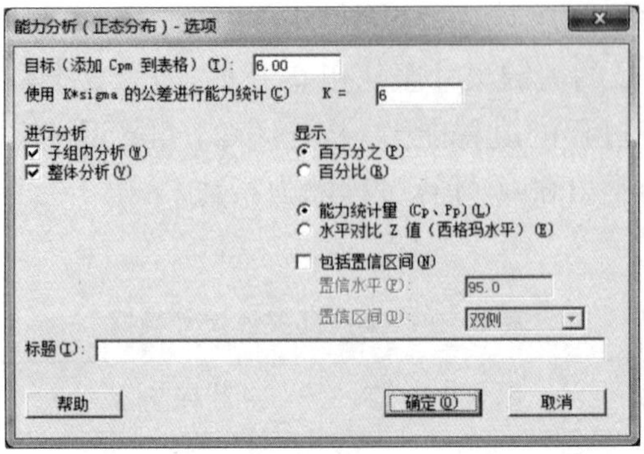

图 6–17　能力分析 (正态分布)–选项对话框

各框点击 “确定”, 得到图 6–18。如果想得到过程能力的置信区间, 还要在 “能力分析 (正态分布)–选项” 对话框中勾选 “包括置信区间”; 并在 “置信水平” 空格中保持 95%, 在“置信区间”空格中保持双侧; 还要进入“能力分析 (正态分布)–存储”对话框中操作。

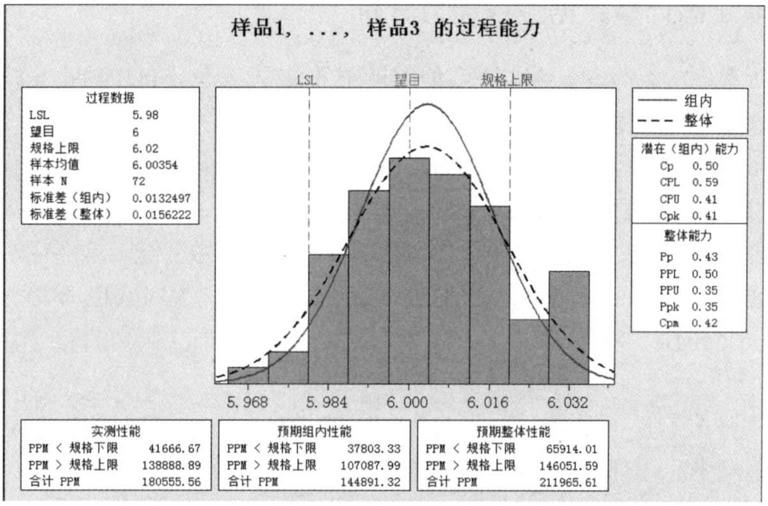

图 6–18 能力分析 (正态分布) 结果

结果分析: 图 6–18 中“组内”后的数据就是“短期过程能力”计算的结果,“整体”后的数据即“长期过程能力”计算的结果, 从图中左上角小方块“过程数据”表可见, 估计短期过程能力指数所用的标准差是 0.0132497, 长期过程能力指数所用的标准差是 0.0156222; 右上角小方块可见短期过程能力指数, $C_p = 0.50$, $C_{pL} = 0.59$, $C_{pU} = 0.41$, $C_{pk} = 0.41$; 长期过程能力指数 $P_p = 0.43$, $P_{pL} = 0.50$, $P_{pU} = 0.35$, $P_{pk} = 0.35$, $C_{pm} = 0.42$。由于这些能力指数都远小于 1, 说明过程的波动太大, 远远达不到要求, 即使是按传统的质量标准 (三西格玛) 也不合格, 更谈不到高标准的六西格玛标准; 计算出的 C_p 和 C_{pk} 差异较大, P_p 和 P_{pk} 差异较大, 说明特性指标均值 μ 偏离中心较远; 因而既要大幅度减少波动, 又要大幅度纠正均值偏离。图中最下面 3 个框中 PPM 意指百万分之一。左下框说明实际测量数据中低于下规格限的产品占百万分之 41666.67, 高于上规格限的产品占百万分之 138888.89, 实测产品中次品共占百万分之 180555.56; 中下框说明按照短期过程能力指数, 预测低于下规格限的产品占百万分之 37803.33, 高于上规格限的产品占百万分之 107087.99, 从而预测次品率为 14.5%; 右下框说明按长期过程能力分析, 预测低于下规格限的产品占百万分之 65914.01; 预测高于上规格限的产品占百万分之 146051.59, 预测次品率为 21.2%。图正中拟合曲线与直方图重合较好, 说明产品关键尺寸是服从正态分布的。

右上图所给数据既包括短期过程能力指数, 也包括长期过程能力指数, 应当采用哪一个? 因为通过控制图可以看出过程是稳定的 (读者可以自做), 所以两者都有效。如果控制图显示过程是不稳定的, 则只有长期过程能力分析有效。

6.4.2 非正态计量数据过程能力分析

有时所考虑的指标是定量指标, 但是明显不服从正态分布, 从而 "过程能力 (正态分布)" 对话框不能使用, 这时可以从 "统计 > 质量工具 > 能力分析 > 非正态" 进入 "能力分析 (非正态分布)" 对话框, 从而计算过程能力指数。这时仅能计算长期过程能力 P_p, P_{pL}, P_{pU} 和 P_{pk}。

如果能够判断总体服从下列 13 种分布之一: 对数正态、3 参数对数正态、Gamma、3 参数 Gamma、指数、2 参数指数、最小极值、Weibull、3 参数 Weibull、最大极值、Logistic、对数 Logistic 和 3 参数对数 Logistic, 则可直接选用相应分布来分析。

当总体分布不是正态分布, 也不是上列 13 种之一时, 可以采用 Box-Cox 变换和 Johnson 变换, 使分布化为正态分布形式再计算, 见文献 [12]。

例 6.9 为了检查某种球轴承的质量, 让它快速旋转, 测得 23 套球轴承失效旋转次数 (单位: 百万次) 数据如下 (数据文件: 控制图_轴承转数.MTW):

17.88, 28.92, 33, 41.52, 42.12, 45.6, 48.4, 51.84, 51.96,
54.12, 55.56, 67.8, 68.64, 68.64, 68.88, 84.12, 93.12, 98.64,
105.12, 105.84, 127.92, 128.04, 173.4。

假设轴承失效旋转次数服从对数正态分布, 而且规定球轴承失效旋转次数不得低于 20 万次, 做过程能力分析。

解 首先打开工作表 "控制图_轴承转数.MTW", 23 个数排成 1 列, 已被命名为 "转数"。然后提交下列指令: 从 "统计 > 质量工具 > 能力分析 > 非正态" 进入 "能力分析 (非正态分布)" 对话框; 在 "数据排列为" 下选择 "单列", 然后在空格中选入 "转数"; 在 "拟合分布" 下拉列表中选择 "对数正态"; 在规格下限空格输入 20, 见图 6–19。点击确定, 得到图 6–20。

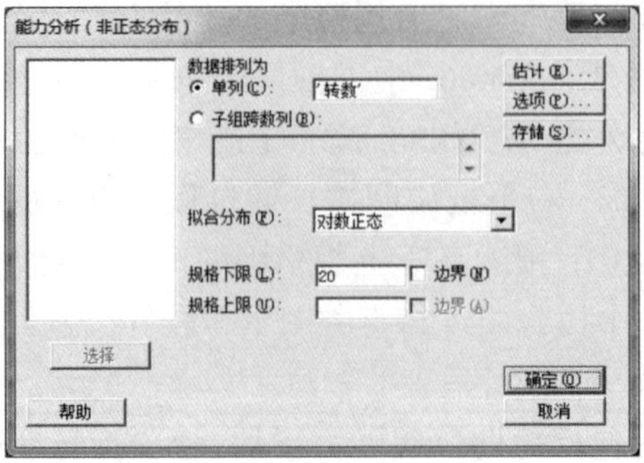

图 6–19 能力分析 (非正态分布) 对话框

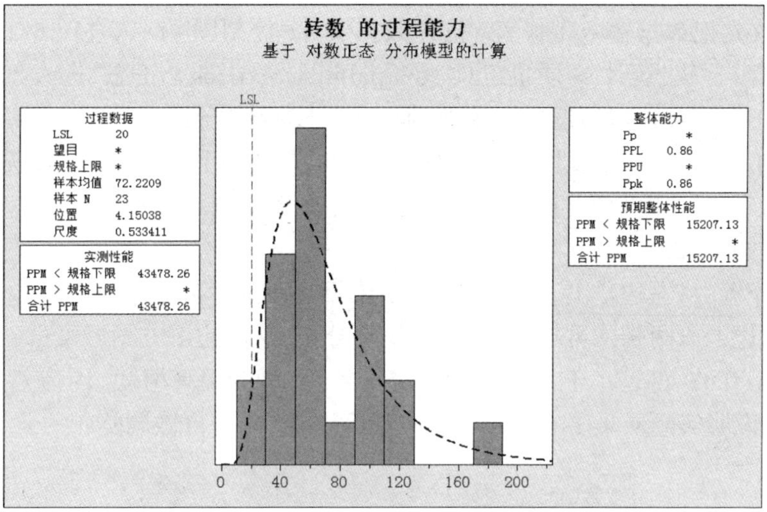

图 6–20　对数正态分布过程能力分析图

结果分析: (1) 先看直方图, 因为样本量 23 较小不能严谨做出是否符合对数正态模型的结论, 从图形上看没有证据表明假定对数正态模型与观测数据之间存在严重偏离。(2) 从右上角可见 P_{pk} 和 P_{pL} 均为 0.86, 低于 1.33。因此, 过程能力不足 (因为没有上规格限只能计算这两项)。(3) 从右侧方框可见预期的 "PPM< 规格下限" 为 15207.13, 表明预期每百万个轴承中有 15207.13 个 "寿命" 达不到 20 这一规格下限 (即次品率为 1.5%), 单从次品率来看, 质量还可以。

6.4.3 六合一

进行过程能力分析时应当判定过程是否稳定, 如果过程不稳定则短期过程能力不能使用。"六合一" 则能同时完成画控制图和计算过程能力两项工作。下例介绍做正态数据六合一的指令, 非正态六合一同样实施。

例 6.10 在钢珠生产过程中, 25 批钢珠直径抽样数据如表 6–10 (数据文件: 控制图_钢珠直径.MTW), 假定钢珠直径服从正态分布, 顾客允许的规格限为 [10.90, 11.00], 画出六合一。

表 6–10　钢珠直径

批次	直径 1	直径 2	直径 3	直径 4	直径 5
1	10.95	10.90	10.95	10.96	10.98
2	10.91	10.97	10.95	10.98	10.94
…	…	…	…	…	…

解 首先把数据输入工作表 (打开数据文件: 控制图_钢珠直径.MTW), 然后提交下列指令: 从 “统计 > 质量工具 >Capability Sixpack> 正态” 进入 “Capability Sixpack (正态分布)” 对话框; 在 “数据排列为” 下选择 “子组跨数列”, 然后在空格中选入直径 1— 直径 5; 在规格下限中输入 10.90, 在规格上限中输入 11, 见图 6–21。点击 “检验” 进入 “检验” 对话框, 选定 “进行所有 8 项检验”, 见图 6–22。各框点击确定, 得到图 6–23。

结果分析: 从左边最上方两张图 (以及对话区不显示异常信息) 可见, 过程处于稳态; 从右边上方两张图可见, 数据服从正态分布; 从右边下方图形可见 C_p, C_{pk}, P_p 和 P_{pk} 都是 0.67, 都远小于 1, 说明过程能力不足, 需要提高精度。因为 $C_p = C_{pk} = P_p = P_{pk}$, 说明实际质量中心与公差中心高度吻合, 无需再做调整。

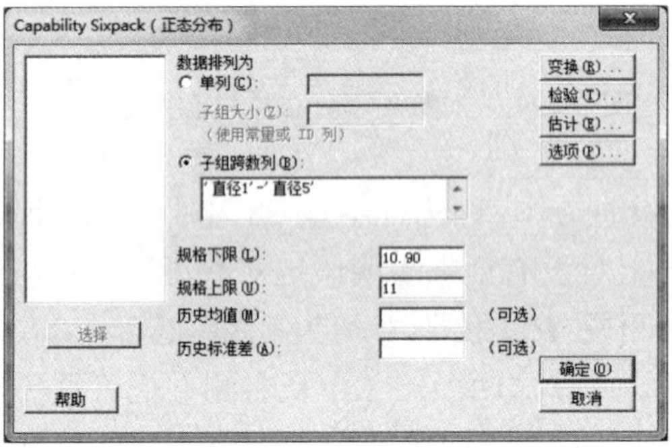

图 6–21　六合一对话框

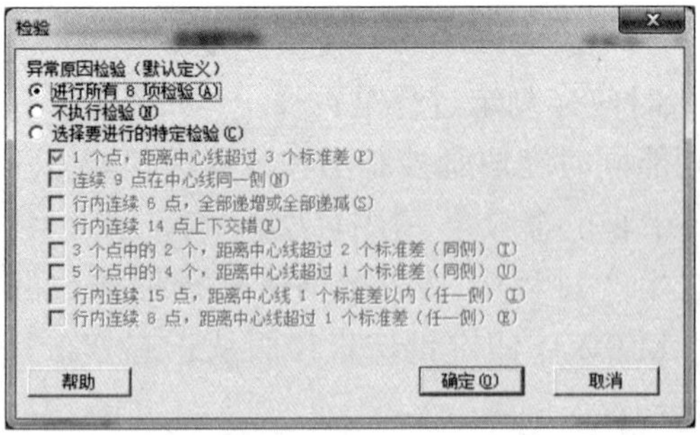

图 6–22　六合一的检验对话框

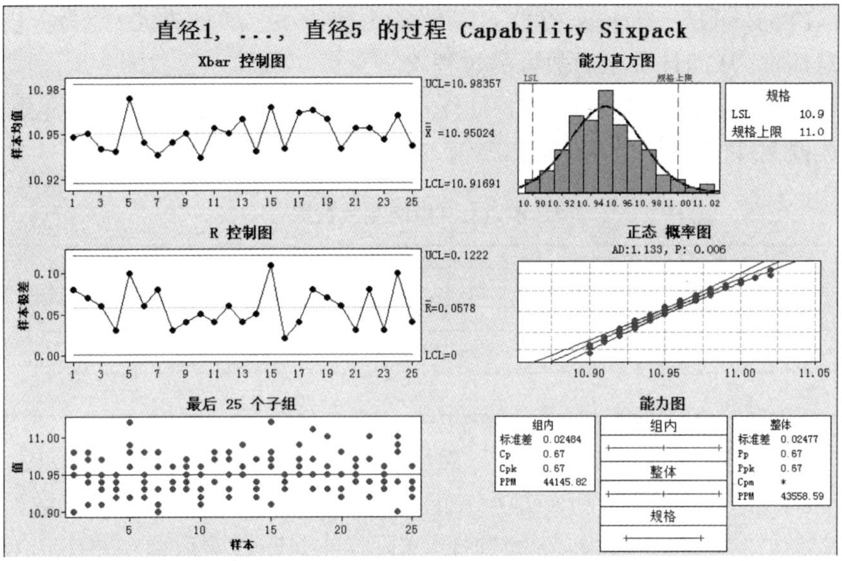

图 6-23　六合一图形

6.4.4 计数过程能力分析

对于输出特性为计数数据的过程, 不能像计量数据那样进行过程能力分析。计数过程缺陷数可能服从 Poisson 或二项分布, 本节仅介绍统计数据为次品数 (服从二项分布) 的过程能力分析。

西格玛水平是计数产品的重要能力指数: 西格玛水平越大, 过程越优异。一般根据西格玛水平产生的评价如下:

西格玛水平	DPMO	过程控制水平
6	3.4	卓越
5	230	优秀
4	6210	较好
3	66800	一般
2	308500	很差
1	691500	极差

文献 [12] 记载了正品率、DPMO(每百万次测试的缺陷数) 与西格玛水平的对应表。MINITAB 对于缺陷数服从二项分布的过程, 提供的过程能力指标主要是次品率、DPMO 和 “过程 Z”。“过程 Z”$= -\Phi^{-1}(p)$, 其中 p 是次品率, Φ^{-1} 是逆标准正态分布函数。过程 Z 加上 1.5 就是文献 [12] 中的西格玛水平。过程 Z$=1.5$ 即西格玛水平 $=3$; 过程 Z$=4.5$ 即西格玛水平 $=6$。

MINITAB 可从 "统计 > 质量工具 > 能力分析 > 二项" 进入 "能力分析 (二项分布)" 对话框, 从而计算二项数据的过程 Z。

例 6.11 某厂 1 月 1 日—1 月 15 日生产电阻抽样数和其中不合格数如表 6–11 (数据文件: 控制图_电阻.MTW), 试做过程能力分析。

表 6–11 电阻测试数据

批次	实验数	次品数
1	3000	11
2	3000	9
...	...	...

解 首先将表 6–11 输入工作表, 然后提交指令: 从 "统计 > 质量工具 > 能力分析 > 二项" 进入 "能力分析 (二项分布)" 对话框, 在该对话框中 "缺陷数" 空格中选入 "次品数", 在 "样本数量" 下面选择 "实际样本量", 在它后面空格中选入 "实验数", 如图 6–24, 点击 "检验" 进入 "检验" 对话框, 选定 "进行所有 4 项检验", 如图 6–25。各框点击 "确定" 得图 6–26。

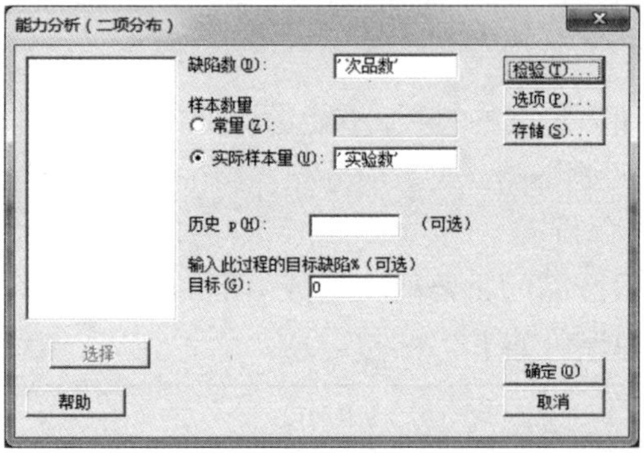

图 6–24 二项分布过程能力分析对话框

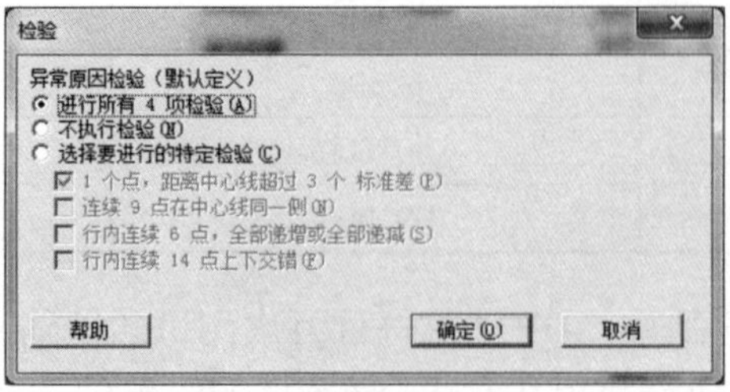

图 6–25 二项分布过程能力检验对话框

结果分析: (1) 会话窗口没有显示异常, 表明过程处于统计受控状态 (左上方的 P 控制图也表示同样结果)。(2) 右上方的 "缺陷率" 图, 表明随着样本量的增大, 次

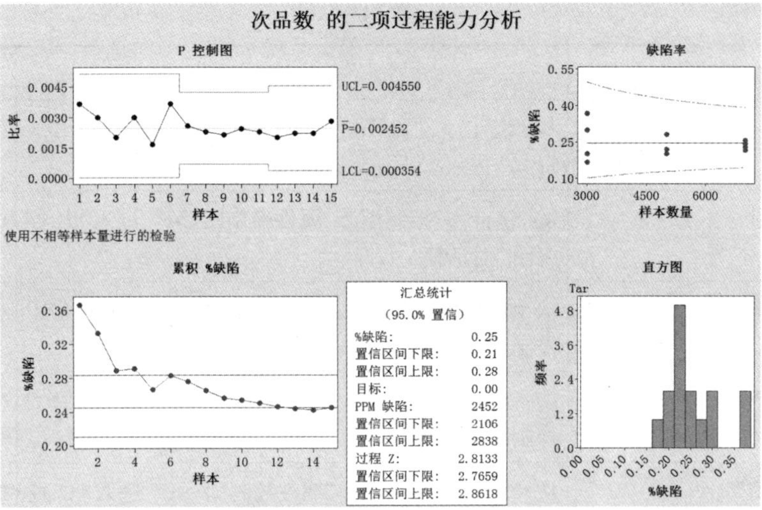

图 6–26　过程能力分析图

品率在减小。(3) 左下方的 “累积% 缺陷” 图, 表明随着累积样本量的增大, 累积次品率减小趋于常数。(4) 图中下方的汇总统计显示: 总缺陷率 p 的点估计为 0.25%, 95% 置信区间为 (0.21%, 0.28%); 过程绩效指标 (PPM 缺陷) 为 2452, 95% 置信区间为 (2106, 2838), 即百万产品次品数为 2452, 95% 置信区间为 (2106, 2838); “过程 Z” $= 2.8133$, 过程 Z 的 95% 置信区间为 (2.7659, 2.8618)。即过程的西格玛水平是 $2.8133 + 1.5 = 4.3133$, 过程的西格玛水平 95% 置信区间是 $(4.2659, 4.3618)$。由这西格玛水平离 4.5 不远可见, 按传统管理标准看控制得不错, 但是按照六西格玛管理的要求, 过程控制得不好。

小结

任务	对话框	参照例题
画移动级差控制图	从 “统计 > 控制图 > 单值的变量控制图 >I-MR” 进入 “单值移动极差控制图” 对话框	6.1
画 $\overline{\text{X}}$-R 控制图	从 “统计 > 控制图 > 子组的变量控制图 >Xbar-R(B)” 进入 “Xbar-R 控制图” 对话框	6.2

续表

任务	对话框	参照例题
画 $\overline{\mathrm{X}}$-S 控制图	从“统计 > 控制图 > 子组的变量控制图 >Xbar-S(A)”进入“Xbar-S 控制图”对话框	6.3
画 P 控制图	从“统计 > 控制图 > 属性控制图 >P”进入“P 控制图”对话框	6.4
画 NP 控制图	从“统计 > 控制图 > 属性控制图 >NP”进入“NP 控制图”对话框	6.5
画 C 控制图	从“统计 > 控制图 > 属性控制图 >C(C)”进入“ C 控制图”对话框	6.6
画 U 控制图	从“统计 > 控制图 > 属性控制图 >U”进入“U 控制图”对话框	6.7
计算正态过程的过程能力	从“统计 > 质量工具 > 能力分析 > 正态”进入“能力分析 (正态分布)”对话框	6.8
计算非正态过程的过程能力	从“统计 > 质量工具 > 能力分析 > 非正态”进入“能力分析 (非正态分布)”对话框	6.9
画正态过程六合一	从“统计 > 质量工具 >Capability Sixpack> 正态”进入“Capability Sixpack (正态分布)”对话框	6.10
计数过程的过程能力分析	从“统计 > 质量工具 > 能力分析 > 二项”进入“能力分析 (二项分布)”对话框	6.11

练习题

6.1　某发电厂隔一定时间测一次电流周波 (每秒周期数, 标准数据是 50 Hz), 连续 32 次测量数据如下 (数据文件: 控制图_电流周波.MTW):

49.0, 49.2, 49.8, 49.8, 49.9, 49.8, 49.7, 49.8, 49.5, 49.3, 49.9,
49.8, 50.2, 50.1, 49.4, 49.4, 49.7, 49.5, 50.1, 50.0, 49.7, 50.0,
49.5, 49.6, 49.9, 49.7, 49.6, 49.3, 49.5, 49.2, 49.0, 48.9。

试作 I-MR 控制图并分析。

6.2　车间生产某种金属丝, 相继 25 天抽查抗断强度, 得数据文件: 控制图_金属线.MTW。经检验金属丝抗断强度服从正态分布, 画 $\overline{\mathrm{X}}$-R 控制图并分析。

6.3 某设备连续生产钢珠, 直径是它的一个重要质量指标。为对钢珠直径进行控制, 测量并记录数据 (数据文件: 控制图_钢珠直径.MTW)。试绘制 $\overline{\text{X}}$-S 控制图并分析。

6.4 某厂 1 月 1 日—1 月 15 日生产电阻抽样数和不合格率如数据文件: 控制图_电阻.MTW。试画 P 图和 NP 图并分析。

6.5 某厂生产一种设备, 每天抽检 2000 台, 某月不合格台数如数据文件: 控制图_设备.MTW。试画出 C 图并分析。

提示: 因为 2000 台数量较大, 二项分布很接近 Poisson 分布, 可以用 P 图 (P 控制图对话框中 "子组大小" 填 2000), 也可用 C 图。

6.6 设连续 19 天生产的铸件中, 每天抽查 1 件。每天铸件重量和其中砂眼数如表 6–12 (数据文件: 控制图_铸件.MTW), 试画 U 图并分析。

表 6–12 铸件砂眼数

批次	铸件重量	砂眼数
1	56	2
2	48	1
···	···	···

提示: 这里出现异常可能是技术不断提高造成的, 过程虽然不稳, 不是坏事。

6.7 对于 6.2 题金属丝数据, 如果强度在 56 以上为合格, 试进行过程能力分析。

6.8 一家线缆制造商希望评估线缆的直径是否符合规格, 每小时从生产线中随机取 5 根线缆作为一个子组 (数据文件: 控制图_线缆.MTW)。设线缆直径服从正态分布, 规定规格限为 0.55 ± 0.05 (单位: cm)。试画出 "六合一" 并分析。

6.9 一家生产地砖的公司为确保生产质量, 测量了 10 个工作日中每个工作日生产的 10 块砖的扭曲程度 (单位: mm), 数据见表 6–13 (数据文件: 控制图_地砖.MTW)。规定每片地砖的扭曲值不超过 8 为正品。直方图显示数据并非来自正态分布, 而是接近 Weibull 分布, 试做基于 Weibull 概率分布模型的过程能力分析。

6.10 对 6.5 题数据, 做过程能力分析。

提示: 能力分析 (二项分布) 对话框中, 样本数量选择 "常量", 并填入 2000。

表 6–13 地砖扭曲数据

批次	样 1	样 2	样 3	样 4	样 5	样 6	样 7	样 8	样 9	样 10
1	1.60103	2.31426	0.52829	2.89530	0.44426	5.31230	1.22095	4.24464	1.12465	0.28186
2	0.84326	2.55635	1.01497	2.86853	2.48648	1.92282	6.32858	3.21267	0.78193	0.57069
3	3.00679	4.72347	1.12573	2.18607	3.91413	1.22586	3.80076	3.48115	4.14333	0.70532
4	1.29923	1.75362	2.56891	1.05339	2.28159	0.76149	4.22622	6.66919	5.30071	2.84843
5	2.24237	1.62502	4.23217	1.25560	0.96705	2.39930	4.33233	2.44223	3.79701	6.25825
6	2.63579	5.63857	1.34943	1.97268	4.98517	4.96089	0.42845	3.51246	3.24770	3.37523
7	0.34093	4.64351	2.84684	0.84401	5.79428	1.96775	1.20410	8.03245	5.04867	3.23538
8	6.96534	3.95409	0.76492	3.32894	2.52868	1.35006	3.44007	1.13819	3.06800	6.08121
9	3.46645	4.38904	2.78092	4.15431	3.08283	4.79076	2.51274	4.27913	2.45252	1.66735
10	1.41079	3.24065	0.63771	2.57873	3.82585	2.20538	8.09064	2.05914	4.69474	2.12262

第 7 章

方差分析

方差分析是广泛应用的统计方法, 内容包括很多方面, 本章仅介绍方差分析最基本的内容。为便于理解方差分析, 先看一个例子: 为了分析火箭推进器和燃料对火箭射程的影响, 试验 3 种推进器 (M1, M2, M3) 和 4 种燃料 (F1, F2, F3, F4)。把不同推进器和燃料搭配成 12 种实验方案, 每种方案发射 2 次, 测量火箭射程, 要根据试验结果判断推进器的不同和燃料的不同是否影响射程, 如何影响射程 (详见例 7.4)。这个例子中 "射程" 是被关心的数量指标, 称为**响应变量** 或**响应**, "推进器" 和 "燃料" 不是数量指标, 而是类别变量, 它们称为响应变量的**因素**。像这种分析类别变量如何影响数量指标的问题称为方差分析。

方差分析的**基本问题**是: 人们关心一个数量指标, 称它为**响应变量**、**响应**或**因变量**, 本章记为 Y。响应变量的值受到一些因素的影响, 这些因素通常称为**因子**, 一些书上称为**分类变量**, 因子只能取某些状况, 例如火箭推进器类型为 M1, M2, M3。这些状况一般不用数字表示, 即便用数字表示 (例如 1~3 号推进器), 这些数字也只是表示状况, 而不能加以计算; 我们关心的是哪些因子显著地影响了响应, 或者更进一步, 如何影响了响应。因子取的值 (状况) 称为**水平**, 例 7.4 中火箭的推进器有 3 个水平 (M1, M2, M3), 火箭的燃料有 4 个水平 (F1, F2, F3, F4)。关心方差分析细节的读者可以参阅文献 [12] 的变异源分析和 [2, 14] 的方差分析部分。

MINITAB 有多种对话框能实施方差分析, 但是每个对话框有一定适用范围。而 "一般线性模型" 对话框适用面广, 所以本章除了等方差检验外, 仅介绍用 "一般线性模型" 对话框做方差分析的方法。其他的实施方差分析的对话框也各有优点,

限于篇幅, 这里不介绍, 关心它们的读者可参阅 [12]。一般线性模型的数学模型是

$$y = b_0 + b_1x_1 + \cdots + b_mx_m + b_{m+1}x_{m+1} + \cdots + b_{m+k}x_{m+k} + \varepsilon,$$

其中 y 是因变量; 自变量中 $x_1, \cdots, x_m$ 是指示变量, $x_{m+1}, \cdots, x_{m+k}$ 是连续变量; $b_1, \cdots, b_m, b_{m+1}, \ldots, b_{m+k}$ 是未知参数; ε 是误差, 均值为 0, 通常设为服从正态分布。在 1.3.3.2 中已介绍过指示变量, 它只取 0 和 1, 用来表示不同的水平; 它在电脑内部程序中应用, 在我们使用 MINITAB 时已经被隐含起来, 做方差分析时不用考虑有哪些指示变量。连续变量 $x_{m+1}, \cdots, x_{m+k}$ 在 7.1 至 7.3 节中不出现, 7.4 节的协方差分析中才有应用。参数 $b_1, \cdots, b_m, b_{m+1}, \cdots, b_{m+k}$ 的估计方法在文献 [12, 26] 中可以查到, MINITAB 的一般线性模型输出中直接给出这些估计值, 本书在介绍 $b_1, \cdots, b_m$ 的真值和估计值时称为 "效应"。实际上 MINITAB 给出的是估计值的 "差异", 也就是说估计值可能被加上同一个常数。方差分析的主要目的往往不是这些值的多少, 而是它们影响的大小。

做方差分析时, MINITAB 常用的数据形式是: 对于每次观测, 将各个因子的水平、对应响应变量的值排成一行, 多次观测的行构成数据文件, 例如: 方差分析_火箭.MTW。

从指令 "统计 > 方差分析 > 一般线性模型" 进入 "一般线性模型" 对话框, 把存有响应变量值的列选入 "响应" 空格中, 把存有因子值的列选入 "模型" 空格, 点击 "确定" 就能在会话窗口得到方差分析的计算结果, 其中最主要的是方差分析表和异常值表。

方差分析表是最主要的计算结果。方差分析表的表头是 "…… 的方差分析, 在检验中使用调整的 SS", 表中左边第 1 列说明每行所代表的 "效应", 以 "合计" 所在行为表的最后一行。对初学者而言, 方差分析表中的 P 值是最重要的结果, P 值出现在方差分析表的最后一列。当 P 值小于 0.05 时, 就肯定相应 "效应" 是显著的。表中还有 Seq SS 和 Adj SS 两项, Seq SS 即 "序贯 SS", 通常称为 1(I) 型平方和; Adj SS 即 MINITAB 所称的调整平方和, 一般文献称为 3(Ⅲ) 型平方和; 只有 3 型平方和是一般线性模型 (方差分析) 需要的, 1 型平方和对本章没有用处。MINITAB 默认使用 3 型平方和, 如果你发现 MINITAB 输出的方差分析表表头中不是 "在检验中使用调整的 SS", 而是 "在检验中使用序贯的 SS", 那就说明 MINITAB 在使用 1 型平方和做计算 (可能是不小心提交不正确指令所致), 这时很可能得不到方差分析的正确结果。应当立即纠正: 进入 "一般线性模型" 对话框后点击 "选项", 在 "平方和" 下选定 "调整 (类型 Ⅲ)", 点击 "确定"。这时 MINITAB 就会使用调整平方和进行计算和方差分析。

异常值又称为离群值、反常值、异常点或野点, 即某次观测实测值与所拟合的方差分析模型的规律显著不符。如果有异常值, 则 MINITAB 在会话窗口中给出异

常值表, 表头是 "…… 的异常观测值", 表中给出哪几次观测是异常值; 如果没有异常值, 则 MINITAB 在会话窗口中不显示异常值表。对异常值要认真分析: 它可能是数据抄写错误引起的, 也可能是实验条件改变引起的, 可能是随机因素引起的, 还可能是某些重要因素未考虑而引起的, 需要认真检查。为了确保 MINITAB 能够输出异常值, 可以检查一下: 进入 "一般线性模型" 对话框后点击 "结果", 选择 "此外, 协变量项系数和异常观测值表格"。

当需要估计各个固定效应的具体差异时, 通过选项, MINITAB 会输出最小二乘估计表。表中的数据可能不是效应值, 而是效应值加上某个常数。加上任意常数不影响比较它们的差异。

7.1 单因子方差分析

只有一个因子的方差分析称为单因子方差分析, 这个因子有多个水平, 每个水平有多次观测。设 Y_{ij} 表示第 i 个水平的第 j 次响应变量的观测值, 则有数学模型 $Y_{ij}=\mu_i+\varepsilon_{ij}$。其中 μ_i 表示第 i 个水平响应变量的均值, ε_{ij} 称为 "误差"。一般假设 ε_{ij} 的均值是 0, 且有相同的方差: $\varepsilon_{ij}\sim N(0,\sigma^2)$。方差分析关心的是由于因子的影响, 在不同的水平下, μ_i 是否相同? 如果 μ_i 显著不同, 因子的影响就显著了。从假设检验角度考虑, 这就是做假设检验:

$$H_0:\mu_1=\mu_2=\cdots,\quad H_1:\mu_1,\mu_2,\cdots\ \text{不全相等。}$$

通过 "一般线性模型" 对话框的调用, 能得到假设检验的结果。

方差分析数学模型中假设各水平下的误差方差 σ^2 应当相等, 因此在方差分析之前, 应当检验各水平下响应变量的方差是否相等, 为此要由 "统计 > 方差分析 > 等方差检验" 进入 "等方差检验" 对话框。通过检验证明各水平下响应变量的方差没有显著差异后, 才能进一步通过 "一般线性模型" 对话框的调用, 得到方差分析的结果。

例 7.1 设甲、乙、丙三厂都生产某种型号电池。为比较各厂电池质量, 从各厂产品中随机抽取 5 只, 测得数据如表 7–1 (单位: h)。问这三厂的电池寿命的方差是否有显著差异?

表 7–1 电池寿命

甲	乙	丙
100	76	108
96	80	100
92	75	96
96	84	98
92	82	100

解　数学模型是电池寿命

$$Y_{ij} = \mu_i + \varepsilon_{ij},\quad i = 1,2,3\ (\text{不同工厂}),\quad j = 1,2,3,4,5\ (\text{各 5 次试验}),$$

其中 μ_1, μ_2, μ_3 分别表示甲、乙、丙厂电池平均寿命。

这里每个工厂都试验了 5 次, 实际上各个工厂的试验次数不相同时也可以同样做单因子方差分析。这问题要求做假设检验:

H_0 : 三个厂电池寿命方差相同,　H_1 : 三个厂电池寿命方差不全相同。

可以如下操作。首先将表 7–1 输入工作表 C1~C3 列, 然后将数据堆叠到 C4~C5 列, C4 列变量名取为 "寿命", C5 列变量名是 "厂家" (数据文件: 方差分析_电池.MTW), 再提交下列指令:

指令	功能
从 "统计 > 方差分析 > 等方差检验" 进入 "等方差检验" 对话框	让 MINITAB 计算等方差检验
在 "响应" 空格中选入 "寿命", 在 "因子" 空格中选入 "厂家"(见图 7–1)	指定 "寿命" 是响应变量, "厂家" 是因子

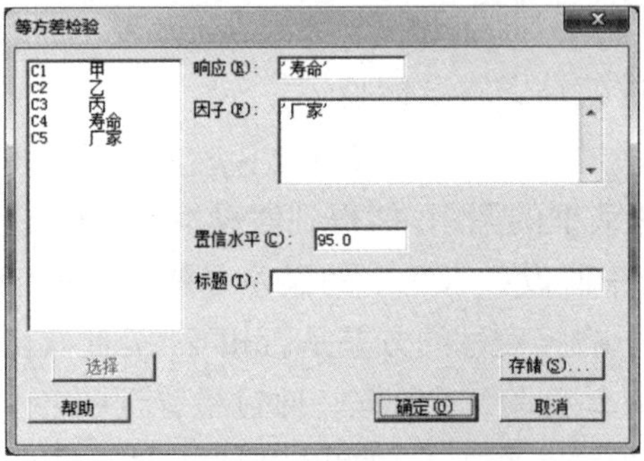

图 7–1　等方差检验对话框

点击 "确定", 在会话窗口得到:

```
等方差检验: 寿命与厂家
...
Bartlett 检验 (正态分布)
检验统计量 = 0.35, P 值 = 0.841


Levene 检验 (任何连续分布)
检验统计量 = 0.07, P 值 = 0.933
```

结果分析: 一般总假设每个厂电池寿命服从正态分布, 应当考虑由 Bartlett 检验的 P 值; 由于 Bartlett 检验 (正态分布) 的 P 值 =0.841>0.05, 认定接受 H_0: 各厂电池寿命的方差没有显著差异。Levene 检验适用于非正态总体的检验, 这里不用。

对于 7.2 和 7.3 节的多因子方差分析, 可以同样进行等方差检验, 不再讲述。但是许多实际的多因子方差分析的问题中, 对于每个水平组合, 没有 "重复试验" (样本容量等于 1), 不能有效进行等方差检验, 这时应当采用其他方法 (例如历史知识) 保证各水平中响应变量方差相同, 本章所举例子都是假定等方差。

例 7.2 对于例 7.1 中数据, 这三个厂的电池寿命长短有没有显著差异? 如果有, 哪个厂的电池寿命最长?

解 因为电池寿命是被影响的对象, 所以电池寿命是响应变量; 因为要考虑厂家的影响大不大, 而厂家不是数值自变量, 所以厂家是因子。这是单因子方差分析, 要分析 "厂家" 对寿命均值 μ_i 的影响是否显著, 即 μ_i 间差异是否大。如果差异大, 称因子 "厂家" 的效应显著。本题实质上是假设检验问题:

$$H_0: \mu_1 = \mu_2 = \mu_3, \quad H_1: \text{不全相等。}$$

与一般假设检验不同的是还应当估计 μ_i 的值。同例 7.1 一样, 把数据堆叠成 C4~C5 列, C4 列是 "寿命", C5 列是 "厂家" (数据文件: 方差分析_电池.MTW), 再提交如下指令:

指令	功能
从 "统计 > 方差分析 > 一般线性模型" 进入 "一般线性模型" 对话框	让 MINITAB 采用一般线性模型
在 "响应" 空格中选入 "寿命", 在 "模型" 空格中选入 "厂家"(见图 7–2)	指定 "寿命" 是 "响应", "厂家" 是因子 (分类变量)
点击 "结果" 进入 "一般线性模型–结果" 对话框, 选择 "此外, 协变量项系数和异常观测值表格", 在 "显示与项对应的最小二乘均值" 空格中选入 "厂家"(见图 7–3)	要求 MINITAB 输出方差分析表和异常值表; 输出因子 "厂家" 取不同水平时, "效应" 的估计; 如果有异常值, 要输出异常观测值表

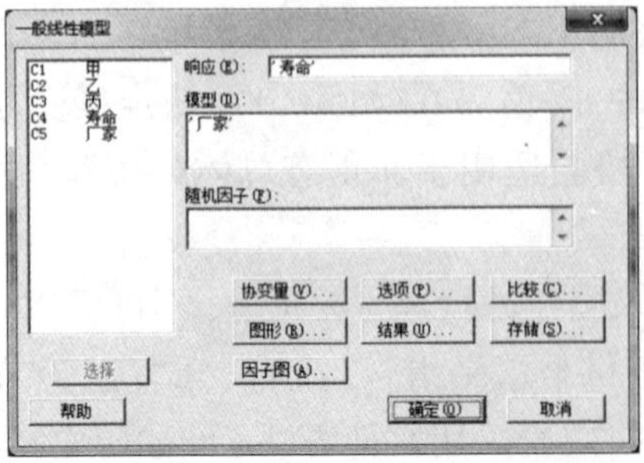

图 7–2 “一般线性模型” 对话框

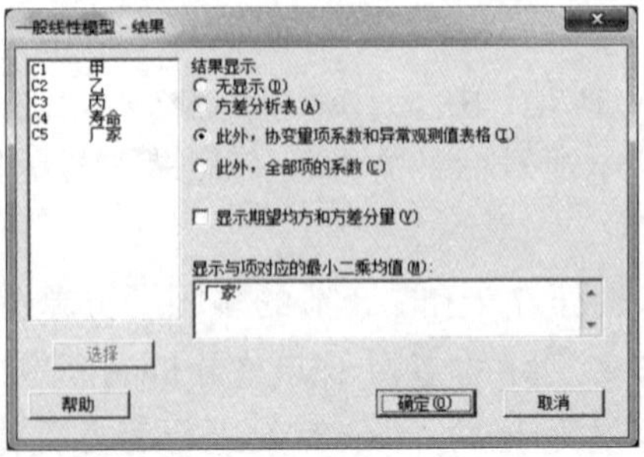

图 7–3 “一般线性模型–结果” 对话框

点击 “确定” 后在会话窗口得如下结果:

一般线性模型: 寿命与厂家

. . .

寿命的方差分析, 在检验中使用调整的 SS

来源	自由度	Seq SS	Adj SS	Adj MS	F	P
厂家	2	1196.13	1196.13	598.07	38.34	0.000
误差	12	187.20	187.20	15.60		
合计	14	1383.33				

. . .

寿命的异常观测值

观测值	寿命	拟合值	拟合值标准误	残差	标准化残差
11	108.000	100.400	1.766	7.600	2.15R

R 表示此观测值含有大的标准化残差

对寿命最小二乘均值

厂家	均值	均值标准误
丙	100.40	1.766
甲	95.20	1.766
乙	79.40	1.766

结果分析: (1) 表头 "寿命的方差分析, 在检验中使用调整的 SS" 下是方差分析表, 即表 7–2; 左边第 1 列说明每行所代表的 "效应" 是 "厂家" 的主效应, 由最后一列 P 值 =0.000<0.05 可见不同厂的电池寿命有显著差异。(2) 表头 "寿命的异常观测值" 下是异常值表, 其中最左列显示第 11 个观测值, 即丙厂第 1 节电池寿命测量值可能是异常的。(3) 表头 "对寿命最小二乘均值" 下是最小二乘估计表, 其中丙厂电池寿命最长, μ_3 估计值为 100.40; 乙厂电池寿命最短, μ_2 估计值为 79.40。

表 7–2 电池寿命的方差分析表

来源	自由度	1 型平方和	3 型平方和	均方	F 值	P 值
厂家	2	1196.13	1196.13	598.07	38.34	0.000
误差	12	187.20	187.20	15.60		
合计	14	1383.33				

7.2 多因子方差分析

许多实际问题中, 响应变量受多个因子影响, 例如化工反应的速度受到温度、浓度、反应时间这 3 个因素的影响, 农产品的产量受到品种、施肥、灌溉等多个因素的影响。要分析这些影响中, 哪些因素的影响大, 哪些因素的影响小, 就要做多因子方差分析。没有重复试验 (重复试验是指: 因子水平相同的组合都做一次试验) 的两个因子的方差分析数学模型是

$$Y_{ij} = \mu + \alpha_i + \beta_j + \varepsilon_{ij} \quad (i = 1, 2, \cdots, r; \quad j = 1, 2, \cdots, s),$$

满足: $\sum\limits_{i=1}^{r} \alpha_i = 0$, $\sum\limits_{j=1}^{s} \beta_j = 0, \varepsilon_{ij} \sim N(0, \sigma^2)$。其中 α_i 称为第 i 个因子的主效应, β_j 称为第 j 个因子的主效应, ε_{ij} 称为误差。要做的假设检验是两个, 分别检验两个主效应是否为 0, 即假设检验问题 1:

$$H_{10} : \alpha_i = 0, \quad i = 1, \cdots, r,$$

$$H_{11} : \alpha_i \text{ 不全为 } 0;$$

以及假设检验问题 2:

$$H_{20} : \beta_j = 0, \quad j = 1, \cdots, s,$$

$$H_{21} : \beta_j \text{ 不全为 } 0。$$

有更多个因子的无重复试验方差分析的数学模型类似。

例 7.3 有 4 条生产线 (1 号~4 号) 在 5 种温度 (700~900, 单位: ℃) 下生产同一垫片, 为了解温度和生产线这两个因素分别对垫片抗断强度是否有影响, 做了 20 次试验, 所得抗断强度如表 7–3。试分析温度和生产线这两个因素分别对垫片

的抗断强度是否有显著影响。

表 7–3 垫片抗断强度数据

温度	1 号	2 号	3 号	4 号
700	88.6	89.5	95.7	90.6
750	86.0	88.0	86.6	92.6
800	87.0	89.1	88.8	92.4
850	89.3	91.9	93.1	91.8
900	81.2	84.0	85.7	95.1

解 这个问题中关心的指标是“垫片的抗断强度”, 它就是响应; 它受到 2 个因子 (生产线和温度) 的影响; 这两个因子的每一组合只试验一次, 没有重复试验, 称为**重复数** =1。建立数学模型:

$$Y_{ij}=\mu+\alpha_i+\beta_j+\varepsilon_{ij},\quad i=1,2,3,4,5;\ j=1,2,3,4,$$

$$\text{满足}\ \sum_{i=1}^{5}\alpha_i=0,\ \sum_{j=1}^{4}\beta_j=0,\ \varepsilon_{ij}\sim N(0,\sigma^2),$$

其中 α_i 称为因子“温度”的主效应, 即 700, 750, 800, 850, 900 时垫片强度均值的增加值, 如果 α_i 间差异大, 称为因子“温度”的效应显著。β_j 称为因子“生产线”的主效应, 即 1~4 号生产线造成的垫片强度均值, 如果 β_j 间差异大, 称为因子“生产线”的效应显著。本例关心的是这两个因子的主效应是否显著, 这就要做 2 个假设检验:

$$H_{10}:\alpha_i\ \text{全等于}\ 0,\quad H_{11}:\alpha_i\ \text{不全是}\ 0;$$

$$H_{20}:\beta_j\ \text{全等于}\ 0,\quad H_{21}:\beta_j\ \text{不全是}\ 0。$$

为了检验可以如下操作: 通过数据堆叠, 将垫片强度排成一长列, 命名为“垫片强度”; 对应温度填入另 1 列, 命名为“温度 C”以便与原有变量“温度”区别; 将对应生产线号填入另一列, 命名为“生产线”(数据文件: 方差分析_垫片.MTW)。再提交如下指令:

指令	功能
从“统计 > 方差分析 > 一般线性模型”进入“一般线性模型”对话框	让 MINITAB 用一般线性模型计算
在“响应”空格中选入“垫片强度”, 在“模型”空格中选入“温度 C”和“生产线”	指定“垫片强度”是响应, “温度 C”和“生产线”是因子
点击“结果”进入“一般线性模型–结果”对话框, 选择“此外, 协变量项系数和异常观测值表格”	要求 MINITAB 输出方差分析表和异常值表

各框点击 “确定” 后在会话窗口得到:

```
一般线性模型: 垫片强度与温度 C, 生产线
...
垫片强度的方差分析, 在检验中使用调整的 SS


 来源    自由度   Seq SS    Adj SS    Adj MS    F     P
温度 C     4     68.075    68.075    17.019   2.25  0.124
生产线     3     98.134    98.134    32.711   4.33  0.028
 误差     12     90.621    90.621     7.552
 合计     19    256.830
...
垫片强度的异常观测值


观测值  垫片强度   拟合值   拟合值标准误    残差    标准化残差
  20    95.1000   89.6500     1.7380     5.4500     2.56R


R 表示此观测值含有大的标准化残差
```

结果分析: (1) 计算所得方差分析表如表 7–4, 其中数值前两行左边第 1 列说明每行所代表的 “效应” 是 “温度 C” 和 “生产线” 的主效应, 初学者最关心的是其中最后一列 P 值。表 7–4 最后一列中可见, “温度 C” 因子的 P 值是 0.124>0.05, 说明温度的主效应不显著, 从而温度的变化对垫片强度影响不大; “生产线” 的 P 值等于 0.028<0.05, 说明生产线的主效应显著, 从而生产线对垫片强度影响很大。(2) 从异常观测值表可见: 第 20 个垫片 (4 号生产线, 900℃) 是异常值。

表 7–4 垫片抗断强度的方差分析

来源	自由度	1 型平方和	3 型平方和	均方	F	P
温度 C	4	68.075	68.075	17.019	2.25	0.124
生产线	3	98.134	98.134	32.711	4.33	0.028
误差	12	90.621	90.621	7.552		
合计	19	256.830				

这时应当进一步分析: 既然温度影响不大, 就应当不考虑它的影响, 只考虑生产线的影响。这时可以像例 7.2 那样做单因子方差分析 (在 “模型” 空格中只选入 “生产线”, 读者自做), 结论仍是生产线对垫片强度影响很大。

7.3 考虑交互作用的方差分析

实际问题中因子间搭配对响应有影响, 这种搭配造成的影响称为交互作用效应。两个因子交互作用的方差分析数学模型是

$$Y_{ijk} = \mu + \alpha_i + \beta_j + \gamma_{ij} + \varepsilon_{ijk} \quad (i = 1, 2, \cdots, r; j = 1, 2, \cdots, s; k = 1, 2, \cdots, t),$$

其中 α_i, β_j 是主效应, 满足 $\sum\limits_{i=1}^{r} \alpha_i = 0$, $\sum\limits_{j=1}^{s} \beta_j = 0$; γ_{ij} 是两个因素交互作用效应, 表示第 1 个因子第 i 个水平, 第 2 个因子第 j 个水平搭配后对响应变量的影响, 满足

$$\sum_{i=1}^{r} \gamma_{ij} = 0, \quad \sum_{j=1}^{s} \gamma_{ij} = 0;$$

k 表示这个搭配的第 k 次试验。

要做的假设检验是三个: 第 1 主效应是否为 0, 第 2 主效应是否为 0, 交互作用效应是否为 0。用数学式子表示就是

假设检验问题 1:

$$H_{10} : \alpha_i = 0, \quad i = 1, \cdots, r, \quad H_{11} : \alpha_i \text{ 不全为 } 0;$$

假设检验问题 2:

$$H_{20} : \beta_j = 0, \quad j = 1, 2, \cdots, s, \quad H_{21} : \beta_j \text{ 不全为 } 0,$$

假设检验问题 3:

$$H_{30} : \gamma_{ij} = 0, \quad i = 1, \cdots, r; j = 1, \cdots, s, \quad H_{31} : \gamma_{ij} \text{ 不全为 } 0\text{。}$$

为了分析交互作用效应是否显著, 仍可使用 “一般线性模型” 对话框, 通过在 “模型” 空格输入 “第 1 因子 * 第 2 因子” 就能指示 MINITAB 对交互作用进行分析。但是对数据有一定要求: 要检验某两个因子交互作用是否显著时, 这两个因子每 1 水平的搭配要有重复试验 (各种搭配的重复数不一定相同), 例 7.3 没有重复试验, 就不能分析交互作用。如果没有重复试验数据, 强行要求 MINITAB 像例 7.4 那样分析交互作用, 就得不到所期望的结果, MINITAB 在会话窗口输出的检验结果中, 交互作用 P 值只能是 1。

例 7.4 对火箭试验 3 种推进器 (M1, M2, M3) 和 4 种燃料 (F1, F2, F3, F4): 两个因子各种水平搭配试验 2 次, 测试其射程得表 7–5, 分析推进器和燃料对射程的影响。

解 这是一个方差分析问题: 射程作为响应, 推进器和燃料作为因子。如果不考虑交互作用, 像例 7.3 那样操作, 方差分析结果是: 推进器和燃料的作用都不显

表 7–5 火箭射程影响的数据

燃料 \ 推进器	M1	M1	M2	M2	M3	M3
F1	58.2	52.6	56.2	41.2	65.3	60.8
F2	49.1	42.8	54.1	50.5	51.6	48.4
F3	60.1	58.3	70.9	73.2	39.2	40.7
F4	75.8	71.5	58.2	51.0	48.7	41.4

著。实际情况不是这样的, 从表中可见, 燃料和推进器不同搭配时, 射程会差得很多: F4 和 M1 搭配射程远 (75.8, 71.5); F4 和 M3 搭配射程近 (48.7, 41.4)。因此必须考虑推进器和燃料搭配的影响。于是建立数学模型

$$Y_{ijk} = \mu + \alpha_i + \beta_j + \gamma_{ij} + \varepsilon_{ijk}, \quad i = 1,2,3,4;\ j = 1,2,3;\ k = 1,2,$$

其中 α_i $(i = 1,2,3,4)$ 是燃料的主效应; β_j $(j = 1,2,3)$ 是推进器的主效应; γ_{ij} $(i = 1,2,3,4; j = 1,2,3)$ 是燃料和推进器的交互作用效应; 对两个因子水平每一 “搭配” 重复试验了 2 次, 重复数都是 2。

具体操作如下: 先将表 7–5 输入工作表, 通过数据堆砌功能, 将射程数据排成一长列, 命名为 “射程” (C5 列); 旁边另设 2 列, 将对应 “燃料” 品种填入 C6 列, 命名为 “火药” 以便与原有变量 “燃料” 区别; 将对应推进器类型填入推进器列 (C7 列), 命名为 “推进器”, 见数据文件: 方差分析_火箭.MTW。再提交如下指令:

指令	功能
从 “统计 > 方差分析 > 一般线性模型” 进入 “一般线性模型” 对话框	让 MINITAB 按一般线性模型计算
在 “响应” 空格中选入 “射程”, 在 “模型” 空格中选入 “火药” “推进器” 和 “火药 * 推进器” (“*” 号必须键盘输入, 其他符号可以选入, 如图 7–4)	指定 “射程” 是响应, “火药” 和 “推进器” 是因子, 考虑它们的主效应及 “火药” 和 “推进器” 的交互作用
点击 “结果” 进入 “一般线性模型–结果” 对话框, 选择 “此外, 协变量项系数和异常观测值表格”	要求 MINITAB 输出方差分析表和异常值表

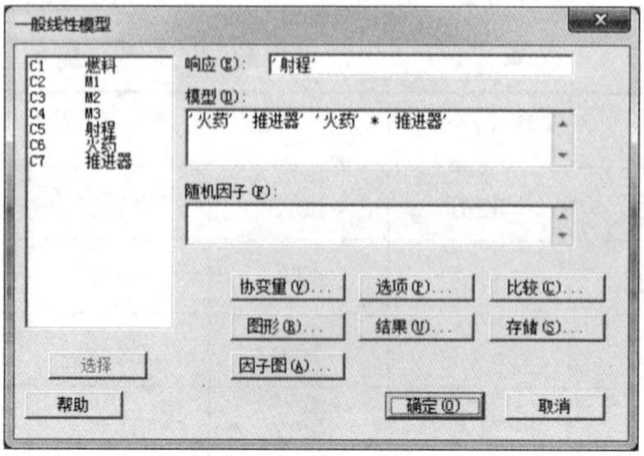

图 7–4　火箭射程的一般线性模型对话框

各框点击 “确定” 在会话窗口得主要结果:

一般线性模型: 射程与火药, 推进器

...

射程的方差分析, 在检验中使用调整的 SS

来源	自由度	Seq SS	Adj SS	Adj MS	F	P
火药	3	261.68	261.68	87.23	4.42	0.026
推进器	2	370.98	370.98	185.49	9.39	0.004
火药 * 推进器	6	1768.69	1768.69	294.78	14.93	0.000
误差	12	236.95	236.95	19.75		
合计	23	2638.30				

...

射程的异常观测值

观测值	射程	拟合值	拟合值标准误	残差	标准化残差
9	56.2000	48.7000	3.1421	7.5000	2.39R
13	41.2000	48.7000	3.1421	−7.5000	−2.39R

结果分析: (1) 在会话区上首先给出方差分析表 (见表 7–6)。左边第 1 列说明每行所代表的 “效应” 分别是火药、推进器、它们的交互作用; 由最后一列火药的 P 值 0.026<0.05 知道火药的主效应是显著的。由推进器的 P 值 0.004<0.05 知道推进器的主效应是显著的。由火药 * 推进器的 P 值 0.000<0.05 知道火药与推进器的交互作用效应是高度显著的。(2) 射程的异常值表显示: 第 9、13 个观测值异常, 从表中可以查到第 9 次实测射程 56.2 比预报值 48.7 大得太多; 第 13 次实测射程

41.2 比预报值 48.7 小得太多。

表 7–6 火箭射程数据的方差分析表

来源	自由度	1 型平方和	3 型平方和	均方	F 值	P 值
火药	3	261.68	261.68	87.23	4.42	0.026
推进器	2	370.98	370.98	185.49	9.39	0.004
火药 * 推进器	6	1768.69	1768.69	294.78	14.93	0.000
误差	12	236.95	236.95	19.75		
合计	23	2638.30				

例 7.3 和例 7.4 对因子水平的每一组合都试验, 试验次数较多, 花费较多的人力物力。适当的试验设计 [12,13] 可以大大减少试验次数, 这时仍可用 "一般线性模型" 对话框分析交互作用。

例 7.5 用化工反应生产某种农药, 为提高农药的收率 (即得到制成品的比率, 收率越高越好) 进行试验, 考虑 4 因子: 反应温度 A, 反应时间 B, 两种原料配比 C, 真空度 D; 各有两种水平见表 7–7。用正交设计选取 8 个实验方案, 实验结果如表 7–8, 其中 Y 的值是化工反应的收率。试分析主效应是否显著, 反应温度与反应时间的交互作用效应 (A*B) 是否显著, 并找出最优方案。

表 7–7 化工反应因子水平表

因子	水平 1	水平 2
A: 反应温度 (℃)	60	80
B: 反应时间 (h)	2.5	3.5
C: 两种原料配比	1.1/1	1.2/1
D: 真空度 (kPa)	50	60

解 本例中 "农药的收率" 是响应变量, 反应温度、反应时间、两种原料配比、真空度是 4 个因子。表 7–8 中 A 所在列中某行的值取 1, 表示因子 A (反应温度) 取第 1 水平 60, 取 2 表示因子 A (反应温度) 取第 2 水平 80; 对于 B, C, D 所在列也同样。将表 7–8 输入工作表, 为了更清楚地观测计算结果, 增添 4 列, 变量名为温度、时间、配比、真空度; A, B, C, D 所在列下的 1 和 2 改为相应的具体水平,

表 7–8 化工反应实验结果表

试验号 \ 因子	A	B	A*B	C			D	Y
1	1	1	1	1	1	1	1	86
2	1	1	1	2	2	2	2	95
3	1	2	2	1	1	2	2	91
4	1	2	2	2	2	1	1	94
5	2	1	2	1	2	1	2	91
6	2	1	2	2	1	2	1	96
7	2	2	1	1	2	2	1	83
8	2	2	1	2	1	1	2	88

存入新添的列; 例如 A 下面的 1 改为 60 度, 2 改为 80 度存入温度列等, 见数据文件: 方差分析_农药.MTW。再提交如下指令: 从 "统计 > 方差分析 > 一般线性模型" 进入 "一般线性模型" 对话框; 在 "响应" 空格中选入 "Y", 在 "模型" 空格中选入 "温度, 时间, 配比, 真空度, 温度 * 时间"; 点击 "结果" 进入 "一般线性模型–结果" 对话框, 选择 "此外, 协变量项系数和异常观测值表格"。各框点击 "确定" 在会话窗口得主要计算结果:

一般线性模型: Y 与温度, 时间, 配比, 真空度

...

Y 的方差分析, 在检验中使用调整的 SS

来源	自由度	Seq SS	Adj SS	Adj MS	F	P
温度	1	8.000	8.000	8.000	3.20	0.216
时间	1	18.000	18.000	18.000	7.20	0.115
配比	1	60.500	60.500	60.500	24.20	0.039
真空度	1	4.500	4.500	4.500	1.80	0.312
温度 * 时间	1	50.000	50.000	50.000	20.00	0.047
误差	2	5.000	5.000	2.500		
合计	7	146.000				

...

结果分析: 会话窗口给出方差分析表见表 7–9 (取自会话框, 表头为 "Y 的方差分析, 在检验中使用调整的 SS"), 左边第 1 列说明各行所代表的 "效应" 是温度、时间、配比、真空度、温度与时间的交互作用; 由最后一列可见温度、时间、真空度

的 P 值都大于 0.05, “配比” 和 “温度 $*$ 时间” 的 P 值都小于 0.05。于是 “配比” 和 “温度 $*$ 时间” 是显著的, 就是说原料配比对收率有显著影响, 反应温度和反应时间的搭配对收率有显著影响, 其他因子主效应影响不显著。

表 7–9 化工反应数据方差分析表

来源	自由度	1 型平方和	3 型平方和	均方	F 值	P 值
温度	1	8.000	8.000	8.000	3.20	0.216
时间	1	18.000	18.000	18.000	7.20	0.115
配比	1	60.500	60.500	60.500	24.20	0.039
真空度	1	4.500	4.500	4.500	1.80	0.312
温度 $*$ 时间	1	50.000	50.000	50.000	20.00	0.047
误差	2	5.000	5.000	2.500		
合计	7	146.000				

为了解 “配比” 和 “温度 $*$ 时间” 的效应值, 以便选出最佳的搭配, 同时应当把不显著的因子 “真空度” 去掉; 温度和时间不能去掉, 因为它们的交互作用是显著的。于是采用指令: 从 “统计 > 方差分析 > 一般线性模型” 进入 “一般线性模型” 对话框; 在 “响应” 空格中选入 “Y”, 在 “模型” 空格中选入 “温度, 时间, 配比, 温度 $*$ 时间”; 点击 “结果”, 进入 “一般线性模型–结果” 对话框, 在其中选择 “方差分析表”, 为了选择最优方案, 在 “显示与项对应的最小二乘均值” 中选入 “温度 $*$ 时间” “配比” (如图 7–5)。

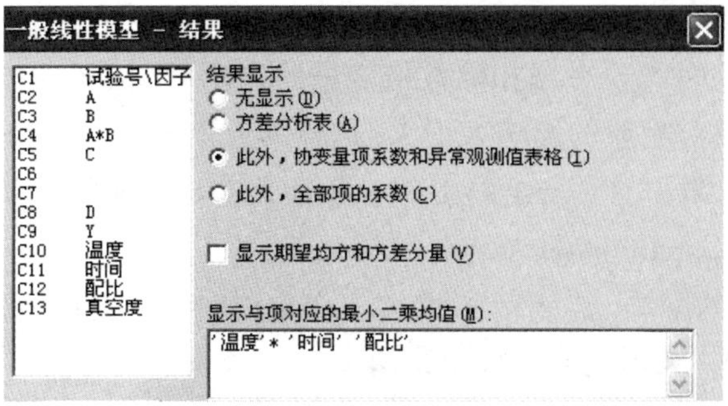

图 7–5 农药问题的 “一般线性模型–结果” 对话框

各框点击 “确定” 后在会话窗口得到许多结果: 其中第一部分是方差分析表, 读者可以使用前述"未删去真空度"因子时的分析方法, 对于会话窗口输出的新方差分析表进行分析, 可以发现结论大体相同。会话窗口最后部分是表头为"对 Y 均值的最小二乘估计"的最小二乘估计表, 其内容如下:

```
···
对 Y 均值的最小二乘估计
温度 * 时间    均值    均值标准误
 60 度 2.5 h   90.50     1.2583
 60 度 3.5 h   92.50     1.2583
 80 度 2.5 h   93.50     1.2583
 80 度 3.5 h   85.50     1.2583


 配比
 1.1/1         87.75     0.8898
 1.2/1         93.25     0.8898
```

结果分析: 该表给出的"均值"估计收率总均值 μ 与"温度 $*$ 时间"交互作用效应之和, 总均值 μ 与配比主效应之和。由温度 $*$ 时间项均值中 93.50 最大可知"温度 $*$ 时间"的最佳搭配是: 温度取 80 度, 时间取 2.5 小时; 由配比项平均值中 93.25 最大可知配比的最佳水平是 1.2/1; 因为最后的分析中没有考虑"真空度"这一因子, 最合适的真空度水平根据费用等因素决定。

7.4 协方差分析

实际问题中, 可能既有因子影响响应, 也有数值自变量像下一章回归分析那样影响响应变量。这时既要考虑扣除数值变量的作用后, 因子对响应的影响大不大, 也要考虑数值变量对响应的影响大不大, 这样的方差分析叫作**协方差分析**, 这些数值自变量称为**协变量**。只有一个因子、一个协变量的协方差分析数学模型是

$$Y_{ij} = \mu_i + b_0 x + \varepsilon_{ij} \quad (i = 1, \cdots, r;\ j = 1, 2, \cdots, s)$$

其中 μ_i 表示因子的影响, b_0 表示 x 增大 1 个单位时响应变量增大的值, ε_{ij} 称为误差, $\varepsilon_{ij} \sim N(0, \sigma^2)$。要做的假设检验是两个:

假设检验 1:

$$H_{10}: \mu_i \text{ 全相等 } (i = 1, \cdots, r), \text{ 即因子无影响},$$

$$H_{11}: \mu_i \text{ 不全相等, 即因子有影响};$$

假设检验 2:

$$H_{20}: b_0 = 0, \text{ 即协变量无影响},$$

$$H_{21}: b_0 \neq 0, \text{ 即协变量有影响。}$$

对于有更多因子和更多协变量的协方差分析, 其数学模型类似。

协方差分析也用 “一般线性模型” 对话框求解: 在进入 “一般线性模型” 对话框后, 把因子和协变量都选入 “模型” 空格中; 再点击 “协变量”, 进入 “一般线性模型–协变量” 对话框, 选入 “协变量”。执行后输出 “协方差分析” 表。

例 7.6 比较三种猪饲料 A1, A2, A3 对生猪催肥的效果, 测得 48 头猪的初始重量 x 和增加的重量 y (单位: 斤) 如表 7–10, 其中 A1x 所在列是吃饲料 A1 猪的初始重量, A1y 所在列是吃饲料 A1 同一只猪的增加重量; A2x 所在列是吃饲料 A2 猪的初始重量, A2y 所在列是吃饲料 A2 同一只猪的增加重量, 等等。检验猪的初重和饲料类型对猪的增重是否有影响, 如果猪的饲料有影响, 那么各种饲料对猪的增重效果如何?

表 7–10 猪饲料增重效果数据

A1x	A1y	A2x	A2y	A3x	A3y
15	85	17	97	22	89
13	83	16	90	24	91
11	65	18	100	20	83
12	76	18	95	23	95
12	80	21	103	25	100
16	91	22	106	27	102
14	84	19	99	30	105
17	90	18	94	32	110

解 这道题有实际意义: 每种饲料的增重效果不能光看这种饲料喂养的总增重; 单纯把吃每种饲料的猪增加的重量加起来平均, 得到 A1, A2, A3 的增重效果分别是 91, 106, 110; 好像吃 A3 饲料的猪增重最快, 这是不合理的; 因为吃 A3 饲料的猪初重大, 大猪增加得快, 小猪增加得慢, 不考虑猪初重的影响是不合适的。于是考虑协方差分析模型: 猪的增重是 “响应变量”, 饲料是 “因子”, 猪的初重是协变量。

建立数学模型:

$$Y_{ij} = \mu_i + b_0 x + \varepsilon_{ij},$$

其中 μ_i 表示第 i 种饲料增加的重量, b_0 表示猪初重 x 增大 1 斤时响应变量 Y 增大的斤数，ε_{ij} 称为误差，$\varepsilon_{ij} \sim N(0, \sigma^2)$。要做的假设检验是两个:

$H_{10}: \mu_i$ 全相等，$i = 1, \cdots, 3$，即饲料对猪重增长无影响，

$H_{11}: \mu_i$ 不全相等，即饲料对猪重增长有影响；

$H_{20}: b_0 = 0$，即猪的初重对猪的增重无影响，

$H_{21}: b_0 \neq 0$，即猪的初重对猪的增重有影响。

可以如下操作: 先将表 7–10 输入工作表，再通过数据的堆砌功能，将增加重量的数据排成一列，命名为 "增重"；旁边另设 2 列，将对应猪初始重量填入一列，命名为 "初重"；将对应饲料名 A1, A2, A3 填入另一列，命名为 "饲料" (数据文件: 方差分析_猪饲料.MTW)。所用指令及功能如下:

指令	功能
从 "统计 > 方差分析 > 一般线性模型" 进入 "一般线性模型" 对话框	使用一般线性模型拟合数据并计算
在 "响应" 空格中选入 "增重"，在 "模型" 空格中选入 "初重" 和 "饲料"	响应变量观测值是 "增重" 列的值，因子和协变量观测值在 "饲料" 和 "初重" 列
点击 "协变量" 进入 "一般线性模型–协变量" 对话框，将 "初重" 选入 "协变量" 空格 (如图 7–6)	做协方差分析，"初重" 是协变量
点击 "确定" 回到 "一般线性模型" 对话框；点击 "结果"，进入 "一般线性模型–结果" 对话框	要求 MINITAB 除输出协方差分析表外还要输出更多结果
选择 "此外，协变量项系数和异常观测值表格"	要输出协变量系数和异常观测值
选择 "显示与项对应的最小二乘均值"，在空格中选入 "饲料" (如图 7–7)	要输出 3 种饲料分别对响应猪的增重影响 (扣除猪初重的影响)

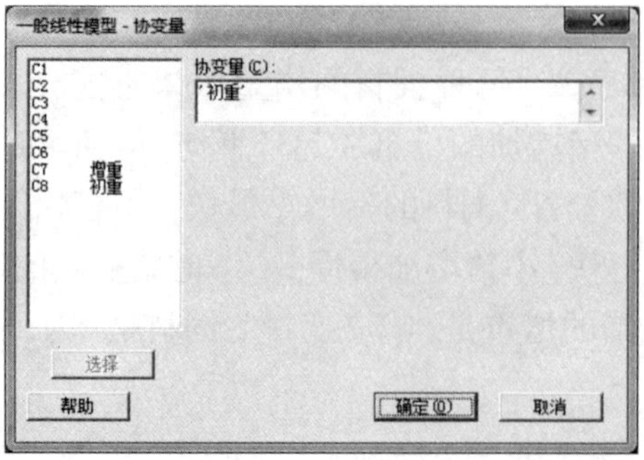

图 7–6 "一般线性模型–协变量" 对话框

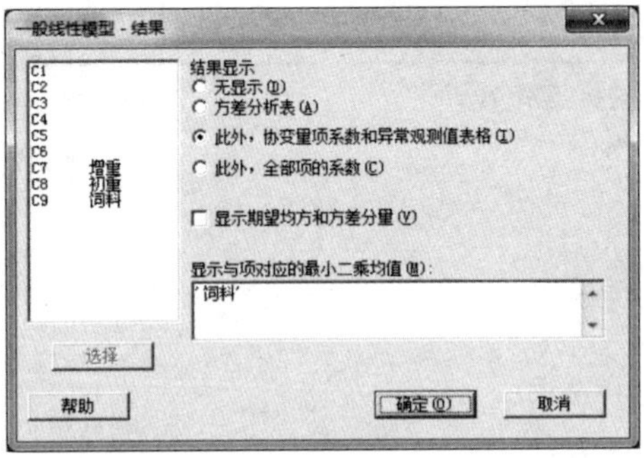

图 7–7 “一般线性模型–结果” 对话框

各框点击 “确定” 后会话窗口得如下主要结果:

一般线性模型: 增重与饲料

...

增重的方差分析, 在检验中使用调整的 SS

来源	自由度	Seq SS	Adj SS	Adj MS	F	P
初重	1	1621.13	1010.76	1010.76	88.81	0.000
饲料	2	707.22	707.22	353.61	31.07	0.000
误差	20	227.61	227.61	11.38		
合计	23	2555.96				

S = 3.37353　R-Sq = 91.09%　R-Sq (调整) = 89.76%

项	系数	系数标准误	T	P
常量	45.978	4.954	9.28	0.000
初重	2.4016	0.2548	9.42	0.000

增重的异常观测值

观测值	增重	拟合值	拟合值标准误	残差	标准化残差
3	65.000	75.146	1.383	−10.146	−3.30 R

续表

R 表示此观测值含有大的标准化残差
...

对增重最小二乘均值

饲料	均值	均值标准误
A1	94.96	1.840
A2	99.50	1.203
A3	82.17	1.964

结果分析: (1) 表头 “增重的方差分析, 在检验中使用调整的 SS” 引领的是协方差分析表, 即表 7–11, 可见左边第 1 列说明每行所代表的效应分别是猪的 “初重” 和 “饲料”; 由最后一列可见初重和饲料的 P 值都是 0.000, 所以初重和饲料都对增重有显著影响。(2) 在协方差分析表下的是系数表, 其中第 2 列是 “系数” 的估计值。其第一行 “45.978” 是一般线性模型中的常数。最后一行 “2.4016” 说明 b_0 的估计值是 2.4016。(3) 由增重的异常观测值可见: 第 3 头猪数据有异常, 应当调查原因。(4) 由 “对增重最小二乘均值” 表可见, 扣除猪的初重影响后, 三种饲料 A1, A2, A3 的增重效果分别是 94.96, 99.50 和 82.17; 可见第 2 种饲料增加重量最快。

表 7–11 猪饲料增重问题的协方差分析表

来源	自由度	1 型平方和	3 型平方和	均方	F 值	P 值
初重	1	1621.13	1010.76	1010.76	88.81	0.000
饲料	2	707.22	707.22	353.61	31.07	0.000
误差	20	227.61	227.61	11.38		
合计	23	2555.96				

当遇到多个自变量, 多个协变量时, 可以仿照例 7.6 同样操作。

例 7.7 四位教师在 3 个专业教授英语, 授课班级英语六级通过率和英语入学 (班) 平均成绩如表 7–12, 甲老师未在 a 专业上课, 丁老师未在 c 专业上课。试分析教师、每班英语入学平均成绩和专业对于六级通过率有没有影响? 扣除入学成绩的影响后, 专业的影响有多大? 教师的作用有多大?

表 7–12 某学院六级通过率数据

	六级通过率				入学英语成绩			
专业	甲	乙	丙	丁	甲	乙	丙	丁
a	*	40.40	43.87	44.01	*	61.53	71.32	65.71
b	52.28	51.71	53.42	56.15	68.24	72.24	69.58	83.24
c	58.72	56.27	60.18	*	76.33	71.13	80.24	*

解 本题响应变量是"英语六级通过率", 因子是"教师的作用"和"专业的影响", 协变量是"学生入学英语成绩"。数学模型是

$$Y_{ij}=\mu+\alpha_i+\beta_j+b_0x+\varepsilon_{ij},$$

满足

$$\sum_{i=1}^{4}\alpha_i=0,\ \sum_{j=1}^{3}\beta_j=0,\ \varepsilon_{ij}\sim N(0,\sigma^2),$$

其中 μ 表示通过率的总平均值, α_i 表示第 i 个教师的影响 (主效应), β_j 表示第 j 个专业的影响 (主效应), b_0 表示 x 增大 1 分时英语六级通过率增大的值, ε_{ij} 称为误差, $\varepsilon_{ij}\sim N(0,\sigma^2)$。要做的假设检验是 3 个:

$H_{10}:\alpha_i=0,\quad i=1,\cdots,4,$ 即教师对班级通过率无影响,

$H_{11}:\alpha_i$ 不全为 0, 即教师对班级通过率有影响;

$H_{20}:\beta_i=0,\quad j=1,\cdots,3,$ 即专业对班级通过率无影响,

$H_{21}:\beta_i$ 不全为 0, 即专业对班级通过率有影响;

$H_{30}:b_0=0,$ 即入学成绩对班级通过率无影响,

$H_{31}:b_0\neq 0,$ 即入学成绩对班级通过率有影响。

将表 7–12 输入工作表, 利用数据的堆叠列功能将数据排成 4 列: 英语通过率排成一列, 命名为"通过率"; 旁边另设 3 列; 将对应英语入学成绩填入一列, 命名为"入学成绩"; 将对应教师名甲、乙、丙和丁填入一列, 命名为"教师"; 将对应专业名 a, b, c 填入一列, 命名为"专业", 见数据文件: 方差分析_六级通过率.MTW。再从"统计 > 方差分析 > 一般线性模型"进入"一般线性模型"对话框; 在"响应"空格中选入"通过率"; 在"模型"空格中选入"教师""入学成绩"和"专业"; 点击"协变量"进入"一般线性模型–协变量"对话框, 将"入学成绩"选入"协变量"空格 (功能是说明"入学成绩"是协变量)。点击"确定"回到"一般线性模型"对话框; 点击"结果", 进入"一般线性模型–结果"对话框; 选择"此外, 协变量项系数和异常观测值表格"; 选择"显示与项对应的最小二乘均值", 在空格中选入"教师"和"专业"。各框点击"确定"后会话窗口得如下主要结果:

一般线性模型: 通过率与教师, 专业

...

通过率的方差分析, 在检验中使用调整的 SS

来源	自由度	Seq SS	Adj SS	Adj MS	F	P
教师	3	51.054	7.067	2.356	57.62	0.004
专业	2	359.535	102.230	51.115	1250.35	0.000
入学成绩	1	2.596	2.596	2.596	63.51	0.004
误差	3	0.123	0.123	0.041		
合计	9	413.308				

S = 0.202190 R-Sq = 99.97% R-Sq(调整) = 99.91%

项	系数	系数标准误	T	P
常量	40.894	1.354	30.21	0.000
入学成绩	0.14957	0.01877	7.97	0.004

...

对通过率最小二乘均值

专业	均值	均值标准误
a	43.53	0.1787
b	53.19	0.1043
c	58.25	0.1640
教师		
丙	52.23	0.1213
丁	53.00	0.1816
甲	51.39	0.1625
乙	50.01	0.1354

结果分析: (1) 表头 “通过率的方差分析, 在检验中使用调整的 SS” 下是协方差分析表。其中左边第 1 列说明每行所代表的 “效应” 分别是教师、入学成绩和专业; 由最后一列可见它们的 P 值 0.004, 0.004, 0.000 都小于 0.05, 说明它们对通过率的影响都是显著的。(2) 之后的表格中 “入学成绩” 后面的数字 0.14957 说明入学成绩每高 1 分, 通过率增高 0.14957%。(3) 表头 “对通过率最小二乘均值” 下显示教师

和专业对通过率的影响。如果没有教师和入学成绩的影响, 专业影响的通过率与某个常数之和是: a, 43.53; b, 53.19; c, 58.25。它们的差距表明专业的影响 (专业主效应的差距) 很大, 超过 10 分。如果没有专业和入学成绩的影响, 教师影响的通过率与某个常数之和是: 丙, 52.23; 丁, 53.00; 甲, 51.39; 乙, 50.01 (教师顺序按汉语拼音排列), 它们的差表明教师的影响 ("教师" 主效应的差距) 也就是 1~3 分。

7.5 具有随机效应的方差分析

前几节的因子能够人为控制, 因而无论是主效应还是交互作用效应都是确定的几个。但是在很多情形, 因子的水平可能有很多, 不能人为控制只选其中几个, 例如调查不同生态环境下某物种的生长状况时, 温度、湿度、土壤的肥料元素含有量就属于无法人为控制的因素; 又如一个车间的设备很多或者工人很多, 分析设备或工人对于特性指标的影响时, 只能随机选取少数设备或工人来测试, 工人和设备这两个因子也不能作为人为控制的因素。这时不能人为选定因子某几个固定的水平来分析, 每个因子的效应就不是几个确定的数值, 而是随机变量, 含有随机效应的方差分析模型称为 "**随机效应方差分析**" 模型。7.1~7.4 节所考虑的方差分析是 "**固定效应**" 方差分析, 本节所考虑的方差分析是 "**随机效应**" 方差分析。

单因子随机效应方差分析的数学模型是

$$y_{ij} = \mu + \alpha_i + \varepsilon_{ij},$$

其中 y_{ij} 是响应变量; μ 是 y_{ij} 的均值; α_i 是因子 A 的随机效应, 它服从正态分布 $N(0,\sigma_A^2)$; 误差 $\varepsilon_{ij} \sim N(0,\sigma^2)$。$\sigma_A^2$, σ^2 都是未知数。要做的假设检验是

$$H_{10}: \sigma_A^2 = 0, \text{ 即因子 } A \text{ 无影响}, \quad H_{11}: \sigma_A^2 \text{ 不为 } 0, \text{ 即因子 } A \text{ 有影响},$$

同时要估计 σ_A^2, σ^2 所占的百分比。若 σ_A^2 所占的百分比大, 则 A 的影响大; 否则 A 的影响小。

有多个因子的随机效应的数学模型类似。随机效应模型在变异源分析中有重要作用, 它可用来分析哪些因素最影响所考虑指标的波动。**因为要估计方差, 随机效应模型的每个因子至少要有 3 个以上的水平才能计算**。随机效应模型的方差分析仍可用 "一般线性模型" 对话框计算, 与固定效应方差分析不同之处是要在 "随机因子" 空格中显示哪些 "效应" 是随机的, 这时产生的计算结果只有方差分析表。为了得到各因子和误差的方差值, 应当再点击 "结果", 进入 "一般线性模型–结果" 对话框, 选择 "显示期望均方和方差分量", 就能让 MINITAB 输出各个因子的方差估计值。请注意: **如果 MINITAB 输出的方差是负的, 那是由于计算误差产生负值, 应当把负的方差改为 0**。

例 7.8 纺织厂有多台纺纱机用来纺纱。为了分析所纺纱线的强度差异的来源

(变异源), 设纱线的强度为相应变量。因为纺纱机台数很多, 随机抽取 4 台纺纱机作为代表。每台纺纱机随机抽取 4 条棉纱 (重复数是 4), 测量其强度, 测得数据如表 7–13。试由此数据分析棉纱强度差异产生的来源。

表 7–13 棉纱强度数据

甲	乙	丙	丁
98	91	96	95
97	90	95	96
99	93	97	99
96	92	95	98

解 本例关心的指标 "纱线的强度" 是 "响应变量", 影响它的 "因子" 是 "纺纱机" 和其他影响。因为纺纱机很多, 不同纺纱机造成的变异作为随机效应。这 16 个数据的波动由两部分组成: 纺纱机不同而造成的变异 σ_A^2 和每台纺纱机加工棉纱过程中其他原因形成的变异 σ^2。所用数学模型是

$$y_{ij} = \mu + \alpha_i + \varepsilon_{ij},$$

其中 y_{ij} 是纱线的强度 (响应变量); μ 是 y_{ij} 的均值; α_i 表示第 i 台纺纱机造成的随机效应, 它服从正态分布 $N(0, \sigma_A^2)$; 误差 $\varepsilon_{ij} \sim N(0, \sigma^2)$。$\sigma_A^2, \sigma^2$ 都是未知数。要做的假设检验是

$$H_{10}: \sigma_A^2 = 0, \text{ 即因子 (纺纱机) 无影响,}$$

$$H_{11}: \sigma_A^2 \text{ 不为 } 0, \text{ 即因子 (纺纱机) 有影响,}$$

同时要估计 σ_A^2, σ^2 所占的百分比。

使用 MINITAB 计算的操作如下: 将 16 个数据在工作表上排成 1 列命名为 "强度"; 另一列安放对应的纺纱机名 (甲, 乙, 丙, 丁), 命名为 "纺纱机", 见数据文件: 方差分析_棉纱强度.MTW。然后提交下述指令:

指令	功能
从 "统计 > 方差分析 > 一般线性模型" 进入 "一般线性模型" 对话框	让 MINITAB 用一般线性模型计算
在 "响应" 空格中选入 "强度", 在 "模型" 空格中选入 "纺纱机"	告诉 MINITAB "强度" 是响应, "纺纱机" 是因子
将 "纺纱机" 选入随机因子空格 (见图 7–8)	告诉 MINITAB "纺纱机" 的效应是随机的
点击 "结果", 进入 "一般线性模型–结果" 对话框, 选择 "显示期望均方和方差分量"(见图 7–9)	要求 MINITAB 输出因子和误差的方差

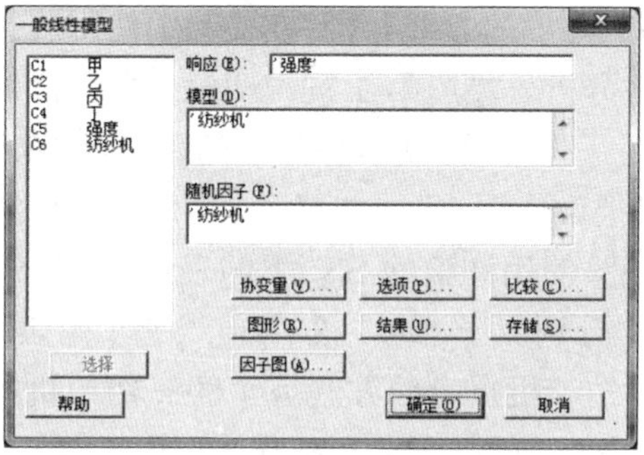

图 7–8 “一般线性模型” 对话框

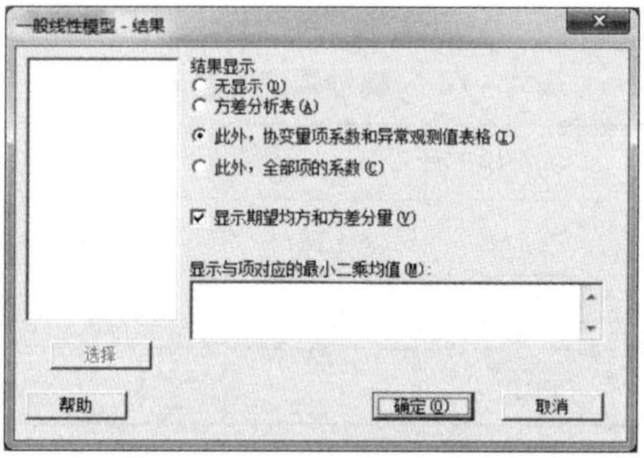

图 7–9 “一般线性模型–结果” 对话框

各框点击 “确定”, 会话窗口得到的主要结果是:

一般线性模型: 强度与纺纱机

...

强度的方差分析, 在检验中使用调整的 SS

来源	自由度	Seq SS	Adj SS	Adj MS	F	P
纺纱机	3	89.188	89.188	29.729	15.68	0.000
误差	12	22.750	22.750	1.896		
合计	15	111.938				

...

方差分量, 使用调整的 SS

来源	估计值
纺纱机	6.958
误差	1.896

结果分析: (1) 表头 “强度的方差分析, 在检验中使用调整的 SS” 下给出方差分析表 (见表 7–14), 方差分析表左边第 1 列说明每行所代表的 “方差” 分别属于 “纺纱机” 和 “误差”; 由最后一列可见, 纺纱机对应的 P 值是 0.000 小于 0.05, 所以纺纱机对棉纱强度变异有很大作用, 不能忽略 (无论以下算出纺纱机的方差分量是多大)。(2) 表头 “方差分量, 使用调整的 SS” 下的表是 “方差分量表”, 左边第 1 列说明每行所代表的 “方差” 分别属于 “纺纱机” 和 “误差”; 由表可见, 因纺纱机不同而造成的方差是 6.958, 而纺纱机自身的方差是 1.896; 纺织机的不同造成的波动占比 $6.958/(6.958+1.896)$, 大于 70%, 因此可以认为: 由于纺纱机不同而造成的方差很大, 应当设法减小这种方差 (例如调试和维修纺纱机)。

表 7–14 棉纱强度方差分析表

来源	自由度	Seq SS	Adj SS	Adj MS	F	P
纺纱机	3	89.188	89.188	29.729	15.68	0.000
误差	12	22.750	22.750	1.896		
合计	15	111.938				

如果有多个因子的效应是随机的, 甚至要考虑随机效应的交互作用时, 随机效应方差分析仍然可以用 “一般线性模型” 计算。

小结

任务	对话框	参照例题
检验多总体方差是否相等	“等方差检验” 对话框	7.1
方差分析	“一般线性模型” 对话框	

从 “统计 > 方差分析 > 一般线性模型” 进入 “一般线性模型” 对话框后, 执行任务所用选项:

任务	选项	参照例题
单因子方差分析	“模型” 空格中选入单个因子	7.2
多因子方差分析	“模型” 空格中选入多个因子	7.3

续表

任务	选项	参照例题
考虑交互作用的方差分析	“模型” 空格中选入多个因子, 以及用 “*” 号连接的因子, “*” 号表示交互作用	7.4, 7.5
协方差分析	“模型” 空格中选入多个因子, 用 “*” 号连接的因子, 以及协变量; “一般线性模型–协变量” 对话框中, 将涉及的协变量选入 “协变量” 空格	7.6, 7.7
随机效应分析	“模型” 空格中选入多个因子, 以及用 “*” 号连接的因子; 将具有随机效应的因子选入 “随机因子” 空格	7.8

练习题

7.1 今有 3 种型号的化油器, 测定 “比油耗” 数据如表 7–15。问 3 种型号化油器的比油耗之间是否有显著差异?

表 7–15 化油器比油耗数据

1 型	1 型	2 型	3 型
231.0	224.7	222.8	224.3
232.8	225.5	224.5	226.1
227.6	229.3	218.5	221.4
228.3	230.3	220.2	223.6

7.2 为了研究淬火温度和保温温度对铣刀硬度 Y 的影响, 用 3 种淬火温度 (C1~C3) 和 3 种保温温度 (D1~D3) 淬火, 测得铣刀硬度 Y 如表 7–16。检验淬火温度、保温温度分别对硬度有没有显著影响。

表 7–16 铣刀硬度数据

保温温度 \ 淬火温度	C1	C2	C3
D1	64	66	68
D2	66	68	67
D3	65	67	68

7.3 为了分析可待因和针刺及其配合对减轻牙科病痛的效果, 选择 32 名志愿者分成 8 组试验, 结果见数据文件: 方差分析_牙痛.MTW。数据文件中有 4 个变量: 医生、可待因、针刺、缓解。8 位医生编号为 1~8; 不服用可待因者 "可待因 =1", 服用可待因者 "可待因 =2"; 针刺非穴位者 "针刺 =1", 针刺穴位者 "针刺 =2"; 缓解数值越高, 镇痛效果越好。试分析因子 "医生、针刺、可待因、可待因 * 针刺" 是否显著影响镇痛效果。如果有影响, 什么样的水平组合效果最好? (选择最佳水平组合。)

7.4 某厂为提高零件内孔研磨工序质量, 进行工艺参数的选优试验, 因子水平见表 7–17, 希望锥度越小越好。

表 7–17 锥度因子水平表

因子	水平一	水平二
A: 研孔工艺设备	通用夹具	专用夹具
B: 生铁研圈材质	特殊铸铁	一般灰铸铁
C: 留研量	0.01	0.015

用正交表安排后实验数据如数据文件: 方差分析_锥度.MTB。分析 A, B, A*B, C 中哪些效应是显著的, 并求出最佳水平组合。

7.5 某园艺师研究花的品种 (两个水平)、温度 (两个水平) 对产量的影响。在 24 块地种花, 由于地块面积不一样大, 把土地面积作为协变量, 每块地花的产量为响应, 得到数据文件: 方差分析_花卉.MTW。试分析扣除土地面积的影响后, 品种、温度及其交互作用对产量的影响是否显著。

7.6 在研究硬头鳟对蛋白质的消化率时, 考虑了鱼的规格 (A) 和水温 (B) 两个因素, 假定水温的效应是随机效应, 在每一水平组合下进行两次重复试验, 试验结果见数据文件: 方差分析_硬头鳟.MTW。试做方差分析。

提示: 把规格作为固定效应, 水温作为随机效应, 考虑它们的交互作用。

7.7 为了评定各厂生产轿车的可靠性, 选出 4 个厂家 (a、b、c、d), 命名为 "厂家", 各指定 3 个车型 (分别记为 1、2、3), 命名为 "型号", 每个车型各抽 3 辆, 请专家打分 (0~100), 所得分数命名为 "得分", 全部信息构成数据文件: 方差分析_汽车.MTW。试分析厂家和车型对可靠性的波动影响大小。

提示: 厂家和车型都作为随机效应。

第 8 章

回归分析

通俗地说, 回归分析就是有关 “经验公式” 的分析。先看一个例子: 一根原木的体积称为材积。能不能用圆柱体积公式

$$V = \pi L D^2/4$$

来计算材积? 误差太大! 能不能用圆台体积公式来计算材积? 误差也很大。林学专家们测量大量原木的材积和尺寸, 通过 “拟合” 方法, 由这些测量数据估计出一些常数, 用这些常数可以得到比较精确的 “经验公式”。用这公式来计算每根原木的材积时, 误差都不大。林学专家们通过实测数据 “拟合” 出的近似公式, 称为经验回归方程 (简称回归方程)。回归分析就是求得回归方程并对所得回归方程加以分析的统计学分支, 具有非常丰富的内容; 本章仅介绍其中极少部分的内容。

求回归方程时需要估计的一些常数称为**参数**。一般**回归模型**表达式是 $y = f(x_1, \cdots, x_m, b_1, \cdots, b_k) + \varepsilon$, 其中 y 和 $x_1, \cdots, x_m$ 分别是**因变量**和**自变量**; $b_1, \cdots, b_k$ 是事先未知的、待估计的**参数**; ε 是**随机误差**, 本书假设 ε 服从均值为 0 的正态分布。回归分析的初始目的是: 根据自变量和因变量的若干次观测值确定参数 $b_1, \cdots, b_k$ 的值, 得到估计值 $\widehat{b}_1, \cdots, \widehat{b}_k$, 从而建立**经验回归方程** $\widehat{y} = f(x_1, \cdots, x_m, \widehat{b}_1, \cdots, \widehat{b}_k)$。

中学所学圆柱体积公式、圆台体积公式则是准确公式, 没有误差项, 也没有待估参数, 不是回归方程。

回归分析中的因变量也称为响应变量 (MINITAB 简称为 “响应”) 或预报对象, 本书中称为 “因变量”; 自变量也叫解释变量、预报变量或预报因子, 本书中称为 “自

变量” (MINITAB 简称为 “预测变量”)。

当经验公式中未知参数全以线性形式出现时, 回归方程称为线性回归方程。回归分析的任务除了建立回归方程外, 还有其他很多内容, 例如做有关的方差分析、t 检验、影响分析、共线分析、残差分析等, 本书只介绍其中的初步内容, 希望知道更多内容的读者可参阅 [3, 5, 7, 15, 16]。再次要求读者注意的是: 从 MINITAB 的众多输出中, 关注一些 “表”。这些 “表” 有其特定的 “表头” 便于识别, 提供特定的有关回归分析的结论。

本章 8.1 节介绍相关分析, 除了 “相关” 这一词有用外, 它也可以为建立回归方程提供线索; 8.2~8.4 节介绍线性回归分析; 8.5 节介绍非线性回归分析。

8.1 相关分析

我们经常要考虑两个变量的关系: 如果随着一个变量增大, 另一个变量也大体 “线性增大”, 则称它们**正相关**; 如果随着一个变量增大, 另一个大致 “线性减小”, 则称它们**负相关**; 在这两种情形下都称它们**相关**。为了判定两个随机变量是否相关, 可以画它们样本的散点图: 如果散点图接近一条斜线, 就说它们相关。图 8–1 (例 8.3) 是某种合金含碳量和它的强度散点图。从图上可以看出: 合金含碳量和它的强度正相关。

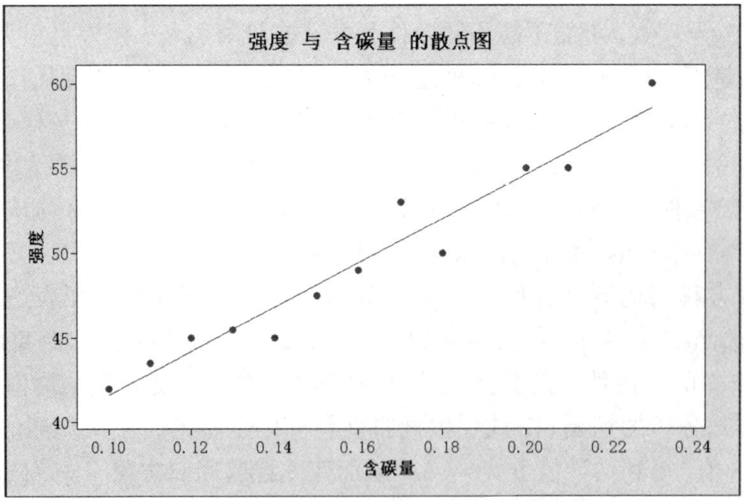

图 8–1 某种合金含碳量和它的强度散点图

但是当点子较多时, 凭肉眼判断点子是否接近一直线, 不够准确, 例如例 5.12 中多国出生率和死亡率是否相关就不能从散点图看出。这时可以用 Pearson 样本相关系数 (简称为相关系数) 及相应假设检验来判断两个量是否 “相关”。相关系数以数量形式描述随机变量间相关的程度: 样本容量固定时, 相关系数绝对值越大, 相关程度越高; 如果它们相关, 正相关时相关系数 >0, 负相关时相关系数 <0。但是相关程度不好用相关系数直接比较, 因为同样的相关系数, 样本容量不同时会有不同的相关性 (见例 8.1 和例 8.2), 因此要做假设检验:

原假设 H_0 : 两变量不相关, 备择假设 H_1 : 两变量相关。

一般规定: P 值 <0.05 判定它们相关。有关计算和检验可用 “相关” 对话框实施。

例 8.1 对于例 5.12 数据文件 (图形_出生死亡率.MTW), 检验出生率和死亡率是否相关。

解 打开数据文件: 图形_出生死亡率.MTW。执行下列指令:

指令	功能
从 “统计 > 基本统计量 > 相关” 进入 “相关” 对话框	让 MINITAB 计算相关系数并检验相关性
将 “出生率” 和 “死亡率” 选入 “变量” 空格	只考虑 “出生率” 和 “死亡率” 的相关系数
选择 “显示 p 值” (如图 8–2)	要求 MINITAB 显示假设检验的 P 值

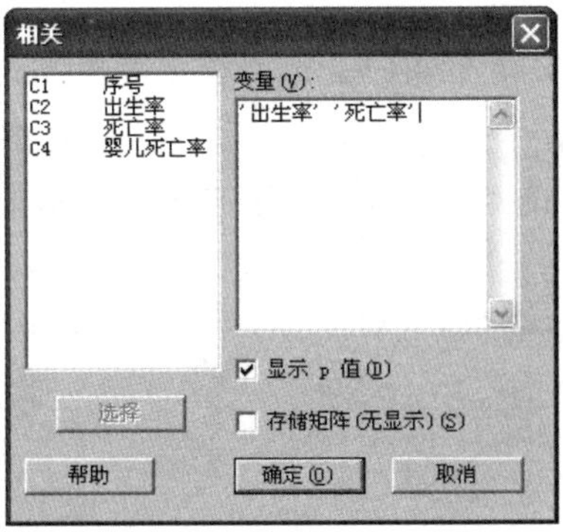

图 8–2 相关分析对话框

点击 “确定”, 在会话窗口得到:

```
相关: 出生率, 死亡率


出生率和死亡率的 Pearson 相关系数 = 0.486
P 值 = 0.000
```

结果分析: 出生率和死亡率的相关系数是 0.486, P 值 =0.000<0.05 (真正的 P

值小于 0.0005, 不是绝对等于 0), 可见它们是相关的, 由相关系数 0.486>0, 知道它们是正相关的, 即出生率高的国家死亡率也高。

应当注意相关性的判别与样本容量有很大关系: 例 8.1 中样本量 =97, 相关系数仅为 0.486, 也判定两个变量相关; 而例 8.2 中样本量 =4, Y 和 Z 的相关系数虽是 0.912, 仍然判定两个变量不相关。还要注意的是: 变量相关性不具有传递性, 也就是说随机变量 X 和 Y 相关, X 和 Z 相关, 但 Y 和 Z 却不一定相关 (见例 8.2)。

例 8.2 设 X、Y、Z 是 3 个随机变量, 它们的 4 次观测见表 8–1, 检验它们是否两两相关。

表 8–1 观测数据

X	Y	Z
0.78605	−2.29747	−1.81488
2.53745	−0.19322	−0.72904
0.33492	−2.26706	−2.65567
3.23720	−0.07184	0.39240

解 此例要考察 X、Y 是否相关, Y、Z 是否相关, X、Z 是否相关。可以这样操作: 将表 8–1 输入工作表, 执行指令从 "统计 > 基本统计量 > 相关" 进入 "相关" 对话框; 将 "X、Y、Z" 选入 "变量" 空格; 选择 "显示 p 值"; 点击 "确定", 在会话窗口得到:

```
相关: X, Y, Z


      X       Y
Y   0.976
    0.024


Z   0.980   0.912
    0.020   0.088
```

结果分析: 这里计算多个变量间相关系数和 P 值, 最上一行的变量和最左列变量对应处显示它们的相关系数和检验的 P 值。由会话窗口可见: X 和 Y 的相关系数是 0.976, P 值 0.024<0.05 说明 X 和 Y 相关; X 和 Z 的相关系数是 0.980, P 值 0.02<0.05 说明 X 和 Z 相关; Z 和 Y 的相关系数是 0.912, P 值 0.088>0.05 说

明 Z 和 Y 不相关。

8.2 线性回归

线性回归分析的数学模型是

$$y = b_0 + b_1x_1 + \cdots + b_mx_m + \varepsilon,$$

也就是说除了常数项 b_0 外, 参数 $b_1, \cdots, b_m$ 恰好都和自变量 $x_1, \cdots, x_m$ 对应相乘然后相加。b_0 也称为**截距**, 参数 $b_1, \cdots, b_m$ 分别称为自变量 $x_1, \cdots, x_m$ 的**系数**。

用指令 "统计 > 回归 > 回归", 进入 "回归" 对话框, 将 "因变量" 选入 "响应" 空格, "自变量" 选入 "预测变量" 空格, 可以让 MINITAB 做线性回归分析。MINITAB 在会话窗口输出回归分析的结果, 即 3 张表:

(1) 在表头 "回归方程为" 下的是参数估计表, 表中给出回归方程、未知参数估计值, 并做 t 检验, 由此表可以判断回归方程中的每个自变量作用是否显著, 如果 t 检验 P 值较小, 例如小于 0.05, 判断该变量作用显著, 不能删去; 否则应当考虑从回归模型中删去这个变量 (具体删除哪个变量, 见 8.3 节)。关于 t 检验细节, 读者可以参阅文献 [3, 26]。

(2) 在表头 "方差分析" 下的是方差分析表, 其构造类似第 6 章单因子方差分析。表中给出 F 检验, 判断回归方程的线性关系是否显著 (全部待定系数对模型的联合线性影响是否大): 如果 F 检验 P 值较小, 例如小于 0.05, 判断全部待定系数对模型的联合线性影响大, 经验公式效果好; 否则要修改回归模型, 例如增加或变更自变量。当然仅有方差分析, 不能完全确定模型效果是否好, 还应当做残差分析等工作, MINITAB 也输出相关残差分析等结果, 限于篇幅这里不再讨论。

(3) 如果有异常值, 则给出异常值表, 表头为 "异常观测值"。表中给出 "异常值" (也叫 "离群值" "反常值" "异常点" 或 "野点") 的信息, 异常值是指该次观测的自变量和因变量的值显著不满足经验回归方程。对 "异常点" 要认真分析: 产生的原因是数据抄写错误, 还是实验条件突变, 还是有未知因素影响, 还是自变量对因变量有 "非线性" 影响 (例如自变量的多项式影响因变量, 见 8.4 节)。如果观测值中没有异常值, 则不给出异常值表。为了确保 MINITAB 在数据中有异常值时能够输出异常值, 可以检查一下: 进入 "回归" 对话框后点击 "结果", 确定其中选择了 "此外, 拟合值与残差表中的序贯平方和及异常观测值"。

例 8.3 某合金含碳量 x 与合金强度 y 的观测值如表 8–2 (数据文件: 回归_合金.MTW), 试建立由 "含碳量" 预报 "强度" 的经验公式。

表 8–2　合金强度与含碳量数据

序号	含碳量	强度
1	0.10	42.0
2	0.11	43.5
…	…	…

解　因为要分析含碳量对合金强度的影响: 合金强度是响应变量, 含碳量是自变量。画出强度对含碳量的散点图, 这些点近似在一直线上, 想到经验公式应当是

$$y = b_0 + b_1 x_1,$$

即回归模型是

$$y = b_0 + b_1 x_1 + \varepsilon,$$

其中 y 是因变量, x_1 是自变量, b_0, b_1 是两个待定参数, b_0, b_1 的值由表 8–2 中 12 个观测值确定。为求经验公式, 先将数据拷入工作表 (变量名分别是 “含碳量” 和 “强度”), 执行下述指令:

指令	功能
由 “统计 > 回归 > 回归”, 进入 “回归” 对话框	让 MINITAB 做线性回归
将 “强度” 选入 “响应” 空格, “含碳量” 选入 “预测变量” 空格 (如图 8–3)	指定 “强度” 为因变量, “含碳量” 为自变量

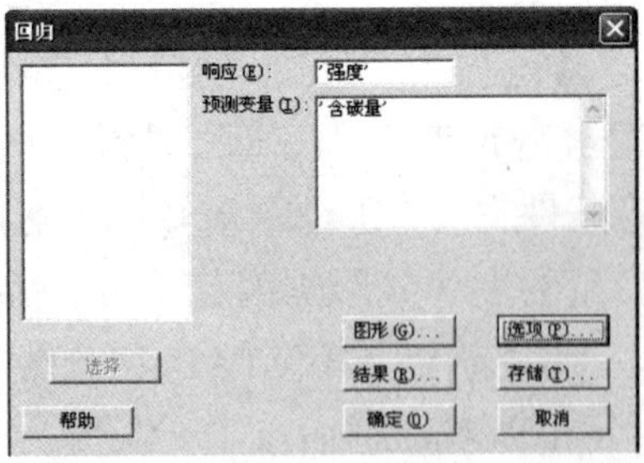

图 8–3　回归对话框

点击 “确定” 在会话窗口得如下结果:

回归分析: 强度与含碳量

回归方程为

强度 = 28.5 + 131 含碳量

自变量	系数	系数标准误	T	P
常量	28.493	1.580	18.04	0.000
含碳量	130.835	9.683	13.51	0.000

S = 1.31945 R−Sq = 94.8% R−Sq (调整) = 94.3%

方差分析

来源	自由度	SS	MS	F	P
回归	1	317.82	317.82	182.55	0.000
残差误差	10	17.41	1.74		
合计	11	335.23			

结果分析: 此结果由两张表组成 (因为没有异常值出现, 无异常值表, 仅有参数估计表和方差分析表)。参数估计表的表头是 "回归方程为", 方差分析表的表头为 "方差分析"。

(1) 第 1 张表是参数估计表, 首先给出粗略经验回归方程为

$$强度 = 28.5 + 131\ 含碳量,$$

之后的 3 行给出参数的精确估计值和假设检验的 P 值。左边第 1 列说明每行是什么参数: 常数 b_0 和含碳量的系数 b_1。在 "系数" 列给出参数的精确估计值: 常数项 $b_0 = 28.493$, 自变量含碳量的系数 $b_1 = 130.835$; 最后一列给出对两个参数做 t 检验的 P 值。

在 "常量" 所在行给出假设检验:

$$H_{10} : b_0 = 0, \quad H_{11} : b_0 \neq 0,$$

P 值 $= 0.000 < 0.05$ (真正的 P 值小于 0.0005, 不是绝对等于 0, 书中凡是 P 值 = 0, 都有含义, 不再叙述); 所以接受 H_{11}, 即常量估计值 28.493 是显著的, 公式中必须含有常量, 不能像例 8.4 那样删去常量。在 "含碳量" 所在行给出假设检验:

$$H_{20} : b_1 = 0, \quad H_{21} : b_1 \neq 0,$$

P 值 = 0.000 < 0.05 (真正的 P 值小于 0.0005, 不是绝对等于 0, 书中凡是 P 值 = 0, 都有同样含义, 不再叙述); 所以接受 H_{21}, "含碳量" 系数估计值 130.835 是显著的, 公式中必须有含碳量这个自变量, 不能删去它。

(2) 第 2 张表是方差分析表, 其中做了假设检验:

$$H_{30}: \text{线性关系不显著}, \quad H_{31}: \text{线性关系显著}。$$

该表中最重要的是 "P" 下的值, 它是 F 检验的 P 值。F 检验的 P 值为 0.000<0.05, 说明方程的线性关系是显著的 (即 2 个待定系数 b_0, b_1 对模型的联合线性影响大), 从而方程是可用的。如果 P 值 >0.05, 则回归方程不好。

准确的经验回归方程为

$$\text{强度} = 28.493 + 130.835\ \text{含碳量}。$$

回归方程中自变量可以是多个, 这时只需在进入 "回归" 对话框后, 将所有自变量选入 "预测变量" 空格中即可。

例 8.4 对 15 个地区调查某种护肤霜销量, 得表 8–3 (数据文件: 回归_护肤霜.MTW), 其中销量单位是千打, 目标人口单位是千人, 人均可支配收入单位是美元。试建立由目标人口和人均可支配收入预测销量的公式, 并求出目标人口每增加 1 千人, 护肤霜平均增加多少销量; 人均可支配收入每增加 1 美元, 护肤霜平均增加多少销量。如果某社区目标人口是 200 (千人), 人均可支配收入是 3000(美元), 预测它的护肤霜销量, 并求这时销量的 95% 预测区间。如果另一社区目标人口是 300 (千人), 人均可支配收入是 4000(美元), 预测它的护肤霜销量, 并求这时销量的 95% 预测区间。

表 8–3 护肤霜销量数据

销量	目标人口	人均可支配收入
162	274	2450
120	180	3254
223	375	3802
…	…	…

解 因为要建立对于护肤霜销量的预测公式, 设护肤霜销量是因变量, 记为 y。目标人口和人均可支配收入分别是自变量 x_1, x_2。则回归模型是

$$y = b_0 + b_1 x_1 + b_2 x_2 + \varepsilon,$$

其中参数 b_0, b_1, b_2 分别是常数项和 x_1, x_2 的系数。

将数据输入工作表, 执行下述指令:

指令	功能
由“统计 > 回归 > 回归”, 进入“回归”对话框	让 MINITAB 做线性回归
将“销量”选入“响应”空格,“目标人口”和“人均可支配收入”选入“预测变量”空格	指定“销量”为因变量,“目标人口”和“人均可支配收入”为自变量

点击“确定”即可在会话窗口得到下列结果:

回归分析: 销量与目标人口, 人均可支配收入

回归方程为

销量 =4.30+0.504 目标人口 +0.00811 人均可支配收入

自变量	系数	系数标准误	T	P
常量	4.304	2.611	1.65	0.125
目标人口	0.504074	0.006166	81.75	0.000
人均可支配收入	0.0081138	0.0009533	8.51	0.000

S=2.38093　R−Sq=99.9%　R−Sq (调整)=99.9%

方差分析

来源	自由度	SS	MS	F	P
回归	2	53834	26917	4748.20	0.000
残差误差	12	68	6		
合计	14	53902			

来源	自由度	Seq SS
目标人口	1	53423
人均可支配收入	1	411

异常观测值

观测值	目标人口	销量	拟合值	拟合值标准误	残差	标准化残差
12	372	232.000	227.740	1.354	4.260	2.18R

R 表示此观测值含有大的标准化残差

结果分析: 此结果由 3 张表组成, 即参数估计表、方差分析表和异常值表。参数估计表首先给出粗略经验回归方程为

$$销量 = 4.30 + 0.504\ 目标人口 + 0.00811\ 人均可支配收入,$$

之后的 4 行给出参数的估计值和假设检验的 P 值。左边第 1 列说明每行是什么参数: 常数项 (b_0), “目标人口” 的系数 (b_1), “人均可支配收入” 的系数 (b_2)。在 “系数” 列给出参数的估计值: 常数项 $b_0 = 4.304$; 自变量 “目标人口” 的系数 $b_1 = 0.504074$, 即 “目标人口” 每增加 1000 人, 平均销量增加 0.504074 千打; 自变量 “人均可支配收入” 的系数 $b_2 = 0.0081138$, 即 “人均可支配收入” 每增加 1 美元, 平均销量增加 0.0081138 千打; 最后一列给出对 3 个参数做 t 检验的 P 值: 在 “常量” 行检验:

$$H_{10} : b_0 = 0, \quad H_{11} : b_0 \neq 0,$$

由于 P 值 =0.125>0.05, 所以接受 H_{10}, 即常量是不显著的, 公式中应当不含常量。在 “目标人口” 行检验:

$$H_{20} : b_1 = 0, \quad H_{21} : b_1 \neq 0,$$

由于 P 值 =0.000, 所以接受 H_{21}, 公式中必须含目标人口这个自变量, 不能删去它。在 “人均可支配收入” 行检验:

$$H_{30} : b_2 = 0, \quad H_{31} : b_2 \neq 0,$$

由于 P 值 =0.000, 所以接受 H_{31}, 即公式中必须包含 “人均可支配收入” 这个自变量, 不能删去它。

有关方差分析表和异常值表的分析略。

注意: 方差分析表倒数第 3 行出现 Seq SS (1 型平方和), 即序贯平方和。线性回归中使用序贯平方和, 而方差分析的一般线性模型则使用调整的平方和 (3 型平方和)。其理论较深, 这里不做介绍。

例 8.4 续 1 以原数据重新建立没有常量的回归模型, 即

$$y = b_1 x_1 + b_2 x_2 + \varepsilon。$$

解 为了对这种没有常数项的回归模型进行计算, 只要提交如下指令: 由 “统计 > 回归 > 回归” 进入 “回归” 对话框; 将 “销量” 选入 “响应” 空格, “目标人口” 和 “人均可支配收入” 选入 “预测变量” 空格。然后提交指令:

指令	功能
点击 “选项” 进入 “回归–选项” 对话框	公布一些选项
不勾选 “拟合截距”(如图 8–4)	指示 MINITAB 建立没有常数项的回归方程

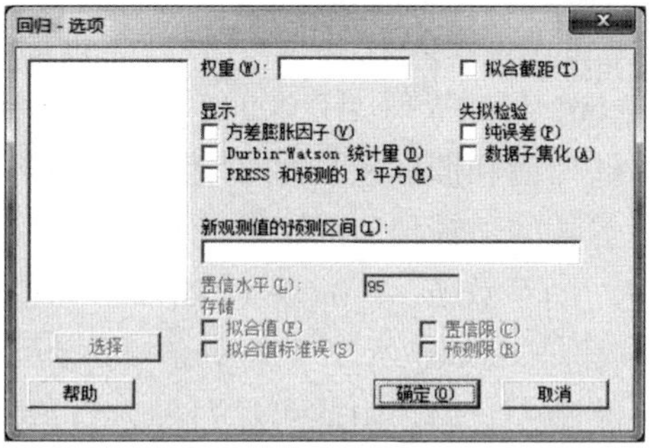

图 8–4　回归选项对话框

各框点击“确定”后在会话窗口得到:

回归分析: 销量与目标人口, 人均可支配收入

回归方程为

销量 =0.505 目标人口 +0.00942 人均可支配收入

自变量	系数	系数标准误	T	P
无常数项				
目标人口	0.504643	0.006550	77.04	0.000
人均可支配收入	0.0094194	0.0005646	16.68	0.000

S=2.53335

方差分析

来源	自由度	SS	MS	F	P
回归	2	394024	197012	30697.44	0.000
残差误差	13	83	6		
合计	15	394107			

来源	自由度	Seq SS
目标人口	1	392237
人均可支配收入	1	1786

结果分析: (1) 由第 1 张表 (表头为 "回归方程为") 可见粗略经验回归方程为

$$销量 = 0.505\ 目标人口 + 0.00942\ 人均可支配收入,$$

之后的 3 行给出参数的估计值和假设检验的 P 值。左边第 1 列说明每行是什么参数。在 "系数" 列给出参数的估计值: 自变量 "目标人口" 的系数 $b_1 = 0.504643$; 自变量 "人均可支配收入" 的系数 $b_2 = 0.0094194$; 最后一列给出对 2 个参数做 t 检验的 P 值, 两个 P 值都是 0.000, 所以公式中必须含 "目标人口" 和 "人均可支配收入" 两个自变量, 不能删去它们。由此可见目标人口每增加 1 千人, 护肤霜平均增加销量 0.504643 千打; 人均可支配收入每增加 1 美元, 护肤霜销量平均增加 0.0094194 千打。(2) 第 2 张表是方差分析表 (表头为 "方差分析"), 其中 F 检验 P 值是 0.000<0.05, 所以线性关系显著 (判断 2 个待定系数对模型的联合线性影响大), 方程效果好。精确经验回归方程为

$$销量 = 0.504643\ 目标人口 + 0.0094194\ 人均可支配收入,$$

输出中没有异常值表, 原因是没有异常值。

为了预测效果好, 一般经验回归方程都希望保留 "截距", 即使 t 检验时 "截距" 不显著。所以尽量在模型中保持截距; 计算一个不含截距的回归模型后, 要在 "回归–选项" 对话框中选择 "拟合截距", 以便以后的回归模型都考虑 "截距"。

有了经验回归方程, 人们就可以通过它对新的自变量的值计算预测值。但是这样做一方面比较麻烦, 更重要的缺点是: 得不到预测区间。所以对于新的自变量的值, 应当用 MINITAB 来计算预测值, 见例 8.4 续 2。

例 8.4 续 2 如果某社区目标人口是 200(千人), 人均可支配收入是 3000(美元), 该社区护肤霜销量是多少? 如果另一社区目标人口是 300(千人), 人均可支配收入是 4000(美元) 呢? 为了预测这两个社区护肤霜销量和 95% 预测区间, 应当怎样操作?

解 应当如下操作: 在原有工作表中另加 2 列用于存放供预测的自变量值, 分别命名为 "新目标人口" "新人均可支配收入"; 在这两列分别输入 200, 300 和 3000, 4000, 见图 8–5。执行原有操作, 并在进入 "回归" 对话框, 选定因变量和自变量后, 提交下列指令 (注意: 为了预报值更精确, 模型中保留常数项):

指令	功能
由 "统计 > 回归 > 回归", 进入 "回归" 对话框	让 MINITAB 做线性回归
将 "销量" 选入 "响应" 空格, "目标人口" 和 "人均可支配收入" 选入 "预测变量" 空格	指定 "销量" 为因变量, "目标人口" 和 "人均可支配收入" 为自变量
点击 "选项" 进入 "回归–选项" 对话框	展示一些供选择的选项

续表

指令	功能
在“新观测值的预测区间”中选入“新目标人口”和“新人均可支配收入”。注意在“回归”对话框中, 自变量安放顺序是“目标人口”在前,“人均可支配收入”在后; 而这里新变量顺序也是“新目标人口”在前,“新人均可支配收入”在后, 具体两个新预测变量的名字不重要	指定进行预测时, 所用自变量的值所在列
保持置信水平空格中的 95	指定预报区间置信水平是 95%
选择“拟合截距”(如图 8–6)	指定回归模型中具有“常数项”

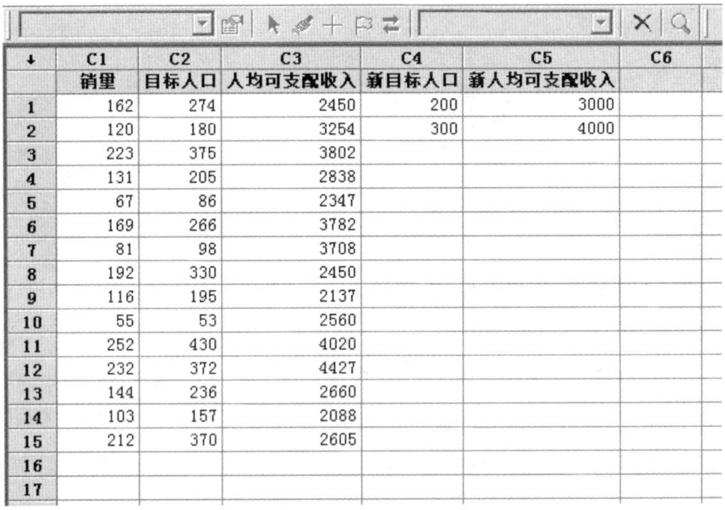

↓	C1 销量	C2 目标人口	C3 人均可支配收入	C4 新目标人口	C5 新人均可支配收入	C6
1	162	274	2450	200	3000	
2	120	180	3254	300	4000	
3	223	375	3802			
4	131	205	2838			
5	67	86	2347			
6	169	266	3782			
7	81	98	3708			
8	192	330	2450			
9	116	195	2137			
10	55	53	2560			
11	252	430	4020			
12	232	372	4427			
13	144	236	2660			
14	103	157	2088			
15	212	370	2605			
16						
17						

图 8–5 有预测变量的工作表

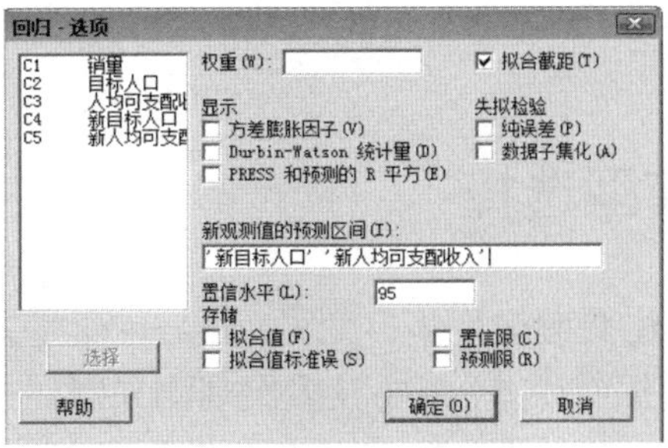

图 8–6 预测因变量值的对话框

各框点击 "确定", 在会话窗口得到许多表 (略去其中已经介绍过的部分):

回归分析: 销量与目标人口, 人均可支配收入

...

新观测值的预测值

新观测值	拟合值	拟合值标准误	95% 置信区间	95% 预测区间
1	129.460	0.665	(128.011, 130.910)	(124.074, 134.847)
2	187.982	1.040	(185.715, 190.248)	(182.321, 193.643)

新观测值的自变量值

新观测值	目标人口	人均可支配收入
1	200	3000
2	300	4000

由表 "新观测值的预测值" 新观测值 1 可见, 当目标人口是 200 (千人), 人均可支配收入是 3000(美元) 时, 护肤霜销量预测值是 129.460(千打)。129.460 后面有两个区间, 哪一个是预测值的 95% 预测区间? 前一置信区间 (128.011, 130.910) 在预测时不能用, 它没有考虑随机模型中的随机误差 ε, 预测范围较小 (理由暂不介绍); 后一预测区间在预测时可用, 是 (124.074, 134.847)。也就是说当目标人口是 200 (千人), 人均可支配收入是 3000(美元) 时, 预测销量 95% 可能在 (124.074, 134.847) 内。同样由新观测值 2 可见, 当目标人口是 300 (千人), 人均可支配收入是 4000(美元) 时, 护肤霜销量预测值是 187.982, 预测值 95% 可能在 (182.321, 193.643) 内。

8.3 线性回归模型选择

建立经验公式时往往要考虑许多自变量, 但是自变量太多了又不行, 主要原因有两个: 一方面, 观测数据有误差, 需要较多次观测来削弱这些误差, 得到较精确的参数值, 有的数学家提出观测的次数应当不小于 "自变量个数 +1" 的 5 倍, 才能保证所有参数得到较精确的估计值, 而观测次数一般不会太多, 这就限制自变量个数不能太多; 另一方面, 自变量间很可能存在近似相关关系, 即有的自变量可以用另几个自变量近似地线性表示 (见例 8.5), 这样的自变量也应当从模型中删去, 否

则计算中会造成很大误差。因此需要从全部自变量中选出一些自变量，由它们组成预报因变量的回归模型，这种选择自变量的过程称为变量筛选 (筛选因子) 或模型选择。

怎样选择自变量个数少的回归模型呢? 有时可以根据实际情况选择自变量，例如预报某种植物产量的回归模型中，某些时期降水、温度和施肥量对产量的影响是主要的，其他自变量不重要，这是由该种植物生长特性决定的，我们就选这段时间降水、温度和施肥量为自变量。但更多的时候，需要用数学方法来判定哪些自变量是合适的，哪些自变量可以舍去。对于线性回归模型，有许多数学方法可以用来选择自变量，从而确定回归模型，其原理也很复杂。以下只介绍 MINITAB 用逐步回归法和最佳子集法选择自变量的步骤，不介绍其原理。

注意不能一味减少自变量个数，因为一般说来，自变量个数多一些，拟合效果好一些。

8.3.1 逐步回归法

逐步回归的一般步骤是: 不断考察未被选入回归模型的自变量，选择其中最合适的、符合选入条件的，增加为回归模型的自变量; 同时不断检验已选入回归模型的自变量，将不符合条件的自变量从模型中剔除。至于什么是最合适的，选入 "条件" 是什么含义，这些都要用深奥的数学公式来解释，而且可以有不同的条件，本章就略而不谈了。

通过指令 "统计 > 回归 > 逐步" 进入 "逐步回归" 对话框可实施逐步回归。

例 8.5 某种水泥在凝固时放出的热量 y (单位: cal/g) 与水泥中下列 4 种化学成分的比例有关: $3CaO{\cdot}Al_2O_3$, $3CaO{\cdot}SiO_2$, $4CaO{\cdot}Al_2O_3{\cdot}Fe_2O_3$, $2CaO{\cdot}SiO_2$, 它们所占的百分比记为 x_1, x_2, x_3, x_4。13 次试验数据如表 8–4 (数据文件: 回归_水泥.MTW)。因为 4 个自变量都是百分比，它们数值的总和 $x_1 + x_2 + x_3 + x_4$ 接近 100, 因而有近似线性关系。所以自变量个数应当少于 4 个，为了淘汰不合适的自变量，试用逐步回归法选择模型。

表 8–4 水泥发热量数据

x_1	x_2	x_3	x_4	y
7	26	6	60	78.5
1	29	15	52	74.3
⋯	⋯	⋯	⋯	⋯

解 先将数据输入工作表, 然后提交下列指令:

指令	功能
从 "统计 > 回归 > 逐步" 进入 "逐步回归" 对话框	让 MINITAB 计算 "逐步回归"
将 "y" 选入 "响应" 空格, 将 "x1, x2, x3, x4" 选入 "预测变量" 空格 (如图 8–7)	指定 "y" 是响应变量, "x1, x2, x3, x4" 是待筛选的自变量全体

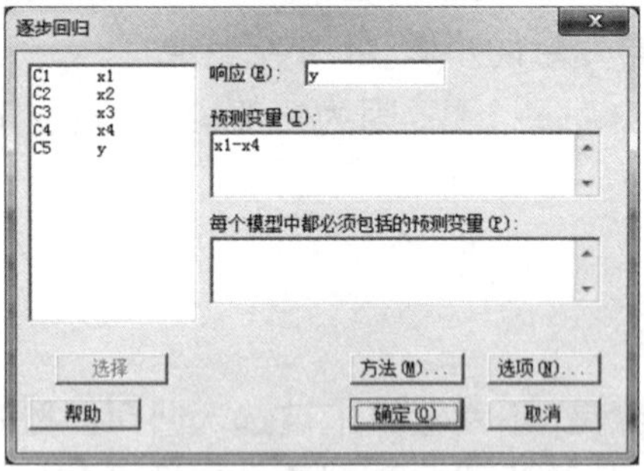

图 8–7 逐步回归对话框

点击 "确定" 后在会话窗口得到:

逐步回归: y 与 x1, x2, x3, x4

入选用 Alpha: 0.15 删除用 Alpha: 0.15

响应为 4 个自变量上的 y, N=13

步骤	1	2	3	4
常量	117.57	103.10	71.65	52.58
x4	−0.738	−0.614	−0.237	
T 值	−4.77	−12.62	−1.37	
P 值	0.001	0.000	0.205	
x1		1.44	1.45	1.47
T 值		10.40	12.41	12.10
P 值		0.000	0.000	0.000

续表

x2			0.416	0.662
T 值			2.24	14.44
P 值			0.052	0.000
S	8.96	2.73	2.31	2.41
R-Sq	67.45	97.25	98.23	97.87
R-Sq (调整)	64.50	96.70	97.64	97.44
Mallows Cp	138.7	5.5	3.0	2.7

结果分析: 在 “步骤” 这一行后面标示的数字表示筛选的第几步, 本例表示因子筛选共有 4 步, 每步所在列显示该步筛选的结果。为了简单易懂, 我们在这里刻意不介绍关于 T 值和 P 值的行。

在 “1” 下是第 1 步筛选的结果: 从 “1” 往下第 1 个数是 117.5, 它最左边对应常量二字, 说明第 1 步选入的回归方程, 常数项是 117.5; 从 “1” 往下第 2 个数是 −0.738, 该行对应最左边是 x4, 说明第 1 个回归方程选入 x_4, x_4 的系数 (参数估计值) 是 −0.738, 所以第 1 步选定的经验回归方程是

$$y = 117.5 - 0.738x_4。$$

在 “2” 下的数是第 2 步筛选的结果: 从 “2” 往下第 1 个数是 103.1, 它最左边对应常量二字, 说明第 2 步选定的回归方程, 常数项是 103.1; 从 “2” 往下第 2 个数是 −0.614, 该行对应最左边是 x4, 说明第 2 个回归方程中 x_4 的系数 (参数估计值) 是 −0.614; 从 “2” 往下第 3 个数 (不计 T 值和 P 值行) 是 1.44, 该行对应最左边是 x1, 说明第 2 个回归方程中 x_1 的系数 (参数估计值) 是 1.44, 所以第 2 步选择的经验回归方程是

$$y = 103.10 - 0.614x_4 + 1.44x_1。$$

它比第 1 步选定的回归方程多了自变量 x_1, 也就是说第 2 步选入自变量 x_1。

在 “3” 下是第 3 步筛选的结果, 按第 1、2 步筛选的结果读法可知, 又增加选入自变量 x_2, 经验回归方程是

$$y = 71.65 - 0.237x_4 + 1.45x_1 + 0.416x_2。$$

在 “4” 下是第 4 步筛选的结果 (最后结果), 经验回归方程是:

$$y = 52.58 + 1.47x_1 + 0.662x_2(\text{最佳回归方程})。$$

相比第 3 次选择的回归方程可见, 其中少了一个自变量 x_4, 即当回归模型包含 x_4, x_1, x_2 时, x_4 不符合保留在回归模型中的条件, 因而 x_4 被 MINITAB 剔除了。

因为逐步回归得到的最优回归方程的分析比较简略, 为了更详细地对所选最优

回归方程做分析, 可以像例 8.4 那样将所选自变量做线性回归。对于本例可提交如下指令: (1) 从 “统计 > 回归 > 回归”, 进入 “回归” 对话框。(2) 将 “y” 选入 “响应” 空格, 将最后所选定的 “x1,x2” 选入 “预测变量” 空格。(3) 点击 “确定”。这样一来会话窗口得到:

回归分析: y 与 x1, x2

回归方程为

y = 52.6 + 1.47 x1 + 0.662 x2

自变量	系数	系数标准误	T	P
常量	52.577	2.286	23.00	0.000
x1	1.4683	0.1213	12.10	0.000
x2	0.66225	0.04585	14.44	0.000

S=2.40634 R−Sq=97.9% R−Sq (调整)=97.4%

方差分析

来源	自由度	SS	MS	F	P
回归	2	2657.9	1328.9	229.50	0.000
残差误差	10	57.9	5.8		
合计	12	2715.8			

来源	自由度	Seq SS
x1	1	1450.1
x2	1	1207.8

这里给出了较详细的分析, 较精确的回归方程是

$$y = 52.577 + 1.4683x_1 + 0.66225x_2,$$

自变量 x_1, x_2 的系数都分别通过 t 检验, 都是显著的。它们联合影响的 F 检验也是显著的。初步看来这个方程不错。

逐步回归选出的变量个数太少时, 可以在逐步回归对话框中点击 “方法”, 在 “逐步回归–方法” 对话框的 “入选用 Alpha” 空格中, 把默认数值 0.15 改大些; 同时在 “删除用 Alpha” 空格中, 把数值 0.15 也改大些; 例如两个 0.15 都改为 0.2 或 0.3。

但是不能太接近 1, 因为 Alpha 数值越接近 1, 选入最佳回归方程的变量越多, 以致最后得到的经验回归方程的系数可能通不过 t 检验, 方差分析表中 P 值也可能远大于 0.05。

8.3.2 最佳子集回归

使用逐步回归时只能得到一个 “最佳” 回归方程, 这在实用中并不合适, 对于一个实际问题, 通常应当选出几个比较好的回归方程, 让 MINITAB 使用者结合实际情况再从中选用。为把所有较合适的回归方程都找出来, 可以采用 “最佳子集” 回归方法, 就是用 MINITAB 选出多个 “最佳” 回归方程 (例如选出 k 个), 每个最佳的回归方程由一组自变量决定, MINITAB 把这些自变量都列出来, 形成自变量的 “最佳子集”。按照例 8.4 的方法, 每个自变量子集可以产生 1 个回归方程。MINITAB 使用者可以综合考虑各种因素, 从这 k 个方程中根据实际情况选出最需要的回归方程。

例 8.6 求例 8.5 中水泥发热量问题的最佳子集回归方程。

解 例 8.5 已指出含 4 个自变量的回归方程不好 (自变量互相相关), 只含 1 个自变量的回归方程也不好 (自变量太少, 不能反映影响发热量的因素), 我们希望得到有 2 或 3 个自变量的最佳回归方程。

先打开数据文件 “回归_水泥.MTW”, 然后提交下列指令:

指令	功能
从指令 “统计 > 回归 > 最佳子集” 进入 “最佳子集回归” 对话框	让 MINITAB 计算 “最佳子集回归”
将 “y” 选入 “响应” 空格, “x1, x2, x3, x4” 选入 “自由预测变量” 空格 (如图 8–8)	指定 “x1, x2, x3, x4” 为全部待选自变量, “y” 为因变量
不把任何自变量选入 “所有模型中的预测变量”	同时让自变量全部 “自由竞争”, 不人为规定哪个变量 “必须被选入所有最佳子集”
点击 “选项” 进入 “最佳子集回归–选项” 对话框, 在 “最小值” 空格填 2, “最大值” 空格填 3(如图 8–9)	要求挑出含有 2~3 个自变量的最佳回归方程
勾选 “拟合截距”	所选最佳子集回归模型中都有常数项

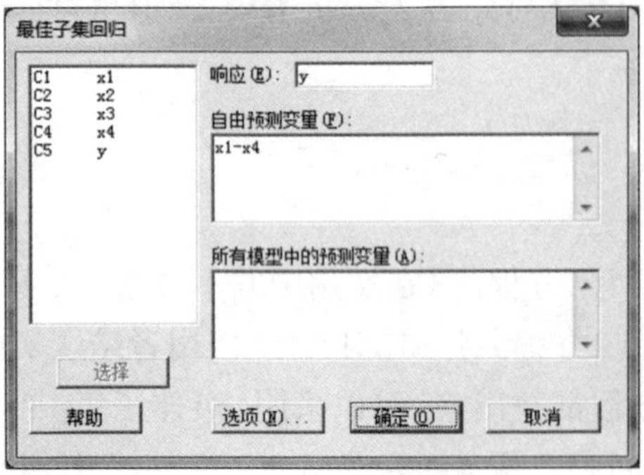

图 8–8 最佳子集对话框

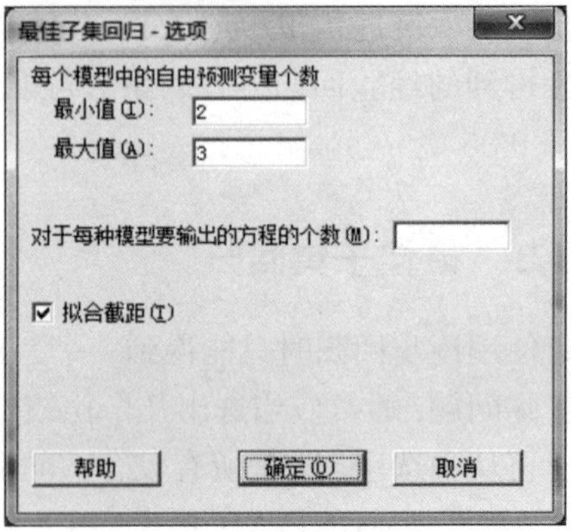

图 8–9 最佳子集–选项对话框

各框点击 "确定" 后在会话窗口得到:

最佳子集回归: y 与 x1, x2, x3, x4

响应为 y

变量	R-Sq	R-Sq (调整)	Mallows Cp	S	x1	x2	x3	x4
2	97.9	97.4	2.7	2.4063	X	X		
2	97.2	96.7	5.5	2.7343	X			X
3	98.2	97.6	3.0	2.3087	X	X		X
3	98.2	97.6	3.0	2.3121	X	X	X	

结果分析: 首先说明响应 (因变量) 是 y。再下面的是最佳子集表, 表中第 1 行是 "列名", 显示表中每列含义。表中最左边第 1 列列名是 "变量", 该列表示回归方程中自变量的个数, 如果想找只有 2 个自变量的最佳子集, 就在 "变量" 列中找 2, 对应行就是只有 2 个自变量的最佳子集。最右边 4 列表示 4 个自变量的选取。

这个表中第 2, 3 行最左边都是 "2", 所以这两行显示了包含 2 个自变量的最佳子集回归方程的信息。第 2 行中最后 4 列有两个 X, 这两个 X 向上对应 x_1 和 x_2, 说明 $\{x_1, x_2\}$ 是最佳自变量集。第 3 行中最后 4 列有两个 X, 它们向上对应 x_1 和 x_4, 说明 $\{x_1, x_4\}$ 是最佳自变量集。

如果想查看有 3 个自变量为 "最佳子集" 的情形, 就在 "变量" 列中找 3, 得到最后两行, 每行代表 1 组最佳子集。倒数第 2 行中最后 4 列有 3 个 X, 这 3 个 X 向上对应 x_1, x_2 和 x_4, 说明 $\{x_1, x_2, x_4\}$ 是最佳自变量集。同样从倒数第 1 行可见

$\{x_1, x_2, x_3\}$ 是最佳自变量集。

综上得到有 2 个自变量的最佳子集 $\{x_1, x_2\}$ 和 $\{x_1, x_4\}$, 有 3 个自变量的最佳子集 $\{x_1, x_2, x_3\}$ 和 $\{x_1, x_2, x_4\}$, 进而得到两组回归方程。有 2 个自变量的:

$$y = a_0 + a_1 \cdot x_1 + a_2 \cdot x_2 + \varepsilon,$$

$$y = b_0 + b_1 \cdot x_1 + b_2 \cdot x_4 + \varepsilon;$$

有 3 个自变量的:

$$y = c_0 + c_1 \cdot x_1 + c_2 \cdot x_2 + c_3 \cdot x_3 + \varepsilon,$$

$$y = d_0 + d_1 \cdot x_1 + d_2 \cdot x_2 + d_3 \cdot x_4 + \varepsilon,$$

其中 $a_0, a_1, a_2; b_0, b_1, b_2; c_0, c_1, c_2, c_3; d_0, d_1, d_2, d_3$ 都是待估参数, 都要按照例 8.4 的方法分别建立回归方程, 使用者可以选择其中合适的回归方程。对于本例, 按例 8.4 方法计算, 得到有 2 个自变量的最佳回归方程的信息, 如下两张表:

回归分析: y 与 x1, x2

回归方程为

y=52.6+1.47x1+0.662x2

自变量	系数	系数标准误	T	P
常量	52.577	2.286	23.00	0.000
x1	1.4683	0.1213	12.10	0.000
x2	0.66225	0.04585	14.44	0.000

S=2.40634 R-Sq=97.9% R-Sq (调整)=97.4%

方差分析

来源	自由度	SS	MS	F	P
回归	2	2657.9	1328.9	229.50	0.000
残差误差	10	57.9	5.8		
合计	12	2715.8			

...

上表是自变量为 x_1 和 x_2 的回归方程的信息。

回归分析: y 与 x1, x4

回归方程为

y=103+1.44x1−0.614x4

自变量	系数	系数标准误	T	P
常量	103.097	2.124	48.54	0.000
x1	1.4400	0.1384	10.40	0.000
x4	−0.61395	0.04864	−12.62	0.000

S=2.73427 R-Sq=97.2% R-Sq (调整)=96.7%

方差分析

来源	自由度	SS	MS	F	P
回归	2	2641.0	1320.5	176.63	0.000
残差误差	10	74.8	7.5		
合计	12	2715.8			

来源	自由度	Seq SS
x1	1	1450.1
x4	1	1190.9

异常观测值

观测值	x1	y	拟合值	拟合值标准误	残差	标准化残差
8	1.0	72.500	77.523	1.241	−5.023	−2.06R

R 表示此观测值含有大的标准化残差

上表是自变量为 x_1 和 x_4 的信息。上述两表说明这两个回归方程中自变量系数都通过 t 检验, 而且方差分析表中的 P 值都是 0.000 (小于 0.0005), 所以这两个经验回归方程都是好的 (判断 3 个待定系数对模型的联合线性影响大), 可供使用者选择。

按照例 8.4 计算, 得到有 3 个自变量的最佳子集回归方程的信息如下两张表:

回归分析: y 与 x1, x2, x3

回归方程为

y=48.2+1.70x1+0.657x2+0.250x3

自变量	系数	系数标准误	T	P
常量	48.194	3.913	12.32	0.000
x1	1.6959	0.2046	8.29	0.000
x2	0.65691	0.04423	14.85	0.000
x3	0.2500	0.1847	1.35	0.209

S=2.31206 R-Sq=98.2% R-Sq (调整)=97.6%

方差分析

来源	自由度	SS	MS	F	P
回归	3	2667.65	889.22	166.34	0.000
残差误差	9	48.11	5.35		
合计	12	2715.76			

来源	自由度	Seq SS
x1	1	1450.08
x2	1	1207.78
x3	1	9.79

上表是自变量为 x_1, x_2 和 x_3 的经验回归方程的信息, 其中自变量 x_3 的系数通不过 t 检验。

回归分析: y 与 x1, x2, x4

回归方程为

y=71.6+1.45x1+0.416x2−0.237x4

自变量	系数	系数标准误	T	P
常量	71.65	14.14	5.07	0.001
x1	1.4519	0.1170	12.41	0.000
x2	0.4161	0.1856	2.24	0.052
x4	−0.2365	0.1733	−1.37	0.205

续表

S=2.30874 R-Sq=98.2% R-Sq (调整)=97.6%

方差分析

来源	自由度	SS	MS	F	P
回归	3	2667.79	889.26	166.83	0.000
残差误差	9	47.97	5.33		
合计	12	2715.76			

来源	自由度	Seq SS
x1	1	1450.08
x2	1	1207.78
x4	1	9.93

上表是自变量为 x_1, x_2 和 x_4 的经验回归方程的信息, 说明回归方程中自变量 x_4 的系数通不过 t 检验。考虑到自变量的系数都要通过 t 检验, 所以由 3 个自变量组成的两个经验回归方程存在一定问题, 需要使用者考虑。因为 t 检验不是决定自变量是否留在经验回归方程的唯一因素, 例如有关国家经济问题的回归模型中 GDP 是重要预报因子, 尽管有时它通不过 t 检验, 仍然让它作为预报因子。

8.4 多项式回归

实际问题中常用的数学模型是

$$y = f(x_1, \cdots, x_m, b_1, b_2, \cdots, b_k) + \varepsilon, \tag{8-1}$$

其中 y 和 $x_1, \cdots, x_m$ 分别是因变量和自变量, $b_1, \cdots, b_m$ 是未知参数, f 是未知连续函数, 往往不是线性函数, 不可能用多元线性回归模型描述, 例如某地煤矿某层高度就不是地理坐标 x, y 的线性函数, 也不可能有数学表达式。但由于连续函数可以用多项式逼近, 所以常用**多项式回归**模型来近似实际问题, 也就是说建立"确定性部分是多项式"的回归模型

$$y = b_0 + b_1 x_1 + b_2 x_2 + \cdots + b_{m+1} x_1^2 + b_{m+2} x_2^2 + \cdots + \varepsilon, \tag{8-2}$$

用来近似实际问题中的未知的连续函数, 从而近似地接近并解决实际问题。像 (8–2) 这样的回归模型称为多项式回归模型。由例 8.7 可见, 多项式回归中待定系数 $b_0, b_1, b_2, \cdots, b_{m+1}, b_{m+2}, \cdots$ 很多, 但是可以用 8.2 节的筛选因子的方法, 方

便地得到待定系数较少的经验回归方程。方开泰先生特别强调: 自变量不一定以线性形式影响因变量, 可以用多项式配合因子选择选出合适的自变量高次项, 较好地拟合实际问题。

例 8.7 经钻探, 某地区某地层高度 z 的数据如表 8–5 (数据文件: 回归_钻探.MTW), 其中 x 为横坐标, y 为纵坐标。建立用 x, y 的二次多项式来近似预报高度 z 的回归方程 (地质工作者称这种方法为趋势面分析, 实际操作时, 可能用三次或四次多项式)。

表 8–5 地层高度数据

x	y	z
−3	−3	3.34
−3	−2	4.61
⋯	⋯	⋯

解 因为要求用二次多项式近似未知函数, 本题首先要建立回归模型

$$z = b_0 + b_1 x + b_2 y + b_3 x^2 + b_4 xy + b_5 y^2 + \varepsilon,$$

这里确定性部分是 x 和 y 的一般二次多项式, 这样的回归就是二次多项式回归。初看起来多项式回归不是线性回归, 因为自变量平方和交叉积出现在模型中, 但由于 x, y 已有观测值, 其方幂和交叉积也可看成已有观测值, 而未知参数 $b_0, \cdots, b_5$ 都是线性出现, 因此, 只要增加 3 个新自变量 xx, xy, yy 使它们的值满足 $xx = x^2$, $xy = x \cdot y$, $yy = y^2$, 就能把多项式回归模型化为线性回归模型

$$z = b_0 + b_1 x + b_2 y + b_3 xx + b_4 xy + b_5 yy + \varepsilon, \tag{8–3}$$

其中自变量是 x, y, xx, xy, yy。而 xx, xy, yy 的值能够用 x 和 y 已知的观测值方便地算出来, 可以作为已知的观测值; 待定参数是 $b_0, b_1, b_2, b_3, b_4, b_5$。

由此可见, 原来的两个自变量 x, y 的一般形式回归模型变成 5 个自变量 x, y, xx, xy, yy 的多项式回归模型 (8–3)。一般来说, 多项式回归中自变量很多。我们希望自变量少些, 可以先用逐步回归法 (或最佳子集法) 筛选自变量, 再用 "回归" 对话框计算出理想的多项式回归。本例用逐步回归法筛选因子 (自变量) 的具体操作如下: 先将数据拷入工作表 C1~C3 列, 在 C4~C6 列命名变量 "xx, xy, yy"; 由 "计算 > 计算器" 进入 "计算器" 对话框, 做 3 次计算, 使 "xx, xy, yy" 的值分别是 "x" 列的平方、"x" 和 "y" 两列的交叉积、"y" 列的平方 (见数据文件: 回归_钻探.MTW)。然后提交下列指令:

指令	功能
从 “统计 > 回归 > 逐步” 进入 “逐步回归” 对话框	让 MINITAB 计算 “逐步回归”
将 “z” 选入 “响应” 空格, 将 “x, y, xx, xy, yy” 选入 “预测变量” 空格	指定 “y” 是 “响应” 变量, “x, y, xx, xy, yy” 是待选 “自变量”

点击 “确定” 在会话窗口得到:

逐步回归: z 与 x, y, xx, xy, yy

入选用 Alpha: 0.15 删除用 Alpha: 0.15

响应为 5 个自变量上的 z, N=49

步骤	1	2	3
常量	5.417	7.790	9.006
x	−1.19	−1.19	−1.19
T 值	−4.07	−4.68	−4.86
P 值	0.000	0.000	0.000
yy		−0.59	−0.59
T 值		−4.03	−4.19
P 值		0.000	0.000
xx			−0.30
T 值			−2.14
P 值			0.037
S	4.11	3.57	3.44
R-Sq	26.03	45.34	50.41
R-Sq (调整)	24.46	42.96	47.10
Mallows Cp	19.3	4.5	2.1

结果分析: 同例 8.5 的分析, 可见经过 3 步筛选, 最后入选的变量是 x, xx, yy; 选得经验回归方程 $z = 9.006 - 1.19x - 0.3x^2 - 0.59y^2$。为了仔细分析, 可以按照 8.2 节提交下列指令: 由 “统计 > 回归 > 回归”, 进入 “回归” 对话框; 将 “z” 选入 “响

应” 空格, “x, xx, yy” 选入 “预测变量” 空格; 点击 “确定” 后在会话窗口得到:

回归分析: z 与 x, xx, yy

回归方程为

z=9.01−1.19x−0.304xx−0.593yy

自变量	系数	系数标准误	T	P
常量	9.0059	0.9403	9.58	0.000
x	−1.1933	0.2455	−4.86	0.000
xx	−0.3040	0.1418	−2.14	0.037
yy	−0.5932	0.1418	−4.19	0.000

S=3.43726　R-Sq=50.4%　R-Sq (调整)=47.1%

方差分析

来源	自由度	SS	MS	F	P
回归	3	540.39	180.13	15.25	0.000
残差误差	45	531.66	11.81		
合计	48	1072.05			

来源	自由度	Seq SS
x	1	279.10
xx	1	54.34
yy	1	206.94

异常观测值

观测值	x	z	拟合值	拟合值标准误	残差	标准化残差
11	−2.00	19.560	10.177	0.897	9.383	2.83R
18	−1.00	21.310	9.895	0.897	11.415	3.44R

R 表示此观测值含有大的标准化残差

结果分析: 和 8.2 节的分析一样, 首先给出粗略的经验回归方程

$$z = 9.01 - 1.19x - 0.304xx - 0.593yy,$$

之后的是参数估计表, 其中左边第 1 列说明每行显示的是什么参数: 常量, 自变量 x 的系数, 自变量 x 平方的系数, 自变量 y 平方的系数。由在 "系数" 列给出参数的估计值: 常数项 =9.0059, 自变量 x 的系数 = −1.1933, 自变量 x 平方的系数 = −0.3040, 自变量 y 平方的系数 = −0.5932; 最后一列给出对 4 个参数做 t 检验的 P 值: 由于 P 值都小于 0.05, 所以公式中所有参数都是必需的, 都是显著的, 不能略去, 从而经验回归方程是

$$z = 9.0059 - 1.1933x - 0.304x^2 - 0.5932y^2。$$

由方差分析表可见, P 值 = 0.000 (小于 0.0005), 所以回归方程效果是好的 (断定 4 个待定系数对模型的联合线性影响大); 由异常观测值表可见, 第 11, 18 次观测是 "异常值"。

8.5 非线性回归

8.2 节中的回归模型, 待定参数或者是常数项 b_0, 或者是自变量 $x_1, \cdots, x_m$ 的系数。8.4 节中的多项式回归模型, 待定参数或者是常数项 b_0, 或者是自变量 $x_1, \cdots, x_m$ 的系数, 或者是自变量幂或幂的交叉积的系数。在这两节中所研究的模型有一个共同特点: 待定参数以线性形式出现, 它们都和已知值相乘 (截距和 1 相乘) 再相加。但是在许多建立经验公式的问题中, 参数不全以线性形式出现, 有的可能出现在分母上 (例 8.8), 有的可能出现在指数中 (例 8.10), 这样的回归模型称为非线性回归模型。

例 8.8 考虑下面的化工反应速度问题, 设某种化学反应速度 y 为因变量, 醇和烯的偏压强 x_1, x_2 作为自变量, 回归模型是

$$y = \frac{cx_1}{1 + ax_1 + bx_2} + \varepsilon,$$

其中 y 是响应变量; a, b, c 是未知参数; x_1, x_2 是自变量。观测数据为表 8–6, 需要建立回归方程。

表 8–6 化工反应速度数据

x_1	1.000	2.000	1.000	2.000	0.100
x_2	1.000	1.000	2.000	2.000	0.000
y	0.126	0.219	0.076	0.126	0.186

这个问题中未知参数 a, b 出现在分母上，这个化工反应速度模型就是非线性回归模型。非线性回归估计参数的算法与线性回归不同: 不是直接用公式估计未知参数，而是先给出未知参数的初步估计 (简称为**初估计**)，然后设法换一组值，用它们作为参数的估计比初估计好一点，再设法换一个更好一点的参数的估计，以此类推，直到换不出更好的估计，这时就以最后的估计为未知参数的值，这种更换参数 "估计" 的过程称为**迭代**。这种估计参数的方法同 8.2~8.4 的方法完全不同。因此非线性回归模型不能通过 "回归 > 回归" 进入 "回归" 对话框求解，只能用 "非线性回归" 对话框求解。非线性回归模型求解步骤与线性回归求解过程不同: 在进入 "非线性回归" 对话框后，在 "预期函数" 空格中必须输入非线性回归模型表达式; 还必须进入 "非线性回归–参数" 对话框，在其上输入未知参数的初始估计值。MINITAB 称 "初估计" 为 "起始值"，即迭代开始的值。

未知参数初始估计值不能随意指定，如果指定得不好，迭代过程不能取得好的效果。假如在例 8.8 中取初估计 $a = b = c = 0$，则迭代不能进行，最后估计仍是 $a = b = c = 0$ (读者可以自己试用这个初估计算一算)。因此要有一个较合理的初始估计。

求未知参数初始估计值有三种方法: 第 1 种方法是根据经验，选取一组较合理的数作为参数初估计 (见例 8.8) 进行迭代; 第 2 种是更可靠的方法，把非线性经验公式近似地化为线性经验公式，由已知观测值，通过线性回归求出线性经验公式的参数，把线性经验公式的参数加以计算，得到非线性经验公式的初估计 (见例 8.9 和例 8.11) 进行迭代，一些文献中把这种由线性回归算出的好的参数初估计值，称为**优良初估计**; 第 3 种方法是估计了参数变化范围后，让 MINITAB 在该范围内选若干个值，从中挑一个较好的作为初估计进行迭代 (见例 8.10)。

"非线性回归" 对话框上的 "响应" 空格中应当填上因变量。"预期函数" 空格中应当输入经验公式表达式，在对话框中给出经验公式有 3 种方法: 如果该公式是常用的，可以在 "使用目录" 中找到，只要点击 "使用目录" 在其中选择 (如例 8.11 所示); 如果 "使用目录" 中没有所需公式，则可以点击 "使用计算器"，用计算器输入; 如果可以从某处复制，也可以将公式复制在 "直接编辑" 框内，或直接在 "直接编辑" 框内编辑，如例 8.8 至例 8.10 所示。建议尽量采用前两种方法，以避免因为符号不规范或 MINITAB 无法识别所输入的符号而出现错误。

例 8.8 的解 (根据经验给出初估计)。

解 从实际问题出发，认识到 a, b, c 都应当是正数，但不知道它们的大小，想到 1 是不大不小的数，于是取初估计 $a = b = c = 1$。具体操作方法是: 将表 8–6 数据输入工作表，自变量分别命名为 x1, x2 和 y (数据文件: 回归_化工反应.MTW)，再提交下列指令:

指令	功能
由 "统计 > 回归 > 非线性回归" 进入 "非线性回归" 对话框	让 MINITAB 计算非线性回归
将 "y" 选入响应空格	指定 y 是因变量
在 "直接编辑" 空格中填入公式的确定性部分 c∗x1/(1+a∗x1+b∗x2) (见图 8–10)	填写经验公式: $cx_1/(1+ax_1+bx_2)$
点击 "参数" 选项, 进入 "非线性回归–参数" 对话框	显示有关参数选项
在 "必需的初始值" 下面空格中按照最左端的列 a, b, c 所在行对应填写 1, 1, 1(见图 8–11)	指定初估计 $a=b=c=1$

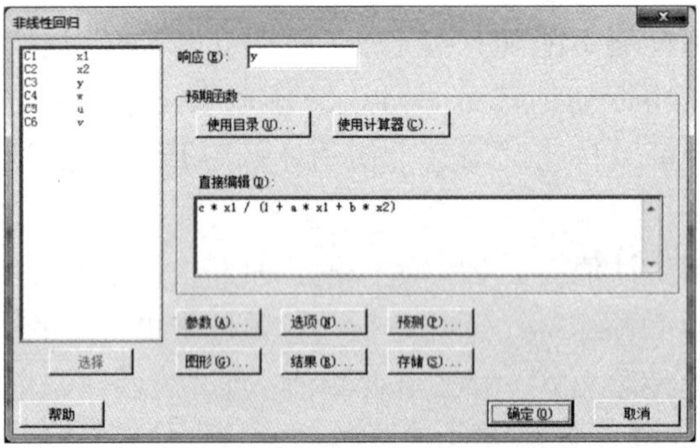

图 8–10 "非线性回归" 对话框

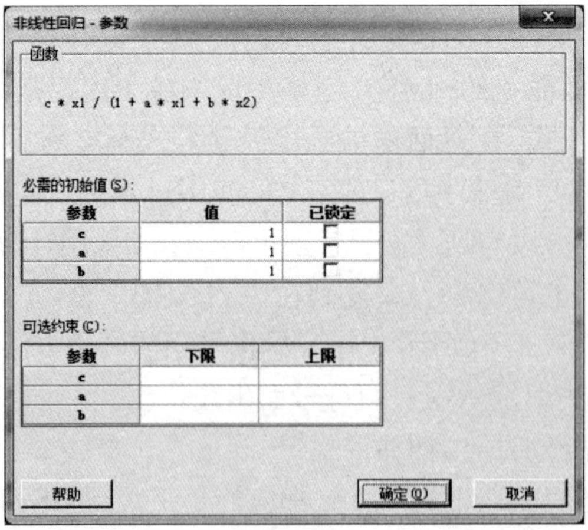

图 8–11 "非线性回归–参数" 对话框

各框点击“确定”, 在会话窗口得到主要结果:

```
非线性回归: y=c*x1/(1+a*x1+b*x2)
...
参数的起始值

参数值
  c    1
  a    1
  b    1

方程

y=2.44277*x1/(1+3.13151*x1+15.1594*x2)

参数估计

参数    估计       标准误估计值
c       2.4428     0.170307
a       3.1315     0.808417
b       15.1594    0.631224
```

结果分析: “参数的起始值” 表中介绍参数初估计 $a = b = c = 1$; 在 “参数估计” 表中给出参数的估计值 (迭代最终值) $c = 2.4428, a = 3.1315, b = 15.1594$; 在 “方程” 表中给出回归方程 (经验回归方程) 是

$$y = \frac{2.44277x_1}{1 + 3.13151x_1 + 15.1594x_2}。$$

根据经验给出初估计简单易于操作, 但是这种方法求出的 “初估计” 不一定合理, 如果 “初估计” 设定得不好, 迭代时会得到荒谬结果。这时怎么办? 可以换一组数再试一试, 但是最好还是用近似线性经验公式求非线性经验公式的优良初估计。也就是说要得到像 8.2 节那样的新的线性回归方程: 对于每一次观测而言, 新线性回归方程中因变量和自变量的值, 可以由原非线性回归方程的因变量和自变量的值算出; 原非线性回归方程待估参数可以由新线性回归方程的待估参数算出。通过求解新线性回归方程的待估参数的值, 得到原来非线性回归方程待估参数的初估计。

“用近似线性经验公式求非线性经验公式的优良初估计”, 方法虽然麻烦一些, 但是求出的初估计比较可靠。例 8.9 介绍对于例 8.8 求这种优良初估计的方法。

例 8.9 把例 8.8 非线性回归方程近似化为线性回归, 从而求出优良初估计。

解 把非线性回归模型去掉误差项得到方程

$$y = \frac{cx_1}{1 + ax_1 + bx_2},$$

两边取倒数得新方程

$$\frac{1}{y} = \frac{a}{c} + \frac{1}{c} \times \frac{1}{x_1} + \frac{b}{c} \times \frac{x_2}{x_1}。$$

因为对每次观测, 原非线性回归自变量和因变量观测值可以算出 $\frac{1}{y}, \frac{1}{x_1}, \frac{x_2}{x_1}$ 的值, 命名新因变量

$$w = \frac{1}{y},$$

命名新自变量

$$u = \frac{1}{x_1}, \quad v = \frac{x_2}{x_1},$$

则对于每次观测, 可以用计算器得到 w, u, v 的观测值, 将之输入工作表 (见数据文件: 回归_化工反应.MTW), 取新参数

$$b_0 = \frac{a}{c}, \quad b_1 = \frac{1}{c}, \quad b_2 = \frac{b}{c},$$

则由 b_0, b_1, b_2 的值可以算出 a, b 和 c 的值, 于是这样的变换是合适的。

原来的非线性经验公式近似化为线性经验公式 $w = b_0 + b_1u + b_2v$。考虑新线性回归模型

$$w = b_0 + b_1u + b_2v + \varepsilon,$$

由 w, u, v 的观测值 (新观测值) 按此模型估计新的参数 b_0, b_1, b_2。

具体算法是: 提交线性回归的指令, 由 "统计 > 回归 > 回归", 进入 "回归" 对话框; 将 "w" 选入 "响应" 空格, "u" 和 "v" 选入 "预测变量" 空格; 点击 "确定", 可得经验回归方程

$$w = 1.94 + 0.344u + 5.51v,$$

对照原来的规定

$$b_0 = \frac{a}{c} = 1.94, \quad b_1 = \frac{1}{c} = 0.344, \quad b_2 = \frac{b}{c} = 5.51,$$

可以解出优良初估计

$$a = 5.64, \quad b = 16.02, \quad c = 2.91。$$

把它们作为初估计, 代替例 8.8 的初估计, 像例 8.8 那样算下去: 由 "统计 > 回归 > 非线性回归" 进入 "非线性回归" 对话框; 在 "直接编辑" 空格中填入公式的确定性部分 c*x1/(1+a*x1+b*x2), 点击 "确定" 回到 "非线性回归" 对话框; 点击 "参数" 选项, 进入 "非线性回归–参数" 对话框; 在 "必需的初始值" 中对应 a, b, c 所在行填写 5.64, 16.02, 2.91; 点击 "确定", 可以得到同例 8.8 同样的参数估计值 $c = 2.4428, a = 3.1315, b = 15.1594$, 从而得到同样的经验回归方程。

可以看出这一组待估参数的初估计和 $a=b=c=1$ 相比, 更接近例 8.8 用非线性回归对话框算出的 $c=2.4428$, 所以 $a=3.1315$, $b=15.1594$。$a=5.64$, $b=16.02$, $c=2.91$ 确实是 "优良初估计"。优良初估计更重要的优点是: 它不会产生荒谬的迭代结果。

做非线性回归时, 可以在工作表中安排几列填写希望预测的自变量值, 再由 "非线性回归" 对话框中点击 "预测" 按钮, 从而得到预测值及其 95% 预测区间, 见例 8.10。

例 8.10 某人一周内未饮酒, 其血液中酒精浓度 $c(t)$ 降为 0。为遵守道路交通法, 他在饮下 2 瓶青岛啤酒后, 不同时刻测量血液内酒精浓度如表 8–7 (数据文件: 回归_饮酒.MTW)。其中 t 表示饮完酒后的时间, 单位是小时, $c(t)$ 表示血液中酒精浓度, 单位是 mg/100 ml。根据道路交通安全法, 车辆驾驶人员血液中的酒精浓度大于或等于 20 mg/100 ml 而又小于 80 mg/100 ml 为饮酒驾车, 血液中的酒精浓度大于或等于 80 mg/100 ml 为醉酒驾车。根据数据文件 "回归_饮酒.MTW" 算出什么时候该人可以驾驶机动车。(本题是2004年全国大学生竞赛c题的改写。)

表 8–7　某人血液酒精浓度数据

t	0.25	0.5	0.75	1	1.5	2	2.5	3	3.5
c	30	68	72	82	82	77	68	68	58

解 按照道路交通安全法, 只有血液中酒精浓度低于 20 mg/100 ml 才能驾驶机动车, 因此想求出该人这次饮酒后血液中酒精浓度的公式。根据药物动力学模型,

$$c(t)=a(e^{-bt}-e^{-dt})+\varepsilon, \tag{8–4}$$

其中 a,b,d 是正常数 (待估参数), 而且 b 小于 d; 这些参数与每个人的肾脏等器官的功能和全身血液总量有关, 也和饮酒酒精浓度、饮酒量有关, 因人而异, 因时而异。如果能确定 a,b,d 的值, 从而得出回归方程, 就能确定此人这次饮酒后多少小时血液中酒精浓度低于 20 mg/100 ml, 进而确定什么时间能驾驶机动车。但是公式 (8–4) 含有随机变量 ε, 因此光知道回归方程还不行, 还要求什么时刻 95% 预测区间右端小于 20。为了考察 4、5、6、7、8、9、10、11、12、13、14、15、16 小时后能否驾车, 就要估计这些时刻酒精浓度的 95% 预测区间。

(8–4) 中 b 和 d 出现在指数上, 因此 (8–4) 是非线性回归模型。(8–4) 去掉随机项后成为

$$c(t)=a(e^{-bt}-e^{-dt}), \tag{8–5}$$

因为参数 b 和 d 出现在不同指数上, 不能使用估计参数的方法 2, 只能用方法 3。考虑 (8–5) 的图形是: $t=0$ 时为 0, 短时间内随着 t 的增大而增大, 达到最大值后逐

渐减小趋于 0。因为 c 的值最大也就是 80 多一些, 由 (8–5) 估计参数 a 的值应当在 100 左右; b,d 的初步估计在区间 [0, 2] 内。由此想到让 a 在 [50, 150] 内隔 10 取 1 个值尝试作为初估计 (共有 11 个数供选择), b 在 [0, 2] 内隔 0.1 取 1 个值试试 (共有 21 个数供选择), d 在 [0, 2] 内隔 0.1 取 1 个值试试 (共有 21 个数供选择)。它们组合起来共有 4851 个不同的 a,b 和 d 的值, MINITAB 从中选出最合适的一个 (事实上 MINITAB 从这 4851 组数中选定 $a = 120, b = 0.2, d = 1.9$ 作为初估计), MINITAB 一般不输出所选定的初估计。

本例可以这样操作: 在工作表上安排 3 列, c 和 t 列给出 c 和 t 的观测值; t1 列给出希望预测酒精浓度的时间, t1=4 至 16 (见数据文件: 回归_饮酒.MTW); 提交如下指令:

指令	功能
由 "统计 > 回归 > 非线性回归", 进入 "非线性回归" 对话框; 将 "c" 选入 "响应" 空格	调用 MINITAB 的非线性回归功能, 选定 c 为响应变量
在 "非线性回归" 对话框 "直接编辑" 空格中输入回归方程的确定性部分 a∗(exp(−b∗t)−exp(−d∗t))(见图 8–12)	指定非线性回归公式是 $c(t) = a(e^{-bt} - e^{-dt})$
点击 "参数" 按钮进入 "非线性回归–参数" 对话框, 在 "必需的初始值" 的 3 个空格中, 对应于 a,b,d 分别填入 50:150/10, 0:2/0.1, 0:2/0.1 (注意数字间符号是西文冒号斜杠号, 见图 8–13)	指定供选择参数 a,b 和 d 初估计的 4851 个尝试值
点击 "确定" 回到 "非线性回归" 对话框, 点击 "选项", 进入 "非线性回归–选项" 对话框。"权重" 空格不填, "置信水平" 空格保持 95.0, 其余空格不动	指定置信区间和预测区间的置信水平都是 95%
点击 "确定", 退回 "非线性回归" 对话框; 点击按钮 "预测" 进入 "非线性回归–预测" 对话框; 在 "预测变量的新观测值" 空格中选入 t1; 限制类型空格保持 "双侧" (见图 8–14)	指定用于预测的自变量的新值是 t1 列, 指定预测区间为双侧预测区间

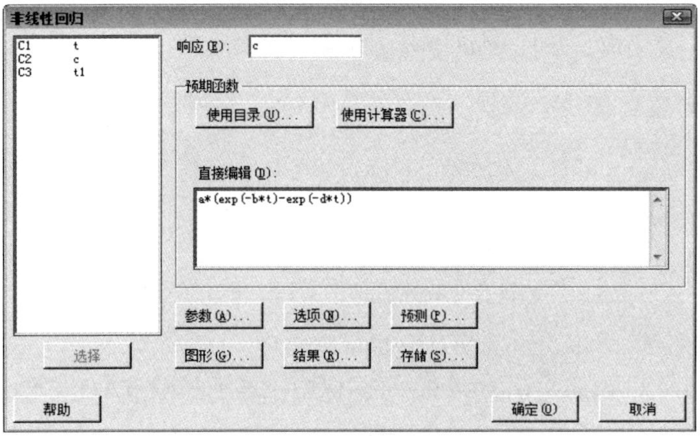

图 8–12 非线性回归对话框上编辑函数

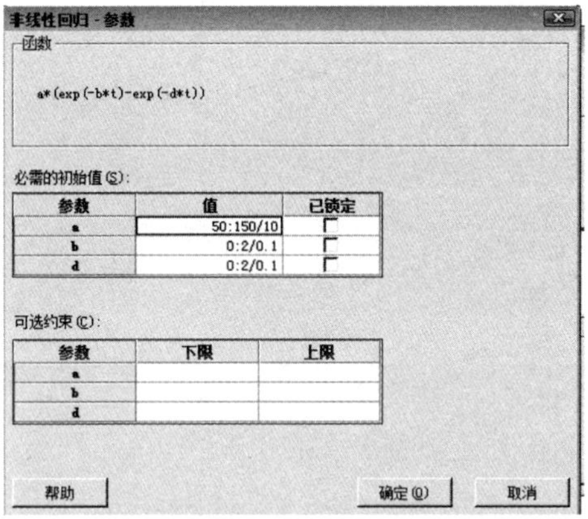

图 8–13 指定饮酒问题参数初估计备选值

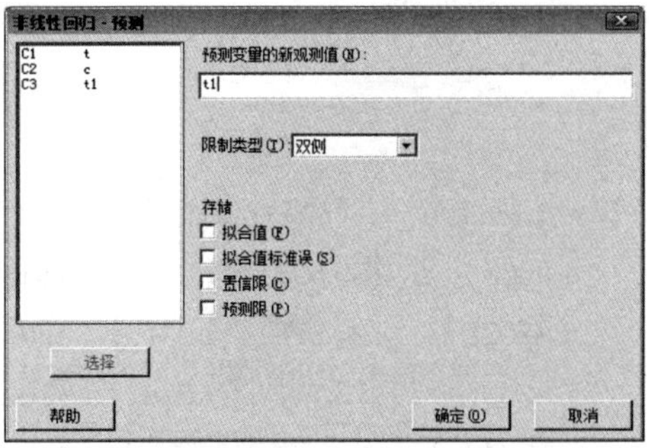

图 8–14 指定饮酒问题预测变量列

各框点击确定后, 会话区得到:

非线性回归: c=a*(exp(−b*t)−exp(−d*t))

...

参数的起始值

参数值

a	50, 60, 70, 80, 90, 100, 110, 120, 130, 140, 150
b	0, 0.1, 0.2, 0.3, 0.4, 0.5, 0.6, 0.7, 0.8, 0.9, 1, 1.1, 1.2, 1.3, 1.4, 1.5, 1.6, 1.7, 1.8, 1.9, 2
d	0, 0.1, 0.2, 0.3, 0.4, 0.5, 0.6, 0.7, 0.8, 0.9, 1, 1.1, 1.2, 1.3, 1.4, 1.5, 1.6, 1.7, 1.8, 1.9, 2

方程

c=129.97*(exp(−0.22891*t)−exp(−1.71932*t))

参数估计

参数	估计	标准误估计值
a	129.970	28.8963
b	0.229	0.0754
d	1.719	0.3994

c=a*(exp(−b*t)−exp(−d*t))

...

预测

新观测值	t	Fit	拟合值标准误	95% 置信区间	95% 预测区间
1	4	51.8878	4.98330	(39.6941, 64.0815)	(34.6447, 69.1309)
2	5	41.3541	6.81571	(24.6767, 58.0316)	(20.6956, 62.0127)
3	6	32.9079	7.82627	(13.7577, 52.0581)	(10.2062, 55.6096)
4	7	26.1776	8.17248	(6.1802, 46.1749)	(2.7568, 49.5983)
5	8	20.8221	8.05945	(1.1014, 40.5429)	(−2.3629, 44.0072)
6	9	16.5620	7.65403	(−2.1667, 35.2907)	(−5.7853, 38.9093)

续表

7	10	13.1734	7.07855	(−4.1472, 30.4940)	(−8.0077, 34.3546)
8	11	10.4781	6.41882	(−5.2281, 26.1844)	(−9.4046, 30.3609)
9	12	8.3343	5.73308	(−5.6940, 22.3627)	(−10.2515, 26.9201)
10	13	6.6291	5.05944	(−5.7509, 19.0091)	(−10.7462, 24.0045)
11	14	5.2728	4.42158	(−5.5464, 16.0920)	(−11.0273, 21.5729)
12	15	4.1940	3.83300	(−5.1850, 13.5730)	(−11.1879, 19.5759)
13	16	3.3359	3.30021	(−4.7394, 11.4112)	(−11.2877, 17.9595)

结果分析: 在表头 "方程" 的表中找到经验回归方程是

$$\widehat{c}(t) = 129.97(e^{-0.22891t} - e^{-1.71932t})。$$

表头为 "预测" 的数表中最后 1 列, 给出 95% 预测区间以便使用。和 8.2 节一样, 不考虑 95% 置信区间。为了不饮酒驾车, 必须 95% 预测区间右端小于 20。从表中可以见到, 仅当时间 t1 大于或等于 15 时, 95% 预测区间才能满足此条件 (右端小于 20)。所以在饮酒 15 小时后驾车, 才有 95% 的把握不违反交通安全法。当然为了 100% 保证遵守道路交通法, 出发前还是要再查验一下血液中的酒精浓度。

再次强调: 本例中 15 小时后可以驾驶机动车的结论是针对这个特定人、特定的饮酒量算出的, 而且要求这次饮酒前体内酒精基本上排除干净; 可以开车的间隔 15 小时不具有普遍性。所以每位驾驶员要根据自己的实际情况计算出参数值估计和 95% 预测区间, 才能利用这些数据推断适当的驾车时间。又因为 95% 预测区间不能确保 100% 涵盖所有可能性, 而且药物动力学模型也具有一定近似性, 计算结果与实际情况有一定偏差也是难免的; 所以开车前一定要再次测量血液中的酒精浓度, 才能确保不会违反交通安全法。

有的时候, 不能直接将非线性回归方程化为线性回归方程, 而要预先估计一些参数, 再化为线性回归模型求出优良初估计。

例 8.11 设牧草干重为 y, 服从模型

$$y = a\exp\{-\exp\{b - cx\}\} + \varepsilon,$$

其中预测变量是生长天数 x, 响应变量是牧草干重 y; 而 a, b, c 是未知参数, ε 是误差项。今有 9 次测试数据如表 8–8。试建立由生长天数 x 预测牧草干重 y 的回归方程, 并预测 101 天牧草干重。

表 8–8 牧草干重数据

天数 x	9.00	14.0	21.00	28.00	42.00	57.00	63.00	70.00	79.00
重量 y	8.93	10.8	18.59	22.33	39.35	56.11	61.73	64.62	67.08

解 将数据输入工作表, 工作表中有 3 列: C1 存 x, C2 存 y, C5 只存 1 个数 101, 命名为 “x1” (用于预测的自变量的值), 数据文件: 回归_牧草.MTW。模型中有 3 个参数 a, b, c, 其中 a 是线性出现的, 另两个参数则是非线性的, 所以这是非线性回归模型。把回归方程确定性部分 $a\exp\{-\exp\{b-cx\}\}$ 取两次自然对数能将参数 b, c 变成线性出现, 但是取两次自然对数后 a 又变成非线性出现。为此, 想首先估计出 a 的值, 即先确定它的初估计。因为曲线 $y = a\exp\{-\exp\{b-cx\}\}$ 是 Gompertz 增长曲线, 当自变量 x 趋于无穷时, y 渐增趋于 a, 即 $y = a$ 是渐近线, 于是取一个比所有 y 观测值都大, 但又大得不太多的数 70 作为渐近线的高, 即取 70 为 a 的初估计。然后对于 $y/70 = \exp\{-\exp\{b-cx\}\}$, 取两次对数得 $\ln(-\ln(y/70)) = b-cx$, 令 $v = \ln(-\ln(y/70)), u = -x$, 则对每次观测都能算出 v, u 的值来, 可以对它们做线性回归:

$$v = b_0 + b_1 u + \varepsilon,$$

其中常数项 b_0 的估计值即是 b 的优良初估计, 自变量 u 系数 b_1 的估计值即是 c 的优良初估计。为此先用 MINITAB 计算器计算 $\ln(-\ln(y/70)), -x$ 的值分别存入 v, u 列 (数据文件: 回归_牧草.MTW)。然后提交线性回归指令: 由 “统计 > 回归 > 回归”, 进入 “回归” 对话框; 将 “v” 选入 “响应” 空格, “u” 选入 “预测变量” 空格; 点击 “确定”, 可得经验回归方程,

$$v = 1.49 + 0.0560u。$$

由此有优良初估计 $a = 70$, $b = 1.49$, $c = 0.056$。

这时提交做非线性回归的指令: 由 “统计 > 回归 > 非线性回归” 进入 “非线性回归” 对话框; 将 “y” 选入 “响应” 空格, 由于 “Gompertz 增长” 模型是 MINITAB 自备函数, 可以在 “使用目录” 库中查到, 无需输入。再提交指令:

指令	功能
点击 “使用目录”, 进入 “非线性回归–目录” 对话框, 在下拉列表 “显示函数” 中选择 “所有函数”。再在下拉列表 “函数” 中选择 “Gompertz 增长” (见图 8–15)	选择模型为 “Gompertz 增长” 模型, 它的参数 Theta1 就是 a, Theta2 就是 b, Theta3 就是 c
点击确定, 在 “实际预测变量” 空格中选入 “x” (见图 8–16)	指定 “Gompertz 增长” 模型中自变量是 “x”

续表

指令	功能
点击“确定”回到“非线性回归”对话框，点击“参数”选项，进入“非线性回归–参数”对话框，由图 8–16 中公式可见：a 即 Theta1，b 即 Theta2，c 即 Theta3。在“必需的初始值”下对应 Theta1 行空格填入 70，对应 Theta2 行空格填入 1.49，对应 Theta3 行空格填入 0.056 (见图 8–17)	指定参数初估计为 $a = 70$, $b = 1.49$, $c = 0.056$
点击“确定”回到“非线性回归”对话框，点击“选项”，进入“非线性回归–选项”对话框。“权重”空格不填，“置信水平”空格保持 95.0，其余空格不动	让 MINITAB 求 95% 置信区间
点击“确定”回到“非线性回归”对话框，点击“预测”选项，进入“非线性回归–预测”对话框，在“预测变量的新观测值”空格中选入“x1”，保持“限制类型”为“双侧”(见图 8–18)	启动预测功能，预测自变量的值是工作表中 x1 列的值，要求输出预测值和双侧 95% 预测区间

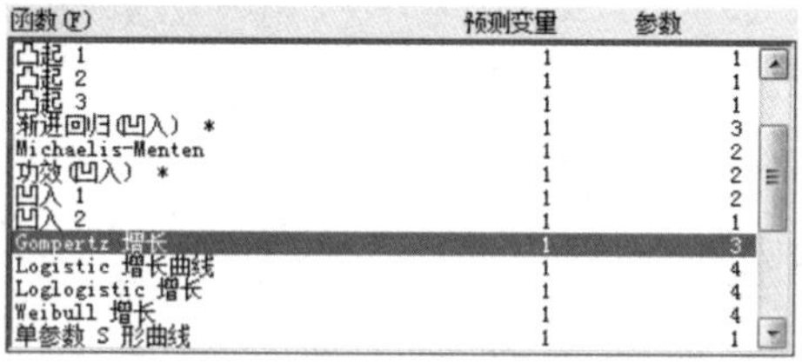

图 8–15 选择预测函数类型

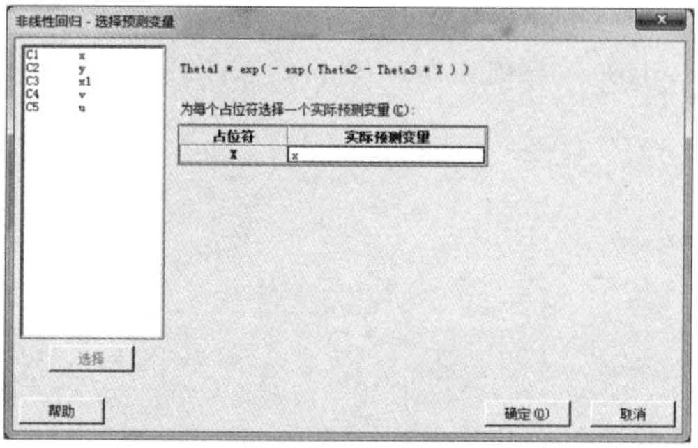

图 8–16 指定预测函数的自变量

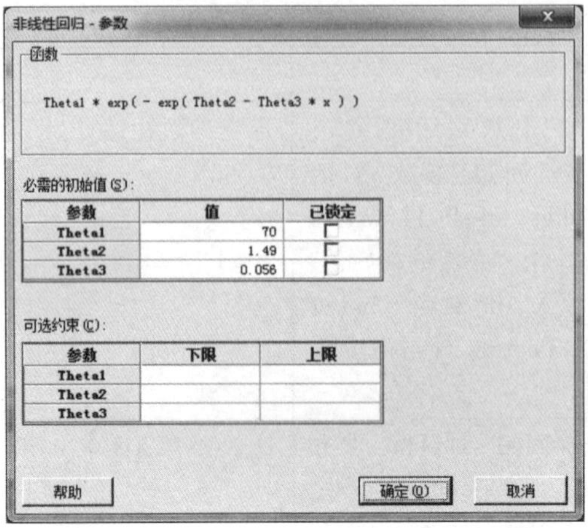

图 8–17　指定牧草问题参数初估计

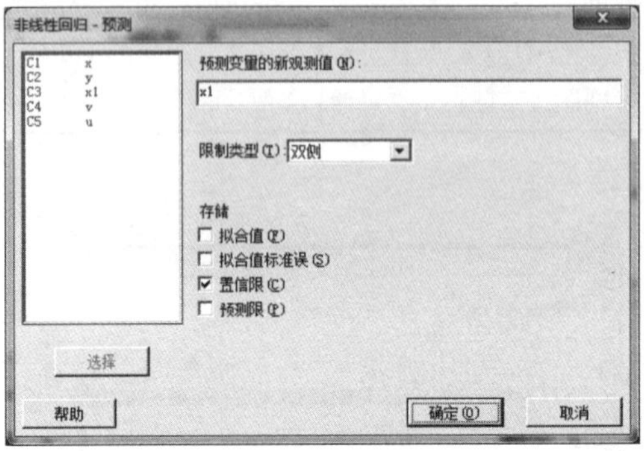

图 8–18　指定牧草问题预测自变量的值列

各框点击 “确定”, 在会话窗口得到主要结果:

```
非线性回归: y=Theta1*exp(-exp(Theta2-Theta3*x))
...
参数的起始值


参数值
Theta1      70
Theta2    1.49
Theta3   0.056
```

续表

方程

y=82.8322*exp(−exp(1.22371−0.0370749*x))

...

预测

新观测值	x	Fit	拟合值标准误	95% 置信区间	95% 预测区间
1	101	76.4339	3.04237	(68.9894, 83.8783)	(67.6494, 85.2183)

结果分析: (1) 由表头 “方程” 下的公式可见: 经验回归方程是 y=82.8322exp(−exp(1.22371−0.0370749x))。(2) 由表头 “预测” 下的数据可见牧草长到 101 天时, 预计牧草干重是 76.4339, 95% 预测区间是 (67.6494, 85.2183)。和 8.2 节一样, 不考虑 95% 置信区间。

小结

任务	对话框	参照例题
检验变量间是否相关	从 “统计 > 基本统计量 > 相关” 进入 “相关” 对话框	8.1, 8.2
一般线性回归	从 “统计 > 回归 > 回归” 进入 “回归” 对话框	8.3, 8.4
逐步回归	从 “统计 > 回归 > 逐步” 进入 “逐步回归” 对话框	8.5
最佳子集回归	从 “统计 > 回归 > 最佳子集” 进入 “最佳子集回归” 对话框	8.6
多项式回归	多次从 “计算 > 计算器” 进入 “计算器” 对话框, 产生自变量的幂或交叉积, 再做 “逐步回归” 或 “最佳子集回归”	8.7
非线性回归	从 “统计 > 回归 > 非线性回归” 进入 “非线性回归” 对话框	8.8, 8.9, 8.10, 8.11

练习题

8.1 一些典型西餐食品的卡路里 y 和脂肪含量 x 的统计数据见数据文件: 回归_卡路里.MTW。脂肪含量 x 与卡路里 y 是否相关?

8.2 今有 8 名学生考试成绩见数据文件: 回归_考试成绩.MTW。建立由复习时间与智商预报考试成绩的经验公式。某学生智商 115, 如果他复习 15 小时, 预测他将得多少分。

8.3 为了提高某化工合成物收率 y, 选择 3 个因素: 原料配比 x_1, 某有机物的吡啶量 x_2, 反应时间 x_3。通过均匀设计选定方案, 试验结果如数据文件: 回归_化工合成物.MTW。选择 x_1, x_2, x_3 的二次多项式预报 y。

8.4 在温度 $t = 800, 850, 900$ (单位: ℃) 下各锻造 3 根钢轴, 测得断裂强度 (单位: t) 如表 8–9, 试建立由温度和温度的平方为两个自变量, 预测断裂强度的公式。

表 8–9 钢轴断裂强度数据

温度	强度 1	强度 2	强度 3
800	35.8	36.2	37.1
850	39.4	39.6	38.5
900	40.1	39.6	38.9

提示: 为了避免温度平方的值过大造成 “溢出” 现象, 不用温度的平方作为自变量, 而是用温度减 850 差的平方和温度作为两个自变量。

8.5 生产土豆时, 为了建立某种土壤氮、磷、钾 3 种化肥的合理施用量, 在 30 块土地上, 使用不同量化肥做试验。每块地化肥用量 (单位: kg) 及产量 (单位: t) 见数据文件: 回归_化肥.MTW。试用最佳子集回归方程法建立用氮、磷、钾使用量二次函数预报土豆产量的回归方程 (因为数据结构不合理, 不考虑交叉积, 仅考虑一次项和平方项, 求出 5 组含有 4 个自变量的最佳子集回归方程)。为了避免数据溢出, 重量单位扩大 100 倍, 从而数值缩小 100 倍计算。

提示: 考虑本例输出的最佳子集太多, 可以在 “最佳子集回归–选项” 对话框的 “对于每种模型要输出的方程的个数” 空格中填 5, 以便限制输出的最佳回归方程只有 5 个。

8.6 炼钢时盛钢水的钢包随使用次数增大而变大, 今有钢包使用次数 “x” 和容积 “y” 的 13 次观测数据, 见数据文件: 回归_钢包.MTW。试建立由使用次数预测钢包容积的回归方程 $y = \dfrac{x}{a + bx}$。

第 9 章

类别变量的统计分析

本章介绍类别变量的应用。“类别变量” 与普通的数值变量不同, 它的值不是数轴上的数值, 而是不能计算的字符串。类别变量在中文文献中被称为 “属性变量” 或 “定性变量”, 本书直译为类别变量。9.1 节介绍类别变量的概念和它的样本形式; 9.2 节介绍列联表分析, 判断单个类别变量的分布, 判断两个类别变量间是否独立; 9.3 节用 Logistic 回归预测类别变量的分布; 9.4 节用 “对应分析” 研究多个类别变量的 “值” 间的联系。希望更多了解类别变量的读者可以参阅 [4, 23]。

9.1 类别变量概念

许多实际问题中研究的变量是 “因素”, 它只能取有限个 “状态”, 例如变量是 “电视机品牌”, 它能取的状态是长虹、熊猫、松下等, 这些状态不能做运算; 有时这些状态用数字表示, 这些数字也只是表示状态, 没有数量意义, 例如变量是 “员工的工号”, 它能取 101, 205 等, 这些数代表员工, 员工号不能运算。取值是有限个 “状态”, 而且这些状态不能运算的因素称为**类别变量** (categorical variable), 这些**状态**称为变量的**值**, 为了便于读者理解, 参照第 7 章, 有时也称类别变量为因子, 它们的值称为 “水平”。第 7 章方差分析中的 “因子” 的值可以是无限个 (例如随机效应), 类别变量则只能取有限个值。

类别变量 “颜色” 的取值 (红、黄、蓝、白、黑等) 之间没有顺序, 像这样的值之间没有顺序的变量称为无序类别变量。类别变量 “年龄” 的取值 (老、中、青、幼)

之间有顺序, 像这样的值之间有顺序的变量称为有序类别变量。

类别变量可以是非随机的, 也可以是随机的, 例如例 7.4 中类别变量 “推进器” 和 “燃料” 都是非随机的, 本章中的类别变量作为因变量时都是随机的。随机类别变量按一定的概率取值。随机类别变量的观测值称为**样本**。随机类别变量可以用大写字母 X, Y 等表示; 但是本章中类别变量尽量用中文表示, 这样更易理解所讨论的类别变量间的关系。

两个随机类别变量间的关系只有两种: 相互独立, 相互不独立。相互不独立也称为相关 (或关联、关系密切)。

对类别变量进行统计分析依赖于类别变量的样本数据, 类别变量的样本数据有 4 种形式: **类别变量形式、指示变量形式** (一般文献中称指示变量为示性变量)、(类别变量) **频数形式**和**列联表** (同时考虑 3 个以上随机类别变量时, 所成表格称为 Burt 表)。

例 9.1 某连锁超市要检验商品销售情况 (高或低) 与排列方式是否相关, 随机抽取了 300 家门市部, 他们将商品分别以 A, B 和 C 三种方式排列。A 表示商品平面排列, 商场入口和付款处相邻。B 表示商品平面排列, 商场入口和付款处分处商品区两侧。C 表示商品按一定顺序排列, 顾客从商场入口到付款处要走过所有商品区。这里有两个随机类别变量: “排列方式” (也可以记为 X), X 取值 A, B, C; “销量” (也可以记为 Y), Y 取值 “高” 和 “低”。统计 300 家随机类别变量的值, 就是一个 “样本”。它有 4 种形式, 见表 9–1 至表 9–4。

表 9–1 类别变量形式

门市部号	销量	排列方式
1	高	B
2	高	B
3	高	B
4	高	A
5	高	C
6	低	B
···	···	···
299	高	B
300	高	B

表 9–1 中两个类别变量 “销量” 和 “排列方式” 的第 1 个观测值 (第 1 个门市部) 的数据分别是 “高” 和 “B”, 就把 “高” “B” 排在第 1 行, 以此类推, 这种形式就是 “类别变量” 形式, 整个表见数据文件: 类别_超市类别.MTW。

表 9–2 (指示变量形式) 是这样构成的: 变量 “销量” 只有两个值 (高和低), 建立指示变量 “高” 和指示变量 “低”; 因为第 1 个门市部销量取值 “高”, 所以指示变量 “高” 取值 1, 指示变量 “低” 取值 0, 排在工作表第 1 行; 指示变量 “高” 和 “低” 这两列等价于类别变量 “销量” 的观测值。变量 “排列形式” 只有 3 个值 (A, B 和 C), 建立指示变量 “A” “B” 和 “C”; 因为第 1 个门市部排列的值取值 “B”, 所以指示变量 “A” 取值 0, 指示变量 “B” 取值 1, 指示变量 “C” 取值 0, 排在工作表第 1 行; “A” “B” “C” 这 3 列等价于类别变量 “排列方式” 的观测值。全部 300 个观测值见数据文件: 类别_超市指示.MTW。

表 9–2　指示变量形式

门市部号	高	低	A	B	C
1	1	0	0	1	0
2	1	0	0	1	0
3	1	0	0	1	0
4	1	0	1	0	0
5	1	0	0	0	1
6	0	1	0	1	0
···	···	···	···	···	···
299	1	0	0	1	0
300	1	0	0	1	0

表 9–3 是这样构成的: 把类别变量形式汇总, 相同观测的值只出现一次; 相同个数用 “频数” 表示, 频数列附排在观测值后面; 例如例 9.1 中销量 “高” 且排列方式是 “A” 的门市部有 22 个, 频数就记为 22, 表 9–3 中记为 “高、A、22”。本例相同观测数据有 6 种, 高 A、高 B、高 C、低 A、低 B、低 C, 其相同次数称为频数。把这样的 6 组 3 个数排起来, 就得到频数形式。见数据文件: 类别_超市频数.MTW。所以表 9–3 中有 3 个变量: 销量、排列形式和频数。

表 9–4 是这样构成的: 它是指示变量频数形式的汇总。它的第 1 列是变量 “销量” 的两个值 (高和低); 2~4 列的列名是 A, B 和 C; 表中的数是对应的频数, 每个

表 9–3 频数形式

销量	排列方式	频数
高	A	22
高	B	80
高	C	58
低	A	48
低	B	60
低	C	32

频数存在 1 个单元里。表 9–5 构造类似, 只是把表 9–4 的行和列互换, 表 9–4 和表 9–5 都有 6 个单元。

表 9–4 列联表 1

销量	A	B	C
高	22	80	58
低	48	60	32

表 9–5 列联表 2

排列方式	高	低
A	22	48
B	80	60
C	58	32

类别变量形式: 把各个类别变量的每次观测值排成一行, 类似于一般数值型随机变量的观测值。

指示变量是只取值 1 或 0 的变量; 如事物具有某性质, 该变量取 1, 否则取 0。通常指示变量也是随机变量。**指示变量形式**: 对于每个类别变量建立若干个指示变量; 如果某个类别变量取 k 个不同值, 就建立 k 个随机变量, 用这 k 个指示变量分别取值 1 或 0 来表示这个类别变量。所有类别变量的所有指示变量的观测值形成

"指示变量形式"。

频数形式: 把类别变量形式汇总, 每个类别变量值可能取的组合排成一列, 这种组合出现的次数排在另一列 (频数列)。所有类别变量的所有组合及相应频数构成频数形式。

列联表: 如果只考虑一个随机类别变量, 它的列联表是一维列联表, 是频数形式的转置 (见 9.2.1)。如果考虑两个随机类别变量, 它的列联表是二维列联表, 表中每一格填写两个随机变量分别取值时对应的频数。如果考虑更多个随机类别变量, 商业上常用 Burt 表, 见 9.4 节。

一般原始调查表常用指示变量形式 (通常用打钩和打叉代替写 1 或 0), 有时也用类别变量形式。调查数据汇总常采用频率形式或列联表形式。

采用计算器的逻辑运算功能, 可以将样本的指示变量形式化为类别变量形式 (见第 1 章例 1.12); 而从指令 "计算 > 产生指示变量" 进入 "产生指示变量" 对话框, 很容易将类别变量形式化为指示变量形式 (见第 1 章例 1.8); 通过 "排序" 对话框很容易将样本的类别变量形式化为频数形式; 列联表就是用表格表达样本的频数形式; 熟悉电脑的读者也容易将频数形式化为类别变量形式。所以这 4 种形式实际上都是容易互换的, 读者应当根据 MINITAB 对话框的需要采用恰当的样本形式。

单个随机类别变量取每个值的概率称为它的 "概率分布" 或 "分布"。例如某厂生产 3 种洗衣粉, 品牌为 A、B、C; 预测明年 3 种洗衣粉销售的占比为 0.5, 0.2, 0.3, 那么 0.5, 0.2, 0.3 就是它们被销售的概率分布。多个随机类别变量取的值有不同组合, 它取每个组合的概率, 也称为多个随机类别变量的分布。例如预测明天进入商场的消费者人群, 年龄和性别是两个随机类别变量; 男老、男中、男青、女老、女中、女青的概率是 0.05, 0.15, 0.1, 0.2, 0.3, 0.2, 那么这 6 个数也形成年龄和性别的联合分布。

MINITAB 常用类别变量形式实施计算, 因此这里再次介绍将指示变量形式化为类别变量形式的例子, 并求类别变量分布。

例 9.2 2008 年北京奥运会前, 为了合理安排北京奥运会商场设施, 做了一些调查。对 3500 份被调查者都提 19 个问题, 回答都是打钩或叉。答卷汇总为指示变量形式: "是" 取 1, "否" 取 0。见数据文件: 类别_奥运会指示.MTW。19 个问题分别是 (1) 性别男, (2) 性别女, (3) 年龄为年幼, (4) 年龄为年轻, (5) 年龄为中年, (6) 年龄为老年, (7) 乘公交车到达体育场馆, (8) 乘出租到达体育场馆, (9) 乘私家车到达体育场馆, (10) 乘地铁到达体育场馆, (11) 饮食场点为中餐馆, (12) 饮食场点为西餐馆, (13) 饮食场点为超市, (14) 消费额 (非餐饮) 为 (0, 100], (15) 消费额 (非餐饮) 为 (100, 200], (16) 消费额 (非餐饮) 为 (200, 300], (17) 消费额 (非餐饮) 为 (300, 400], (18) 消费额 (非餐饮) 为 (400, 500], (19) 消费额 (非餐饮) 为 500 及以上。把这些数据变成 5 个类别变量形式, 变量是性别、年龄状况、出行方式、餐饮方式和消费额 (非餐饮), 消费额从低到高改为 1, 2, 3, 4, 5, 6, 并求这 5 个类别变量各自的分布 (数据来自 2004 年全国大学生数模竞赛试题)。

解 类似例 1.12, 执行如下操作: (1) 打开数据文件: 类别_奥运指示.MTW。(2) 在 C20 至 C24 列建立类别变量名: “性别”“消费额”“出行方式”“年龄状况” 和 “餐饮方式”。为了避免错误, 最好 5 次由 “文件 > 新建 > 工作表” 建立 5 个新工作表, 在 5 个工作表上分别拷上这 5 类指示变量, 然后分别执行以下 (3)~(7) 步骤。(3) 由指令 “计算 > 计算器” 进入 “计算器” 对话框, 在 “将结果存储在变量中” 后选入 “性别”; 在 “表达式” 中输入 if (‘男’=1, “男”, “女”)(注意所有标点符号是西文半角符号, 第 1 个 “男” 及前后单引号选自计算器, 其余男、女及双引号用键盘输入); 点击 “确定”。(4) 由指令 “计算 > 计算器” 进入 “计算器” 对话框, 在 “将结果存储在变量中” 后选入 “消费额”; 在 “表达式” 中输入 if (‘(0, 100]’=1, “1”, if (‘(100, 200]’=1, “2”, if (‘(200, 300]’=1, “3”, if (‘(300, 400]’=1, “4”, if (‘(400, 500]’=1, “5”, “6”))))); 点击 “确定”。(5) 由指令 “计算 > 计算器” 进入 “计算器” 对话框, 在 “将结果存储在变量中” 后选入 “出行方式”; 在 “表达式” 中输入 if (‘公交’=1, “公交”, if (‘地铁’=1, “地铁”, if (‘出租’=1, “出租”, “私车”))); 点击 “确定”。(6) 由指令 “计算 > 计算器” 进入 “计算器” 对话框, 在 “将结果存储在变量中” 后选入 “年龄状况”; 在 “表达式” 中输入 if (‘年幼’=1, “年幼”, if (‘年轻’=1, “年轻”, if (‘中年’=1, “中年”, “老年”))); 点击 “确定”。(7) 由指令 “计算 > 计算器” 进入 “计算器” 对话框, 在 “将结果存储在变量中” 后选入 “餐饮方式”; 在 “表达式” 中输入 if (‘西餐’=1, “西餐”, if (‘中餐’=1, “中餐”, “商场”)); 点击 “确定”。这样一来即得到所需类别变量形式资料 (见数据文件: 类别_奥运会类别.MTW, 如图 9–1)。

类别_奥运会类别.MTW ***

↓	C1-T	C2	C3-T	C4-T	C5-T
	性别	消费额	出行方式	年龄状况	餐饮方式
1	男	1	地铁	年轻	西餐
2	男	1	地铁	中年	中餐
3	男	1	出租	年轻	西餐
4	女	1	地铁	老年	西餐
5	女	1	地铁	中年	中餐
6	男	1	地铁	年轻	中餐
7	女	1	地铁	年轻	西餐
8	男	1	私车	年轻	商场
9	男	1	地铁	年轻	商场
10	男	1	私车	年轻	西餐
11	女	1	出租	年轻	西餐
12	女	1	地铁	中年	中餐
13	男	1	公交	年轻	商场
14	男	1	公交	年轻	西餐
15	女	1	地铁	中年	中餐

图 9–1 数据文件: 类别_奥运会类别.MTW

然后统计 5 个变量各自的取值频数, 需要分别对每个变量实施单变量计数。这只要从 “统计 > 表格 > 单变量计数” 进入 “单变量计数” 对话框, 将性别、年龄状况、出行方式、餐饮方式和消费额选入变量空格, 选择 “计数”(见图 9–2)。

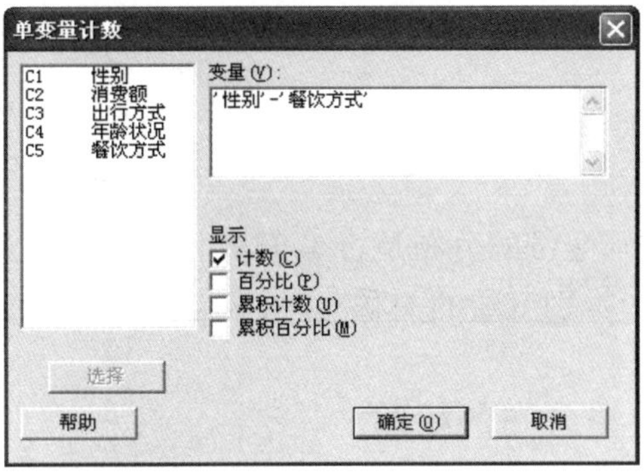

图 9–2 单变量计数对话框

点击 “确定” 后在会话窗口得到:

离散变量计数: 性别, 消费额, 出行方式, 年龄状况, 餐饮方式

性别	计数	消费额	计数	出行方式	计数	年龄状况	计数
男	1826	1	683	出租	680	老年	378
女	1674	2	833	地铁	1302	年轻	2029
N=	3500	3	1590	公交	1210	年幼	382
		4	313	私车	308	中年	711
		5	47	N=	3500	N=	3500
		6	34				
		N=	3500				

餐饮方式	计数
商场	880
西餐	1837
中餐	783
N=	3500

结果分析: 这里输出的是一个表格, 其中 “计数” 就是各 “水平” 出现的频数 (次数)。由于观测次数 3500 很大, 可以把频率作为概率。即认为变量 “性别” 取 “男” 的概率 =1826/3500=52.17%, 取 “女” 的概率 =1674/3500=47.83%; 其他变量类似计算。

9.2 列联表分析

9.2.1 检验单个类别变量的分布是否等于某个分布, 9.2.2 检验两个类别变量是否独立, 9.2.3 检验多个类别变量的关联性。

9.2.1 单个类别变量分布的检验

统计单个类别变量取各种值的频数成为一维列联表, 可以用它检验该类别变量的分布是否符合已知分布。MINITAB 能够检验单个类别变量取各种值的概率是否相同 (例 9.3), 也能检验该类别变量的分布是否符合已知分布 (例 9.4)。从 “统计 > 表格 > 卡方拟合优度检验 (单变量)” 进入 “卡方拟合优度检验” 对话框, 可以分析一维列联表。

例 9.3 统计某医院某周各天入住医院人数如表 9–6, 问每个病人在周一至周五各天入住医院的概率是否相同?

表 9–6　各天入住人数

周一	周二	周三	周四	周五
42	38	45	47	32

解 本例有 1 个类别变量: 住院人入住时间。变量 “住院人入住时间” 有 5 个水平: 周一至周五。设入院人在周一至周五入住医院的概率分别为 $p_1, \cdots, p_5$。本题就是要检验

$$H_0: p_i = 0.2, \quad i = 1, 2, \cdots, 5,$$

$$H_1: \text{至少有一 } p_i \neq 0.2。$$

现在可以使用样本容量为 204 的样本 (频数形式即一维列联表形式)。为了进行检验, 先把 42, 38, 45, 47 和 32 输入工作表的 C1 列, 将周一至周五输入 C2 列, 然后提交下列指令:

指令	功能
从 "统计 > 表格 > 卡方拟合优度检验 (单变量)" 进入 "卡方拟合优度检验" 对话框	让 MINITAB 分析一维列联表
将 C1 选入 "实测计数", 将 C2 选入 "类别名称"	指定分析类别变量频数在 C1 列, C2 列做 ID 用
"检验" 下选择 "相等比率" (见图 9–3)	检验类别变量在 C2 所显示各水平的概率是否相等

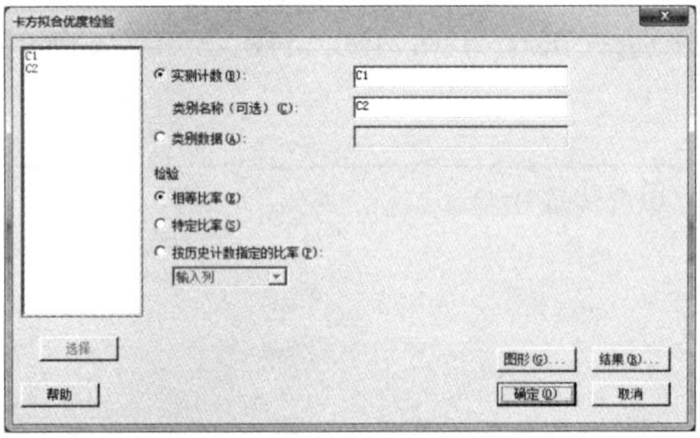

图 9–3 卡方拟合优度检验 (单变量) 对话框

点击 "确定" 后在会话窗口得到如下结果:

单变量观测计数的卡方拟合优度检验: C1

在 C2 中使用类别名称

类别	观测	检验比率	期望	对卡方的贡献
周一	42	0.2	40.8	0.03529
周二	38	0.2	40.8	0.19216
周三	45	0.2	40.8	0.43235
周四	47	0.2	40.8	0.94216
周五	32	0.2	40.8	1.89804

N	自由度	卡方	P 值
204	4	3.5	0.478

结果分析: 会话窗口中 "在 C2 中使用类别名称" 这一行说明, C2 列做 ID 用。以下 7 行第 1 列显示 5 个水平名称; 第 2 列显示观测频数; 第 3 列显示原假设中

各水平的概率; 最后两列是计算 P 值的中间结果, 这里不加解释。最后两行说明假设检验的结果, 其中 P 值 =0.478>0.05, 肯定原假设, 认为病人在各天入住的可能性没有大的差异。

对于一般的等概率检验:

$$H_0 : p_i \text{彼此相等}, \quad i = 1, 2, \cdots,$$

$$H_1 : \text{至少有一个与其他不等},$$

可以同样操作。当 P 值大于 0.05 时认为彼此相等, 否则认为彼此不等。

注意: 如果把例 9.3 的统计数字放大相同倍数, 恰好周一至周五每天的住院人数都扩大了 10 倍, 分别是 420, 380, 450, 470, 320。实施同样的操作, 得到的结果是:

单变量观测计数的卡方拟合优度检验: C1

在 C2 中使用类别名称

类别	观测	检验比率	期望	对卡方的贡献
周一	420	0.2	408	0.3529
…				

N	自由度	卡方	P 值
2040	4	35	0.000

结果分析: 由最后一行 P 值 =0.000<0.05 可知, 可以判定病人在各天入住的概率不同 (有很明显差异)。

两次计算中各天住院人数的比例没有改变, 只是数值扩大 10 倍, 为什么结论不一样? 这是因为第 1 次样本量 204 不够大, 不能肯定 $p_1, \cdots, p_5$ 间差异较大 (调查人数太少看不出显著差异); 第 2 次样本量 2040 足够大, 就能肯定 $p_1, \cdots, p_5$ 间差异较大。

当要判别类别变量的分布是否与某个指定不均匀的分布有显著差异时, 可以采用几乎完全相同的操作, 不同处是在工作表上增加一列, 用以存放指定的比例, 在 "卡方拟合优度检验" 对话框中 "检验" 下选择 "特定比率", 并将存有指定比例的列选入空格即可。

例 9.4 已知去年某地区数码相机品牌 A, B, C 市场占有率分别为: 0.2, 0.5, 0.3。今年统计 400 位数码相机购买者, 其中各品牌数码相机购买人数如表 9–7。问: 今年市场占有率结构 (每个顾客购买 3 种相机中不同品种的概率) 是否已经发生了变化?

表 9–7 购买照相机人数

品牌	A	B	C
使用人数	120	160	120

解 市场占有率 p_1, p_2, p_3 就是单个顾客想买 A, B, C 品牌照相机的概率。此例有一个类别变量 "顾客购买的品牌" (频数形式, 就是一维列联表)。变量 "顾客购买的品牌" 取 3 个值: A, B, C。设今年顾客想买 3 个品牌的概率为 p_1, p_2, p_3。本题就是要检验:

$$H_0 : p_1 = 0.2,\ p_2 = 0.5,\ p_3 = 0.3,$$

$$H_1 : p_1 = 0.2,\ p_2 = 0.5,\ p_3 = 0.3 \text{ 至少有一不成立。}$$

为此在工作表上选 3 列, 分别输入 "A, B, C", "0.2, 0.5, 0.3", "120, 160, 120", 并分别把各列变量命名为 "品牌" "去年比例" "今年频数" (见图 9–4)。

↓	C1-T	C2	C3
	品牌	去年比例	今年频数
1	A	0.2	120
2	B	0.5	160
3	C	0.3	120

图 9–4 市场占有率数据

然后提交指令: 从 "统计 > 表格 > 卡方拟合优度检验 (单变量)" 进入 "卡方拟合优度检验" 对话框; 将 "今年频数" 选入 "实测计数" 空格; 将 "品牌" 选入 "类别名称" 空格; 在 "按历史计数指定的比率" 下的空格中选择 "输入列", 再将 "去年比例" 选入 "按历史计数指定的比率" 后侧空格; 点击 "确定" 后在会话窗口得结果:

单变量观测计数的卡方拟合优度检验: 今年频数

在品牌中使用类别名称

类别	观测	历史计数	检验比率	期望	对卡方的贡献
A	120	0.2	0.2	80	20
B	160	0.5	0.5	200	8
C	120	0.3	0.3	120	0

N	自由度	卡方	P 值
400	2	28	0.000

结果分析: 会话窗口中 "在品牌中使用类别名称" 这一行说明, 品牌列做 ID 用。以下 5 行第 1 列显示 3 个水平名称; 第 2 列显示观测频数; 第 3 列显示原假设中各水平的概率; 最后两列是计算 P 值的中间结果, 这里不加解释。最后两行说明假设检验的结果, 其中 P 值 $= 0.000 < 0.05$ 可知, 应当接受 "$H_1 : p_1 = 0.2, p_2 = 0.5, p_3 = 0.3$ 至少有一不成立", 也即今年市场占有率结构与去年相比, 有显著变化。由中间 5 行对卡方的贡献列中, A 所在行对应 20 最大, 说明 A 品牌相机购买额变化贡献最大 (变化最大, 影响最大); C 行所对应的 0 最小可见 C 品牌相机购买额变化贡献最小。

9.2.2 两个类别变量关联性检验 (二维列联表)

对于两个类别变量, 往往还需要检验它们是否独立。独立性检验就是要检验:

$$H_0: \text{两个类别变量独立}, \quad H_1: \text{两个类别变量不独立}。$$

当 H_0 成立时, 每个类别变量的分布不受另一类别变量影响。对两个类别变量的独立性分析结果主要看 Pearson P 值, P 值小, 例如小于 0.05, 则认为两个类别变量相互不独立; P 值大, 例如大于 0.05, 则认为两个类别变量相互独立。

这种检验与 8.1 节的相关性检验有类似的地方: 8.1 节中当 P 值小于 0.05 时判定相关, 否则判定不相关。但是 8.1 节考虑的是两个随机数值变量是否相关的问题, 而本节考虑的是两个随机类别变量是否相关的问题。8.1 节中当这两个变量服从二元正态时, 不相关就是独立, 而类别变量不存在正态分布。

为了检验两个类别变量是否独立, 应当对数据进行统计分析。当数据汇总成二维列联表形式时, 从 "统计 > 表格 > 卡方检验 (工作表中的双向表)" 进入 "卡方检验工作表中的表格" 对话框检验独立性。当数据是类别变量形式时, 从 "统计 > 表格 > 交叉分组表和卡方" 进入 "交叉分组表和卡方" 对话框进行检验。如果数据是 "频数形式", 可以指定哪个类别变量是行变量, 哪个类别变量是列变量, 还要在 "频数位于" 空格中输入表示 "频数" 的列的名字, 详见例 9.6。无论哪种形式数据, MINITAB 在会话中除了 P 值外, 还自动输出列联表, 并且求出 "行和" 与 "列和", 即列联表每行之和与每列之和。要注意二维列联表中的所有单元中理论频数都不应小于 5, 否则会做不合理判断; 遇到理论频数小于 5 的情形, MINITAB 会报警, 这时可以将该频数所在单元的行与别的行合并, 或将该频数所在单元的列与别的列合并 (练习题 9.13)。

也可以用 Logistic 回归检验独立性, 方法见 9.3.4。

使用 "卡方检验" 对话框做独立性检验的基本做法是: (1) 把二维列联表输入工作表。(2) 让 MINITAB 计算 P 值, 若 P 值小 (< 0.05 或 < 0.1), 就认为 H_1 成立, 即两因子相互有联系; 若 P 值大 (> 0.05 或 > 0.1), 就认为 H_0 成立, 即相互独立。

例 9.5 对例 9.1 数据判断销售情况与商品排列方式是否独立 (设已知列联表)。

解 先将数据 (表 9–4) 输入工作表 (销量列可以不输入), 然后提交下列指令:

指令	功能
从 “统计 > 表格 > 卡方检验 (工作表中的双向表)” 进入 “卡方检验 (工作表中的表格)” 对话框	让 MINITAB 对列联表实施独立性检验
将列联表中的列名 A, B, C 选入 “包含表格的列” 空格 (见图 9–5)	指定列联表的列, 从而向 MINITAB 指明列联表各个单元的数值所在位置

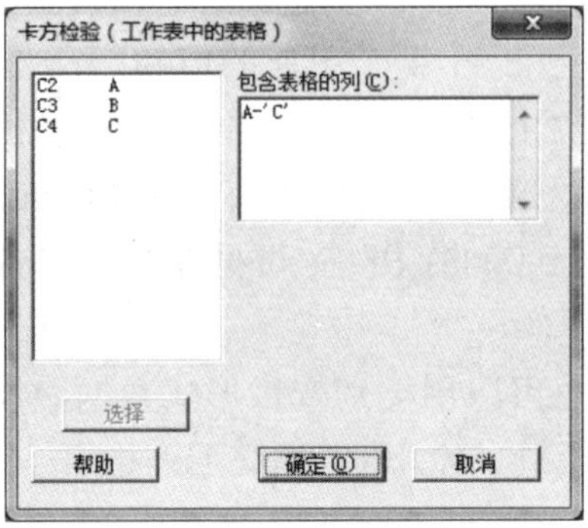

图 9–5 市场占有卡方检验对话框

点击 “确定” 在会话窗口得到下列结果:

卡方检验: A, B, C

在实测计数下方给出的是期望计数

在期望计数下方给出的是卡方贡献

0	A	B	C	合计
1	48	60	32	140
	32.67	65.33	42.00	
	7.197	0.435	2.381	

续表

2	22	80	58	160
	37.33	74.67	48.00	
	6.298	0.381	2.083	
合计	70	140	90	300
卡方 =18.776, DF=2, P 值 =0.000				

结果分析: 会话窗口给出表格 (列联表及相应百分比, 行和与列和), 其中第 2 行 (左边有个 1 字) 表示列联表第 1 行 3 个单元的值和行和 140; 第 3 行表示这 3 个单元的值占 140 的比率; 第 4 行表示这 3 个单元的值占 300 的比率; 第 5 行 (左边有个 2 字) 表示列联表第 2 行 3 个单元的值和行和 160; 第 6 行表示这 3 个单元的值占 160 的比率; 第 7 行表示这 3 个单元的值占 300 的比率; 最后 1 行表示每列各单元值的和 (列和)。这张表下面的一行表示 Pearson 卡方检验的结果, 由 P 值 =0.000 (实际上是小于 0.0005) 极小, 可见应当接受备择假设, 即超市销量和排列方式联系紧密。

例 9.6 对于例 9.5 也可以用类别变量形式数据做检验。具体做法是: 先打开数据文件 "类别_超市类别.MTW", 然后提交下列指令:

指令	功能
从 "统计 > 表格 > 交叉分组表和卡方" 进入 "交叉分组表和卡方" 对话框	让 MINITAB 实施两个类别变量的卡方检验
将 "销量" 选入 "对于行" 空格, 将 "排列方式" 选入 "对于列" 空格 (见图 9–6)	指定 "销量" 为列联表的 "行", "排列方式" 为列联表的列

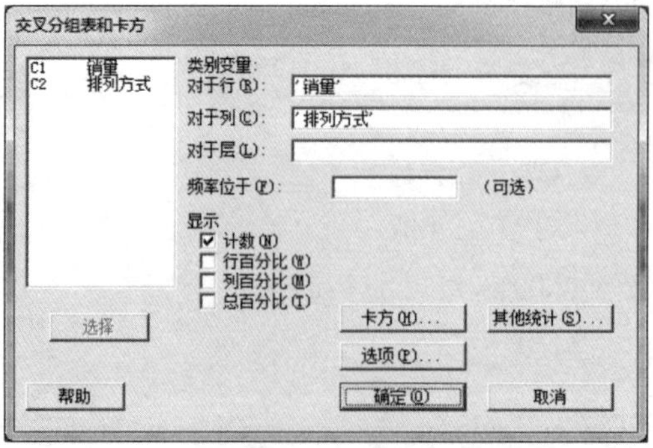

图 9–6 销量问题交叉分组表和卡方

点击"卡方"进入"交叉分组表和卡方–卡方"对话框, 在其中选择"卡方分析"(要求 MINITAB 做卡方分析)。各框点击"确定", 在会话窗口得到下列结果:

汇总统计量: 销量, 排列方式

行: 销量　列: 排列方式

	A	B	C	全部
低	48	60	32	140
高	22	80	58	160
全部	70	140	90	300

单元格内容: 计数

Pearson 卡方 = 18.776, DF = 2, P 值 = 0.000

似然比卡方 = 19.044, DF = 2, P 值 = 0.000

结果分析: 第 1 张表是列联表; 第 2 张表 (最后两行) 给出两种统计量的检验结果 (Pearson 卡方和似然比卡方)。本书仅介绍 Pearson 卡方检验, 由它的 P 值是 0.000, 小于 0.05, 所以否定独立性, 认为排列方式与销量有联系。从列联表可见: A 方式排列销量低的可能性较大 (销量低的条件概率是 48/70, 大于 0.5), C 方式排列销量比较高 (销量高的条件概率是 58/90, 大于 0.5), B 方式排列两种销量可能性差不多 (销量低的条件概率是 60/140, 接近 0.5)。

如果本例数据是表 9–3 (频数形式), 那么可以类似操作。只需在图 9–6 所示"频率位于"空格中选入"频数", 参看例 9.7。

9.2.3 多个类别变量关联性检验

要检验三个及更多个类别变量是否独立, 需要使用高维列联表。但是 MINITAB 没有计算高维列联表检验的对话框, 为此可以降维, 即把多个类别变量分为两组, 把每组变量组合成一个类别变量, 再检验组合后两个新的类别变量是否独立。

例 9.7 调查两种洗衣粉在各地的销售情况, 得到 4 个类别变量: 水质、品牌、(以前) 是否买过、水温。频数形式数据如表 9–8 (数据文件: 类别_洗衣粉.MTW)。目前还没有介绍对于这 4 个类别变量间的独立性进行分析的方法。于是我们可以这样分析: 把"水质"和 (以前)"是否买过"合并成一个类别变量"水质和是否买过",

把 “品牌” 和 “水温” 合并成类别变量 “品牌和水温”, 判断这两个新变量间是否独立。

表 9–8 洗衣粉

水质	品牌	是否买过	水温	频数
软	甲	是	高	19
软	甲	是	低	57
···	···	···	···	···

解 本例有 4 个类别变量, 1008 次观测; 原始数据是频数形式共 16 行。把水质和品牌这两个变量搭配成一个类别变量, 是否买过和水温搭配成另一个类别变量。打开数据文件: 类别_洗衣粉.MTW(将表 9–8 输入工作表), 建立两个新变量 “水质和是否买过” 与 “品牌和水温”。“水质和是否买过” 的观测值是把变量 “水质” 和 “是否买过” 的观测值合在一起: 例如第 1 次观测, 变量 “水质” 取 “软”, 变量 “是否买过” 取值 “是”, 合并成新分类变量 “水质和是否买过”, 取值 “软是”。“品牌和水温” 的观测值是把变量 “品牌” 和 “水温” 的观测值合在一起: 例如第 1 次观测, 变量 “品牌” 取值 “甲”, 变量 “水温” 取值 “高”, 合并成变量 “品牌和水温”, 取值 “甲高” 等。这可以通过计算器的逻辑运算做到: (1) C6 列取名 “水质和是否买过”, C7 列取名 “品牌和水温”, 这两列分别存放合并后变量的值。因为逻辑功能的指令越长, 越容易编错, 以下分批给这两个新变量赋值, 可以缩短指令的长度。

(2) 使得 “水质” 取 “软”, 变量 “是否买过” 取值 “是” 的行, 新分类变量 “水质和是否买过” 赋值 “软是”; “水质和是否买过” 的其余各行观测值保持不变。这要提交如下指令而完成:

指令	功能
由 “计算 > 计算器” 进入 “计算器” 对话框	使用计算器功能
在 “将结果存储在变量中” 后选入 “水质和是否买过”	在 “水质和是否买过” 列存放逻辑运算的值
在 “表达式” 空格填写: if (‘水质’=“软” and ‘是否买过’ = “是”, “软是”, “ ”)	变量 “水质” 取 “软”, 变量 “是否买过” 取值 “是” 时, 新分类变量 “水质和是否买过” 赋值 “软是”; 其余各行不变

注意: if 语句中所有标点符号都是西文符号, 变量 “水质” 和 “是否买过” 用单引号夹住, 其余汉字用双引号夹住, 最后连续两个双引号表示所夹的是空字符。

(3) 执行指令: 由 “计算 > 计算器” 进入 “计算器” 对话框, 在 “将结果存储在变量中” 后选入 “水质和是否买过”。在 “表达式” 空格填写: if (‘水质’ = “中” and ‘是否买过' = “是”, “中是”, “ ”)。使得在 “水质” 取 “中”, 变量 “是否买过” 取值 “是” 的行, 新分类变量 “水质和是否买过” 赋值 “中是”; “水质和是否买过” 的其余行观测值保持不变。

(4) 执行指令: 由 “计算 > 计算器” 进入 “计算器” 对话框, 在 “将结果存储在变量中” 后选入 “水质和是否买过”。在 “表达式” 空格填写: if (‘水质' = “硬” and ‘是否买过' = “是”, “硬是”, “ ”)。使得 “水质” 取 “硬”, 变量 “是否买过” 取值 “是” 的行, 新分类变量 “水质和是否买过” 赋值 “硬是”; “水质和是否买过” 的其余行观测值保持不变。

(5) 执行指令: 由 “计算 > 计算器” 进入 “计算器” 对话框, 在 “将结果存储在变量中” 后选入 “水质和是否买过”。在 “表达式” 空格填写: if (‘水质' = “软” and ‘是否买过' = “否”, “软否”, “ ”)。使得 “水质” 取 “软”, 变量 “是否买过” 取值 “否” 的行, 新分类变量 “水质和是否买过” 赋值 “软否”; “水质和是否买过” 的其余行观测值保持不变。

(6) 执行指令: 由 “计算 > 计算器” 进入 “计算器” 对话框, 在 “将结果存储在变量中” 后选入 “水质和是否买过”。在 “表达式” 空格填写: if (‘水质' = “中” and ‘是否买过' = “否”, “中否”, “ ”)。使得 “水质” 取 “中”, 变量 “是否买过” 取值 “否” 的行, 新分类变量 “水质和是否买过” 赋值 “中否”;“水质和是否买过” 的其余行观测值保持不变。

(7) 执行指令: 由 “计算 > 计算器” 进入 “计算器” 对话框, 在 “将结果存储在变量中” 后选入 “水质和是否买过”。在 “表达式” 空格填写: if (‘水质' = “硬” and ‘是否买过' = “否”, “硬否”, “ ”)。使得 “水质” 取 “硬”, 变量 “是否买过” 取值 “否” 的行, 新分类变量 “水质和是否买过” 赋值 “硬否”; “水质和是否买过” 的其余行观测值保持不变。

(8) 执行类似的 4 批指令给变量 “品牌和水温” 赋值。

各次观测合并的情况见数据文件: 类别_洗衣粉.MTW。读者也可以考虑: 能否用 WORD 或 MINITAB 的字符替换功能, 将 “软” “中” “硬” 替换成 1、2、3, “是” 和 “否” 替换成 y、n; 再利用逻辑功能, 由一次逻辑运算, 给 “水质和是否买过” 赋值 4~9 中的一个整数, 它们分别代表 “软是” “中是” “硬是” “软否” “中否” “硬否”; 最后用 WORD 或 MINITAB 的字符替换功能, 使新变量 “水质和是否买过” 得到应有的值?

再提交如下指令: 从 “统计 > 表格 > 交叉分组表和卡方” 进入 “交叉分组表和卡方” 对话框; 将 “水质和是否买过” 选入 “对于行” 空格, 将 “品牌和水温” 选入 “对于列” 空格, 将 “频数” 选入 “频率位于” 空格; 点击 “卡方” 进入 “交叉分组表和卡方–卡方” 对话框, 在其中选择 “卡方分析”; 各框点击 “确定”。在会话窗口得到:

汇总统计量: 水质和是否买过, 品牌和水温

使用频数中的频率

行: 水质和是否买过; 列: 品牌和水温

	甲低	甲高	乙低	乙高	全部
软否	63	29	53	27	172
软是	57	19	49	29	154
硬否	68	42	42	30	182
硬是	37	24	52	43	156
中否	66	33	50	23	172
中是	47	23	55	47	172
全部	338	170	301	199	1008

单元格内容: 计数

Pearson 卡方 =37.363, DF=15, P 值 =0.001
似然率卡方 =37.492, DF=15, P 值 =0.001

结果分析: 由最后两行两种检验 P 值都等于 0.001<0.05 可见, “水质和是否买过” 与 “品牌和水温” 这两组变量间的联系是密切的。

判断 1 个类别变量是否依赖多个类别变量, 可以用 Logistic 回归分析更好地解决。

9.3 Logistic 回归

Logistic 回归分析的因变量是类别变量, 自变量是普通数值变量或类别变量。Logistic 回归分析的功能是建立经验回归方程 (简称回归方程), 以便由自变量预测因变量的概率分布, 而不是预测因变量的值。当因变量仅有两个 “状态” 时 (仅能取 2 个不同值), MINITAB 计算的 Logistic 回归就是 “二值 Logistic 回归” (MINITAB 称为二进制 Logistic 回归); 当因变量的多个 “状态” (因变量的值) 有序时, MINITAB 计算的就是常用的 “有序值 Logistic 回归”; 当因变量的多个 “状态” (因变量取 3 个及以上的值) 没有顺序关系时, MINITAB 计算的就是常用的 “名义值 Logistic 回归”。

“二值 Logistic 回归” 变量可以取 2 个值, 取这两个值的概率之和是 1, 这就存在问题: MINITAB 仅显示两个概率之一, 应当显示哪个值的概率? **MINITAB 显**

示因变量的两个值中字典序排在后面的 (见例 9.8 续 1)。"有序值 Logistic 回归" 和 "名义值 Logistic 回归" 同样在因变量取 k 个值时仅显示 $k-1$ 个概率 (见 9.3.2 和 9.3.3)。

当某个自变量的值可以取多个时, 为了减少待定参数的值, MINITAB 仍然将这些值按字典序排列, 指定排在最前面的值对应的参数为 0 (见例 9.8 续 2, 例 9.11)。因此使用非国产电脑的读者, 应当参照第 1 章 1.2.2 注意事项 3) 检查所用电脑。

当能够用 Logistic 回归建立由自变量 (类别变量) 预测因变量 (类别变量) 分布时, 因变量和自变量就不独立了。

从 "统计 > 回归 > ···" 可以进入计算 3 种 Logistic 回归的对话框。使用 "二进制 Logistic 回归" 对话框、"顺序 Logistic 回归" 对话框、"名义 Logistic 回归" 对话框, 就能分别完成这三种回归分析。这三种 Logistic 回归对话框中都有 4 个空格: "响应" "频率 (可选)" "模型" "因子"。这 4 个空格很重要: "响应" 空格中应当选入因变量名, 以指示 MINITAB, 说明该变量是因变量; 对于汇总数据 (观测数据的频率表示法), 要在 "频率 (可选)" 空格中选入 "频数", 以向 MINITAB 声明数据汇总后每种观测值的频数; 在 "模型" 空格中选入自变量名, 以指示 MINITAB, 说明被选入的变量是自变量; 在 "因子" 空格选入一些变量名, 作用是告诉 MINITAB, 被选入的自变量是类别变量 (见图 9−7)。

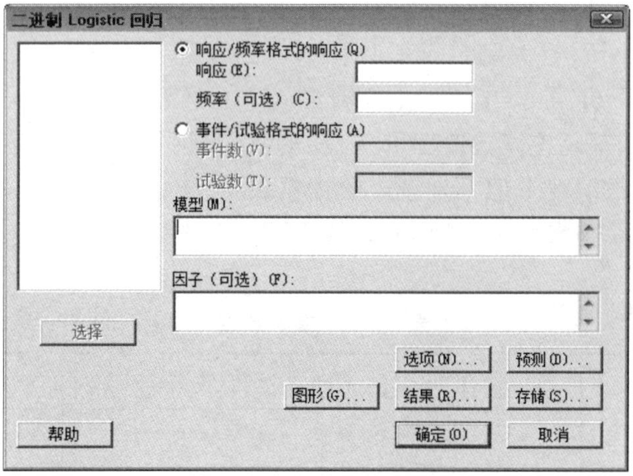

图 9−7　二进制 Logistic 回归对话框的 4 种空格

在这些对话框中提交相应指令后, 得到的结果主要由 3 张表组成: Logistic 回归表、斜率检验表和拟合优度检验表。Logistic 回归表给出参数的估计值, 参数显著性检验的 P 值 (这两项和线性回归相同), 以及自变量的优势比; P 值越小, 例如小于 0.05, 自变量越重要, 不能删去。斜率检验表给出斜率检验的 P 值, P 值越小, 例如小于 0.05, 多个参数联合效应越显著, Logistic 回归方程的效果越好。拟合优度检验表给出拟合优度检验的 P 值, P 值越大, 例如大于 0.05, Logistic 回归方程的效果越好。对这些表以后将结合例题加以介绍。

9.3.1 二值 Logistic 回归

二值 Logistic 回归也称为“二进制 Logistic 回归”, 仅考虑因变量是 2 个状态的情形: 当用 1 表示因变量处于某个状态, 用 0 表示因变量处于另一个状态时, “因变量取 1” 事件的概率记为 p; 当因变量的值是英文字符时, 英文字符排在后面的事件的概率记为 p; 当因变量的值是汉字符号时, 汉字拼音字母排在后面的事件的概率记为 p。

二值 Logistic 回归的数学模型是

$$\ln \frac{p}{1-p} = b_0 + b_1x_1 + b_2x_2 + \cdots + b_mx_m + \varepsilon,$$

其中 $x_1, x_2, \cdots, x_m$ 是自变量, 可以是数值变量, 也可以是类别变量; $b_0, b_1, \cdots, b_m$ 是待定参数; ε 是误差, 服从 0 均值正态分布。二值 Logistic 经验回归方程是

$$\ln \frac{p}{1-p} = \hat{b}_0 + \hat{b}_1x_1 + \hat{b}_2x_2 + \cdots + \hat{b}_mx_m,$$

其中 $\hat{b}_0, \hat{b}_1, \hat{b}_2, \cdots, \hat{b}_m$ 是被估计出的参数。$\frac{p}{1-p}$ 称为**优势比** (odds ratio)。

例 9.8 在 20 世纪我国关于公共交通的一次社会调查中, 一个调查项目为“是乘坐公共汽车上下班, 还是骑自行车上下班”。因变量 y 有两个值: $y = 1$ 表示主要乘坐公共汽车上下班, $y = 0$ 表示主要骑自行车上下班。自变量 x_2 是年龄, x_3 是月收入 (元), 它们都是连续数值变量; 自变量 x_1 是性别, $x_1 = 1$ 表示男性, $x_1 = 0$ 表示女性, x_1 是数值变量但不连续。数据见表 9–9 (数据文件: 回归_交通工具.MTW)。试建立 y 与自变量间的 Logistic 回归方程。

表 9–9 乘车数据

性别	年龄	收入	y
0	18	850	0
0	21	1200	0
⋯	⋯	⋯	⋯

解 打开数据文件: 回归_交通工具.MTW。提交如下指令:

指令	功能
通过指令 “统计 > 回归 > 二进制 Logistic 回归” 进入 “二进制 Logistic 回归” 对话框	让 MINITAB 计算二值 Logistic 回归
选择 “响应/频率格式的响应”, 将因变量 “y” 选入 “响应” 空格, 将 “性别, 收入, 年龄” 选入 “模型” (见图 9–8)	选择未汇总数据的输入格式, 指定 y 是 “响应”, “性别, 收入, 年龄” 是自变量

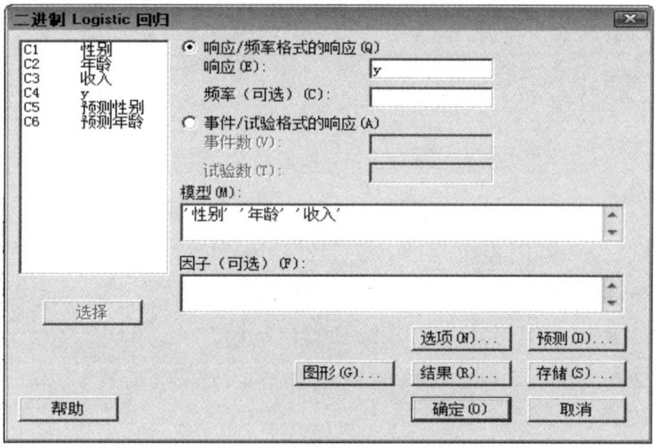

图 9–8　二进制 Logistic 回归对话框

点击 “确定” 后会话窗口得到许多结果, 其中最重要的是 Logistic 回归表如下:

二进制 Logistic 回归: y 与性别, 年龄, 收入

...

Logistic 回归表

自变量	系数	系数标准误	Z	P	优势比	95.0% 置信区间 下限	95.0% 置信区间 上限
常量	−3.65502	2.09113	−1.75	0.080			
性别	−2.50184	1.15775	−2.16	0.031	0.08	0.01	0.79
年龄	0.0821683	0.0521174	1.58	0.115	1.09	0.98	1.20
收入	0.0015171	0.0018653	0.81	0.416	1.00	1.00	1.01

...

结果分析: 最左边列 “自变量” 表明各行参数的名称; 在 “系数” 列给出参数的估计值: 常数项 $b_0 = -3.65502$, 自变量 “性别” 的系数 $b_1 = -2.50184$, 自变量 “年

龄” 的系数 $b_2 = 0.0821683$, 自变量 “收入” 的系数 $b_3 = 0.0015171$; “P” 列给出对 4 个参数做 Z 检验的 P 值。

由 Logistic 回归表系数得到二值 Logistic 经验回归方程:

$$\ln \frac{p}{1-p} = -3.65502 - 2.50184x_1 + 0.08217x_2 + 0.001517x_3。\qquad (9\text{–}1)$$

但是收入所在行最后列显示的 P 值 =0.416 过大, 说明 “收入” 的作用不显著, 应当将它从模型中删去, 于是同样执行上述指令, 只将 “性别, 年龄” 选入 “模型” 空格。执行后会话窗口主要得到:

二进制 Logistic 回归: y 与性别, 年龄

…

- -

Logistic 回归表

自变量	系数	系数标准误	Z	P	优势比	95.0% 置信区间 下限	上限
常量	−2.62851	1.55370	−1.69	0.091			
性别	−2.22388	1.04764	−2.12	0.034	0.11	0.01	0.84
年龄	0.102265	0.0457999	2.23	0.026	1.11	1.01	1.21

- -

对数似然 = −13.326

检验所有斜率是否为零: G = 12.021, DF = 2, P 值 = 0.002

- -

拟合优度检验

方法	卡方	自由度	P
Pearson	28.1677	23	0.210
偏差	26.6525	23	0.271
Hosmer-Lemeshow	4.4840	8	0.811

- -

…

结果分析: 会话窗口中主要给出三张表, 即 Logistic 回归表、斜率检验表和拟合优度检验表 (编者在会话框中加上虚线以便看得更清楚)。斜率检验表中 P 值小于 0.05 说明回归方程效果好 (三个待定参数对回归模型的联合影响较大), 拟合优度检验表中 P 值大于 0.05 说明回归方程效果好。

(1) Logistic 回归表在 “系数” 列给出参数的估计值: 常数项 $b_0 = -2.62851$, 自变量 “性别” 的系数 $b_1 = -2.22388$, 自变量 “年龄” 的系数 $b_2 = 0.102265$; “P” 列给

出对 3 个参数做 Z 检验的 P 值, 性别和年龄的 P 值 0.034, 0.026 都小于 0.05, 说明它们的作用是显著的; 截距的 P 值 0.091 小于 0.1, 说明截距的作用也还是显著的。可见这些参数都不可略去, 于是 Logistic 回归方程是

$$\ln\frac{p}{1-p} = -2.62851 - 2.22388\text{性别} + 0.102265\text{年龄},$$

即

$$\ln\frac{p}{1-p} = \begin{cases} -2.62851 + 0.102265x_2, & \text{女性}, \\ -4.85239 + 0.102265x_2, & \text{男性}。 \end{cases} \tag{9-2}$$

回归表中 "优势比" 表示自变量增大一个单位时, 乘公交车和骑自行车的概率比 $\frac{p}{1-p}$ 增大的倍数: "性别" 的优势比是 0.11, 说明当由女性改为男性时, $\frac{p}{1-p}$ 缩小为原来的 0.11 倍, 可见在年龄相同的情况下, 女性乘公交车的多; 年龄的优势比是 1.11, 说明性别相同的情况下, 当年龄增大 1 岁时, $\frac{p}{1-p}$ 增大为原来的 1.11 倍, 可见随着年龄的增大, 乘公交车增多。

(2) 斜率检验表中 P 值 $= 0.002 < 0.05$, 说明 3 个待定参数对模型联合线性影响显著, 从而回归方程好。

(3) 拟合优度检验表中 3 个 P 值分别是 0.210, 0.271 和 0.811 都大于 0.05, 也说明用 3 种方法检验, 都判定回归方程拟合得较好。

有了 Logistic 回归方程 $\ln\frac{p}{1-p} = b_0 + b_1x_1 + b_2x_2 + \cdots + b_mx_m$, 就可以由 $p = \exp(b_0 + b_1x_1 + b_2x_2 + \cdots + b_mx_m)/(1 + \exp(b_0 + b_1x_1 + b_2x_2 + \cdots + b_mx_m))$ 在已知自变量时, 预测事件发生的概率。例如对于例 9.8, 有个 30 岁男性, 想预测他出行骑自行车的概率, 可用公式 $q = \exp(-2.62851 - 2.22388 + 0.102265 \times 30) = 0.16789053$, 算出乘公交车的概率是 $p = q/(1+q) = 0.144$, 于是骑自行车的概率是 $1 - 0.144 = 0.856$。但是这样计算比较麻烦, 而且得不到区间估计, 最好让 MINITAB 自行计算。方法是: 在工作表中增加 2 列, 变量名分别取为 "预测性别" 和 "预测年龄", 两列中分别输入观测值 1 和 30。在原有 "二进制 Logistic 回归" 对话框中点击选项, 进入 "二进制 Logistic 回归–选项" 对话框, 在其中 "所有区间的置信水平" 后面空格中保持 95 (预测区间置信概率是 95%), 点击 "确定" 回到 "二进制 Logistic 回归" 对话框。点击 "预测", 进入 "二进制 Logistic 回归–预测" 对话框, 在 "新观测值的预测事件概率" 空格中选入 "预测性别" 和 "预测年龄" (注意这两个自变量在空格中的顺序要和自变量 "性别" "年龄" 在 "模型" 空格中的顺序一致), 在 "存储" 下空格中选择 "事件概率" 和 "置信限" (见图 9–9)。各框点击 "确定" 后工作表变成图 9–10, 由工作表可见 30 岁男子乘公交车的概率是 0.143757, 95% 置信限是 (0.0345621, 0.440523), 从而骑自行车的概率是 $1 - 0.144 = 0.856$。

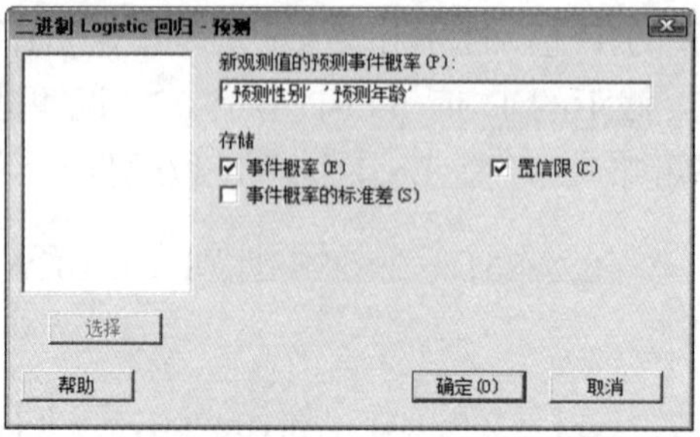

图 9–9　二进制 Logistic 回归–预测对话框

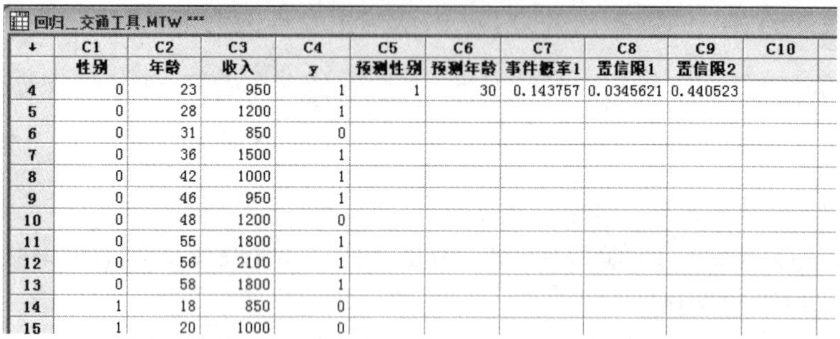

回归_交通工具.MTW ***

↓	C1	C2	C3	C4	C5	C6	C7	C8	C9	C10
	性别	年龄	收入	y	预测性别	预测年龄	事件概率1	置信限1	置信限2	
4	0	23	950	1	1	30	0.143757	0.0345621	0.440523	
5	0	28	1200	1						
6	0	31	850	0						
7	0	36	1500	1						
8	0	42	1000	1						
9	0	46	950	1						
10	0	48	1200	0						
11	0	55	1800	1						
12	0	56	2100	1						
13	0	58	1800	1						
14	1	18	850	0						
15	1	20	1000	0						

图 9–10　工作表上的预测值

如果响应变量的值是字符串, 那么 MINITAB 会把这两个字符按字典顺序排序, 排在后面的 "状态" 的概率为公式中的 p, 并输出相应的二进制 Logistic 回归方程的系数。

例 9.8 续 1　例 9.8 中响应变量 y 是指示变量, 如果响应变量是一般类别变量 (字符串变量), 情况又怎样? 对数据文件 "回归_交通工具.MTW" 增加的变量 "y 字符" 是相应的类别变量形式: $y=1$ 时 "y 字符"="公交车", $y=0$ 时 "y 字符"="自行车" (数据文件: 回归_交通工具 1.MTW)。按照本节开头 MINITAB 显示因变量的两个值中字典序排在后面的规则: 字典顺序 "自行车" 排在 "公交车" 的后面, 所以经验方程

$$\ln\frac{p}{1-p}=\hat{b}_0+\hat{b}_1\text{性别}+\hat{b}_2\text{年龄},$$

其中 p 是出行方式中骑自行车的概率。如果以 "y 字符" 为因变量求经验回归方程, 应当实施操作: 通过指令 "统计 > 回归 > 二进制 Logistic 回归" 进入 "二进制 Logistic 回归" 对话框; 选择 "响应/频率格式的响应", 将因变量 "y 字符" 选入 "响应" 空格, 将 "性别, 年龄" 选入 "模型", 得到的输出如下:

二进制 Logistic 回归: y 字符与性别, 年龄

链接函数: Logit

响应信息

变量	值	计数	
y 字符	自行车	15	(事件)
	公交车	13	
	合计	28	

Logistic 回归表

						95.0% 置信区间	
自变量	系数	系数标准误	Z	P	优势比	下限	上限
常量	2.62851	1.55370	1.69	0.091			
性别	2.22388	1.04764	2.12	0.034	9.24	1.19	72.04
年龄	−0.102265	0.0457999	−2.23	0.026	0.90	0.83	0.99

...

可见得到的经验回归方程是

$$\ln \frac{p_1}{1-p_1} = 2.62851 + 2.22388\text{性别} - 0.102265\text{年龄}, \tag{9--3}$$

其中的 p_1 是骑自行车的概率。(9–3) 看起来与 (9–2) 不同, 但是 (9–2) 中的 p 是 "y=1" 的概率, 即乘公交车的概率, 所以 $p_1 = 1 - p$, 将 $p_1 = 1 - p$ 代入 (9–3) 恰好得到 (9–2)。

如果二值 Logistic 回归方程的 "预报因子" 中有字符串变量, 根据本节开头的规则: **MINITAB 仍然将这些值按字典序排列, 指定排在最前面的值对应的参数为 0**。这时可以像得到 (9–1)、(9–2) 和 (9–3) 那样操作, 只是在二进制 Logistic 回归对话框中要增加一项操作: 除了把字符串变量选入 "模型" 空格外, 还要把它再选入 "因子" 空格。

例 9.8 续 2 如果按照初始规定建立新字符变量 "性别字符" 取代数值变量 "性别": 当 "性别"=1 时, "性别字符" 取 "男"; 当 "性别"=0 时, "性别字符" 取 "女" (见数据文件: 回归_交通工具.MTW)。以 y 为因变量, "性别字符" 和年龄为自变量建立经验回归方程; 实施操作: 通过指令 "统计 > 回归 > 二进制 Logistic 回归" 进入 "二进制 Logistic 回归" 对话框; 选择 "响应/频率格式的响应", 将因变量 "y" 字符选入 "响应" 空格, 将 "性别字符" 和 "年龄" 选入 "模型", 再将 "性别字符" 选入 "因子" 空格 (见图 9–11)。

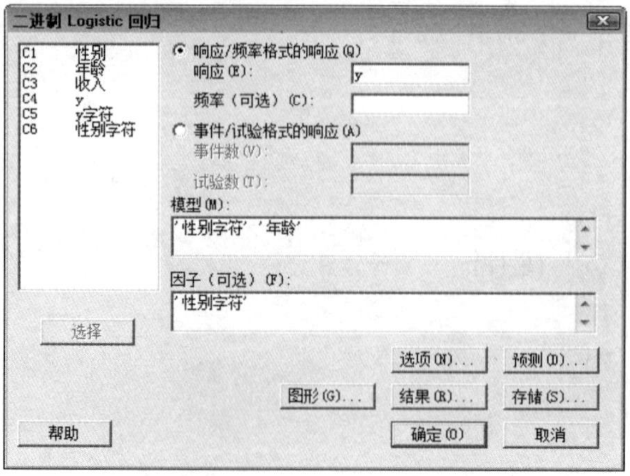

图 9−11　具有因子的 Logistic 回归

点击“确定”后, 得到的输出如下:

二进制 Logistic 回归: y 与性别字符, 年龄

链接函数: Logit

响应信息

变量	值	计数	
y	1	13	(事件)
	0	15	
	合计	28	

Logistic 回归表

						95.0% 置信区间	
自变量	系数	系数标准误	Z	P	优势比	下限	上限
常量	−4.85238	1.92561	−2.52	0.012			
性别字符							
女	2.22388	1.04764	2.12	0.034	9.24	1.19	72.04
年龄	0.102265	0.0457999	2.23	0.026	1.11	1.01	1.21

可见经验回归方程是

$$\ln\frac{p}{1-p} = -4.85238 + 2.22388\ 性别字符\ (\ 女) + 0.102265\ 年龄,$$

看起来和 (9–2) 不一样。但是“性别字符 (女)” 的含义是 “女的指示变量”, 实际这方程就是

$$\ln\frac{p}{1-p}=\begin{cases}-4.85239+2.22388+0.102265x_2, & 女性,\\ -4.85239+0.102265x_2, & 男性,\end{cases}$$

和 (9–2) 一样。

当某个自变量的值可以取多个时, MINITAB 仍然将这些值按字典序排列, 指定排在最前面的值的系数为 0 (参照例 9.10 方程 (9–4))。再次强调: 使用非国产电脑的读者, 应当参照第 1 章 1.2.2 注意事项 3) 检查所用电脑。

二值随机变量观测数据往往经过 “汇总”: 在自变量取同一值的条件下做多次试验 (或调查), 把这个条件下试验次数 (或调查次数) 记为 n, (取 1 的) 事件发生次数记为 r; 自变量取的值、试验次数 n、事件发生次数 r 写成一行 (一次观测); 若干行形成 “事件/试验格式” 数据, 例如表 9–10 所示。这时要预测的仍是**事件发生的概率** p。

例 9.9 在一次住房展销会上, 与房地产商签订初步购房意向书的共有 580 名顾客, 在随后的 3 个月内只有一部分顾客购买了房屋, 数据见表 9–10 (数据文件: 回归_购房.MTW)。建立由月收入预报每户购房概率的 Logistic 回归方程, 判断家庭收入为 40000 元的顾客买房的可能性。

表 9–10 购房数据调查表

月收入 (单位: 千元)	调查户数	已购房
6	40	8
8	50	12
···	···	···

解 本题需要建立 Logistic 回归方程, 由月收入预测对于单个顾客 “已购房” 的概率 p。表 9–10 中, “调查户数” 是同一 “月收入” 值下的试验次数, “已购房” 是事件 “已购房” 发生次数。为了让 MINITAB 计算, 先将数据拷入工作表 (打开数据文件: 回归_购房.MTW)。然后提交指令:

指令	功能
通过指令 “统计 > 回归 > 二进制 Logistic 回归” 进入二进制 Logistic 回归对话框	让 MINITAB 计算二值 Logistic 回归
选择 “事件/试验格式的响应”, 将 “已购房” 选入 “事件数” 空格, 将 “调查户数” 选入 “试验数” 空格, 将 “月收入” 选入 “模型” 空格	指定数据输入格式为 “汇总数据”, 指定 “已购房” 为 “事件发生数”, “调查户数” 为总 “试验数”, “月收入” 为自变量

点击"确定"后会话窗口得到主要结果是:

...

Logistic 回归表

自变量	系数	系数标准误	Z	P	优势比	95.0% 置信区间 下限	上限
常量	−1.60234	0.204034	−7.85	0.000			
月收入	0.0790658	0.0101125	7.82	0.000	1.08	1.06	1.10

对数似然 = −365.301

检验所有斜率是否为零: G = 70.404, DF = 1, P 值 = 0.000

拟合优度检验

方法	卡方	自由度	P
Pearson	2.34682	8	0.968
偏差	2.35415	8	0.968
Hosmer-Lemeshow	2.31913	6	0.888

...

结果分析:

(1) 由 Logistic 回归表在"系数"列给出参数的估计值: 常数项 $b_0 = -1.60234$, 自变量"月收入"的系数 $b_1 = 0.0790658$。由"P"所在列给出对 2 个参数 (常数和月收入的系数) 做 Z 检验的 P 值: 0.000, 0.000 都很小, 可见常数项和月收入的作用都是显著的。Logistic 回归方程是

$$\ln \frac{p}{1-p} = -1.60234 + 0.0790658 \text{ 月收入},$$

而月收入的优势比为 1.08, 即月收入每增加 1 个单位 (1000 元), 优势比$\dfrac{p}{1-p}$扩大为 1.08 倍 (买房与不买房可能性之比扩大 1.08 倍)。(2) 由斜率检验表 P 值 = $0 < 0.05$ 可知,2 个待定参数对回归模型的联合线性影响很大, 方程效果好。(3) 拟合优度检验 P 值 0.968, 0.968, 0.888 都大于 0.05, 可见方程的拟合效果是好的。

仿照例 9.8 的预报方法, 可以得到月收入 40000 元家庭, 买房的概率 $p = 0.826395$; p 的 95% 置信区间是 $(0.749161, 0.883544)$。

9.3.2 有序值 Logistic 回归

9.3.1 中讨论了响应变量取值只有 "是" 或 "否" 的二值 Logistic 回归, 实际工作中, 还会见到响应变量取有序值的情形, 例如空气污染等级分为优、良、轻度污染、中度污染、重度污染共 5 个级别, 这里重度污染最重, 中度污染次之, 轻度污染更轻些, 良再轻些, 优最轻; 它们之间可以排出顺序来。又如对商品或服务的评价可以分为很差、差、一般、好和很好 5 级; 它们也是有序的。当回归模型中响应变量是有序的, 而自变量是数值变量或者类别变量时, 这样的 Logistic 回归称为有序值 Logistic 回归, 设响应变量的值有 k 个 (分为 k 级), 则常用的有序值 Logistic 回归数学模型构造如下。

首先将预报对象排序, 设按某种规则, 将因变量的值排为 $E_1 < E_2 < \cdots < E_k$, 这里的 $<$ 号表示按顺序 "在前", 通常令 $y=1, y=2, \cdots, y=k$ 表示响应变量分别取这 k 个值的事件。令 $q_1 = P(y \leqslant 1), q_2 = P(y \leqslant 2), \cdots, q_{k-1} = P(y \leqslant k-1)$。于是 $P(y \leqslant 1) = q_1$, $P(y=2) = q_2 - q_1, \cdots, P(y=k-1) = q_{k-1} - q_{k-2}$, $P(y=k) = 1 - q_{k-1}$。

常用的有序值 Logistic 回归模型分为 3 类。第 1 类称为累积 Logit(Logistic) 模型, MINITAB 称为顺序 Logistic 模型, 其数学模型是

$$
\begin{aligned}
&\ln \frac{q_1}{1-q_1} = \beta_{10} + \beta_1 x_1 + \cdots + \beta_m x_m + \varepsilon_1,\\
&\ln \frac{q_2}{1-q_2} = \beta_{20} + \beta_1 x_1 + \cdots + \beta_m x_m + \varepsilon_2,\\
&\cdots\\
&\ln \frac{q_{k-1}}{1-q_{k-1}} = \beta_{k-1,0} + \beta_1 x_1 + \cdots + \beta_m x_m + \varepsilon_{k-1}。
\end{aligned}
$$

待定参数中不同方程截距 $\beta_{10} < \cdots < \beta_{k-1,0}$ 彼此不同, $x_1, \cdots, x_m$ 是 $k-1$ 个方程共同的自变量, $\beta_1, \cdots, \beta_m$ 是 $k-1$ 个方程共同的系数, $\varepsilon_1, \cdots, \varepsilon_{k-1}$ 是误差项, 相互独立且服从 0 均值正态分布。

第 2 类称为累积 Probit 模型, 第 3 类称为累积补对数–对数模型, 它们的构造类似于累积 Logistic 回归分析。为了使用这 3 类模型, 可以在 "顺序 Logistic 回归分析" 对话框中点击 "选项", 进入 "顺序 Logistic 回归分析–选项" 对话框; 在其中的链接函数选项中分别选择 Logit, Normit/probit 或 Gombit/互补对数–对数。这 3 类顺序 Logistic 回归模型中最常用的是累积 Logistic 模型。本书也仅介绍它。Probit 模型和补对数–对数模型的使用方法完全可以参照累积 Logistic 模型, 也可以参看 MINITAB 的帮助和文献 [4]。当累积 Logistic 模型拟合效果不佳时, 可以改用 Probit 模型或补对数–对数模型。

MINITAB 的 "顺序 Logistic 回归分析" 对话框可以实施有序值 Logistic 回归分析。由已有观测值能估计出 $\hat{\beta}_{10}, \cdots, \hat{\beta}_{k-1,0}, \hat{\beta}_1, \cdots, \hat{\beta}_m$, 从而得到经验顺序 Logistic

回归方程组:

$$
\begin{aligned}
&\ln\frac{q_1}{1-q_1}=\hat{\beta}_{10}+\hat{\beta}_1x_1+\cdots+\hat{\beta}_mx_m,\\
&\ln\frac{q_2}{1-q_2}=\hat{\beta}_{20}+\hat{\beta}_1x_1+\cdots+\hat{\beta}_mx_m,\\
&\cdots\\
&\ln\frac{q_{k-1}}{1-q_{k-1}}=\hat{\beta}_{k-1,0}+\hat{\beta}_1x_1+\cdots+\hat{\beta}_mx_m\text{。}
\end{aligned}
$$

这时对于给定的自变量 $x_1,\cdots,x_m$ 的值, 由回归方程组可以预测 $q_1,q_2,\cdots,q_{k-1}$; 再由 $P(y=1)=q_1$, $P(y=2)=q_2-q_1$, $\cdots$, $P(y=k-1)=q_{k-1}-q_{k-2}$, $P(y=k)=1-q_{k-1}$, 可以预测响应变量取 $E_1,E_2,\cdots,E_k$ 的概率。

例 9.10 表 9–11 给出了北京市 25 年有关降雨资料的数据 (数据文件: 类别_北京降雨.MTW), 其中 x_1,x_2 是 2 个预报因子, y 表示降雨情况: $y=1$ 表示偏少, $y=2$ 表示正常, $y=3$ 表示偏多。试建立降雨概率的预报方程。

表 9–11 北京降雨

年	x_1	x_2	y
1951	0.58	82	1
1952	0.40	83	3
…	…	…	…

解 这里因变量是 "降雨情况", 它是有序类别变量, 取值: 偏少、正常、偏多。由雨量的多少将这 3 个值排序。

令 $y=1$ 表示雨量偏少, $y=2$ 表示雨量正常, $y=3$ 表示雨量偏多。$q_1=P(y=1)$ 表示雨少的概率, $q_2=P(y\leqslant 2)$ 表示雨少或正常的概率。那么 $q_2-q_1=P(y=2)$ 表示雨量正常的概率, $1-q_2=P(y=3)$ 表示雨量偏多的概率。将数据输入工作表 (打开数据文件: 类别_北京降雨.MTW), 再提交下列指令:

指令	功能
使用指令 "统计 > 回归 > 顺序 Logistic 回归" 进入 "顺序 Logistic 回归" 对话框	让 MINITAB 计算累积 Logistic 回归
将 "y" 选入 "响应" 空格, "x1, x2" 选入 "模型" 空格 (见图 9–12)	指定 y 是响应变量, x_1,x_2 是自变量

点击 "确定" 得到许多结果, 其中主要的是其中的三张表:

顺序 Logistic 回归: y 与 x1, x2

链接函数: Logit

响应信息

变量	值	计数
y	1	7
	2	11
	3	7
	合计	25

Logistic 回归表

						95.0% 置信区间	
自变量	系数	系数标准误	Z	P	优势比	下限	上限
常量 (1)	29.0722	16.2401	1.79	0.073			
常量 (2)	32.0195	16.4779	1.94	0.052			
x1	15.1588	5.75732	2.63	0.008	3831462.47	48.16	3.04792E + 11
x2	−0.453757	0.201591	−2.25	0.024	0.64	0.43	0.94

对数似然 = −19.309

检验所有斜率是否为零: G=15.086, DF=2, P 值 =0.001

拟合优度检验

方法	卡方	自由度	P
Pearson	41.0503	46	0.679
偏差	38.6184	46	0.772

...

结果分析: (1) 由 Logistic 回归表的系数列的常量 (1) 和常量 (2) 可见 $\beta_{10} = 29.0722$, $\beta_{20} = 32.0195$ 彼此不同; 而斜率系数同为 $\beta_1 = 15.1588$, $\beta_2 = -0.453757$; 从而经验回归方程是

$$\ln\frac{q_1}{1-q_1}=29.0722+15.1588x_1-0.453757x_2, \qquad (9\text{–}4)$$

$$\ln\frac{q_2}{1-q_2}=32.0195+15.1588x_1-0.453757x_2。 \qquad (9\text{–}5)$$

由 P 值 0.073, 0.0520, 0.008 和 0.024 都小于 0.1, 可见常数和自变量的系数都是显著的。(2) 由斜率检验表的 P 值 $0.001<0.05$ 可见 4 个待定参数对回归模型的联合线性影响很大。(3) 由拟合优度检验表的 P 值 0.679 和 0.772 都大于 0.05 可见, 回归方程拟合效果是好的。

结合 (9–4) 和 (9–5) 可以预测事件的概率。例如某年 $x_1=0.58, x_2=82$, 可以代入 (9–4) 和 (9–5) 分别求得 $q_1=0.6584$, $q_2=0.9735$, 从而得到预测值: 降雨偏少的概率是 $q_1=0.6584$; 降雨正常的概率是 $q_2-q_1=0.9735-0.6584=0.3151$; 降雨偏多的概率 $1-q_2=1-0.9735=0.0265$。

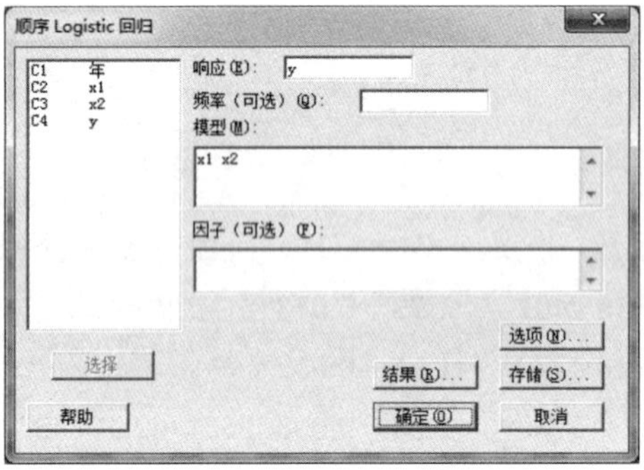

图 9–12 顺序 Logistic 回归对话框

9.3.3 名义值 Logistic 回归

9.3.1 和 9.3.2 中讨论了响应变量仅取两个值或取有序的多个值的情形。实际工作中, 还会遇到响应变量取多个值, 而这些值又不存在顺序关系, 也就是响应变量取名义值的情形。例如响应变量是手机品牌, 手机品牌的值有 A、B、C、D 四种, 品牌间不存在顺序关系; 又如响应变量是某车间的 “车床”、某工厂的 “工人” 或生产某产品的 “方法” 等, 这些响应变量都是名义值。当自变量中有数值变量和类别变量, 响应变量是名义值类别变量时, 这种 Logistic 回归模型就是**名义值 Logistic 回归**, MINITAB 称为**名义 Logistic 回归**。常用的名义值 Logistic 回归数学模型是: 从响应变量取的值中选一个形成参考事件。例如响应变量可取 k 个值, 选择响应变量取第 k 个值这一事件形成参考事件, 设响应变量取它的概率为 p_k, 响应变量

取其余值的概率为 $p_1,\cdots,p_{k-1}$; 名义值 Logistic 回归方程模型为

$$\begin{cases}\ln\dfrac{p_1}{p_k}=\beta_{10}+\beta_{11}x_1+\cdots+\beta_{1m}x_m+\varepsilon_1,\\ \ln\dfrac{p_2}{p_k}=\beta_{20}+\beta_{21}x_1+\cdots+\beta_{2m}x_m+\varepsilon_2,\\ \cdots\\ \ln\dfrac{p_{k-1}}{p_k}=\beta_{k-1,0}+\beta_{k-1,1}x_1+\cdots+\beta_{k-1,m}x_m+\varepsilon_{k-1},\end{cases}$$

其中 $\beta_{10},\cdots,\beta_{1m}$, $\beta_{20},\cdots,\beta_{2m},\ldots,\beta_{k-1,0},\cdots,\beta_{k-1,m}$ 是未知参数, $x_1,\cdots,x_m$ 是自变量, $\varepsilon_1,\cdots,\varepsilon_{k-1}$ 是误差, 相互独立且服从 0 均值正态分布。估计上述回归方程组未知参数的计算很复杂, 用 MINITAB 的 "名义 Logistic 回归" 对话框可以完成有关计算。当估计出参数 $\hat{\beta}_{10},\ldots\hat{\beta}_{1m},\hat{\beta}_{20},\ldots\hat{\beta}_{2m},\ldots\hat{\beta}_{k-1,0},\ldots\hat{\beta}_{k-1,m}$ 后, 就得到经验回归方程组:

$$\begin{cases}\ln\dfrac{p_1}{p_k}=\hat{\beta}_{10}+\hat{\beta}_{11}x_1+\cdots+\hat{\beta}_{1m}x_m,\\ \ln\dfrac{p_2}{p_k}=\hat{\beta}_{20}+\hat{\beta}_{21}x_1+\cdots+\hat{\beta}_{2m}x_m,\\ \cdots\\ \ln\dfrac{p_{k-1}}{p_k}=\hat{\beta}_{k-1,0}+\hat{\beta}_{k-1,1}x_1+\cdots+\hat{\beta}_{k-1,m}x_m。\end{cases}\qquad(9\text{–}6)$$

对于给定的自变量 $x_1,\cdots,x_m$ 就能预测出 $\dfrac{p_i}{p_k}$ $(i=1,2,\cdots,k-1)$, 再由 $p_1+\cdots+p_k=1$ 就能得到 $p_1,\cdots,p_k$ 的预测值。注意这里与顺序值 Logistic 模型不同, $k-1$ 个方程中自变量的系数各不相同; 而对于顺序值 Logistic 模型, $k-1$ 个方程中自变量的系数相同, 仅有截距不同。

至于选择因变量的哪个值形成参考事件最好, 可以多选几个参考事件试试, 这个参考事件效果不好就换另一个参考事件。

为了让 MINITAB 按照使用者的要求, 把因变量的某个值作为参考事件, 应当进入 "名义 Logistic 回归–选项" 对话框, 在 "参考事件" 空格中输入参考事件名称, 注意: 该名称要夹在两个西文半角的单引号之间。如果不指定参考事件, MINITAB 自动按照字典序指定最后的一个事件形成参考事件, 如果各事件以中文表示, 则以汉语拼音的英文字符顺序的最后一个事件形成参考事件。

由 (9–6) 预测各事件的概率的计算比较麻烦。如果预测所用自变量的值已经出现在原始数据中, 则可以让 MINITAB 计算各事件的概率。具体实施方法是: 进入 "名义 Logistic 回归–存储" 对话框后, 在 "输入事件数" 空格中填写因变量的事件总个数, 选择 "事件概率", 点击 "确定", 则 MINITAB 在 "工作表" 上给出各次观测值各事件概率, 见例 9.11。

例 9.11 汽车销售商记录了销售的 303 个客户的各项状况, 包括性别、婚姻

状况、年龄、购车者国别、汽车尺寸、汽车车型, 数据见表 9–12 (数据文件为: 回归_汽车销售. MTW)。其中因变量 “车型” 取 3 个值: “家用” (家庭用车), “工作” (工作用车), “跑车” (运动用车)。试建立由购买者年龄与国别预测 “车型” 概率的 “名义值 Logistic 回归方程”, 因变量 “车型” 的参考事件取为 “跑车”。如果某客户是 40 岁, 美国人, 预测他买各种车型的概率。

表 9–12 汽车销售数据

编号	性别	婚姻状况	年龄	国别	尺寸	车型
1	男	已婚	34	美国	大	家用
2	男	未婚	36	日本	小	跑车
···	···	···	···	···	···	···
302	男	已婚	32	日本	中	跑车
303	男	已婚	29	日本	中	家用

解 打开数据文件: 回归_汽车销售.MTW。实施下列操作:

指令	功能
由指令 “统计 > 回归 > 名义 Logistic 回归” 进入 “名义 Logistic 回归” 对话框	让 MINITAB 计算 “名义值 Logistic 回归”
在 “响应” 空格选入 “车型”; 在 “模型” 空格选入 “年龄” 和 “国别”; 在 “因子” 空格选入 “国别”(见图 9–13)	指定 “车型” 为因变量, “年龄” 和 “国别” 是自变量, “国别” 是分类变量
点击 “选项” 进入 “名义 Logistic 回归–选项” 对话框, 在 “参考事件” 空格中填入 “跑车” (如图 9–14)	指定 “跑车” 形成参考事件, 注意图中单引号为西文半角符号

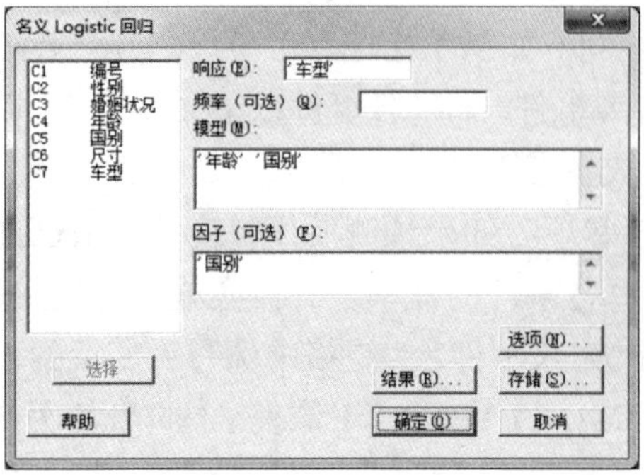

图 9–13 名义 Logistic 回归对话框图

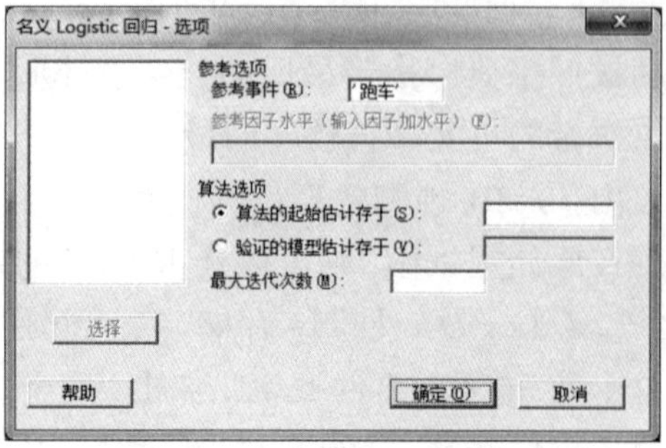

图 9–14 确定参考事件

注意: 因为因变量的值中“跑车”在汉语拼音中排在最后, 不进入“名义 Logistic 回归–选择”对话框, MINITAB 按字典序选择“跑车”形成参考事件, 也得到同样结果。点击“确定”得下列主要结果 (响应信息和 3 张表):

名义 Logistic 回归: 车型与年龄, 国别

响应信息

变量	值	计数	
车型	跑车	100	(参考事件)
	家用	155	
	工作	48	
	合计	303	

Logistic 回归表

						95.0% 置信区间	
自变量	系数	系数标准误	Z	P	优势比	下限	上限
Logit 1: (家用/跑车)							
常量	−2.51574	0.842584	−2.99	0.003			
年龄	0.120775	0.0273591	4.41	0.000	1.13	1.07	1.19
国别							
欧洲	−1.54740	0.433804	−3.57	0.000	0.21	0.09	0.50
日本	−0.878845	0.311287	−2.82	0.005	0.42	0.23	0.76
Logit 2: (工作/跑车)							
常量	−3.18473	1.07813	−2.95	0.003			
年龄	0.0977535	0.0339915	2.88	0.004	1.10	1.03	1.18
国别							
欧洲	−1.45571	0.638272	−2.28	0.023	0.23	0.07	0.81
日本	−0.434184	0.401366	−1.08	0.279	0.65	0.29	1.42

对数似然 = −281.997

检验所有斜率是否为零: G=42.398, DF=6, P 值 =0.000

续表

拟合优度检验

方法	卡方	自由度	P
Pearson	108.041	130	0.920
偏差	117.231	130	0.782
…			

结果分析: 注意这里自变量 "国别" 是类别变量, 它取值 "欧洲" "美国" 和 "日本"。按照字典序: 美国最前, 欧洲和日本次之。所以经验公式中 "美国" 的系数为 0, 每个方程的系数表中都不再写出美国的系数。

(1) 由 Logistic 回归表可见: "Logit 1: (家用/跑车)" 以下部分是将 "家用" 与 "跑车" 相比的结果, 由 "系数" 列可见, 常数项 (截距) $\beta_{10} = -2.51574$, 年龄的系数 $\beta_{11} = 0.120775$, 国别对于 "欧洲" 的系数 $\beta_{12} = -1.54740$, 国别对于 "日本" 的系数 $\beta_{13} = -0.878845$, 国别对于 "美国" 的系数是 0。从而因变量取 "家用" 概率与因变量取 "跑车" 概率相比的经验回归方程为:

$$\ln \frac{p\,(\text{家用})}{p\,(\text{跑车})} = -2.51574 + 0.120775\ \text{年龄} + \begin{cases} -1.5474, & \text{欧洲}, \\ -0.878845, & \text{日本}, \\ 0, & \text{美国}。 \end{cases} \tag{9-7}$$

其中年龄的优势比 1.13 表示: 每增加 1 岁, 买 "家用" 与买 "跑车" 的概率比对数会变为原来的 1.13 倍。国别有三个取值 (美国、欧洲及日本), 欧洲的优势比 0.21 表示: 如果购车人从美国人换成欧洲人, 则买 "家用" 与买 "跑车" 的概率比会变为原来的 0.21 倍。日本的优势比 0.42 表示: 如果购车人从美国人换成日本人, 则买 "家用" 与买 "跑车" 的概率比会变为原来的 0.42 倍。截距、年龄系数和国别的效应都是高度显著的 (P 值分别为 0.003, 0.000, 0.000, 0.005)。

(2) 由 Logistic 回归表还可见: " Logit 2: (工作/跑车)" 以下部分是将因变量取 "工作" 概率与因变量取 "跑车" 概率相比的结果, 由 "系数" 列可见, 常数项 (截距) $\beta_{20} = -3.18473$, 年龄的系数 $\beta_{21} = 0.0977535$, 国别对于 "欧洲" 的系数 $\beta_{22} = -1.45571$, 国别对于 "日本" 的系数 $\beta_{23} = -0.434184$, 国别对于 "美国" 的系数是 0。从而 "工作" 与 "跑车" 相比的回归方程为:

$$\ln \frac{p\,(\text{工作})}{p\,(\text{跑车})} = -3.18473 + 0.0977535\ \text{年龄} + \begin{cases} -1.45571, & \text{欧洲}, \\ -0.434184, & \text{日本}, \\ 0, & \text{美国}。 \end{cases} \tag{9-8}$$

其中年龄优势比为 1.1, 即年龄每增加 1 岁, 买 "工作" 与买 "跑车" 的概率比会变为原来的 1.1 倍。国别有三个取值 (美国、欧洲及日本), 欧洲的优势比是 0.23, 表示如果购车人从美国人换成欧洲人, 则买 "工作" 与买 "跑车" 的概率比会变为原来的

0.23 倍; 日本的优势比是 0.65, 表示如果购车人从美国人换成日本人, 则买 “工作” 与买 “跑车” 的概率比会变为原来的 0.65 倍。截距和年龄项回归系数的效应是显著的 (P 值为 0.003, 0.004), 表示常数项和年龄的作用是显著的, 美国人换成欧洲人概率变化也显著 (P 值为 0.023), 美国人换成日本人则变化不显著 (P 值为 0.279)。

(3) 由斜率检验表可见: 检验所有斜率是否为零, 得 P 值 $= 0.000 < 0.05$, 说明 8 个待定参数对回归模型的联合线性影响较大, 回归方程好。

(4) 由拟合优度检验表中 P 值 0.920, 0.782 都大于 0.05, 说明回归方程的拟合效果是好的。

综合 (1) 和 (2) 可见: 按年龄的系数都是正的, 优势比都大于 1, 所以越年轻越喜欢跑车。因为截距都是负的, 按国家比较, 除美国外的系数都是负的, 因此随着年龄增大, $\ln\dfrac{p\,(\text{家用})}{p\,(\text{跑车})}, \ln\dfrac{p\,(\text{工作})}{p\,(\text{跑车})}$ 由负值变成正值, 人们变得不愿意购买跑车。

为了得到 40 岁美国人购买各种用车的概率, 将 40 代入 (9−7) 和 (9−8) 式,

$$\ln\frac{p\,(\text{家用})}{p\,(\text{跑车})} = -2.51574 + 0.120775 \times 40 = 2.31526,$$

$$\ln\frac{p\,(\text{工作})}{p\,(\text{跑车})} = -3.18473 + 0.0977535 \times 40 = 0.72541,$$

加上方程 $p\,(\text{家用}) + p\,(\text{工作}) + p\,(\text{跑车}) = 1$, 可解得 $p\,(\text{家用}) = 0.768$, $p\,(\text{工作}) = 0.157$, $p\,(\text{跑车}) = 0.076$。

这样算很麻烦, 从工作表查找原始数据, 发现第 110 个观测值的自变量值是: 年龄 = 40 岁, 国别 = “美国”, 所以可以让 MINITAB 自行计算购买各车的概率, 再查看工作表第 110 行。这只需在原有操作之外增加如下操作:

指令	功能
点击 “存储”, 进入 “名义 Logistic 回归−存储” 对话框后, 在 “输入事件数” 空格中填写 “3”, 选择 “事件概率” (见图 9−15)	说明因变量的状态是 3 个 (家用、工作和跑车), 要求 MINITAB 对于 303 个观测, 计算购买各种车的概率

图 9−15　名义 Logistic 回归−存储对话框

点击“确定”后, MINITAB 在“工作表”上给出每个原始数据的事件预测概率(见图 9–16)。由会话窗口中“响应信息”可见: 车型形成事件的顺序是跑车、家用、工作。由此可见事件概率 1 表示购买跑车概率, 事件概率 2 表示购买家用车概率, 事件概率 3 表示购买工作用车概率。从菜单的“编辑器 > 查找”进入“查找”对话框, 容易通过变量“年龄”列找到 40 岁美国人信息, 例如在第 110 行就有 40 岁美国人信息。图 9–16 中显示工作表上第 107~112 次观测的原始数据和新生成的 3 个概率。

↓	C1	C2-T	C3-T	C4	C5-T	C6-T	C7-T	C8	C9	C10	C1
	编号	性别	婚姻状况	年龄	国别	尺寸	车型	事件概率1	事件概率2	事件概率3	
107	107	男	未婚	35	日本	小	家用	0.242723	0.558064	0.199213	
108	108	女	已婚	24	美国	中	跑车	0.344973	0.505897	0.149130	
109	109	男	已婚	27	美国	小	跑车	0.271263	0.571509	0.157228	
110	110	女	未婚	40	美国	小	工作	0.075796	0.767641	0.156562	
111	111	女	已婚	27	日本	小	跑车	0.444372	0.388779	0.166849	
112	112	女	未婚	25	欧洲	中	跑车	0.683382	0.240639	0.075979	

图 9–16 预测概率的工作表

由图 9–16 中可见第 110 次观测 (对于年龄 40 的美国人) 预计购买“跑车”的概率是 0.075796, 购买“家用车”的概率是 0.767641, 购买“工作用车”的概率是 0.156562。与先前计算的结果一致。

这个例子中如果选“家用”或“工作”形成参考事件, 回归效果都不太好。

9.3.4 用 Logistic 回归分析类别变量间关系

因为 Logistic 回归的自变量也可以是类别变量, Logistic 回归分析可以建立多个类别变量预测某个类别变量 (因变量) 的公式, 检查各个自变量对因变量影响是否显著, 而且 Logistic 回归不需要限定频数大于 5, 所以这种检验类别变量间关系的方法, 与卡方检验法相比, 适用面更广。

例 9.12 对于例 9.7 洗衣粉例题, 希望了解水质、是否买过、水温对于购买哪种品牌是否有影响。

解 这里有 4 个类别变量: 水质、是否买过、水温和购买哪种品牌。把被购买洗衣粉的品牌作为因变量, 命名为“品牌”, 它只取两个值 (甲和乙), 适用于二值 Logistic 回归。把水质、是否买过、水温作为自变量, 实施二值 Logistic 回归。具体操作如下: 先打开数据文件“类别_洗衣粉.MTW”; 然后由指令“统计 > 回归 > 二进制 Logistic 回归”进入“二进制 Logistic 回归”对话框; 再在“响应”空格中选入“品牌”; 在“频率 (可选)”空格中选入“频数”(向 MINITAB 声明数据汇总后每种观测值的频数); 在“模型”空格选入“水质”“水温”和“是否买过”(指示 MINITAB, 说明它们是自变量); 在“因子”空格选入“水质”“水温”和“是否买过”(告诉 MINITAB, 说明它们是类别变量); 最后点击“确定”。在会话窗口得到:

二进制 Logistic 回归: 品牌与水温, 是否买过, 水质

...

Logistic 回归表

						95.0% 置信区间	
自变量	系数	系数标准误	Z	P	优势比	下限	上限
常量	−0.412237	0.134038	−3.08	0.002			
水温							
高	0.256653	0.132863	1.93	0.053	1.29	1.00	1.68
是否买过							
是	0.567016	0.127746	4.44	0.000	1.76	1.37	2.26
水质							
硬	0.0211117	0.157631	0.13	0.893	1.02	0.75	1.39
中	0.0706283	0.156641	0.45	0.652	1.07	0.79	1.46

...

由其中 Logistic 回归表最后两行 “硬” 和 “中” 的 P 值 0.893 和 0.652 大于 0.05, 可见水质对预报效果不显著, 可以略去。于是重新提交指令: 由指令 “统计 > 回归 > 二进制 Logistic 回归” 进入 “二进制 Logistic 回归” 对话框; 再在 “响应” 空格选入 “品牌”; 在 “频率 (可选)” 空格中选入 “频数”; 在 “模型” 空格选入 “水温” 和 “是否买过”; 在 “因子” 空格选入 “水温” 和 “是否买过”; 最后点击 “确定”。在会话窗口得到:

二进制 Logistic 回归: 品牌与水温, 是否买过

...

Logistic 回归表

						95.0% 置信区间	
自变量	系数	系数标准误	Z	P	优势比	下限	上限
常量	−0.382233	0.100171	−3.82	0.000			
水温							
高	0.257916	0.132443	1.95	0.051	1.29	1.00	1.68
是否买过							
是	0.568477	0.127674	4.45	0.000	1.77	1.37	2.27

续表

对数似然 = −686.470
检验所有斜率是否为零: G=24.382, DF=2, P 值 =0.000

拟合优度检验

方法	卡方	自由度	P
Pearson	2.77799	1	0.096
偏差	2.78795	1	0.095
Hosmer-Lemeshow	2.77799	2	0.249

...

结果分析: 因变量有两个水平 “甲” 和 “乙”; 操作中未指定哪个水平的概率是 p, MINITAB 按字典序决定; 因为 “乙” 的汉语拼音在 “甲” 之后, 所以购买者买 “乙” 品牌洗衣粉的概率取为 p。

(1) 由水温的 P 值 0.051(接近 0.05) 以及是否购买过的 P 值 0.000 可见: “品牌” 的概率分布依赖 “水温” 和 “是否买过” 这两个因素。

(2) “水温” 下的 “高” 对应系数不为 0, “是否买过” 下的 “是” 对应系数不为 0; 根据系数的值可见 Logistic 回归方程是

$$\ln\frac{p}{1-p}=-0.382233+\begin{cases}0.257916, & \text{水温高,}\\ 0, & \text{水温低,}\end{cases}+\begin{cases}0.568477, & \text{买讨,}\\ 0, & \text{未买过。}\end{cases}$$

(3) 由优势比 1.29 和 1.77 可见: 买 “乙” 品牌的可能性与买 “甲” 品牌的可能性相比, 使用高水温的顾客比使用低水温的顾客大 1.29 倍, 已买过这两种洗衣粉的顾客比未买过这两种洗衣粉的顾客大 1.77 倍。

(4) 对斜率的检验 P 值是 0.000(很小), 说明全部 3 个待定参数对模型的综合线性影响极大, 回归方程好。

(5) 拟合优度检验 P 值 0.096, 0.095, 0.249 都大于 0.05, 说明回归方程拟合得较好。

例 9.13 为了评估 3 种品牌 (甲、乙、丙) 冰淇淋的味道好坏, 将 1045 块冰淇淋分给路人品尝, 并请他们打分: 非常差、差、可以、好、非常好 (因为评价是有序的, 把评价分别记为 $y=1,2,3,4,5$)。统计结果见表 9–13 (数据文件: 类别_冰淇淋.MTW)。试建立由各种品牌预测评价分布的公式, 并预测各种品牌得分的概率分布。

解 本题有两个类别变量: 自变量品牌, 有序因变量 y。为了估计 y 的分布, 应当用有序值 Logistic 回归。操作如下: 首先将数据文件存入工作表; 然后使用指令

表 9–13 冰淇淋评价

频数	品牌	评价	y
70	甲	非常好	5
71	甲	好	4
…	…	…	…

“统计 > 回归 > 顺序 Logistic 回归” 进入 “顺序 Logistic 回归” 对话框; 将 “y” 选入 “响应” 空格, “频数” 选入 “频率 (可选)” 空格, “品牌” 选入 “模型” 空格, “品牌” 也选入 “因子” 空格; 点击 “存储”, 进入 “顺序 Logistic 回归–存储” 对话框, 在 “输入事件数” 空格中填写 5 (响应变量 5 个值), 选择 “事件概率”。各框点击 “确定” 后在工作表上得到的结果见图 9–17。

类别_冰淇淋.xls ***

↓	C1 频数	C2-T 品牌	C3-T 评价	C4 y	C5 事件概率1	C6 事件概率2	C7 事件概率3	C8 事件概率4	C9 事件概率5
1	70	甲	非常好	5	0.100425	0.112432	0.404862	0.195806	0.186475
2	71	甲	好	4	0.100425	0.112432	0.404862	0.195806	0.186475
3	151	甲	可以	3	0.100425	0.112432	0.404862	0.195806	0.186475
4	30	甲	差	2	0.100425	0.112432	0.404862	0.195806	0.186475
5	46	甲	非常差	1	0.100425	0.112432	0.404862	0.195806	0.186475
6	20	乙	非常好	5	0.238297	0.192815	0.388002	0.105277	0.075610
7	36	乙	好	4	0.238297	0.192815	0.388002	0.105277	0.075610
8	130	乙	可以	3	0.238297	0.192815	0.388002	0.105277	0.075610
9	74	乙	差	2	0.238297	0.192815	0.388002	0.105277	0.075610
10	70	乙	非常差	1	0.238297	0.192815	0.388002	0.105277	0.075610
11	50	丙	非常好	5	0.140906	0.143428	0.419288	0.161419	0.134959
12	55	丙	好	4	0.140906	0.143428	0.419288	0.161419	0.134959
13	140	丙	可以	3	0.140906	0.143428	0.419288	0.161419	0.134959
14	52	丙	差	2	0.140906	0.143428	0.419288	0.161419	0.134959
15	50	丙	非常差	1	0.140906	0.143428	0.419288	0.161419	0.134959

图 9–17 工作表上的冰淇淋评价概率分布

在会话窗口得到下表:

```
顺序 Logistic 回归: y 与品牌
...
链接函数: Logit


响应信息


变量  值   计数
y     1    166
      2    156
      3    421
      4    162
      5    140
    合计  1045
```

续表

频率: 频数

Logistic 回归表

自变量	系数	系数标准误	Z	P	优势比	95.0% 置信区间 下限	上限
常量 (1)	−1.80779	0.118925	−15.20	0.000			
常量 (2)	−0.923064	0.105400	−8.76	0.000			
常量 (3)	0.864603	0.104832	8.25	0.000			
常量 (4)	1.85780	0.121315	15.31	0.000			
品牌							
甲	−0.384726	0.135985	−2.83	0.005	0.68	0.52	0.89
乙	0.645745	0.140477	4.60	0.000	1.91	1.45	2.51

对数似然 = −1540.219

检验所有斜率是否为零: G=56.092, DF=2, P 值 =0.000

拟合优度检验

方法	卡方	自由度	P
Pearson	9.67302	6	0.139
偏差	9.86537	6	0.130

...

结果分析: 因为字符串 "甲" "乙" "丙" 中按字典序排列, 丙在最前面, 所以 "丙" 的系数为 0, 回归表中略去。(1) 令 $q_1 = P(y \leqslant 1)$, $q_2 = P(y \leqslant 2)$, $\cdots$, $q_4 = P(y \leqslant 4)$。由 Logistic 回归表可见, 回归方程是

$$\ln \frac{q_1}{1-q_1} = -1.80779 + \begin{cases} -0.384726, & \text{甲品牌}, \\ 0.645745, & \text{乙品牌}, \\ 0, & \text{丙品牌}, \end{cases}$$

$$\ln \frac{q_2}{1-q_2} = -0.923064 + \begin{cases} -0.384726, & \text{甲品牌}, \\ 0.645745, & \text{乙品牌}, \\ 0, & \text{丙品牌}, \end{cases}$$

$$\ln \frac{q_3}{1-q_3} = 0.864603 + \begin{cases} -0.384726, & \text{甲品牌}, \\ 0.645745, & \text{乙品牌}, \\ 0, & \text{丙品牌}, \end{cases}$$

$$\ln \frac{q_4}{1-q_4} = 1.85780 + \begin{cases} -0.384726, & \text{甲品牌}, \\ 0.645745, & \text{乙品牌}, \\ 0, & \text{丙品牌}, \end{cases}$$

而且品牌的影响是显著的。

(2) 由斜率检验表可见: P 值 =0, 从而全部 6 个待定参数对模型的线性影响极大, 回归效果好。

(3) 拟合优度 P 值大于 0.05, 也说明经验回归方程拟合效果好。

由工作表的 C5~C9 (见图 9–17) 可得各品牌得分的预测概率。注意, 由会话窗口的响应信息表可见: 事件概率 1 是 y 取 1 (非常差) 的概率, 事件概率 2 是 y 取 2 (差) 的概率, 事件概率 3 是 y 取 3 (可以) 的概率, 事件概率 4 是 y 取 4 (好) 的概率, 事件概率 5 是 y 取 5 (非常好) 的概率。因而由工作表 (图 9–17) 可见, 它们的预测概率是表 9–14。

表 9–14 预测概率

品牌	非常差	差	可以	好	非常好
甲	0.100425	0.112432	0.404862	0.195806	0.186475
乙	0.238297	0.192815	0.388002	0.105277	0.075610
丙	0.140906	0.143428	0.419288	0.161419	0.134959

可见甲品牌与其他品牌相比, 评为非常差和差的概率小, 评为非常好和好的概率大, 因而甲品牌的评价最高。乙品牌与其他品牌相比, 评为非常差和差的概率大, 评为非常好和好的概率小, 因而乙品牌的评价最差。

9.4 对应分析

列联表分析和 Logistic 回归只能研究类别变量间的联系, 对于类别变量的 "值" 间如何联系, 则不能分析。对应分析则能研究多个随机类别变量的 "值" 间的关系。对应分析分为 "简单对应分析" 和 "多重对应分析"。本节仅介绍 "多重对应分析", 有关 "简单对应分析" 的内容可见 MINITAB 相关说明和文献 [4]。对应分析是基于 "频数" 做出的, 所以样本量应当大一些, 至少要有 50 次观测。做对应分析时, 把原

始资料向几个 “轴” (类似于主成分分析中的主成分) 投影, 类似于主成分分析的贡献率, 投影贡献率也叫 “惯量”。

“多重对应分析” 用于分析多个类别变量值间的关系, 它每次可以同时分析两个或更多个类别变量。从 “ 统计 > 多变量 > 多重对应分析” 进入 “多重对应分析” 对话框, 可以实施 “多重对应分析”。“多重对应分析” 对话框能够读入两种形式数据: 类别变量形式 (例 9.15) 和指示变量形式 (例 9.14)。无论哪种形式的数据, 实施多重对应分析时, 工作表中都要加一列, 该列的值将画在最重要的 “列图” 上。本书中总命名这列为 “变量的值” 或 “变量值”, 其中列举所有类别变量所取的各种值: 读入指示变量形式的数据时, 这些值按照类别变量值在工作表的 “变量名” 行出现的先后顺序从上到下排列; 读入类别变量形式的数据时, 先按照这些类别变量在工作表中出现的先后顺序, 再对每个类别变量值按照字典序从上到下排列, 参见例 9.14 和例 9.15。

MINITAB 计算 “多重对应分析” 后输出的结果中, 最重要的是列图。列图是一个平面图形, 所有类别变量的各个值都作为点安放在列图上, 距离较近的点显示关系较紧密。

例 9.14 对某种新型家具进行客户调查, 请 60 名顾客对 “样式” “油漆” “颜色” “材料” 和 “价格” 评价: 分别对 “样好” “样劣” “漆好” “漆劣” “色好” “色劣” “料好” “料劣” “价低” “价中” “价高” 打钩。厂商希望分析这 5 个变量的 “值” 间的关系。数据 (指示变量形式) 如表 9–15, 数据文件: 类别_家具.MTW。试分析顾客对式样、油漆、颜色、材料和价格的意见间的联系。

表 9–15 例 9.14 的数据 (指示变量形式)

样好	样劣	漆好	漆劣	色好	色劣	料好	料劣	价低	价中	价高
1	0	1	0	1	0	0	1	0	1	0
1	0	1	0	1	0	1	0	0	0	1
1	0	1	0	0	1	1	0	0	1	0
…	…	…	…	…	…	…	…	…	…	…

解 本例有 5 个类别变量: “样式” “油漆” “颜色” “材料” “价格”。前 4 个类别变量分别有 2 个值, “样好” 和 “样劣”, “漆好” 和 “漆劣”, “色好” 和 “色劣”, “料好” 和 “料劣”; 最后一个变量有 3 个值: “价低” “价中” “价高”。观测数据是指示变量形式。希望分析这 11 个值之间的关系, 这种分析就是多重对应分析。先将表 9–15 输入工作表 (打开数据文件: 类别_家具.MTW), 再实施如下操作:

指令	功能
在工作表中增加一个命名为 “变量值” 的新列 (C12 列), 依照工作表中变量名行中类别变量值出现顺序, 从上到下填写: “样好” “样劣” “漆好” “漆劣” “色好” “色劣” “料好” “料劣” “价低” “价中” “价高” (见图 9–18)	在工作表加上一列字符串, 让 MINITAB 通过它知道所有类别变量的值
从 “统计 > 多变量 > 多重对应分析” 进入 “多重对应分析” 对话框; 在 “输入数据” 项下选 “需要指示变量的列”; 将 “样好” “样劣” 等选入它下面的空格; 在 “类别名称” 中选入 “变量值” (见图 9–19)	让 MINITAB 计算 “多重对应分析”; 读入指示变量形式数据; 指示变量的值在 C1~C11 列; 类别变量的值是 C12 列的 “样好” “样劣” 等
点击 “结果” 进入 “多重对应分析 – 结果” 对话框, 选择 Burt 表	要求 MINITAB 输出 Burt 表
点击 “确定” 回到 “多重对应分析” 对话框, 再点击 “图形” 进入 “多重对应分析–图形” 对话框, 选择 “显示列图”, 保持 “图的轴对” 空格为 “2 1”	要求 MINITAB 输出列图, 列图的纵轴是第 2 主成分, 横轴是第 1 主成分

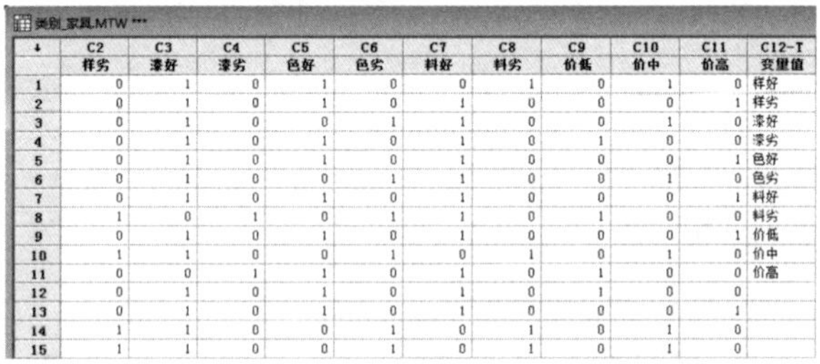

类别_家具.MTW ***

↓	C2 样劣	C3 漆好	C4 漆劣	C5 色好	C6 色劣	C7 料好	C8 料劣	C9 价低	C10 价中	C11 价高	C12-T 变量值
1	0	1	0	1	0	0	1	0	1	0	样好
2	0	1	0	1	0	1	0	0	0	1	样劣
3	0	1	0	0	1	1	0	0	1	0	漆好
4	0	1	0	1	0	1	0	1	0	0	漆劣
5	0	1	0	1	0	1	0	0	0	1	色好
6	0	1	0	0	1	1	0	0	1	0	色劣
7	0	1	0	1	0	1	0	0	0	1	料好
8	1	0	1	0	1	1	0	1	0	0	料劣
9	0	1	0	1	0	1	0	0	0	1	价低
10	1	1	0	0	1	0	1	0	1	0	价中
11	0	0	1	1	0	1	0	1	0	0	价高
12	0	1	0	1	0	1	0	1	0	0	
13	0	1	0	1	0	1	0	0	0	1	
14	1	1	0	0	1	0	1	0	1	0	
15	1	1	0	0	1	0	1	0	1	0	

图 9–18 指示变量形式数据工作表

图 9–19 指示变量形式数据对话框

各框点击 “确定” 得到图 9−20 (列图), 在会话窗口得到:

多重对应分析: 样好, 样劣, 漆好, 漆劣, 色好, 色劣, 料好, 料劣, 价低, 价中, 价高

Burt 表

	样好	样劣	漆好	漆劣	色好	色劣	料好	料劣	价低	价中	价高
样好	48	0	42	6	42	6	42	6	12	12	24
样劣	0	12	6	6	0	12	6	6	6	6	0
漆好	42	6	48	0	36	12	36	12	6	18	24
漆劣	6	6	0	12	6	6	12	0	12	0	0
色好	42	0	36	6	42	0	36	6	12	6	24
色劣	6	12	12	6	0	18	12	6	6	12	0
料好	42	6	36	12	36	12	48	0	18	6	24
料劣	6	6	12	0	6	6	0	12	0	12	0
价低	12	6	6	12	12	6	18	0	18	0	0
价中	12	6	18	0	6	12	6	12	0	18	0
价高	24	0	24	0	24	0	24	0	0	0	24

指示符矩阵分析

轴	惯量	比率	累积	直方图
1	0.5090	0.4242	0.4242	******************************
2	0.4083	0.3402	0.7644	************************
3	0.1455	0.1213	0.8856	*********
4	0.0944	0.0786	0.9643	******
5	0.0429	0.0357	1.0000	**
合计	1.2000			

…

结果分析: 会话窗口中最重要的是两张表。(1) 第 1 张表是 Burt 表, 表头为 “Burt 表”。原表中没有横线和竖线, 我们将 Burt 表中添上横线和竖线以便将类别变量分开, 于是 Burt 表变成若干块: 对角线上的矩阵显示每个类别变量取各个值的频数, 第 1 个矩阵 $\begin{pmatrix} 48 & 0 \\ 0 & 12 \end{pmatrix}$ 表示 60 名顾客中, 48 人认为式样好, 12 人认为式样不好, 等等。非对角线上的矩阵则是两个类别变量的值 (因子) 间的二维列联表。

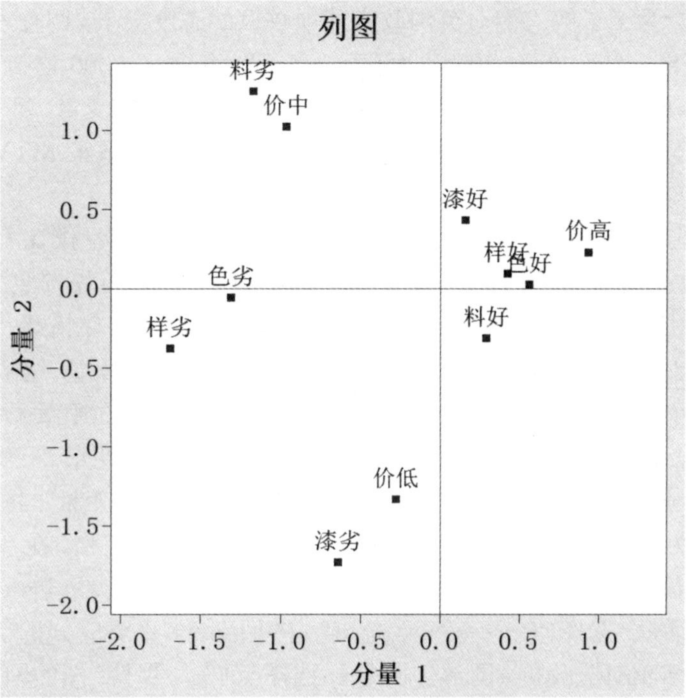

图 9–20 家具评价列图

例如第 1 排非对角线上的矩阵

$$\begin{pmatrix} 42 & 6 \\ 6 & 6 \end{pmatrix}, \begin{pmatrix} 42 & 6 \\ 0 & 12 \end{pmatrix}, \begin{pmatrix} 42 & 6 \\ 6 & 6 \end{pmatrix}, \begin{pmatrix} 12 & 12 & 24 \\ 6 & 6 & 0 \end{pmatrix},$$

分别是式样与油漆、式样与颜色、式样与材料、式样与价格的二维列联表。

(2) 第 2 张表是指示符矩阵分析表, 表头为 “指示符矩阵分析”。第 1 列 “轴” 代表主成分, 第 2 列 “惯量” 代表主成分占的百分比。如果前两行 “惯量” 所占比例较大, 例如前两行 “惯量” 所占比例之和 (显示在 “累积” 下方) 大于 75%, 则由第 1 主成分和第 2 主成分画的列图就包含全部类别变量的足够信息, 无需再让 MINITAB 画其他列图了。本例表中由前两个 “惯量” 所占比例 0.4242+0.3402=0.7644 大于 0.75 可知, 由前 2 个主成分画的 “列图” 能很好反映 5 个类别变量间的关系, 无需再画更多列图。

(3) 由列图 (图 9–20) 可见: 漆好、价高、料好、色好、样好距离较近, 聚为一类, 这表明顾客对这批家具评价较好时, 也觉得价格较高; 另外漆劣、价低距离较近, 聚为一类, 这表明认为家具价格低廉的顾客认为漆不好; 色劣、样劣聚为一类, 也就是说认为这批家具颜色差的顾客认为家具式样低劣; 料劣、价中聚为一类, 就是说认为价格中等的顾客也认为主要问题是材料不好。

例 9.15 为了了解人们对英国政府某项政策的态度, 请被调查人对 5 个问题打钩: “性别”(男、女), “低于 30 岁?”(低于、高于), “年收入 8000 镑?”(少于、多于), “情绪”(悲观、乐观), “赞成否?”(赞成、反对)。得到 5 个类别变量, 每个类别变量各有 2 个值。整理 74 人的调查资料为数据文件: 类别_赞同政策.MTW。对所得数据做多重对应分析。

解 打开数据文件 “类别_赞同政策.MTW”, 5 个类别变量排在 C1~C5。再在工作表中加一个变量 “变量的值”, 它的值按以下顺序排列: 首先按照类别变量列的顺序排, 也就是按照 “性别” “低于 30 岁?” “年收入 8000 镑” “情绪” “赞成否?” 从上到下排; 然后按照字典顺序排放每个类别变量的值: 男和女比, 据汉语拼音排序 “男” 在第 1 行, “女” 在第 2 行; “少于” 和 “多于” 比, “多于” 在第 3 行, “少于” 在第 4 行, 等等, 见图 9−21。然后实施如下操作: 从 “统计 > 多变量 > 多重对应分析” 进入 “多重对应分析” 对话框; 在 “输入数据” 项下选择 “类别变量”; 将 “性别” “低于 30 岁?” “年收入 8000 镑” “情绪” “赞成否?” 选入它下面的空格; 在 “类别名称” 中选入 “变量的值”; 保持默认的分量数 2(见图 9−22)。点击 “结果” 进入 “多重对应分析−结果” 对话框, 选择 “Burt 表”; 点击 “确定” 回到 “多重对应分析” 对话框, 点击 “图形” 进入 “多重对应分析−图形” 对话框, 选择 “列图”, 保持 “图的轴对” 空格为 “2 1”。各框点击 “确定”, 得到图 9−23。

类别_赞同政策.MTW ***

↓	C1-T	C2-T	C3-T	C4-T	C5-T	C6-T
	性别	低于30岁?	年收入8000镑?	情绪	赞成否?	变量的值
1	男	低于	少于	乐观	赞成	男
2	女	低于	少于	乐观	赞成	女
3	女	低于	少于	乐观	赞成	低于
4	女	低于	少于	乐观	赞成	高于
5	男	高于	少于	乐观	赞成	多于
6	男	高于	少于	乐观	赞成	少于
7	男	高于	少于	乐观	赞成	悲观
8	女	高于	少于	乐观	赞成	乐观
9	女	高于	少于	乐观	赞成	反对
10	男	低于	多于	乐观	赞成	赞成
11	男	低于	多于	乐观	赞成	

图 9−21 类别变量形式数据工作表

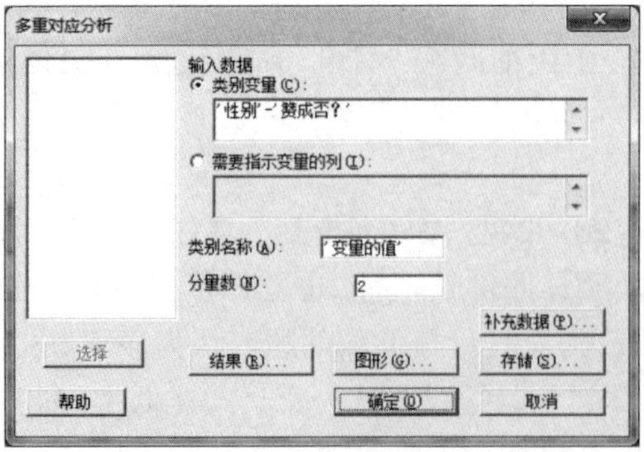

图 9−22 类别变量形式数据对话框

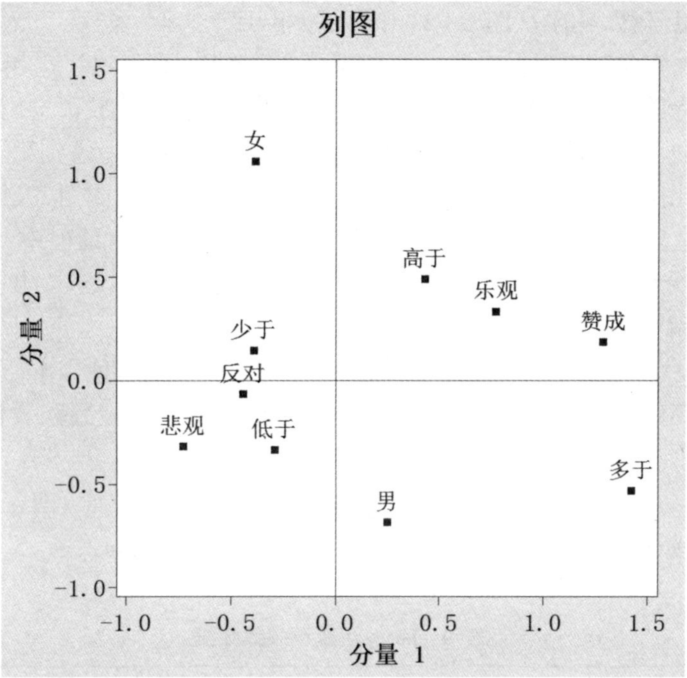

图 9–23 政策态度列图

在会话窗口得到如下主要结果:

多重对应分析: 性别, 低于 30 岁?, 年收入 8000 镑?, 情绪, 赞成否?

...

指示符矩阵分析

轴	惯量	比率	累积	直方图
1	0.3831	0.3831	0.3831	******************************
2	0.2173	0.2173	0.6003	*****************
3	0.1865	0.1865	0.7869	**************
4	0.1128	0.1128	0.8997	********
5	0.1003	0.1003	1.0000	*******
合计	1.0000			

...

结果分析: (1) 对 Burt 表不再讨论。(2) 前 2 个轴的“惯量”0.3831 和 0.2173 所占比例之和 0.6004 比较大, 所以仅看第 1 轴和第 2 轴的列图: 图 9–23 就大体能反映调查所得信息。(3) 从图 9–23 中可见 “低于” “少于” “悲观” “反对” 距离较近, 说明年轻和收入少者持悲观态度, 反对该政策; “赞成” “乐观” “高于” 距离较近, 说明年龄大的人持乐观态度, 赞成该政策; “男” “女” 和 “多于” 比较孤立, 说明对政策的态度与 “性别” 无关, 收入多的人对政策的态度不明朗。(4) 考虑到第 3 个轴的惯量 0.1865 所占比例 0.1865 也不小, 可以画第 1 和第 3 轴的列图, 以及画第 2 和第 3 轴的列图。这只要分别重复上述步骤, 将 “多重对应分析” 对话框中 “分量数” 改为 3, “多重对应分析–图形” 对话框中, “图的轴对” 改为 “3　1” 及 “3　2” (注意 3, 1 间和 3, 2 间保留空格), 读者自做。

如果问题中只给出列联表, MINITAB 不能直接接受这种样本, 就应当把列联表化为类别变量数据才能做多重对应分析。下面举例说明把列联表化为类别变量数据的方法。

例 9.16 活塞环失效次数与压缩机编号 (1, 2, 3) 和位置 (南、中、北) 都有关, 观测到的频数如表 9–16。用它分析压缩机编号和位置的关系。

表 9–16 活塞环失效数据

编号	南	中	北
1	17	17	12
2	11	9	13
3	11	8	19

解 建立两个类别变量: 编号 (取值 1, 2, 3), 位置 (南、中、北)。将工作表 C1, C2 列分别取名 “编号” “位置”。由于列联表第 1 行的频数是 17, 17, 12; C1 的 17+17+12=46 行都取 “1”; C2 前 17 行取值 “南”, 之后 17 行都取值 “中”, 再后面 12 行都取值 “北”。由于列联表第 2 行的频数是 11, 9 , 13; C1 和 C2 前 47~57 行取值 2 和南, C1 和 C2 的 58~66 行取值 2 和中, C1 和 C2 的 67~79 行取值 2 和北。由于列联表第 3 行的频数是 11, 8, 19; C1 和 C2 的 80~90 行取值 3 和南, C1 和 C2 的 91~98 行取值 3 和中, C1 和 C2 的 99~117 行取值 3 和北。C3 列命名为 “变量的值”, 由于 1, 2, 3 不是字符串, C3 列的前 3 行取值 1, 2, 3, 并在数字前后加西文半角符号的单引号; 后 3 行按汉语拼音顺序输入 “北” “南” “中”。得到数据文件: 类别_活塞环.MTW。然后按照例 9.15 步骤就能画出列图。注意工作表上 C1 列变量可以是数值, 而 C3 列列出类别变量的值时 1, 2, 3 不是字符串, 必须用半角西文的单引号将它们括起来, 使 MINITAB 知道它们是字符串, 见数据文件: 类别_活塞环.MTW; 也可以用文字 a, b, c 代替 1, 2, 3, 见数据文件: 类别_编号与位置.MTW。

在把表 9–16 化为数据文件“类别_活塞环.MTW”时, 用“产生模板化数据”功能, 产生这样的重复数据, 比较方便。例如要产生 46 个 1, 可以由指令“计算 > 产生模板化数据 > 简单数据”进入“简单数据”对话框; 在将“模板数据存储在”空格中选入编号, 在“从第一个值”空格中填写 1,“至最后一个值”空格中填写 1, 在“列出各项值的重复次数”中填写 46, 点击“确定”后, 就在“编号”列中得到 46 个 1, 见图 9–24。为了得到 17 个“南”, 可以由指令“计算 > 产生模板化数据 > 简单数据”进入“简单数据”对话框; 在将“模板数据存储在”空格中选入“C4”, 在“从第一个值”空格中填写 4,“至最后一个值”空格中填写 4, 在“列出各项值的重复次数”中填写 17, 点击确定后, 就在“C4”列中得到 17 个 4; 在 Word 文档中容易将这 17 个 4 代换成 17 个“南”。

采用例 9.15 的方法做多重对应分析, 从得到的列图可以看出, 3 和北联系紧密, 1 和中联系紧密, 2 和南联系紧密, 见图 9–25。

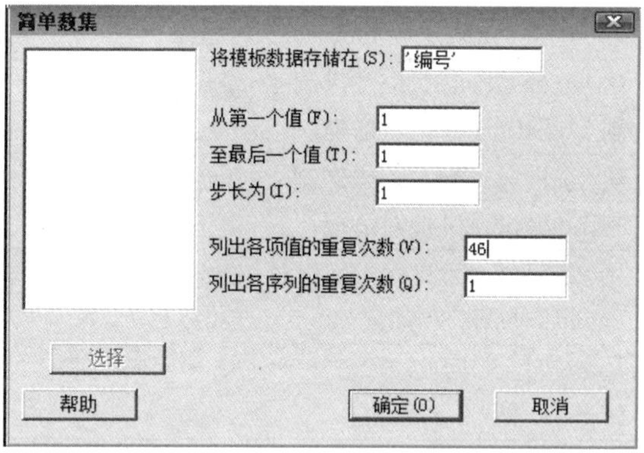

图 9–24　产生模板化数据

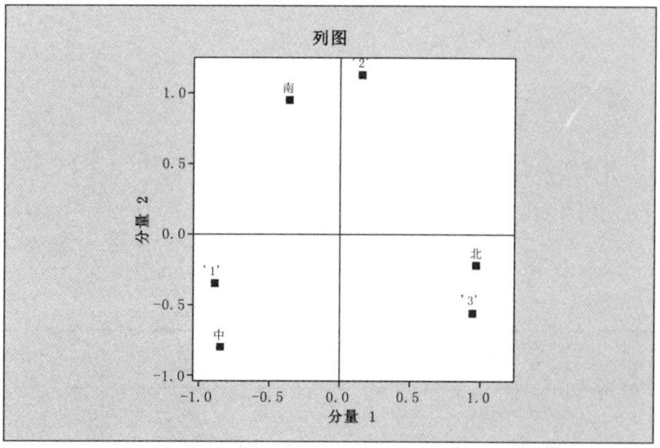

图 9–25　活塞环的列图

小结

任务	对话框	参照例题
检验一个类别变量的分布	从 "统计 > 表格 > 卡方拟合优度检验 (单变量)" 进入 "卡方拟合优度检验" 对话框	9.3, 9.4
检验两个类别变量是否独立 (列联表形式数据)	从 "统计 > 表格 > 卡方检验 (工作表中的双向表)" 进入 "卡方检验 (工作表中的表格)" 对话框	9.5
检验两个类别变量是否独立 (类别变量形式数据)	从 "统计 > 表格 > 交叉分组表和卡方" 进入 "交叉分组表和卡方" 对话框	9.6
多个类别变量用二维列联表检验	将数据 "合并", 再从 "统计 > 表格 > 交叉分组表和卡方" 进入 "交叉分组表和卡方" 对话框	9.7
拟合二值 Logistic 回归 (数据未汇总)	从 "统计 > 回归 > 二进制 Logistic 回归" 进入 "二进制 Logistic 回归" 对话框	9.8, 9.12
拟合二值 Logistic 回归 (数据已汇总)	从 "统计 > 回归 > 二进制 Logistic 回归" 进入 "二进制 Logistic 回归" 对话框	9.9
拟合有序值 Logistic 回归	从 "统计 > 回归 > 顺序 Logistic 回归" 进入 "顺序 Logistic 回归" 对话框	9.10, 9.13
拟合名义值 Logistic 回归	从 "统计 > 回归 > 名义 Logistic 回归" 进入 "名义 Logistic 回归" 对话框	9.11
分析多个类别变量的 "值" 间关系	从 "统计 > 多变量 > 多重对应分析" 进入 "多重对应分析" 对话框	9.14, 9.15 9.16

练习题

9.1 技改中 6 个小组按 6 种方案 (A、B、C、D、E、F) 组织生产, 月产量如表 9–17 (单位: 件), 问不同方案的产量是否相同?

表 9–17 方案与产量

方案	A	B	C	D	E	F
产量	1185	1240	1313	1257	1260	1251

9.2 某厂三条流水线, 统计 300 个工作日中不合格品数为 0, 1, 2~3, >3 个的

天数得表 9–18, 试分析不合格品数与流水线是否有关。

表 9–18　不合格品数

流水线	0	1	2~3	> 3
甲	230	52	12	6
乙	236	40	14	10
丙	197	67	22	14

9.3　打开数据文件 “类别_奥运会类别.MTW”, 检验 “年龄状况” 和 “消费额” 是否相关联, 再检验 “出行方式” 和 “消费额” 是否相关联。

9.4　为了分析学生喜好的学习方式, 对 3 个学校的学生进行调查, 数据如表 9–19。3 个学校编号为 1, 2, 3; 学习时间分为通常时间 (水平名: 通常) 和通常时间增加下午时间 (水平名: 午后)。喜好的学习方式取 3 个值: 喜好在电脑上自学的方式记为 “自学”; 喜好通过讨论的方式记为 “讨论”; 喜好听教师讲授的方式记为 “讲授”。试分析 “学校” 和 “学习时间” 组合是否影响 “学习方式”。

提示: 将 “学校” 和 “学习时间” 搭配成一个变量 (数据文件: 回归_学习时间.MTW)。

表 9–19　喜好的学习方式

学习时间	学校名	喜好 “自学” 人数	喜好 “讨论” 人数	喜好 “讲授” 人数
通常	1	10	17	26
通常	2	21	17	26
通常	3	15	15	16
午后	1	5	12	50
午后	2	16	12	36
午后	3	12	12	20

9.5　将表 9–19 中数据堆叠成数据文件: 回归_学习时间.MTW。建立由 “学校” 和 “学习方式” 预测 “学习时间” 的二值 Logistic 回归方程。

9.6　为测验某种玻璃的耐冲击性, 用一个小球从不同高度 h 自由落下, 冲击玻璃, 玻璃被击碎记为 $y = 0$, 未击碎记为 $y = 1$, 26 次试验结果如数据文件: 回归_玻璃.MTW。试建立由 h 预报 $y = 1$ 概率的二值 Logistic 回归方程。

9.7　将蝾螈的寿命分为 3 级: 1 级是小于 10 天 ($y = 1$); 2 级是 10 天至 30 天

($y=2$); 3 级是 31 天以上 ($y=3$)。收集到的 73 只蝾螈资料来自地区 1 或地区 2, 而且记录了水中的 “毒性水平” 和 “生存时间”(数据文件: 回归_蝾螈.MTW)。试建立由地区和毒性水平预报蝾螈生存时间的顺序 Logistic 回归方程。

9.8 在一个有三个主要大型商场的商贸中心, 调查不同年龄阶段的人首先进入三个商场中的哪一个, 以 25, 40, 55 代表三个年龄段, 调查数据如表 9–20 所示。建立名义值 Logistic 回归方程 (以商场 3 形成参考事件), 由顾客年龄预报所选择商场的概率, 并计算一个 55 岁的人, 访问商场 2 的概率。

表 9–20 首访商场调查数据

年龄	商场 1	商场 2	商场 3
25	80	70	45
40	91	86	15
55	41	38	10

9.9 为了评价 4 种品牌调料 (甲、乙、丙、丁), 让 52 名顾客同时对它们打分。“评价” 分为 9 档: 特差、很差、差、较差、可以、较好、好、很好、特好, 分别记为 1~9 分。统计数据如表 9–21, 数据文件: 类别_调料.MTW。试建立以品牌为自变量, 预测 “评价” 概率分布的 Logistic 回归方程。

表 9–21 评价调料

品牌	1 分	2 分	3 分	4 分	5 分	6 分	7 分	8 分	9 分
甲	0	0	1	7	8	8	19	8	1
乙	6	9	12	11	7	6	1	0	0
丙	1	1	6	8	23	7	5	1	0
丁	0	0	0	1	3	7	14	16	11

9.10 根据奥运会部分统计资料 (数据文件: 类别_奥运会指示.MTW) 分析观众的出行方式 (出租、公交、地铁、私车) 与餐饮方式 (中餐、西餐、商场) 间的对应关系。

9.11 某汽车销售商记录了销售的 303 辆汽车的各项状况, 包括性别、婚姻状况、年龄、汽车产地 (国别)、汽车尺寸、汽车车型, 如表 9–22 (数据文件: 类别_汽车销售 1.MTW)。

试用多重对应分析法分析销售汽车之 “车型” “尺寸”, 购买者之 “性别” “婚姻状

表 9–22 汽车销售 1 表

编号	性别	婚姻状况	年龄	国别	尺寸	车型	年轻?(<30)
1	男	已婚	34	美国	大	家用	非年轻
2	男	未婚	36	日本	小	跑车	非年轻
···	···	···	···	···	···	···	···

况”“年轻?”“国别”这 6 个类别变量的值之间的联系 (表中年龄一列无用)。

9.12 为研究血型与肝病之间的关系, 对 295 名肝病患者及 638 名非肝病患者 (对照组) 调查不同血型的得病情况, 如表 9–23 所示。用多重对应分析研究血型与肝病的对应关系。

表 9–23 血型与肝病调查数据表

血型	肝炎	肝硬化	无肝病
O	98	38	289
A	67	41	262
B	13	8	57
AB	18	12	30

9.13 设类别变量甲 (取值 a, b) 和乙 (取值 t1, t2, t3, t4) 的列联表如表 9–24, 试分析甲乙是否独立。因为乙的水平 t3 和 t4 的某些单元内的理论频数少于 5, 将它们合并成一个水平 (如表 9–25), 再做列联表分析。

表 9–24

甲	t1	t2	t3	t4
a	20	15	5	0
b	15	20	0	5

表 9–25

甲	t1	t2	t34
a	20	15	5
b	15	20	5

第 10 章

生存分析和可靠性

在工程技术、生物学、医药、经济学、心理学、社会学和保险精算等领域中常遇到“寿命”或“生存时间”问题：例如设备的失效时间，病人术后的寿命，药品的有效时间，等等。本章统称为“寿命”，刻画寿命的长短不一定用小时或分秒等时间单位，也可以是汽车正常行驶的公里数，或打火机正常使用的次数等。单独一个个体的寿命具有偶然性，一大批个体的寿命就有一定规律性，服从一定分布。根据试验或调查所得数据对寿命进行分析和推断，在医药生物等学科中称为生存分析，在工程技术中称为可靠性分析。本书中寿命的数学模型是随机变量，都记为 T，它只取非负的值。MINITAB 能够用参数分布模型和非参数方法，对生存分析（可靠性）问题作图或计算。本书不介绍非参数统计方法，只介绍参数分布模型法的一部分，对更多内容感兴趣的读者可以参阅 [1, 9, 11]。

研究生存分析或可靠性时，对于每个时间 t，概率 $P(T > t)$ 是个确定值；当 t 作为自变量变化时 $R(t) = P(T > t)(\ t \geqslant 0)$ 是 t 的函数，称为**生存函数、残存函数**或**可靠度函数**；$F(t) = P(T \leqslant t)(\ t \geqslant 0)$ 是 t 的函数，称为寿命的分布函数，MINITAB 称为**累积概率**；$F(t)$ 的导函数 $f(t)$ 称为寿命的概率密度函数，简称概率密度。

本章医药方面的数据和可靠性数据都是数十年前的数据，当时医疗条件和生产环境与现在大不相同，读者可以学习例题和练习题中的方法，不能把所得结论简单用于当前医疗和生产。

10.1 删失数据及其在工作表上的表达形式

对每个个体的寿命进行观测时可能得到 4 种类型的数值。(1) **确切寿命数据** (寿终数据): 即能测到寿命确切值的数据。例如某只动物在药物作用下的寿命是 275 天, 某支圆珠笔在实验条件下的寿命 (正常书写长度) 是 42453 米, 275 和 42453 都是确切数据; 在 MINITAB 中也称确切数据为**非删失数据**。(2) **右删失数据**: 没有观测到个体寿命的确切值, 只知道确切值大于某个数 L, 这时称观测值在 L 右删失, 记为 L^+。例如一个病人手术后 3 年内来看过病, 3 年后失去联系, 3 就是右删失数据, 记为 3^+, 可以记病人的术后寿命为 3^+ 年。(3) **左删失数据**: 没有观测到个体寿命的确切值, 只知道确切值小于某个数 L, 称观测值在 L 左删失, 记为 L^-。例如调查某吸毒者首次吸毒年龄时, 吸毒者现年 25 岁, 他记不得首次吸毒时间了, 那么他首次吸毒时间是左删失数据, 记为 25^-。(4) **区间删失数据**: 只知道确切寿命在某两个数之间, 例如每隔 300 小时检查某设备, 发现它在 900 到 1200 小时间失效, 确切失效时间不知道, 那么该设备的寿命就是区间删失数据, 用区间 [900, 1200] 表示。

和非可靠性问题中的数据一样, 确切寿命数据只用工作表的一列表示。右删失数据的常用表示法是: 在工作表上用两列数表示, 一列写出删失时间, 另一列表示是否删失 (该列称为**失效列**): 0 表示同一行的观测值是右删失的, 1 表示同行的观测值未删失, 是确切数据。

例 10.1 抽查 6 件元件寿命, 得到观测值是 320, 550^+, 465, 550^+, 521, 550^+, 则可在工作表上表示如图 10–1 的左图, 也可以利用频数记法将重复的删失数据并在一起, 在工作表上表示如图 10–1 的中图。

↓	C1	C2
	寿命	删失否?
1	320	1
2	550	0
3	465	1
4	550	0
5	521	1
6	550	0
7		

↓	C1	C2	C3
	寿命	删失否?	频数
1	320	1	1
2	465	1	1
3	521	1	1
4	550	0	3
5			

↓	C1	C2	C3
	检验时间1	检验时间2	频数
1	*	6	6
2	6	12	2
3	12	24	0
4	24	48	2
5	24	*	1
6			

图 10–1 右删失数据的工作表

对于区间删失数据, 可以这样表示: 在工作表上选定 2 列, MINITAB 通过 "初始变量" 和 "结尾变量" 读入这两列,"初始变量" 读的列存区间的左端点值,"结尾变量" 读的列存区间的右端点值。左删失数据、右删失数据和确切数据也可以用 "初始变量" 和 "结尾变量" 表示: 对于左删失数据, 在 "初始变量" 处写 "*" 号, 在结尾变量处写删失值; 对于右删失数据, 在 "初始变量" 处写删失值, 在 "结尾变量" 处写

"*" 号; 确切数据的 "初始变量" 和 "结尾变量" 相同, 都写确切值。MINITAB 把这种能表示各种删失数据的形式称为**任意删失数据**。

例 10.2 在时刻 6, 12, 24, 48 检查 11 件设备, 在时刻 6 发现有 6 件已损坏, 在时刻 12 发现又有 2 件损坏, 在时刻 24 没有发现新的损坏, 但是在 24 和 48 之间移出了一件设备, 在时刻 48 又发现有 2 件损坏。从删失角度看就是: 有 6 个观察值在时刻 6 已经失效, 因为不知道失效具体时间, 只知道在 6 之前, 这 6 件的失效时间在 6 左删失; 同样 2 个失效时间在区间 [6, 12] 删失; 0 个失效时间在区间 [12, 24] 删失, 有 1 个失效时间在时刻 24 右删失; 2 个失效时间在区间 [24, 48] 删失。如果在工作表上把起始变量命名为 "检验时间 1", 结尾变量命名为 "检验时间 2", 则这 11 个删失数据可用图 10–1 右图的工作表表示, 这样表示的数据就是任意删失数据。

10.2 参数分布模型

先确定数据属于某个类型的分布 (例如正态分布、指数分布等), 该类型的分布由某些 "参数" 确定; 然后由数据估计该分布的参数 (例如 μ, σ, θ 等), 就能估计出数据所属具体分布, 例如确定数据来自正态分布, 估计出正态分布的均值 $\mu = 3$, 标准差 $\sigma = 2$, 分布就确定为 $N(3,\ 4)$, 从而得到分布的许多信息, 这种分析方法称为**参数分布模型**方法, 简称为参数分析法。MINITAB 常用的参数寿命分布有 11 个类型: 正态, Logistic, Weibull, 对数正态, 指数, 对数 Logistic, 最小极值, 3 参数 Weibull, 3 参数对数正态, 2 参数指数, 3 参数对数 Logistic。它们的概率密度函数见表 10–1, 关于这些分布的详细介绍参见 [1, 9, 11]。

表 10–1 生存分析常用分布的概率密度和参数

分布	概率密度	参数名称
指数分布	$f(t) = \dfrac{1}{\theta}\exp\left(-\dfrac{t}{\theta}\right),\ t \geqslant 0,\ \theta > 0$	θ 是尺度参数
2 参数指数分布	$f(t) = \dfrac{1}{\theta}\exp\left(-\dfrac{t-a}{\theta}\right),\ t \geqslant a,\ \theta > 0$	θ 是尺度参数, a 是阈值参数
正态分布	$f(t) = \dfrac{1}{\sigma\sqrt{2\pi}}\exp\left\{-\dfrac{(t-\mu)^2}{2\sigma^2}\right\},\ \sigma > 0$	μ 是位置参数, σ 是尺度参数
对数正态分布	$f(t) = \dfrac{1}{t\sigma\sqrt{2\pi}}\exp\left[-\dfrac{(\ln t-\mu)^2}{2\sigma^2}\right],\ t > 0,\ \mu > 0,\ \sigma > 0$	μ 是对数位置参数, σ 是对数尺度参数

续表

分布	概率密度	参数名称
3 参数对数正态分布	$f(t)=\dfrac{1}{(t-a)\sigma\sqrt{2\pi}}\exp\left[-\dfrac{[\ln(t-a)-\mu]^2}{2\sigma^2}\right],\ t>a,$ $\mu>0,\ \sigma>0$	μ 是对数位置参数, σ 是对数尺度参数, a 是阈值参数
Logistic 分布	$f(t)=\dfrac{\exp\left(\dfrac{t-\mu}{\sigma}\right)}{\sigma\left(1+\exp\left(\dfrac{t-\mu}{\sigma}\right)\right)^2},\ \sigma>0$	μ 是位置参数, σ 是尺度参数
对数 Logistic 分布	$f(t)=\dfrac{\exp\left(\dfrac{\ln t-\mu}{\sigma}\right)}{\sigma t\left(1+\exp\left(\dfrac{\ln t-\mu}{\sigma}\right)\right)^2},\ t>0,\ \mu>0,\ \sigma>0$	μ 是对数位置参数, σ 是对数尺度参数
3 参数对数 Logistic 分布	$f(t)=\dfrac{\exp\left(\dfrac{\ln(t-a)-\mu}{\sigma}\right)}{\sigma(t-a)\left(1+\exp\left(\dfrac{\ln(t-a)-\mu}{\sigma}\right)\right)^2},$ $t>a,\ a>0$ $\mu>0,\ \sigma>0$	μ 是对数位置参数, σ 是对数尺度参数, a 是阈值参数
Weibull 分布	$f(t)=\dfrac{\beta}{\alpha^\beta}t^{\beta-1}\exp\left\{-\left(\dfrac{t}{\alpha}\right)^\beta\right\},\ t\geqslant 0,\ \alpha>0,\ \beta>0$	α 是尺度参数, β 是形状参数
3 参数 Weibull 分布	$f(t)=\dfrac{\beta}{\alpha^\beta}(t-\gamma)^{\beta-1}\exp\left\{-\left(\dfrac{t-\gamma}{\alpha}\right)^\beta\right\},\ t\geqslant\gamma,$ $\alpha>0,\ \beta>0$	α 是尺度参数, β 是形状参数γ 是阈值参数
最小极值分布	$f(t)=\dfrac{1}{\sigma}\exp\left\{\dfrac{t-\mu}{\sigma}-\exp\left(\dfrac{t-\mu}{\sigma}\right)\right\},\ \sigma>0$	μ 是对数位置参数, σ 是对数尺度参数

对正态分布来说, 均值 μ 可以决定分布的中心位置, 也称为位置参数, 标准差 σ 决定概率密度函数图形的胖瘦, 也称为尺度参数。Logistic 分布和极值分布也有位置参数 μ 和尺度参数 σ; 对数正态和对数 Logistic 分布有对数位置参数 μ 和对数尺度参数 σ; 指数分布没有位置参数, 只有尺度参数 θ; Weibull 没有位置参数, 只有形状参数 β 和尺度参数 α; 这些分布的位置参数 (对数位置参数) 和尺度参数 (对数尺度参数), 也起着正态分布 μ,σ 类似的作用。也有的文献称尺度参数为标度参数或刻度参数。对于每种分布而言, 均值和方差都是位置参数 (对数位置参数)

和尺度参数 (对数尺度参数) 的函数, 见表 10–2。3 参数 Weibull、3 参数对数正态、2 参数指数、3 参数对数 Logistic 这 4 种分布, 与 Weibull、对数正态、指数、对数 Logistic 这 4 种分布相比, 都多了一个参数: 阈值。阈值的作用是将不具有阈值的分布的概率密度图形向右移动, 移动的距离是阈值, 移动后的分布就是具有参数 "阈值" 的分布, 详见 [1,9,11]。通俗地说, 如果阈值是 a, 那么时刻 a 之前不发生死亡或失效现象, 而随机变量 T–a 的寿命服从 Weibull、对数正态、指数或对数 Logistic 分布; 因而具有阈值的分布, 它的均值等于相应不具有阈值分布的均值与阈值之和, 方差不变。例如对数正态分布的均值是 $\mathrm{e}^{\mu+\sigma^2/2}$, 方差是 $\mathrm{e}^{2\mu+\sigma^2}(\mathrm{e}^{\sigma 2}-1)$, 如果某个 3 参数对数正态分布的阈值是 a, 它的对数位置参数和对数尺度参数仍是 μ,σ, 那么它的均值是 $a+\mathrm{e}^{\mu+\sigma 2/2}$, 方差仍是 $\mathrm{e}^{2\mu+\sigma^2}(\mathrm{e}^{\sigma 2}-1)$。关于阈值的例子见例 10.8。

表 10–2 均值和方差的表达式 (其中 Weibull 分布的形状参数是 β)

分布	位置参数	尺度参数	均值	方差
正态	μ	σ	μ	σ^2
指数		θ	θ	θ^2
Weibull		α	$\alpha\Gamma(1+1/\beta)$	$\alpha^2\left[\Gamma(1+2/\beta)-\Gamma^2(1+1/\beta)\right]$
最小极值	μ	σ	$\mu-c\sigma$	$\pi^2\sigma^2/6$
对数正态	μ	σ	$\mathrm{e}^{\mu+\sigma^2/2}$	$\mathrm{e}^{2\mu+\sigma^2}(\mathrm{e}^{\sigma^2}-1)$
Logistic	μ	σ	μ	$\sigma^2\pi^2/3$
对数 Logistic	μ	σ	$\mathrm{e}^{\mu}\Gamma(1+\sigma)\Gamma(1-\sigma)$	$\mathrm{e}^{2\mu}\left[\Gamma(1+2\sigma)\Gamma(1-2\sigma)-\Gamma^2(1+\sigma)\Gamma^2(1-\sigma)\right]$

当分布类型确定以后, 上述 11 类分布都由它们的参数 (尺度参数、位置参数、对数尺度参数、对数位置参数、形状参数) 和阈值完全决定。

需要注意: MINITAB 将对数正态分布和对数 Logistic 分布的对数位置参数称为位置参数, 将对数正态分布和对数 Logistic 分布的对数尺度参数称为尺度参数。

10.3 识别分布

参数分布模型方法的第 1 步就是: 对于已得观察数据, 需要从 11 种分布中找一种合适的分布作为总体的分布 (数学模型), 以便估计参数, 做各种统计推断。本节就介绍如何从 11 种分布模型中挑选最合适的分布, 这种挑选称为 “识别分布”。对于选定的分布, 让 MINITAB 通过计算找出合适的参数, 进行必要的统计推断是本章余下几节的内容。常用的 “识别分布” 有两种方法: 一是通过理论和历史经验找出合适的分布函数类型, 例如由多个零件组装的部件, 其寿命往往服从指数分布, 又如由历史经验决定某种元件的寿命服从 Weibull 分布。二是进入 MINITAB “分布 ID 图” 对话框, 由所得的图形和计算结果来判断。用 “分布 ID 图” 对话框选择分布类型的准则是: (1) 对于每种类型的分布画出相应的 “概率图”, “概率图” 的构造类似于第 3 章的正态概率图, 判别某种分布是否适合观测值, 就应当看其中的 “图点” 是否在拟合线上, 某种分布各图点都接近拟合线时, 该分布类型就适合数据, 但是有时图点会重合, 所以光从图点的图像判断哪个分布合适还不够。(2) 检查 MINITAB 对 11 种分布算出的 Anderson-Darling 拟合优度和相关系数, 拟合优度值越小的分布类型越合适, 相关系数越大的分布类型越合适。相关系数仅在用 “最小二乘法” 估计参数时给出, 用 “极大似然法” 估计看不到相关系数。

从 “统计 > 可靠性/生存 > 分布分析 (右删失)> 分布 ID 图”, 可以进入 “分布 ID 图–右删失” 对话框。执行相应指令后 MINITAB 输出 “概率图”、Anderson-Darling 拟合优度和相关系数。

MINITAB 仅介绍两种估计参数的方法: 最小二乘法和极大似然法。极大似然法优点较多, 但是当样本量较小时极大似然估计法误差较大; 因此如果样本量较小或删失不严重, 则使用最小二乘法, 否则使用极大似然估计法。

例 10.3 对 13 个零件进行试验直到有 10 个零件失效为止。10 个零件的失效时间 (单位: h) 是: 0.22, 0.50, 0.88, 1.00, 1.32, 1.33, 1.54, 1.76, 2.50, 3.00。由这些数据可以看出用什么模型拟合比较好?

解 因为没有历史经验, 从数据出发, 在全部 11 种分布中选择最合适的分布类型。题中所列 10 个观测值是未删失的, 另有 3 个观测值, 它们在 3.00 被删失。将这 13 个观测值输入工作表的 C1 列, 命名为 “小时”, 在 C2 列的前 10 行输入 1, 后 3 行输入 0, 以表示删失状况, 命名为 “删失否?”, 或打开数据文件: 生存分析_零件失效.MTW。然后提交下列指令:

指令	功能
从 “统计 > 可靠性/生存 > 分布分析 (右删失)> 分布 ID 图”, 进入 “分布 ID 图–右删失” 对话框	让 MINITAB 对右删失数据做识别分布有关计算
将 “小时” 选入 “变量” 空格	以 “小时” 所在列为寿命观测值
选择 “使用所有分布” (见图 10–2)	对 11 种分布, 全部画图和计算

续表

指令	功能
点击 “删失” 进入 “分布 ID 图–删失” 对话框, 将 “删失否?” 选入 “使用删失列” 空格 (见图 10–3)	指定 “删失否?” 所在 C2 列的值决定每次观测是否删失
点击 “确定” 回到 “分布 ID 图–右删失” 对话框, 点击 “选项” 进入 “分布 ID 图–选项” 对话框	显示有关选项
在 “估计法” 下选择 “极大似然”	用极大似然法计算
在 “以图表方式处理带结点的失效时间” 下选择 “所有点”	选中 “所有点” 画图
在 “X 尺度的最小值和最大值” 下选择 “使用默认值” (如图 10–4)	用默认方法决定横轴范围

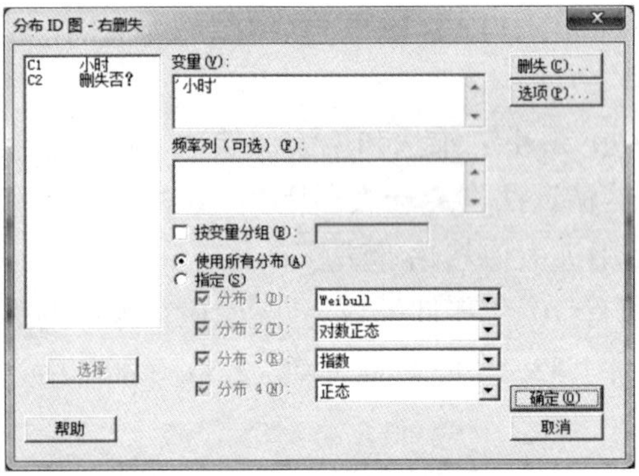

图 10–2 分布 ID 图–右删失对话框

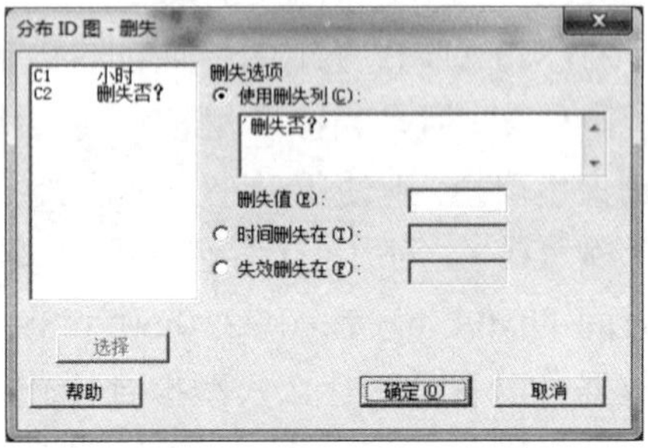

图 10–3 分布 ID 图–删失对话框

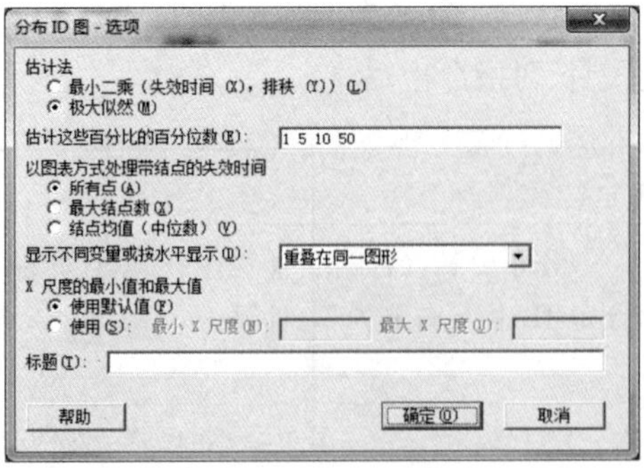

图 10–4 分布 ID 图–选项对话框

各框点击“确定”, 得到 11 个“概率图”, 见图 10–5 至图 10–7。

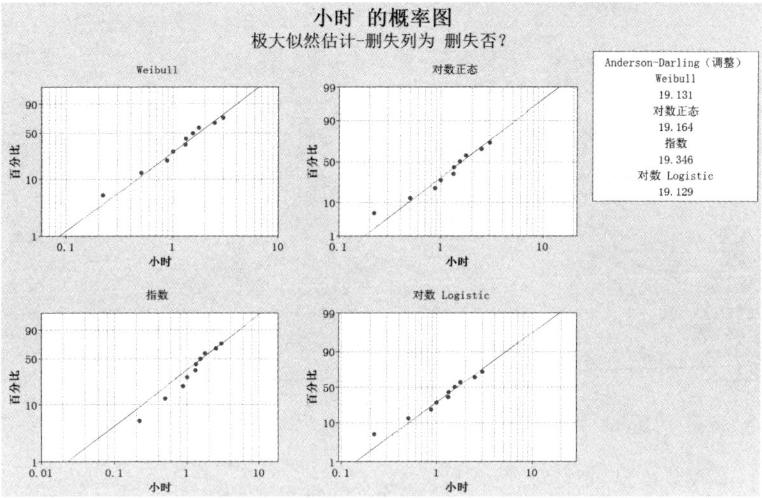

图 10–5　前 4 个分布的概率图

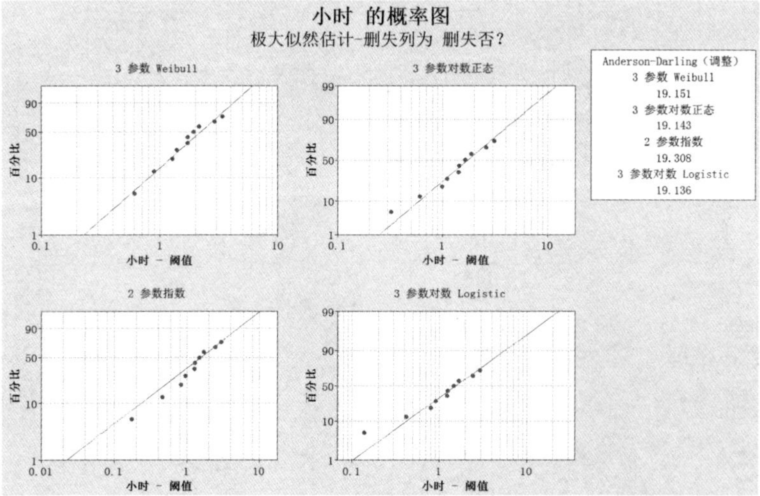

图 10–6　有阈值的分布的概率图

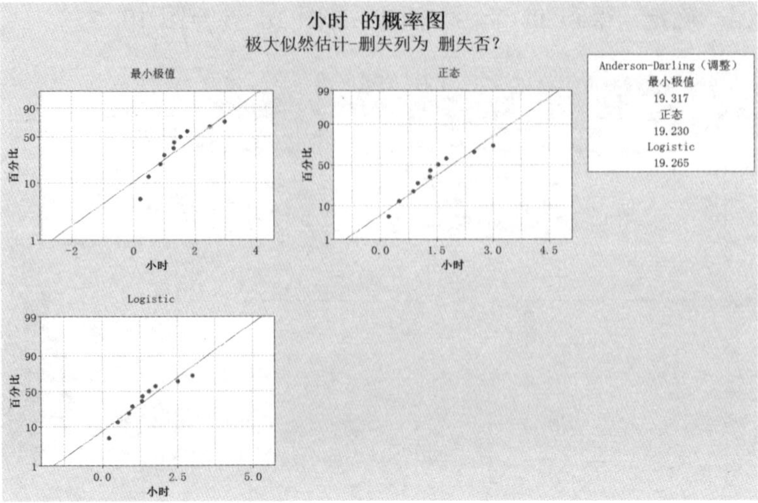

图 10–7 最后 3 个分布的概率图

在会话窗口得到:

分布 ID 图: 小时

...

拟合优度

分布	Anderson-Darling (调整)
Weibull	19.131
对数正态	19.164
指数	19.346
对数 Logistic	19.129
3 参数 Weibull	19.151
3 参数对数正态	19.143
2 参数指数	19.308
3 参数对数 Logistic	19.136
最小极值	19.317
正态	19.230
Logistic	19.265

...

结果分析: (1) 由图 10–5 至图 10–7 可见, 在 Weibull、对数正态、对数 Logistic、3 参数 Weibull、2 参数指数分布的概率图中, 图点接近直线; 因为使用极大似然估计方法, 没有给出相关系数。(2) 在表头 "拟合优度" 下, "Anderson-Darling (调整)" 所在列给出各种分布的拟合优度, 其中可见对数 Logistic 和 Weibull 分布的拟合优度 (19.129, 19.131) 最小, 应当从这两种分布中选一个。

对于任意删失数据, 也同样由 "分布 ID 图" 对话框选择模型。

例 10.4 某种恶性疾病的 374 个患者手术后存活时间如表 10–3 (单位: 年), 其中有人退出 (失去信息或因其他原因死亡), 这组数据拟合什么模型最合适? 试用最小二乘法计算。

表 10–3 恶性急病术后生存年限数据

区间	死亡人数	退出人数
[0, 1)	90	0
[1, 2)	76	0
[2, 3)	51	0
[3, 4)	25	12
[4, 5)	20	5
[5, 6)	7	9
[6, 7)	4	9
[7, 8)	1	3
[8, 9)	3	5
[9, 10)	2	5
[10,)	47	0

解 首先将表中第 1 列各区间左端点存入工作表 C1 列, 命名为 "开始", 右端点存入 C2 列命名为 "结尾", 并将各组的频数存在 C3 列, 像例 10.2 那样把这组数据化为任意删失数据如表 10–4, 见数据文件: 生存分析_恶性疾病.MTW。

表 10–4 恶性疾病生存年限数据 (任意删失数据形式)

开始	结尾	频数
0	1	90
1	2	76
…	…	…
9	10	2
3	*	12
4	*	5
…	…	…
10	*	47

然后提交指令:

指令	功能
由指令 "统计 > 可靠性/生存 > 分布分析 (任意删失)> 分布 ID 图", 进入 "分布 ID 图　任意删失" 对话框	让 MINITAB 对任意删失数据做识别分布有关计算
在 "初始变量" 空格输入 "开始", 在 "结尾变量" 空格输入 "结尾", 在 "频率列" 空格输入 "频数" (见图 10–8)	指定区间删失数据的两端, 指定各区间的频数
选择 "使用所有分布"	对 11 种分布都画图计算
点击 "选项", 进入 "分布 ID 图–选项" 对话框, 在 "估计法" 下选择 "最小二乘"	指定用最小二乘法计算
在 "X 尺度的最小值和最大值" 下选择 "使用默认值"	用默认方法决定横轴范围

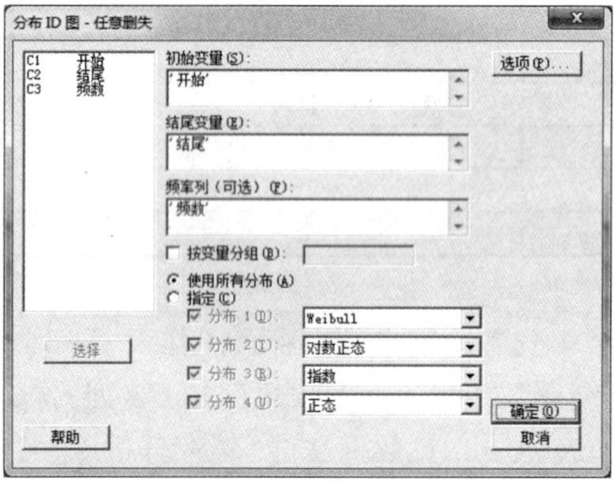

图 10–8　"分布 ID 图–任意删失" 对话框

点击 "确定" 后, 得到 11 张图 (图略); 在会话窗口得到许多表, 其中最重要的是:

分布 ID 图: 开始 = 开始, 结束 = 结尾

使用频数中的频率

3 参数 Weibull

...

拟合优度

续表

分布	Anderson-Darling (调整)	相关系数
Weibull	12.761	0.969
对数正态	12.775	0.982
指数	12.500	*
对数 Logistic	12.769	0.983
3 参数 Weibull	12.761	0.969
3 参数对数正态	12.775	0.982
2 参数指数	13.203	*
3 参数对数 Logistic	12.769	0.983
最小极值	13.030	0.846
正态	13.052	0.877
Logistic	13.040	0.879
...		

结果分析: (1) 从图形上看, 在 Weibull、对数正态、对数 Logistic、3 参数 Weibull、3 参数对数正态、3 参数对数 Logistic 这 6 种分布的概率图中, 图点接近拟合线。(2) 在表头 "拟合优度" 下, 由 Anderson-Darling (调整) 拟合优度可见, 这 6 种分布中, Weibull 分布和 3 参数 Weibull 分布的 Anderson-Darling 拟合优度 12.761 最小, 这两种分布的相关系数 0.969 较大, 综合起来看, 选它们做分布模型应当是最合适的; 但是 3 参数 Weibull 分布带有阈值, 而由 10.4 节中的方法, 可以估计出阈值的 95% 置信区间内全是负数, 这与阈值必大于 0 不符, 所以 3 参数 Weibull 分布不合适, 而 Weibull 分布是最合适的。

有时得到多个总体观测值, 希望判断多个总体同属于哪一类型, 以便检验两个分布的参数是否相同 (10.5 节), 或者做寿命回归 (10.6 节), 这也可以通过 "分布 ID 图" 对话框实现。要注意在 "显示不同变量或按水平显示" 空格中选择 "重叠在同一图形", 以便把不同图形放在同一坐标系中进行比较。

例 10.5 在 3 种电压下某种滤波器的失效时间服从的分布是同一类型 (不带阈值)。在 0.64V 下测试 19 件, 在 2.742V 下测试 35 件, 在 9.52V 下测试 12 件。并在 5, 10, 25, 50, 100, 250, 500, 750, 1000, 1500, 1750 小时统计各时间区间内失效件数, 得到表 10–5 (单位: h)。从表 10–5 数据看, 选取何种类型分布最适合 3 组数据?

解 问题中提出 3 个总体: 0.64V, 2.742V, 9.52V 下的寿命分布, 需要找出它们共同服从的分布类型。分别统计它们的观测数据。像例 10.2 那样在 C1~C3 建立变量 (开始 1、结尾 1、频数 1), 分别表示 0.64V 条件下观测值每个区间的左端

表 10–5 滤波器失效件数

区间	0.64V	2.742V	9.52V
[0, 5]	1	3	1
···	···	···	···

点、右端点、区间内失效频数, 输入数据形成 0.64V 条件下观测值任意删失数据。在 C4~C6 建立变量 (开始 2、结尾 2、频数 2), 分别表示 2.742V 条件下观测值每个区间的左端点、右端点、区间内失效频数, 输入数据形成 2.742V 条件下观测值任意删失数据。在 C7~C9 建立变量 (开始 3、结尾 3、频数 3), 分别表示 9.52V 条件下观测值每个区间的左端点、右端点、区间内失效频数, 输入数据形成 9.52V 条件下观测值任意删失数据。C1~C9 列构成数据文件: 生存分析_滤波器.MTW。然后提交指令: 由 "统计 > 可靠性/生存 > 分布分析 (任意删失)> 分布 ID 图", 进入 "分布 ID 图–任意删失" 对话框; 在 "初始变量" 空格选入 "开始 1", "开始 2", "开始 3"; 在 "结尾变量" 空格选入 "结尾 1", "结尾 2", "结尾 3"; 在 "频率列" 空格选入 "频数 1", "频数 2", "频数 3"; 默认 "使用所有分布", 见图 10–9; 点击 "选项", 进入 "分布 ID 图–选项" 对话框, 在 "估计法" 下选择 "极大似然"; 在 "显示不同变量或按水平显示" 空格中选择 "重叠在同一图形"; 在 "X 尺度的最小值和最大值" 下选择 "使用默认值"; 点击 "确定" 后, 得到 11 张图 (图略); 在会话窗口得到许多表, 其中最重要的是拟合优度表。具体如下:

```
...
变量开始 = 开始 1、结束 = 结尾 1 的结果
...
拟合优度
分布                    Anderson-Darling (调整)
Weibull                       56.792
对数正态                      56.791
指数                          56.832
对数 Logistic                 56.791
3 参数 Weibull                56.789
3 参数对数正态                56.815
2 参数指数                    56.791
3 参数对数 Logistic           56.790
最小极值                      56.786
```

续表

正态	56.789
Logistic	56.787
...	
变量开始 = 开始 2、结束 = 结尾 2 的结果	
...	
拟合优度	
分布	Anderson-Darling (调整)
Weibull	53.441
对数正态	53.419
指数	55.358
对数 Logistic	53.431
3 参数 Weibull	53.433
3 参数对数正态	53.410
2 参数指数	54.445
3 参数对数 Logistic	53.423
最小极值	53.760
正态	53.776
Logistic	53.738
...	
变量开始 = 开始 3、结束 = 结尾 3 的结果	
...	
拟合优度	
分布	Anderson-Darling (调整)
Weibull	16.894
对数正态	16.870
指数	18.583
对数 Logistic	16.883
3 参数 Weibull	16.935
3 参数对数正态	16.896
2 参数指数	17.430
3 参数对数 Logistic	16.914
最小极值	17.196
正态	17.210
Logistic	17.171
...	

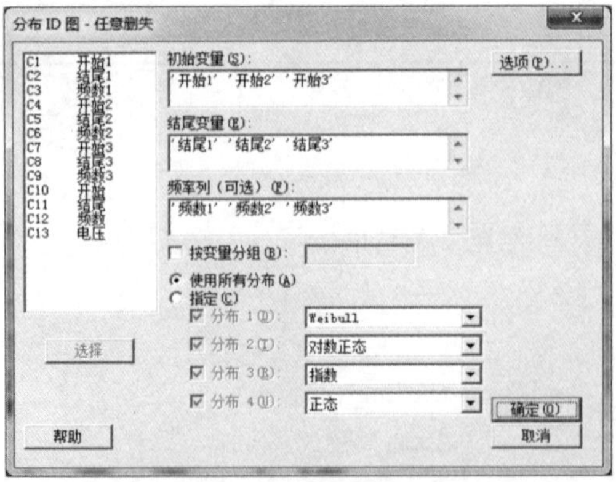

图 10–9 多个总体同时画概率图的对话框

结果分析: (1) 从图形上看, 不考虑带阈值的分布, 在对数正态分布、对数 Logistic 分布和 Weibull 分布的概率图中, 图点和拟合线比较接近。(2) 会话窗口主要给出 3 个总体的拟合优度, 在 “变量开始 = 开始 1、结束 = 结尾 1” 下的结果是 0.64V 的拟合优度值表, 其中对数正态、对数 Logistic、 Weibull 三种分布的拟合优度值差不多; 在 “变量开始 = 开始 2、结束 = 结尾 2” 和 “变量开始 = 开始 3、结束 = 结尾 3” 下的结果是 2.742V 和 9.52V 的拟合优度值, 表中对数正态的拟合优度值最小, 所以对数正态分布最合适。

又解 把 3 个总体的失效时间排在 3 列: 加一列 “电压” 区分 3 个总体, 它的值是 0.64, 2.742 和 9.52; 在 “按变量分组” 空格中选定 “电压”, MINITAB 就能区分 3 个总体。具体排法是: 在 C10~C13 建立变量: 开始、结尾、频数和电压, 分别表示 3 个总体观测值的左端点、右端点、区间内失效频数和电压值, 见数据文件: 生存分析_滤波器.MTW。然后提交指令: 由指令 “统计 > 可靠性/生存 > 分布分析 (任意删失)> 分布 ID 图”, 进入 “分布 ID 图–任意删失” 对话框; 在 “初始变量” 空格选入 “开始”, 在 “结尾变量” 空格选入 “结束”, 在 “频率列” 空格选入 “频数”; 选择 “按变量分组”, 空格中选入 “电压”; 点击 “选项”, 进入 “分布 ID 图–选项” 对话框, 在 “估计法” 下选择 “极大似然”; 在 “以图表方式处理带结点的失效时间” 下选择 “所有点”; 在 “X 尺度的最小值和最大值” 下选择 “使用默认值”; 点击 “确定”, 也得到同样结果。

10.4 参数估计

当决定分布类型后, 由 “参数分析” 对话框可以根据观测值估计参数, MINITAB 提供最小二乘法和极大似然估计法, 可以任选其中一个方法估计分布的参数。基于已估计的参数值, MINITAB 同时还可以输出许多有用结果。在估计出寿命的分布时, MINITAB 对于固定的数 b, 能够算出寿命超过 b 的概率 $P(T > b)$, 它被称为时刻 b 的生存概率。如果 $P(T \leqslant c) = 30\%$, 那么 c 称为 30 的百分位数, 类似可以有 5 的百分位数, 90 的百分位数, 等等; MINITAB 自动选定 1, 2, $\cdots$, 10, 20, 30, $\cdots$, 90, 91, 92, $\cdots$, 100, 算出它们的百分位数, 构成百分位数表格。指定值的百分位数 c 的含意是: 寿命小于 c 的概率等于指定值除以 100(百分数); 因而指定百分数后乘以 100, 查百分位数 c, 寿命大于 c 的概率等于 1 − 百分数, 由此可以知道到了什么时间, 残存的概率是 99%, 98%, 等等。

通过 "参数分析–结果" 对话框的选项可以让 MINITAB 输出参数估计表、百分位数表、生存概率表等表格。参数估计表的表头是 "参数估计", 第 1 列给出参数名称, 第 2 列给出参数估计值。

通过 "参数分析–估计" 对话框的选项可以让 MINITAB 输出百分位数表, 表头是 "百分位数表格", 指定的百分位数 (例如 37 的百分位数 x: 满足 $P(T \leqslant x) = 0.37$), 被添加到百分位数表格中; MINITAB 还输出生存概率表, 表头是 "生存概率表", 它由指定的时间 (例如 350)、相应的生存概率 (例如 $P(T > 350)$) 组成。

例 10.6 在一次试验中 19 只老鼠被涂上 DMBA(致癌物), 其中 17 只因患癌症死亡, 2 只未出现癌症而死亡, 它们的寿命如下 (单位: 天, 最后两个未得癌症的寿命是删失数据):

$$143, 164, 188, 188, 190, 192, 206, 209, 213, 216,$$
$$220, 227, 230, 234, 246, 265, 304, 216^+, 244^+。$$

试用对数 Logistic 分布拟合数据, 并估计被涂上 DMBA 后老鼠能活到 200 天的概率, 再估计 90% 的老鼠能活多少天。

解 本例除需要估计参数 (对数位置参数和对数尺度参数) 外, 还需要估计按照估出的参数所得分布的生存概率和累积分布函数的百分位数。注意, 因为百分位数是寿命 T 的百分位数, 90% 老鼠能存活的时间应当这样算: $100 - 90 = 10$, 查找 10 的百分位数, 即得到 90% 老鼠能存活的时间。将这 19 个数输入 C1 列, 变量命名为 "天"; C2 列作为删失列: 前 17 个数取为 1, 后两个数取 0, 变量名为 "删失否?"。见数据文件: 生存分析_DMBA.MTW。然后提交下列指令:

指令	功能
从 "统计 > 可靠性/生存 > 分布分析 (右删失)> 参数分布分析", 进入 "参数分布分析–右删失" 对话框	让 MINITAB 对右删失数据做参数分析
将 "天" 选入 "变量" 空格	以 "天" 所在列为寿命观测值

续表

指令	功能
“假定分布” 后选择 “对数 Logistic” (见图 10–10)	以对数 Logistic 分布为模型
点击 “删失” 进入 “参数分布分析–删失” 对话框, 将 “删失否?” 选入 “使用删失列” 空格	指定 “删失否?” 所在列, 由该列决定每次观测是否删失
点击 “确定” 回到 “参数分布分析–右删失” 对话框, 点击 “估计” 进入 “参数分布分析–估计” 对话框	实施有关 “估计” 的计算
在 “估计法” 下选择 “极大似然”	用极大似然法计算
在 “估计下列百分比的百分位数” 空格中填写 10	估计 90% 的老鼠能活多少天
在 “估计这些时间 (值) 的概率” 空格中填写 200 (见图 10–11)	求老鼠能活到 200 天的概率

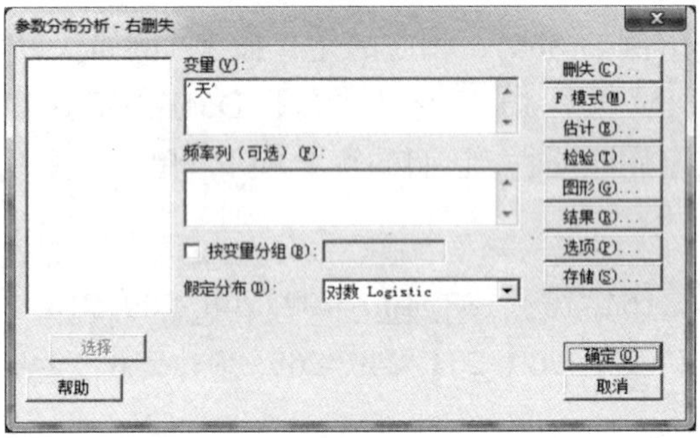

图 10–10 “参数分布分析–右删失” 对话框

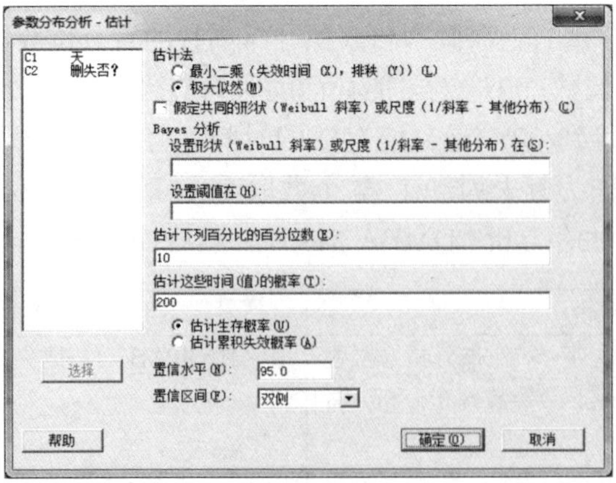

图 10–11 “参数分布分析–估计” 对话框

各框点击“确定”后在会话窗口得到:

分布分析: 天

···

参数估计

			95.0% 正态置信区间		
参数	估计	标准误	下限	上限	
位置	5.37456	0.0394125	5.29732	5.45181	···
尺度	0.0987371	0.0202193	0.0660956	0.147499	

百分位数表格

			95.0% 正态置信区间	
百分比	百分位数	标准误	下限	上限
···				
9	171.764	10.3438	152.641	193.282
10	173.750	10.1576	154.939	194.844
20	188.234	8.96838	171.452	206.658
···				

生存概率表

		95.0% 正态置信区间	
时间摘录	概率	下限	上限
200	0.683998	0.484941	0.832669

结果分析: (1) 在参数估计表 (表头是“参数估计”) 中, 第 1 列“位置”参数和“尺度”参数表明每行的参数, 但是对数 Logistic 分布的参数前省略了“对数”二字, 因此由第 2 列可见: **对数**位置参数 =5.37456, **对数**尺度参数 =0.0987371。(2) 由百分位数表 (表头是“百分位数表格”) 知, 90% 的老鼠活到 173.75 天, 天数 95% 置信区间是 (154.939, 194.844)。(3) 由生存概率表 (表头是“生存概率表”) 可见, 能活到 200 天的老鼠的概率是 0.683998。

例 10.7 某国 972 名女工哺乳情况如表 10−6, 用 Weibull 分布拟合数据, 并估计该类女工中 90% 的母亲哺乳期超过多少周? 一位母亲哺乳期超过 20 周的概率是多少?

表 10–6 女工哺乳情况

区间 (单位: 周)	断乳人数	退出人数
0～2	77	2
2～3	71	3
3～5	119	6
5～7	75	9
7～11	109	7
11～17	148	5
17～25	107	3
25～37	74	0
37～53	85	0
53～	27	0

解 像例 10.2 那样, 把数据变成任意删失数据, 变量 "开始" 和 "结尾" 分别表示区间的左右端点, "频数" 表示观测值落在区间的个数, 见数据文件: 生存分析_哺乳期.MTW。然后提交指令 (注意 90% 母亲哺乳的时间应当是 10 的百分位数):

指令	功能
从 "统计 > 可靠性/生存 > 分布分析 (任意删失)> 参数分布分析", 进入 "参数分布分析–任意删失" 对话框	让 MINITAB 对任意删失数据做参数分析
在 "初始变量" 空格中选入 "开始", 在 "结尾变量" 空格中选入 "结束", 在 "频率列" 空格选入 "频数"	指定区间删失数据的两端, 指定各区间失效值的频数
"假定分布" 后选择 "Weibull"	以 Weibull 分布为模型
点击 "估计" 进入 "参数分布分析–估计" 对话框	显示有关选项
在 "估计法" 下选择 "极大似然"	用极大似然法计算
在 "估计下列百分比的百分位数" 空格中填写 10	估计 90% 的母亲哺乳周数
在 "估计这些时间 (值) 的概率" 空格中填写 20	估计超过 20 周哺乳的概率

各框点击 “确定”, 在会话窗口得到:

分布分析, 开始 = 开始, 结束 = 结束

...

参数估计

		95.0% 正态置信区间		
参数	估计	标准误	下限	上限
形状	1.01760	0.0284471	0.963343	1.07491
尺度	16.2934	0.569778	15.2141	17.4493

...

百分位数表格

...

		95.0% 正态置信区间		
百分比	百分位数	标准误	下限	上限
...				
9	1.60069	0.130399	1.36447	1.87780
10	1.78481	0.140471	1.52967	2.08250
20	3.73131	0.226568	3.31265	4.20288

...

生存概率表

	95.0% 正态置信区间		
时间摘录	概率	下限	上限
20	0.291730	0.267644	0.316197

结果分析: (1) 从参数估计表可见: 形状参数估计值是 1.0176, 尺度参数估计值是 16.2934。(2) 从百分位数表可见: 90% 的母亲哺乳期超过 1.78481 周。(3) 从生存概率表可见, 哺乳期超过 20 周的概率是 0.29173。

例 10.8 设某国运兵车 19 辆车失效时所走里程数如下 (单位: 公里):

162, 200, 271, 320, 393, 508, 539, 629, 706, 777,
884, 1008, 1101, 1182, 1463, 1603, 1984, 2355, 2880。

用 2 参数指数模型拟合数据, 并解释参数含义。

解 本题观测值全是确切数据, 右删失对话框可以对确切数据进行分析, 而且不需要 “删失列”。本例可以如下操作: 将这 19 个数放在 C1 列, 变量名为 “里程”, 见数据文件: 参数_运兵车.MTW。提交下列指令: 从 “统计 > 可靠性/生存 > 分布分析 (右删失)> 参数分布分析”, 进入 “参数分布分析–右删失” 对话框, 将 “里程”

选入 "变量" 空格, "假定分布" 后选择 "2 参数指数", 点击 "估计" 进入 "参数分布分析–估计" 对话框, 在 "估计法" 下选择 "极大似然", 各框点击 "确定" 后在会话窗口得到:

分布分析: 里程

...

参数估计

			95.0% 正态置信区间	
参数	估计	标准误	下限	上限
尺度	882.604	202.483	562.973	1383.71
阈值	115.547	0	115.547	115.547

...

结果分析: 阈值 =115.547, 所以开始的 115.547 公里不失效; 尺度 = 882.604, 表示从 115.547 公里之后按照指数分布失效, 指数分布的尺度参数 θ 是 882.604; 这种类型的运兵车平均寿命是 115.547+882.604 = 998.151 (公里)。

10.5 假设检验

MINITAB "参数分布分析–检验" 对话框能实施对于参数的检验 (进入该对话框之前要做好一系列准备工作): 对于单总体, 检验由观测值决定的参数是否与指定值 (假设值) 有显著差异; 对于多总体, 检验参数是否彼此相等。

10.5.1 单总体的检验

为了检验单总体的参数是否等于指定值, 需要在 "参数分布分析–检验" 对话框中, 在第 1 行 "检验形状 (Weibull 斜率) 或尺度 (1/斜率–其他分布) 等于" 后空格中填数: Weibull 分布应当填写形状参数的假设值, 其他分布则填写尺度参数或对数尺度参数的假设值。在第 2 行 "检验尺度 (Weibull 或指数) 或位置 (其他分布) 等于" 后空格中, 对于 Weibull 分布或指数分布填入尺度参数的假设值, 对其他分布应当填写位置参数或对数位置参数的假设值。当执行必要指令后, MINITAB 在对话框给出检验结果。

当有 1 个参数需要检验时, MINITAB 做检验:

$$H_{10}:\theta=\theta_0,\quad H_{11}:\theta\neq\theta_0,$$

其中 θ 是某个参数, θ_0 是指定值。

例 10.9 有 175 台设备做高温老化试验, 记录到有 20 台出故障为止 (定数截尾), 其故障时间记录如下 (单位: h):

$$0.83, 1, 2, 2.5, 2.5, 6, 8, 12, 24, 24,$$
$$25, 30, 30, 30, 30, 34, 35, 36, 41, 45。$$

已知该设备在高温老化试验期间, 无故障工作时间服从 Weibull 分布, 形状参数 = 0.5, 问这批试验产品的形状参数有无变化?

解 这个问题只要求检验:

$$H_0: \text{形状参数} = 0.5, \quad H_1: \text{形状参数} \neq 0.5。$$

该数据有 $175 - 20 = 155$ 个右删失观测值, 删失时间是 45, 其余 20 个观测值全是确切数据, 可以表示成右删失数据。把出故障时间、删失列和频数全存于工作表, 变量名分别是 “小时” “删失否?” 和 “频数”, 数据文件: 生存分析_老化试验.MTW。然后提交下列指令:

指令	功能
从 “统计 > 可靠性/生存 > 分布分析 (右删失)> 参数分布分析”, 进入 “参数分布分析–右删失” 对话框	让 MINITAB 对右删失数据做参数分析
将 “小时” 选入 “变量” 空格	以 “小时” 所在列为寿命观测值
将 “频数” 选入 “频率列” 空格	确定 “频数” 所在列表示频率
“假定分布” 后选择 “Weibull”	以 Weibull 分布为模型
点击 “删失” 进入 “参数分布分析–删失” 对话框, 将 “删失否?” 选入 “使用删失列” 空格	指定 “删失否?” 所在 C2 列决定每个观测是否删失
点击 “确定” 回到 “参数分布分析–右删失” 对话框, 点击 “估计” 进入 “参数分布分析–估计” 对话框, 选定 “极大似然” 估计	指定用极大似然法计算
点击 “确定” 回到 “参数分布分析–右删失” 对话框, 点击 “检验” 进入 “参数分布分析–检验” 对话框	要求检验
在 “检验形状 (Weibull 斜率) 或尺度 (1/斜率–其他分布) 等于” 后空格填写 0.5 (见图 10–12)	要求检验形状参数是否等于 0.5

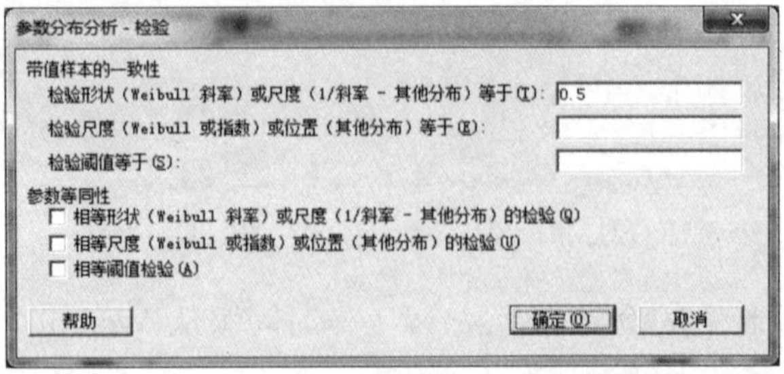

图 10–12 “参数分布分析–检验” 对话框

各框点击 “确定”, 会话窗口得到的主要结果是:

分布分析: 小时

形状参数等于 0.5 的检验

卡方	自由度	P
4.23861	1	0.040

...

结果分析: 从检验结果的表 (表头 “形状参数等于 0.5 的检验”) 中可见, P 值 $=$ $0.04 < 0.05$。于是拒绝原假设, 认为形状参数不等于 0.5。

对于不含 “阈值” 的分布模型, 当有两个参数 (例如 μ, σ) 需要检验时, MINITAB 既分别检验它们, 又联合检验它们, 也就是说, 同时做 3 个检验:

$$H_{10}: \mu = \mu_0 \text{且} \sigma = \sigma_0, \quad H_{11}: \mu = \mu_0, \sigma = \sigma \text{至少有一不成立};$$

$$H_{20}: \mu = \mu_0, \quad H_{21}: \mu \neq \mu_0;$$

$$H_{30}: \sigma = \sigma_0, \quad H_{31}: \sigma \neq \sigma_0\text{。}$$

例 10.10 表 10–7 是某种汽车发动机第 2 次故障前行驶英里数, 以时间区间形式给出频数。已知它服从最小极值分布, 试检验位置参数 $= 60$, 尺度参数 $= 40$。

表 10–7 第 2 次故障前行驶英里数

英里数	频数
0~20	19
20~40	13
40~60	13
60~80	15
80~100	15
100~120	18
大于 120	11

解 将数据表示成“任意删失”形式: 每个区间的左端放在变量“开始”列, 右端放在变量“结束”列, 最后一行“开始”列的值是 120,“结束”列的值是 *, 每个区间的失效值频数放在“频数”列; 数据文件: 生存分析_发动机.MTW。然后提交下列指令: 从“统计 > 可靠性/生存 > 分布分析 (任意删失)> 参数分布分析”, 进入“参数分布分析–任意删失”对话框; 在“初始变量”空格中选入“开始”, 在“结尾变量”空格中选入“结束”, 在“频率列”空格中输入“频数”,“假定分布”后选择“最小极值”; 点击“估计”进入“参数分布分析–估计”对话框, 选定“极大似然”估计; 点击“确定”回到“参数分布分析–任意删失”对话框; 点击“检验”进入“参数分布分析–检验”对话框; 在“检验形状 (Weibull 斜率) 或尺度 (1/斜率 – 其他分布) 等于”后空格填写 40; 在“检验尺度 (Weibull 或指数) 或位置 (其他分布)”等于后空格填入 60, 见图 10–13。

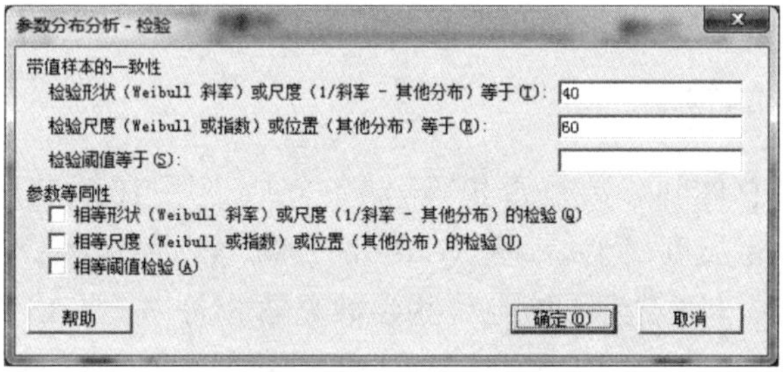

图 10–13 发动机问题的“参数分布分析–检验”对话框

各框点击“确定”后在会话窗口得到:

```
分布分析, 开始 = 开始, 结束 = 结束
...
尺度和位置等于 40 和 60 的检验
卡方        自由度      P
50.9875          2   0.000

尺度等于 40 的检验
卡方        自由度      P
0.735165         1   0.391

位置等于 60 的检验
卡方        自由度      P
50.6804          1   0.000
...
```

结果分析: (1) "尺度和位置等于 40 和 60 的检验" 表头下是

$$H_{10}: \mu = 60\text{且}\sigma = 40, \quad H_{11}: \mu = 60, \sigma = 40\text{至少有一不成立}$$

的检验结果, 由 P 值 = 0.000<0.05 可知, 拒绝原假设: 尺度参数 = 40 且位置参数 = 60。

(2) "尺度等于 40 的检验" 表头下是

$$H_{30}: \ \sigma = 40, \quad H_{31}: \ \sigma \neq 40$$

的检验结果, 由 P 值 = 0.391 可见, 接受原假设: 尺度参数 = 40。

(3) "位置等于 60 的检验" 表头下是

$$H_{20}: \ \mu = 60, \quad H_{21}: \ \mu \neq 60$$

的检验结果, 由 P 值 = 0.000<0.05 可见, 拒绝原假设: 位置参数 = 60。由这 3 个检验结果可见: 位置参数与 60 项比, 差距较大; 而尺度参数与 40 项比, 差距不大。

10.5.2 多总体的检验

当要检验多个总体间参数是否相等时, 首先应当用 10.3 节所述方法决定多个总体共同服从的分布类型, 例如都选 Weibull 分布, 然后可以用 "参数分布分析–检验" 对话框实施有关计算。为了检验哪些参数是否相等, 需要在 "参数分布分析–检验" 对话框的后 3 行选择: "相等形状 (Weibull 斜率) 或尺度 (1/斜率–其他分布) 的检验", "相等尺度 (Weibull 或指数) 或位置 (其他分布) 的检验", "相等阈值检验" (见图 10–13)。

"参数分析–图形" 对话框能产生 4 种图形。其中 "生存图" 是生存函数的图形, 图形上点的横轴表示时间 t, 纵轴表示生存函数 $P(T > t)$; "累积失效概率图" 是寿命分布函数的图形, 图形上点的横轴表示时间 t, 纵轴表示到时间 t 为止累积死亡 (失效) 的概率 $P(T \leqslant t)$; "故障图" 或 "危险图" 是失效率函数 (或危险函数) 的图形 (危险函数是时刻 t 为止未死亡个体, 在时刻 t 单位时间内死亡的条件概率, 失效率函数是到时刻 t 为止未失效产品, 在时刻 t 单位时间内失效的条件概率, 用数学式子表示就是 $\lim\limits_{\Delta t \to 0} \dfrac{R(t) - R(t + \Delta t)}{R(t)\Delta t}$)。"故障图" 或 "危险图" 图形上点的横轴表示时间 t, 纵轴表示危险函数或失效率函数。这 3 张图在参数不等时用来分析两个总体寿命分布的差异。如果使用 "分布概要图" 比较不同数据的分布, 还能得到寿命 T 的概率密度, 效果更好, 限于篇幅本书不介绍 "分布概要图", 关于 "分布概要图" 读者可参考 [1, 9, 11]。

例 10.11 两种型号聚乙烯电缆绝缘失效时间如表 10–8 (单位: h)。它们都服从 Weibull 分布, 且形状参数相同, 试比较两种电缆寿命的尺度参数, 并比较两种电缆的优缺点。

表 10–8 两种电缆寿命数据

a 型寿命	a 型删失	b 型寿命	b 型删失
5.1	1	11.0	1
9.2	1	15.1	1
9.3	1	18.3	1
11.8	1	24.0	1
17.7	1	29.1	1
19.4	1	38.6	1
22.1	1	44.2	1
26.7	1	45.1	1
37.3	1	50.9	1
60.0	0	70.0	0

解 本题要做检验:

$$H_{10}:\alpha_1=\alpha_2,\quad H_{11}:\alpha_1\neq\alpha_2,$$

其中 α_1, α_2 是两种电缆的尺度参数。将两种电缆寿命全存于工作表 C1 列, 变量名是 "小时"; 删失列存于 C2 列, 命名为 "删失否?"; C3 列存各次观测电缆的类型 a 或 b, 变量命名为 "型号"; 数据文件: 生存分析_电缆.MTW。然后提交下列指令:

指令	功能
从 "统计 > 可靠性/生存 > 分布分析 (右删失)> 参数分布分析", 进入 "参数分布分析–右删失" 对话框	让 MINITAB 对右删失数据做参数分析
将 "小时" 选入 "变量" 空格	以 "小时" 所在列为寿命观测值
选定 "按变量分组", 在后面空格中选入 "型号"	以型号变量区分不同总体
"假定分布" 后选择 "Weibull"	以 Weibull 分布为模型
点击 "删失" 进入 "参数分布分析–删失" 对话框, 将 "删失否?" 选入 "使用删失列" 空格	指定 "删失否?" 所在 C2 列为删失列
点击 "确定" 回到 "参数分布分析–右删失" 对话框, 点击 "估计" 进入 "参数分布分析–估计" 对话框, 选定 "最小二乘"	指定用最小二乘法计算

续表

指令	功能
点击 “确定” 回到 “参数分布分析–右删失” 对话框, 点击 “检验” 进入 “参数分布分析–检验” 对话框	要求检验
选择 “相等尺度 (Weibull 或指数) 或位置 (其他分布) 的检验” (见图 10–14)	要求检验尺度参数是否相等
点击 “确定” 回到 “参数分布分析–右删失” 对话框, 点击 “图形” 进入 “参数分布分析–图形” 对话框, 选择 “累积失效图” 和 “故障图” (见图 10–15)	要求显示累积失效概率图和故障图

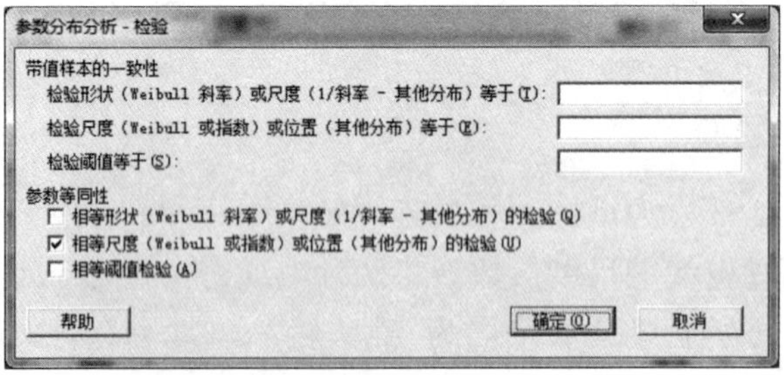

图 10–14 “参数分析分布–检验” 对话框

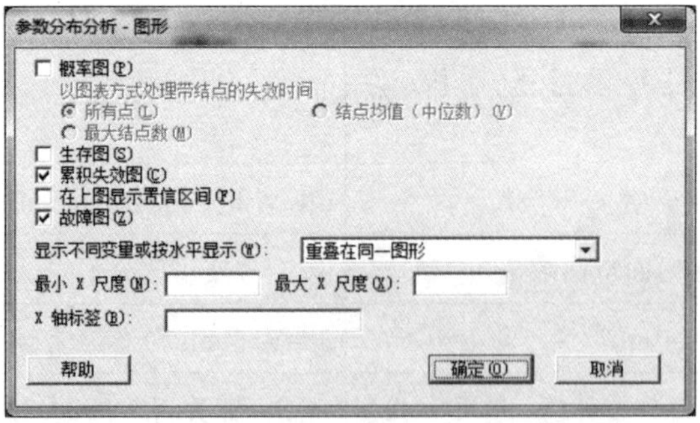

图 10–15 “参数分布分析–图形” 对话框

各框点击 “确定”, 得到两张图 (图 10–16 和图 10–17), 会话窗口得到的主要结果是:

分布分析: 小时 × 型号

尺度参数的相等性检验

卡方	自由度	P
4.12354	1	0.042

...

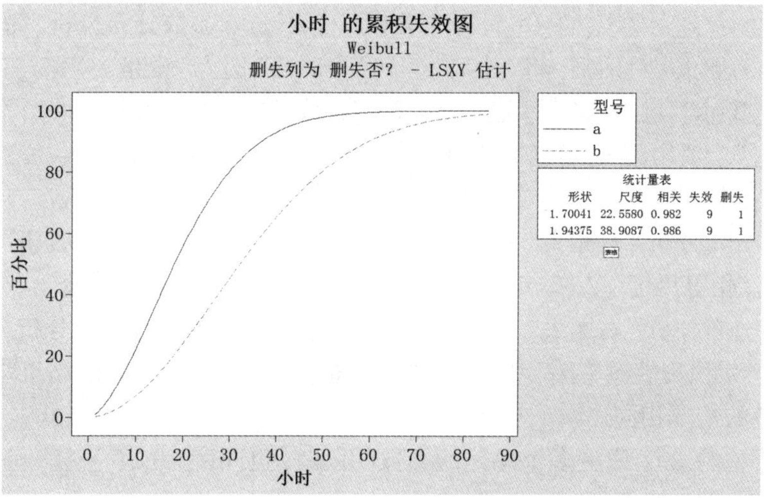

图 10–16 累积失效概率图

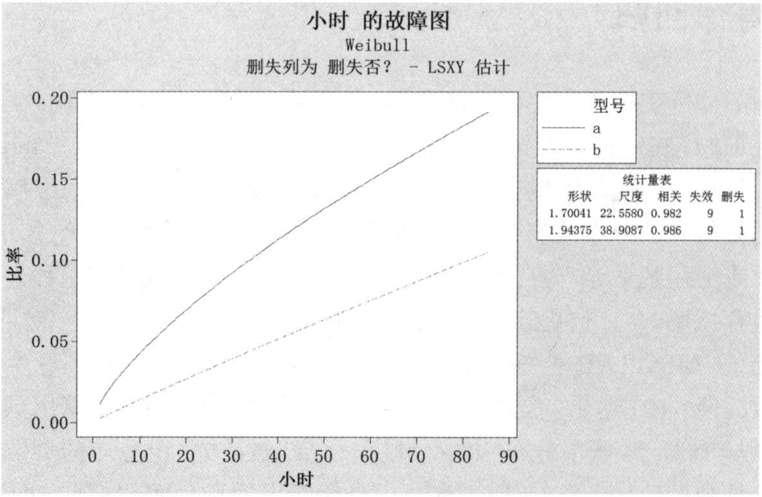

图 10–17 故障图

结果分析: 从检验结果的表 (表头为“尺度参数的相等性检验”) 的 P 值 0.042 < 0.05 可见, 两种电缆的尺度参数存在显著差异; 从图 10–16 可见 a 电缆的累积失效概率始终大于 b 电缆; 从图 10–17 可见 a 电缆的失效率始终大于 b 电缆; 因而 b 电缆的可靠性比 a 电缆好。

又解 例 10.11 的数据是“已堆叠”数据, 这些数据也能像例 10.5 那样不堆叠, 按类型排列: 将 a, b 电缆的失效时间以及这些时间的删失列排成 4 列, 分别命名为小时 a、小时 b、删失 a、删失 b; 见数据文件: 生存分析_电缆.MTW。然后提交指令: 从“统计 > 可靠性/生存 > 分布分析 (右删失)> 参数分布分析”, 进入“参数分布分析–右删失”对话框; 将“小时 a”和“小时 b”选入“变量”空格; “假定分布”后选择“Weibull”; 点击“删失”进入“参数分布分析–删失”对话框, 将“删失 a”和“删失 b”选入“使用删失列”空格; 点击“确定”回到“参数分布分析–右删失”对话框; 点击“估计”进入“参数分布分析–估计”对话框, 选定“最小二乘”; 点击“确定”回到“参数分布分析–右删失”对话框; 点击“检验”进入“参数分布分析–检验”对话框; 选择“相等尺度 (Weibull 或指数) 或位置 (其他分布) 的检验”; 点击“确定”回到“参数分布分析–右删失”对话框; 点击“图形”进入“参数分布分析–图形”对话框, 选择“累积失效概率图”和“故障图”; 各框点击“确定”, 得到的结果与例 10.11 数据已堆叠的情况相同。

当需要检验 3 个或更多个总体的参数相同时, 也同例 10.11 一样, 可以将数据“堆叠”, 也可以“不堆叠”。

10.6 寿命回归

寿命回归分析在医药、生物、社会学、工程技术等方面都很有用; 工程技术中称为可靠性回归, 在加速寿命试验中用处尤其大。寿命回归和第 8 章的回归不同: 不能得到直接估计因变量值的公式, 而是给出分布参数的估计公式, 根据这些公式由自变量的值估计出分布的参数值后, 由这些参数的值得到因变量的分布, 从而得到百分位数或生存概率等。由参数估计公式预测出参数后, 可以有两种方法计算百分位数或生存概率: (1) 不退出“参数分布分析”对话框, 进入“估计”对话框, 指定自变量的新值, MINITAB 会按新值预测参数的值, 再求得分布特征、生存函数和百分位函数的值。(2) 退出“参数分布分析”对话框, 由经验公式计算出预测的分布参数值, 再从“计算 > 概率分布”进入“概率分布”对话框, 由分布的参数值计算生存概率和分位数的值, 见例 10.13。本节仅介绍常用的寿命回归模型 (即 3 种类型经验公式): 线性回归模型、Arrhenius 模型和逆幂律模型。通过 MINITAB“含寿命数据的回归”对话框可以实施线性回归, 对自变量个数不加限制; 通过“加速寿命试验”对话框可以实施上述 3 种寿命回归, 但是自变量个数不能超过两个; 所以做线性回归最好还是用“含寿命数据的回归”对话框。为了简便, 本书仅介绍用“加速寿命试验”对话框计算 Arrhenius 模型和逆幂律模型。

实施相应指令让 MINITAB 计算回归方程 (经验公式), 对话区的“回归表”给出参数估计经验公式。

指数分布只有一个参数: 尺度参数 θ, MINITAB 由观测值得出尺度参数的经验公式。

正态分布、极值分布、 Logistic 分布、对数 Logistic 分布和对数正态分布都有两个参数, MINITAB 在尺度参数 (对数尺度参数) 相同假设下, 由观测值得出位置参数 (对数位置参数) 的经验公式, 同时给出尺度参数 (对数尺度参数) 估计值。

Weibull 分布有两个参数, MINITAB 在形状参数相同假设下, 由观测值得到尺度参数的经验公式, 并且给出形状参数的估计值。

10.6.1 线性回归模型

在一定范围内, 寿命的参数受到自变量的影响, 一般这些影响可以近似看成线性的, 这样的寿命回归称为线性回归模型。对于正态分布、极值分布和 Logistic 分布, 预测它们的位置参数采用经验公式 (10–1); 对于对数正态分布和对数 Logistic 分布, 预测它们的对数位置参数采用经验公式 (10–1); 对于 Weibull 分布和指数分布, 预测它们的尺度参数采用经验公式 (10–2):

$$\mu = b_0 + b_1x_1 + \cdots + b_mx_m, \tag{10–1}$$

$$\ln\mu = b_0 + b_1x_1 + \cdots + b_mx_m, \tag{10–2}$$

其中 $x_1, x_2, \cdots, x_m$ 是自变量 (可以是数值变量或类别变量); $b_0, b_1, \cdots, b_m$ 是待定参数。

由指令“统计 > 可靠性/生存 > 含寿命数据的回归”进入“寿命数据回归”对话框, 就能进行线性回归分析。

例 10.12 65 名复合骨髓瘤病人存活时间 (单位: 月) 数据如表 10–9。其中

表 10–9 复合骨髓瘤病人存活时间

月数	脲氮含量的对数	血红蛋白量	年龄	性别	含钙量
1	2.218	9.4	67	0	10
1	1.94	12	38	男	18
2	1.519	9.8	81	男	15
…	…	…	…	…	…

最后 17 个观测是删失数据, 建立线性寿命回归模型: 因变量是存活时间, 自变量是血液中脲氮含量的对数、血红蛋白量、年龄、性别和血浆中含钙量。使用 Weibull 分布。

解 观测值是右删失数据。将存活时间输入工作表的 C1 列, 命名为 “月数”, C2 列说明存活时间是否删失, 命名为 “删失否?”, 数据文件: 生存分析_复合骨髓瘤.MTW。然后提交指令:

指令	功能
从 “统计 > 可靠性/生存 > 含寿命数据的回归” 进入 “寿命数据回归” 对话框	做线性寿命回归
选择 “响应为非删失/右删失数据”	说明寿命观测值是右删失数据
在 “变量/初始变量” 后的空格中选入 “月数”	以 “月数” 为因变量
在 “模型” 下的空格中选入: 脲氮含量的对数、血红蛋白量、年龄、性别、含钙量	以脲氮含量的对数、血红蛋白量、年龄、性别、含钙量为自变量
在 “因子” 空格中选入 “性别”	说明 “性别” 是类别变量
假设分布中选定 “Weibull” (见图 10−18)	以 Weibull 分布为模型
点击 “删失” 进入 “寿命数据回归–删失” 对话框, 将 “删失否” 选入 “使用删失列” 空格	以 “删失否” 的值决定数据是否删失

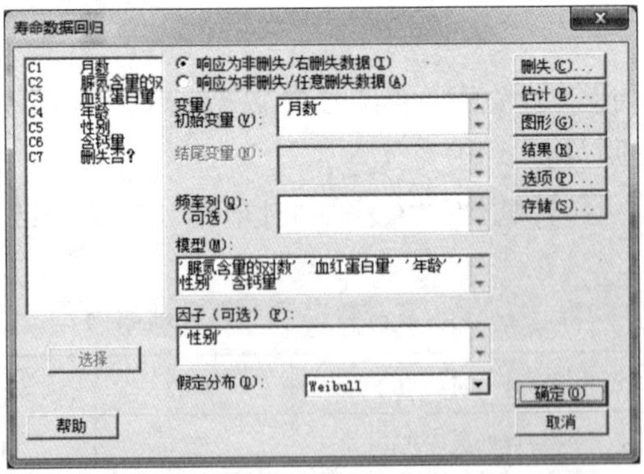

图 10−18 “寿命数据回归” 对话框

各框点击 “确定” 后在会话窗口得到:

寿命数据回归: 月数与脲氮含量的对数, 血红蛋白量, 年龄, 性别, 含钙量

...

回归表

自变量	系数	标准误	Z	P	95.0% 正态置信区间 下限	上限
截距	3.96956	1.50636	2.64	0.008	1.01715	6.92197
脲氮含量的对数	−1.61434	0.512822	−3.15	0.002	−2.61946	−0.609231
血红蛋白量	0.131760	0.0557078	2.37	0.018	0.0225750	0.240946
年龄	0.0209580	0.0141924	1.48	0.140	−0.0068586	0.0487745
性别						
女	0.247478	0.292182	0.85	0.397	−0.325188	0.820144
含钙量	−0.100379	0.0913340	−1.10	0.272	−0.279390	0.0786325
形状	1.14326	0.122806			0.926218	1.41117

...

结果分析: 由回归表 (表头为 "回归表") 可见, 左边第 1 列 "自变量" 下的符号表示各行的含义, "截距" 表示经验公式中的常数项, "脲氮含量的对数, 血红蛋白量, 年龄, 性别 (女), 含钙量" 是 5 个自变量名, "形状" 表示形状参数。"P" 列表示这些参数假设检验的 P 值。从表中可以见到: 由于年龄、性别和含钙量的 P 值 0.14, 0.397, 0.272 都大于 0.05, 它们的作用不显著, 可以删去这 3 个自变量。重复上述指令, 在 "模型" 空格中只选入 "脲氮含量的对数, 血红蛋白量", 执行后会话窗口显示如下:

寿命数据回归: 月数与脲氮含量的对数, 血红蛋白量

...

回归表

自变量	系数	标准误	Z	P	95.0% 正态置信区间 下限	上限
截距	4.55033	0.897225	5.07	0.000	2.79181	6.30886
脲氮含量的对数	−1.53527	0.506959	−3.03	0.002	−2.52889	−0.541646
血红蛋白量	0.0970222	0.0493938	1.96	0.050	0.0002120	0.193832
形状	1.13071	0.121852			0.915419	1.39663

...

结果分析: 由回归表 (表头为 "回归表") 可见, 左边第 1 列 "自变量" 下的符号表示各行的含义, "截距" 表示经验公式中的常数项, "脲氮含量的对数, 血红蛋白量" 是两个自变量名, "形状" 表示形状参数。第 2 列 "系数" 下的值表示回归方程参数

估计值: “截距” 对应的是常数项 b_0, b_0 的估计值是 4.55033; “脲氮含量的对数” 系数 b_1 的估计值是 -1.53527; “血红蛋白量” 系数 b_2 的估计值是 0.0970222; 最后一行是形状参数 β 的估计值 = 1.13071。“P” 列表示这些参数假设检验的 P 值: “截距” 对应的是检验 “$H_{10}: b_0 = 0, H_{11}: b_0 \neq 0$” 的 P 值 = 0.000 < 0.05, 所以接受备择假设, 常数项的作用是显著的, 必须要有常数项; “脲氮含量的对数” 对应的是检验 “$H_{20}: b_1 = 0, \quad H_{21}: b_1 \neq 0$” 的 P 值 =0.002<0.05, 所以接受备择假设, “脲氮含量的对数” 的作用是显著的, 不能没有这个自变量; “血红蛋白量” 对应的是检验 “$H_{30}: b_2 = 0, \quad H_{31}: b_2 \neq 0$” 的 P 值 = 0.050, 所以接受备择假设, “血红蛋白量” 的作用是显著的, 不能没有这个自变量。根据公式 (10–2), 尺度参数的经验公式是:

$$\ln\alpha = 4.55033 - 1.53527 \times \text{脲氮含量的对数} + 0.0970222 \times \text{血红蛋白量}$$

形状参数=1.13071。

但是我们更关心的是对于指定的自变量如何预报生存概率和百分位数。

例 10.13 按照例 10.12 中数据分析: 若脲氮含量的对数 =1, 血红蛋白量 = 10, 那么病人能够存活 2 年和 10 年的概率是多少? 80%, 90%, 95% 的病人能存活多长时间?

解法 1 (利用 “寿命数据回归” 对话框) 2 年 =24 月, 10 年 =120 月; 因为百分位数对应的百分比是已死亡病人的百分比 (概率的 100 倍), 求 80%, 90%, 95% 的病人的存活期, 就是算 100 − 80 = 20, 100 − 90 = 10, 100 − 95 = 5 的百分位数。为此重复执行例 10.12 的指令, 注意模型空格中只选 “脲氮含量的对数” 和 “血红蛋白量”。再点击 “估计”, 进入 “寿命数据回归–估计” 对话框, 选定 “输入新的预测变量值”, 在它下面的空格中填入 1 和 10 (模型空格中脲氮含量的对数在前, 血红蛋白量在后; 这里也按此顺序输入自变量的值, 用空格分开); 在 “估计下列百分比的百分位数” 空格中填入 20, 10, 5; 在 “估计时间概率” 空格中填入 24 和 120, 见图 10–19。

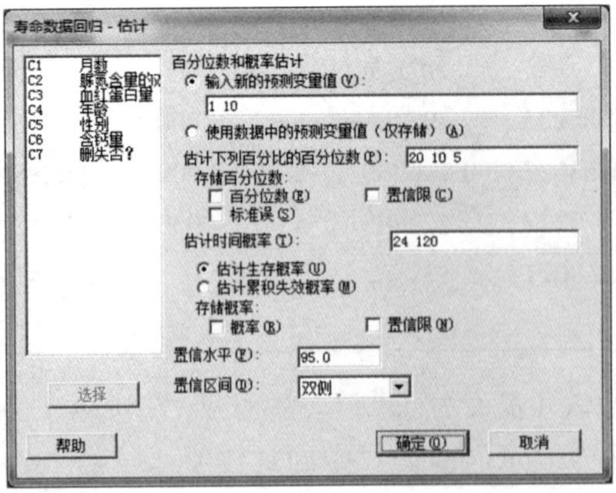

图 10–19 “寿命数据回归–估计” 对话框

各框点击确定后在会话窗口得到:

寿命数据回归: 月数与脲氮含量的对数, 血红蛋白量

...

百分位数表格

百分比	脲氮含量的对数	血红蛋白量	百分位数	标准误	95.0% 正态置信区间 下限	上限
20	1	10	14.2783	4.02628	8.21578	24.8144
10	1	10	7.35265	2.40183	3.87604	13.9476
5	1	10	3.89013	1.46800	1.85674	8.15040

生存概率表

百分比	脲氮含量的对数	血红蛋白量	概率	95.0% 正态置信区间 下限	上限
24	1	10	0.669369	0.492909	0.796300
120	1	10	0.083993	0.013728	0.239123

结果分析: 由百分位数表格可见, 脲氮含量的对数 =1, 血红蛋白量 =10 的病人, 80%, 90%, 95% 能活到 14.3 月, 7.4 月和 3.9 月; 由生存概率表可见, 能活到 2 年的概率是 0.67, 能活到 10 年的概率是 0.08。

解法 2 不再利用 "寿命数据回归" 对话框 (当需要预报许多生存概率或许多百分位数时适用), 而是利用概率分布对话框, 由例 10.12 算出的尺度参数经验公式 (10−2) 可得

$$\ln\alpha = 4.55033 - 1.53527 \times 1 + 0.0970222 \times 10,$$

得到尺度参数 $\alpha = 53.8$, 由例 10.12 知形状参数 = 1.13071。新建 1 个工作表, 在 C1 列输入概率 0.2, 0.1, 0.05, 命名变量 "概率" ("Weibull 分布" 对话框计算分位数, 不计算百分位数, 只能输入概率); 在 C2 列输入 24, 120, 命名变量 "月数"。从 "计算 > 概率分布 >Weibull" 进入 "Weibull 分布" 对话框; 选择 "逆累积概率", 在形状参数空格填入 1.13071, 尺度参数空格填入 53.8, 阈值参数保持 0.0; 输入列中选入 "概率"; 点击 "确定" (见图 10−20), 即得到 80%, 90%, 95% 的病人能活到 14.3 月, 7.4 月和 3.9 月。再从 "计算 > 概率分布 >Weibull" 进入 "Weibull 分布" 对话框; 选择 "累积概率", 在形状参数空格填入 1.13071, 尺度参数空格填入 53.8, 阈值参数保持 0.0; 输入列中选入 "月数"; 点击 "确定", 用 1 减去得到的概率, 可见 24 个月寿命的累积分布概率是 0.330635, 120 个月寿命的概率是 0.916011; 因而能活到 2 年

的概率是 $1-0.330635=0.67$, 能活到 10 年的概率是 $1-0.916011=0.08$。

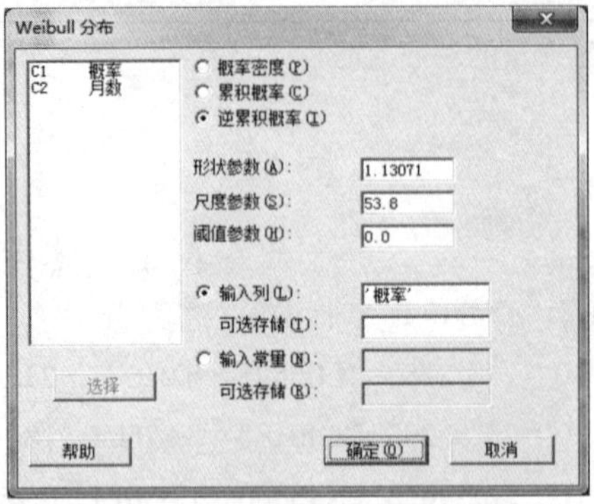

图 10–20 Weibull 分布对话框

10.6.2 Arrhenius 加速模型

因为提高温度能使产品内部加快化学反应, 促使产品提前失效, Arrhenius 提出预测参数的经验公式: Arrhenius 模型 (MINITAB 称为常规加速模型)。根据该模型, 当估计出待定参数 b_0, b_1 后, 对于正态分布、极值分布和 Logistic 分布, 预测它们的位置参数采用经验公式 (10–3); 对于对数正态分布和对数 Logistic 分布, 预测它们的对数位置参数采用经验公式 (10–3); 对于 Weibull 分布和指数分布, 预测它们的尺度参数采用经验公式 (10–4):

$$\mu=b_0+b_1\times 11604.83/(C+273.16), \tag{10–3}$$

$$\ln\mu=b_0+b_1\times 11604.83/(C+273.16), \tag{10–4}$$

其中 C 是温度应力 (摄氏)。

为了使用 Arrhenius 加速模型, 要在 “加速寿命试验” 对话框的 “关系” 选项中选择 “常规加速”。

执行相应指令后, 会话框中得到回归表, 其中给出 b_0, b_1 的估计值和显著检验结果。

例 10.14 为了估计某器件在 10℃ 温度下的可靠性指标, 在 10℃ 试验了 30 台该器件, 到 5000 小时为止全部未失效, 于是在 40℃, 60℃, 80℃ 做加速寿命试验, 所得数据如表 10–10。已知该器件寿命服从对数正态分布, 用 Arrhenius 加速模型建立对数尺度参数的预测公式, 并估计 10℃ 温度下的对数位置参数和对数尺度参数; 预测该器件在 6000 小时还能使用的概率, 以及 95% 器件的寿命有多长。

解 在 6000 小时能使用的概率即生存概率; 95% 器件的寿命是一个时间, 95% 的器件寿命大于它, 即单个器件寿命长于这个时间的概率是 95%, 单个器件寿命小

表 10–10 器件寿命

小时 40	删失 40	频数 40	小时 60	删失 60	频数 60	小时 80	删失 80	频数 80
1298	1	1	581	1	1	283	1	1
1390	1	1	925	1	1	361	1	1
3187	1	1	1432	1	1	515	1	1
3241	1	1	1586	1	1	638	1	1
3261	1	1	2452	1	1	854	1	1
3313	1	1	2734	1	1	1024	1	1
4501	1	1	2772	1	1	1030	1	1
4568	1	1	4106	1	1	1045	1	1
4841	1	1	4674	1	1	1767	1	1
4982	1	1	5000	0	11	1777	1	1
5000	0	90				1856	1	1
						1951	1	1
						1964	1	1
						2884	1	1
						5000	0	1

于它的概率是 5%。在工作表上将失效时间观测值排在 C1 列, 命名为 “小时”; 失效列排在 C4 列, 命名为 “删失”; 频数排在 C2 列, 命名为 “频数”; 温度排在 C3 列, 命名为 “摄氏”, 见数据文件: 生存分析_器件温度.MTW。然后提交下列指令:

指令	功能
从 “统计 > 可靠性/生存 > 加速寿命试验” 进入 “加速寿命试验” 对话框	做寿命回归
选择 “响应为非删失/右删失数据”	寿命观测值是右删失数据
在 “变量/初始变量” 后的空格中选入 “小时”	以 “小时” 为因变量
在 “频率” 列中选入 “频数”	以 “频数” 列表示观测的频数
在 “加速变量” 空格中选入 “摄氏”	以 “摄氏” 为自变量
在 “关系” 空格中选入 “常规加速”	以 Arrhenius 加速模型为经验公式
假设分布中选定 “对数正态” (见图 10–21)	以对数正态分布为分布模型
点击 “删失” 进入 “加速寿命试验–删失” 对话框, 将 “删失” 选入 “使用删失列” 空格	以 “删失” 列的值决定数据是否删失
点击 “确定” 回到 “加速寿命试验” 对话框, 点击 “估计”, 进入 “加速寿命试验–估计” 对话框, 在 “输入新的预测变量值” 空格中填写 10	自变量 (温度) 的值为 10 时做预测

续表

指令	功能
在“估计下列百分比的百分位数”空格中填 5	求累积概率是 5% 时对应的时间
在“估计下列失效时间的概率”空格中填 6000	求到 6000 小时仍未失效的概率

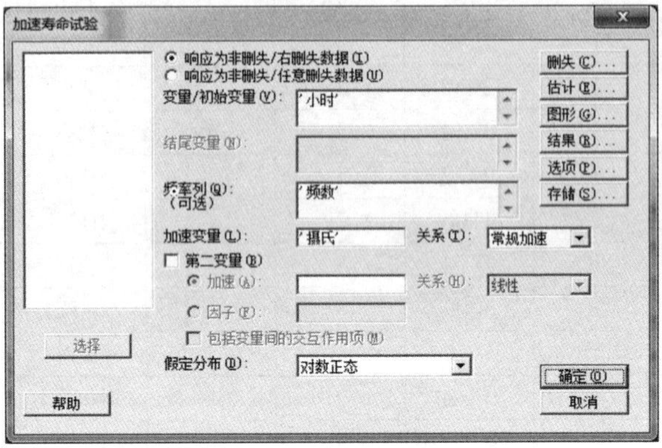

图 10−21　常规加速寿命试验对话框

各框点击“确定”, 会话窗口得到:

加速寿命试验: 小时与摄氏

. . .

回归表

					95.0% 正态置信区间	
自变量	系数	标准误	Z	P	下限	上限
截距	−13.4693	2.88728	−4.67	0.000	−19.1283	−7.81034
摄氏	0.627900	0.0828450	7.58	0.000	0.465527	0.790273
尺度	0.977823	0.132647			0.749532	1.27565

. . .

百分位数表格

				95.0% 正态置信区间	
百分比	摄氏	百分位数	标准误	下限	上限
5	10	42434.9	17856.9	18600.8	96808.6

生存概率表

			95.0% 正态置信区间	
时间	摄氏	概率	下限	上限
6000	10	0.999867	0.997555	1.00000

结果分析: (1) 由 "回归表" 中可见, 回归系数 $b_0=-13.4693$, $b_1=0.627900$; 它们的 P 值都是 0<0.05, 所以截距和自变量都显著。回归表中还给出对数尺度参数 $\sigma=0.977823$。参照公式 (10−3) 可见, 对数位置参数的预测公式是

$$\mu=-13.4693+0.6279\times 11604.83/(C+273.16),$$

把温度 =10℃ 代入, 得到预测的对数位置参数 μ=12.264。

(2) 接下来的表是 "百分位数表格", 其中由 "百分位数" 下的 42434.9 可见, 95% 的器件能使用到 42434.9 小时, 也就是说: 一个器件能使用到 42434.9 的概率是 95%。

(3) 最后是 "生存概率表", 其中由 "概率" 下的数可见, 一个器件能使用到 6000 小时的概率是 0.999867。

如果仿照例 10.13 的解法 2, 可以得到同样结果。

10.6.3 逆幂律模型

在加速寿命试验中常用电应力 (电压、电流、功率等) 作为加速应力, 在物理上已证明产品的某些寿命特征与电应力关系服从逆幂律模型 (MINITAB 称为自然对数模型)。当估计出待定参数 b_0, b_1 后, 对于正态分布、极值分布和 Logistic 分布, 预测它们的位置参数采用经验公式 (10−5); 对于对数正态分布和对数 Logistic 分布, 预测它们的对数位置参数采用经验公式 (10−5); 对于 Weibull 分布和指数分布, 预测它们的尺度参数采用经验公式 (10−6):

$$\mu=b_0+b_1\times\ln V, \tag{10−5}$$

$$\ln\mu=b_0+b_1\times\ln V, \tag{10−6}$$

其中 V 是加速变量。

为了计算逆幂率模型, 要在 "加速寿命试验" 对话框的 "关系" 选项中选择 "自然对数"。执行相应指令后, 会话窗口中得到回归表, 其中给出 b_0, b_1 的估计值和显著检验结果。

例 10.15 已知在固定电压下某种滤波器失效时间服从 Weibull 分布。为了测试滤波器在 0.034V 下的寿命分布, 在 0.64V 下试验 19 件滤波器, 在 2.742V 下试验 35 件, 在 9.52V 下试验 12 件。并在 5, 10, 25, 50, 100, 250, 500, 750, 1000, 1500, 1750 小时统计失效件数, 见表 10−5。3 种电压下的观测数据合在一起, 共有 4 个变量名 (开始、结尾、频数和电压), 分别表示每个区间的左端点、右端点、区间内失效频数和电压, 见数据文件: 生存分析_滤波器.MTW。试建立预测尺度参数的经验公式, 并求出电压是 0.034V 时尺度参数和形状参数的值, 求 2000 小时的生存概率, 以及 99.7% 器件寿命能有多长。

解 99.7% 器件寿命长于或等于 a, 那么失效率大于 a 的概率是 0.3%, a 是寿命分布 0.3 百分位数。考虑电压对寿命分布的影响服从逆幂律模型。提交下列指令: 从 "统计 > 可靠性/生存 > 加速寿命试验" 进入 "加速寿命试验" 对话框; 选择 "响应为非删失/任意删失数据"; 在 "变量/初始变量" 后的空格中选入 "开始"; 在 "结尾变量" 后的空格中选入 "结尾"; 在 "频率列" 后的空格中选入 "频数"; 在 "加速变量" 空格中选入 "电压"; "关系" 后空格选择 "自然对数" (让 MINITAB 采用逆幂律模型); 假设分布中选定 "Weibull", 见图 10–22; 点击 "估计", 进入 "加速寿命试验–估计" 对话框, 在 "输入新的预测变量值" 空格中填写 0.034; 在 "估计下列百分比的百分位数" 空格中填 0.3; 在 "估计下列失效时间的概率" 空格中填 2000; 各框点击 "确定", 会话窗口得到:

加速寿命试验: 开始与电压

...

回归表

自变量	系数	标准误	Z	P	95.0% 正态置信区间 下限	上限
截距	9.83702	0.909525	10.82	0.000	8.05439	11.6197
电压	−1.39698	0.586064	−2.38	0.017	−2.54565	−0.248319
形状	0.348498	0.0594096			0.249513	0.486752

...

百分位数表格

百分比	电压	百分位数	标准误	95.0% 正态置信区间 下限	上限
0.3	0.034	0.121970	0.372908	0.0003047	48.8314

生存概率表

时间	电压	概率	95.0% 正态置信区间 下限	上限
2000	0.034	0.915364	0.609120	0.984348

结果分析: (1) 由 "回归表" 数据可见, $b_0 = 9.83702, b_1 = -1.39698$, P 值都小于 0.05, 所以截距和自变量是显著的。由公式 (10–6) 知, 尺度参数预测公式是

$$\ln(\alpha) = 9.83702 - 1.39698 \ln(V);$$

形状参数 β=0.348498; 当电压 =0.034V 时, 尺度参数 $\alpha = \exp(9.83702 - 1.39698 \times$

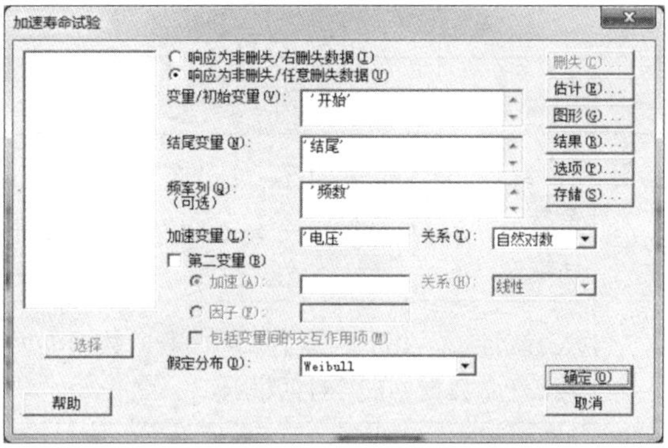

图 10–22　逆幂律模型对话框

ln (0.034)) = 2107473, 形状参数仍为 0.348498。(2) 由百分位数表可见, 99.7% 的滤波器寿命大于 0.12197 小时。(3) 由 "生存概率表" 可见, 器件寿命超过 2000 小时的概率是 0.915364。

如果仿照例 10.13 的解法 2, 计算结果同样。

小结

任务	对话框	参照例题
对右删失数据画分布 ID 图	从 "统计 > 可靠性/生存 > 分布分析 (右删失)> 分布 ID 图", 进入 "分布 ID 图–右删失" 对话框	10.3
对任意删失数据画分布 ID 图	从 "统计 > 可靠性/生存 > 分布分析 (任意删失)> 分布 ID 图", 进入 "分布 ID 图–任意删失" 对话框	10.4, 10.5
对右删失数据, 估计分布参数, 并求生存概率和累积分布函数的百分位数	从 "统计 > 可靠性/生存 > 分布分析 (右删失)> 参数分布分析", 进入 "参数分布分析–右删失" 对话框	10.6, 10.8
对任意删失数据, 估计分布参数, 并求生存概率和累积分布函数的百分位数	从 "统计 > 可靠性/生存 > 分布分析 (任意删失)> 参数分布分析", 进入 "参数分布分析–任意删失" 对话框	10.7
对右删失数据, 检验分布参数	从 "统计 > 可靠性/生存 > 分布分析 (右删失)> 参数分布分析", 进入 "参数分布分析–右删失" 对话框	10.9, 10.11

续表

任务	对话框	参照例题
对任意删失数据, 检验分布参数	从 "统计 > 可靠性/生存 > 分布分析 (任意删失)> 参数分布分析", 进入 "参数分布分析–任意删失" 对话框	10.10
进行线性寿命回归	从 "统计 > 可靠性/生存 > 含寿命数据的回归" 进入 "寿命数据回归" 对话框	10.12, 10.13
进行 Arrhenius 模型寿命回归	从 "统计 > 可靠性/生存 > 加速寿命试验" 进入 "加速寿命试验" 对话框	10.14
进行逆幂律模型寿命回归	从 "统计 > 可靠性/生存 > 加速寿命试验" 进入 "加速寿命试验" 对话框	10.15

练习题

10.1 已知 23 套球轴承失效旋转次数 (单位: 百万次) 如表 10–11, 数据文件: 控制图_轴承转数.MTW。试用 ID 图法找出合适的分布模型, 如果采用对数正态分布模型, 试估计参数, 可用最小二乘法。

表 10–11 球轴承失效旋转次数数据

失效旋转次数	17.88 28.92 33 41.52 42.12 45.6 48.4 51.84 51.96 54.12 55.56 67.8 68.64 68.64 68.88 84.12 93.12 98.64 105.12 105.84 127.92 128.04 173.4

10.2 统计某特种厂 1943—1947 年 191 名工人寿命 (单位: 年) 数据如表 10–12 (数据文件: 生存分析_工人寿命.MTW), 拟合什么类型分布最好?(注意到统计结束时, 有相当多工人达到 64 岁未死亡。)

10.3 用某种方法治疗 30 名血癌病人, 其缓和痛苦时间 (单位: 周) 数据如表 10–13, 数据文件中带 * 号的是删失数据 (数据文件: 生存分析_缓和痛苦.MTW)。使用指数分布模型求尺度参数, 并分别求出缓和时间均值的 95% 置信区间, 80% 的人能缓和多长时间, 以及缓和时间超过 26 周的概率。

表 10–12 特种厂工人寿命数据

年龄段 (岁)	死亡数	调出数
[40, 45)	8	0
[45, 50)	6	0
[50, 55)	11	0
[55, 60)	8	0
[60, 62)	5	14
[62, 64)	8	51
[64, *)	80	0

表 10–13 血癌病人缓和痛苦时间

周数	1 1 2 4 4 6 6 6 7 8 9 9 10 12 13 14 18 19 24 26 29 31* 42 45* 50* 57 60 71* 85* 91

10.4 某个涡轮运转后隔一定时间检查叶片, 在时间区间破裂数如表 10–14 (始终未破裂的, 结束时间用 “*” 表示), 数据文件: 生存分析_涡轮叶片.MTW。用 Weibull 分布作为分布模型, 估计形状参数和尺度参数, 计算出正常工作时间均值的 95% 置信区间, 99% 的部件能正常工作多长时间, 以及正常工作时间超过 20 的概率。

表 10–14 涡轮叶片破裂数

开始	结束	破裂数
0	6.12	5
6.12	19.92	16
19.92	29.64	12
29.64	35.4	18
35.4	39.72	18
39.72	45.24	2
45.24	52.32	6
52.32	63.48	17
63.48	*	73

10.5 已测得 5 种型号轴承失效时间 (单位: 百万转) 如表 10–15, 数据文件: 生存分析_轴承比较.MTW。设它们都服从 Weibull 分布, 比较它们的参数是否有显著差异。

表 10–15 轴承失效时间

1 型	2 型	3 型	4 型	5 型
3.03	3.19	3.46	5.88	6.43
5.53	4.26	5.22	6.74	9.97
…	…	…	…	…

10.6 为试验中毒后施用维生素的效果, 在 17 窝老鼠中每窝各取 2 只, 在试验室中让它们四氯化碳中毒, 然后一只注射维生素 B12, 另一只不注射, 将存活时间 (单位: 分钟) 取对数 (以 10 为底), 统计数据如表 10–16 (2.98 是删失值), 数据文件: 生存分析_老鼠中毒.MTW。设两种处理下的老鼠寿命对数都服从最小极值分布, 检验它们的位置参数是否相等。

表 10–16 老鼠中毒数据

注射	2.73	2.80	2.01	2.19	2.34	2.61	2.51	2.65	2.72	2.79	2.90	2.78	2.78	2.97	2.74	2.96	2.98
不注射	2.98	2.98	2.84	2.76	2.83	2.73	2.62	2.70	2.76	2.82	2.79	2.64	2.48	2.64	2.31	2.51	2.68

10.7 急性白血病人存活时间如表 10–17 (数据文件: 生存分析_白血病.MTW), 其中 WBC 是白细胞含量, 以 WBC 的 10 进对数为自变量, 设存活时间服从指数分布, 做寿命回归 (线性回归模型), 计算 WBC=20000 时, 存活周数超过 50 的概率, 求 90% 的病人能活多长。

表 10–17 急性白血病人存活时间数据

存活周数	WBC	WBC 10 进对数
65	2300	3.36173
156	750	2.87506
…	…	…

10.8 某电子器件在 30~150℃ 之间的失效机理相同, 寿命分布都服从指数分布, 为了求出 40℃ 时电子器件的寿命分布, 在 70℃, 90℃, 115℃, 140℃ 条件下, 各

用 20 个电子器件试验, 截尾时间分别为 600, 400, 200, 100 小时 (即删失数据的失效时间是 600, 400, 200, 100)。得到数据如表 10–18, 数据文件: 生存分析_电子器件.MTW。试求出 40℃ 时失效时间超过 300 小时的概率, 99% 的器件失效期能够有多长。

表 10–18 电子器件失效时间

70℃	90℃	115℃	140℃
39	6	1	1
⋯	⋯	⋯	⋯

10.9 某种电解液在 26, 28, 30, 32, 34, 36, 38 kV 下的失效时间 (单位: 分钟) 数据见表 10–19。数据文件: 生存分析_电解液电压.MTW。在各种电压下数据都服从 Weibull 分布, 形状参数相同而尺度参数不同。使用逆幂律模型建立预测尺度参数的公式, 预测电压 10kV 时尺度参数的值, 并求出这时失效时间大于 100 的概率, 以及 99% 的电解液寿命有多长。

表 10–19 电解液失效时间数据

26	28	30	32	34	36	38
5.79	68.85	17.05	0.4	0.96	1.97	0.47
1579.52	426.07	22.66	82.85	4.15	0.59	0.73
2323.7	110.29	21.02	9.88	0.19	2.58	1.4
⋯	⋯	⋯	⋯	⋯	⋯	⋯

附表

附表 1　单侧规格限“σ”法的样本量与接收常数 (以均值为质量指标)

A 或 A' 计算值范围	n	k
2. 069 以上	2	−1.163
1.690 ~ 2.068	3	−0.950
1.463 ~ 1.689	4	−0.822
1.309 ~ 1.462	5	−0.736
1.195 ~ 1.308	6	−0.672
1.106 ~ 1.194	7	−0.622
1.035 ~ 1.105	8	−0.582
0.975 ~ 1.034	9	−0.548
0.925 ~ 0.974	10	−0.520
0.882 ~ 0.924	11	−0.496
0.845 ~ 0.881	12	−0.475
0.811 ~ 0.844	13	−0.456
0.782 ~ 0.810	14	−0.440
0.756 ~ 0.781	15	−0.425
0.731 ~ 0.755	16	−0.411

续表

A 或 A' 计算值范围	n	k
$0.710 \sim 0.730$	17	−0.399
$0.690 \sim 0.709$	18	−0.388
$0.671 \sim 0.689$	19	−0.377
$0.654 \sim 0.670$	20	−0.368
$0.585 \sim 0.653$	25	−0.329
$0.534 \sim 0.584$	30	−0.300
$0.495 \sim 0.533$	35	−0.278
$0.463 \sim 0.494$	40	−0.260
$0.436 \sim 0.462$	45	−0.245
$0.414 \sim 0.435$	50	−0.233

注: ① 当计算值小于 0. 414 时, 可按下面公式计算 n 和 k:

$$n = \frac{8.56382}{(\text{计算值})^2},\ k = -0.56207 \times (\text{计算值})。$$

② $A = \dfrac{\mu_{1\mathrm{U}} - \mu_{0\mathrm{U}}}{\sigma}$, $A' = \dfrac{\mu_{0\mathrm{L}} - \mu_{1\mathrm{L}}}{\sigma}$。

附表 2　双侧规格限 “σ” 法的样本量与接收常数 (以均值为质量指标)

A或A'	2.080 及以上	1.700 ~ 2.079	1.480 ~ 1.699	1.320 ~ 1.479	1.200 ~ 1.319	1.120 ~ 1.199	1.040 ~ 1.119	0.980 ~ 1.039	0.940 ~ 0.979
n	2	3	4	5	6	7	8	9	10
c	0.014及以下	0.012及以下	0.010 及以下	0.009及以下	0.008及以下	0.008及以下	0.007及以下	0.007及以下	0.006及以下
k	−1.379	−1.126	−0.975	−0.872	−0.796	−0.737	−0.690	−0.650	−0.617
c	0.015 ~ 0.085	0.013 ~ 0.069	0.011 ~ 0.060	0.010 ~ 0.054	0.009 ~ 0.049	0.009 ~ 0.045	0.008 ~ 0.042	0.008 ~ 0.040	0.007 ~ 0.038
k	−1.365	−1.114	−0.965	−0.863	−0.788	−0.730	−0.682	−0.643	−0.610
c	0.086 ~ 0.156	0.070 ~ 0.127	0.061 ~ 0.110	0.055 ~ 0.098	0.050 ~ 0.090	0.046 ~ 0.083	0.043 ~ 0.078	0.041 ~ 0.073	0.039 ~ 0.070
k	−1.334	−1.089	−0.943	−0.844	−0.770	−0.713	−0.667	−0.629	−0.597
c	0.157 ~ 0.226	0.128 ~ 0.185	0.111 ~ 0.160	0.099 ~ 0.143	0.091 ~ 0.131	0.084 ~ 0.121	0.079 ~ 0.113	0.074 ~ 0.107	0.071 ~ 0.101
k	−1.306	−1.066	−0.923	−0.826	−0.754	−0.698	−0.653	−0.616	−0.584
c	0.227 ~ 0.297	0.186 ~ 0.242	0.161 ~ 0.210	0.144 ~ 0.188	0.132 ~ 0.171	0.122 ~ 0.159	0.114 ~ 0.148	0.108 ~ 0.140	0.102 ~ 0.133
k	−1.281	−1.046	−0.906	−0.810	−0.740	−0.685	−0.641	−0.604	−0.573
c	0.298 ~ 0.368	0.243 ~ 0.300	0.211 ~ 0.260	0.189 ~ 0.233	0.172 ~ 0.212	0.160 ~ 0.197	0.149 ~ 0.184	0.141 ~ 0.173	0.134 ~ 0.164
k	−1.259	−1.028	−0.890	−0.796	−0.727	−0.673	−0.629	−0.593	−0.563
c	0.369 ~ 0.438	0.301 ~ 0.358	0.261 ~ 0.310	0.234 ~ 0.277	0.213 ~ 0.253	0.198 ~ 0.234	0.185 ~ 0.219	0.174 ~ 0.207	0.165 ~ 0.196
k	−1.240	−1.013	−0.877	−0.785	−0.716	−0.663	−0.620	−0.585	−0.555
c	0.439 ~ 0.509	0.359 ~ 0.416	0.311 ~ 0.360	0.278 ~ 0.322	0.254 ~ 0.294	0.235 ~ 0.272	0.220 ~ 0.255	0.208 ~ 0.240	0.197 ~ 0.228
k	−1.225	−1.000	−0.866	−0.775	−0.707	−0.655	−0.612	−0.577	−0.548
c	0.510 ~ 0.580	0.417 ~ 0.473	0.361 ~ 0.410	0.323 ~ 0.367	0.295 ~ 0.355	0.273 ~ 0.310	0.256 ~ 0.290	0.241 ~ 0.273	0.299 ~ 0.259
k	−1.212	−0.989	−0.857	−0.766	−0.700	−0.648	−0.606	−0.571	−0.542
c	0.581 ~ 0.651	0.474 ~ 0.531	0.411 ~ 0.460	0.368 ~ 0.411	0.366 ~ 0.376	0.311 ~ 0.348	0.291 ~ 0.325	0.274 ~ 0.307	0.260 ~ 0.291
k	−1.201	−0.980	−0.849	−0.759	−0.693	−0.642	−0.600	−0.566	−0.537
c	0.652 ~ 0.778	0.532 ~ 0.635	0.461 ~ 0.550	0.412 ~ 0.492	0.377 ~ 0.449	0.349 ~ 0.416	0.326 ~ 0.389	0.308 ~ 0.367	0.292 ~ 0.348
k	−1.192	−0.973	−0.843	−0.754	−0.688	−0.637	−0.596	−0.562	−0.533
c	0.779 ~ 1.131	0.636 ~ 0.924	0.551 ~ 0.800	0.493 ~ 0.716	0.450 ~ 0.653	0.417 ~ 0.650	0.390 ~ 0.566	0.368 ~ 0.533	0.349 ~ 0.506
k	−1.174	−0.958	−0.830	−0.742	−0.678	−0.627	−0.587	−0.553	−0.525
c	1.132 ~ 1.485	0.925 ~ 1.212	0.801 ~ 1.050	0.717 ~ 0.939	0.654 ~ 0.857	0.606 ~ 0.794	0.567 ~ 0.742	0.534 ~ 0.700	0.507 ~ 0.664
k	−1.165	−0.951	−0.824	−0.737	−0.673	−0.623	−0.583	−0.549	−0.521
c	1.486 ~ 1.838	1.213 ~ 1.501	1.051 ~ 1.300	0.940 ~ 1.163	0.858 ~ 1.061	0.795 ~ 0.983	0.743 ~ 0.919	0.701 ~ 0.687	0.665 ~ 0.822
b	−1.163	−0.950	−0.823	−0.736	−0.672	−0.622	−0.582	−0.548	−0.520
c	1.838及以上	1.501以上	1.300 以上	1.163以上	1.061以上	0.983以上	0.919以上	0.867以上	0.822以上
k	−1.163	−0.950	−0.822	−0.736	−0.672	−0.622	−0.582	−0.548	−0.520

续表

A或A'	0.900 ~ 0.939	0.860 ~ 0.899	0.820 ~ 0.859	0.780 ~ 0.819	0.760 ~ 0.779	0.740 ~ 0.759	0.720 ~ 0.739	0.700 ~ 0.719
n	11	12	13	14	15	16	17	18
c	0.006及以下	0.006及以下	0.006及以下	0.005及以下	0.005及以下	0.005及以下	0.005及以下	0.005及以下
k	−0.588	−0.563	−0.541	−0.521	−0.504	−0.488	−0.473	−0.460
c	0.007 ~ 0.036	0.007 ~ 0.035	0.007 ~ 0.033	0.006 ~ 0.032	0.006 ~ 0.031	0.006 ~ 0.030	0.006 ~ 0.029	0.006 ~ 0.028
k	−0.582	−0.557	−0.535	−0.516	−0.498	−0.483	−0.468	−0.455
c	0.037 ~ 0.066	0.036 ~ 0.064	0.034 ~ 0.061	0.033 ~ 0.059	0.032 ~ 0.057	0.031 ~ 0.055	0.030 ~ 0.053	0.029 ~ 0.052
k	−0.569	−0.545	−0.523	−0.504	−0.487	−0.472	−0.458	−0.445
c	0.067 ~ 0.096	0.065 ~ 0.092	0.062 ~ 0.089	0.060 ~ 0.086	0.058 ~ 0.083	0.056 ~ 0.080	0.054 ~ 0.078	0.053 ~ 0.075
k	−0.557	−0.533	−0.512	−0.494	−0.477	−0.462	−0.448	−0.435
c	0.097 ~ 0.127	0.093 ~ 0.121	0.090 ~ 0.116	0.087 ~ 0.112	0.084 ~ 0.108	0.081 ~ 0.105	0.079 ~ 0.102	0.076 ~ 0.099
k	−0.546	−0.523	−0.502	−0.484	−0.468	−0.453	−0.439	−0.427
c	0.128 ~ 0.157	0.122 ~ 0.150	0.117 ~ 0.144	0.113 ~ 0.139	0.109 ~ 0.134	0.106 ~ 0.130	0.103 ~ 0.126	0.100 ~ 0.123
k	−0.537	−0.514	−0.494	−0.476	−0.460	−0.445	−0.432	−0.420
c	0.158 ~ 0.187	0.151 ~ 0.179	0.145 ~ 0.172	0.140 ~ 0.166	0.135 ~ 0.160	0.131 ~ 0.155	0.127 ~ 0.150	0.124 ~ 0.146
k	−0.529	−0.506	−0.487	−0.469	−0.453	−0.439	−0.425	−0.413
c	0.188 ~ 0.217	0.180 ~ 0.208	0.173 ~ 0.200	0.167 ~ 0.192	0.161 ~ 0.186	0.156 ~ 0.180	0.151 ~ 0.175	0.147 ~ 0.170
k	−0.522	−0.500	−0.480	−0.463	−0.447	−0.433	−0.420	−0.408
c	0.218 ~ 0.247	0.209 ~ 0.237	0.201 ~ 0.227	0.193 ~ 0.219	0.187 ~ 0.212	0.181 ~ 0.205	0.176 ~ 0.199	0.171 ~ 0.193
k	−0.517	−0.495	−0.475	−0.458	−0.442	−0.428	−0.416	−0.404
c	0.248 ~ 0.277	0.238 ~ 0.266	0.228 ~ 0.255	0.220 ~ 0.246	0.213 ~ 0.238	0.206 ~ 0.230	0.200 ~ 0.223	0.194 ~ 0.217
k	−0.512	−0.490	−0.471	−0.454	−0.438	−0.425	−0.412	−0.400
c	0.278 ~ 0.332	0.267 ~ 0.318	0.256 ~ 0.305	0.247 ~ 0.294	0.239 ~ 0.284	0.231 ~ 0.275	0.224 ~ 0.267	0.218 ~ 0.259
k	−0.508	−0.487	−0.468	−0.451	−0.435	−0.421	−0.409	−0.397
c	0.333 ~ 0.482	0.319 ~ 0.462	0.306 ~ 0.444	0.295 ~ 0.428	0.285 ~ 0.413	0.276 ~ 0.400	0.268 ~ 0.388	0.260 ~ 0.377
k	−0.501	−0.479	−0.460	−0.444	−0.429	−0.415	−0.403	−0.391
c	0.483 ~ 0.633	0.463 ~ 0.606	0.445 ~ 0.582	0.429 ~ 0.561	0.414 ~ 0.542	0.401 ~ 0.525	0.389 ~ 0.509	0.378 ~ 0.495
k	−0.497	−0.476	−0.457	−0.440	−0.425	−0.412	−0.400	−0.388
c	0.634 ~ 0.784	0.607 ~ 0.751	0.583 ~ 0.721	0.562 ~ 0.695	0.543 ~ 0.671	0.526 ~ 0.650	0.510 ~ 0.631	0.496 ~ 0.613
k	−0.496	−0.475	−0.456	−0.440	−0.425	−0.411	−0.399	−0.388
c	0.784以上	0.751以上	0.721 以上	0.695以上	0.671以上	0.650以上	0.631以上	0.613以上
k	−0.496	−0.475	−0.456	−0.440	−0.425	−0.411	−0.399	−0.388

续表

A或A'	0.680 ~ 0.699	0.660 ~ 0.679	0.640 ~ 0.659	0.620 ~ 0.639	0.600 ~ 0.619	0.580 ~ 0.599	0.560 ~ 0.579	0.540 ~ 0.559
n	19	20	21	23	24	26	28	30
c	0.005 及以下	0.004 及以下	0.004 及以下	0.004 及以下	0.004 及以下	0.004 及以下	0.004 及以下	0.004 及以下
k	−0.448	−0.436	−0.426	−0.407	−0.398	−0.383	−0.369	−0.356
c	0.006 ~ 0.028	0.005 ~ 0.027	0.005 ~ 0.026	0.005 ~ 0.025	0.005 ~ 0.024	0.005 ~ 0.024	0.005 ~ 0.023	0.005 ~ 0.022
k	−0.443	−0.432	−0.421	−0.402	−0.394	−0.379	−0.365	−0.352
c	0.029 ~ 0.050	0.028 ~ 0.049	0.027 ~ 0.048	0.026 ~ 0.046	0.025 ~ 0.045	0.025 ~ 0.043	0.024 ~ 0.042	0.023 ~ 0.040
k	−0.433	−0.422	−0.412	−0.393	−0.385	−0.370	−0.357	−0.344
c	0.051 ~ 0.073	0.050 ~ 0.072	0.049 ~ 0.070	0.047 ~ 0.067	0.046 ~ 0.065	0.044 ~ 0.063	0.043 ~ 0.060	0.041 ~ 0.058
k	−0.424	−0.413	−0.403	−0.385	−0.377	−0.362	−0.349	−0.337
c	0.074 ~ 0.096	0.073 ~ 0.094	0.071 ~ 0.092	0.068 ~ 0.088	0.066 ~ 0.086	0.064 ~ 0.082	0.061 ~ 0.079	0.059 ~ 0.077
k	−0.416	−0.405	−0.395	−0.378	−0.370	−0.355	−0.342	−0.331
c	0.097 ~ 0.119	0.095 ~ 0.116	0.093 ~ 0.113	0.089 ~ 0.108	0.087 ~ 0.106	0.083 ~ 0.102	0.080 ~ 0.098	0.078 ~ 0.095
k	−0.408	−0.398	−0.389	−0.371	−0.363	−0.349	−0.336	−0.325
c	0.120 ~ 0.142	0.117 ~ 0.139	0.114 ~ 0.135	0.109 ~ 0.129	0.107 ~ 0.127	0.103 ~ 0.122	0.099 ~ 0.117	0.096 ~ 0.113
k	−0.402	−0.392	−0.383	−0.366	−0.358	−0.344	−0.332	−0.320
c	0.143 ~ 0.165	0.140 ~ 0.161	0.136 ~ 0.157	0.130 ~ 0.150	0.128 ~ 0.147	0.123 ~ 0.141	0.118 ~ 0.136	0.114 ~ 0.131
k	−0.397	−0.387	−0.378	−0.361	−0.354	−0.340	−0.327	−0.316
c	0.166 ~ 0.188	0.162 ~ 0.183	0.158 ~ 0.179	0.151 ~ 0.171	0.148 ~ 0.167	0.142 ~ 0.161	0.137 ~ 0.155	0.132 ~ 0.150
k	−0.393	−0.383	−0.347	−0.357	−0.350	−0.336	−0.324	−0.313
c	0.189 ~ 0.211	0.184 ~ 0.206	0.180 ~ 0.201	0.172 ~ 0.192	0.168 ~ 0.188	0.162 ~ 0.180	0.156 ~ 0.174	0.151 ~ 0.168
k	−0.390	−0.380	−0.371	−0.354	−0.347	−0.333	−0.321	−0.310
c	0.212 ~ 0.252	0.207 ~ 0.246	0.202 ~ 0.240	0.193 ~ 0.229	0.189 ~ 0.225	0.181 ~ 0.216	0.175 ~ 0.208	0.169 ~ 0.201
k	−0.387	−0.377	−0.368	−0.352	−0.344	−0.331	−0.319	−0.308
c	0.253 ~ 0.367	0.247 ~ 0.358	0.241 ~ 0.349	0.230 ~ 0.334	0.226 ~ 0.327	0.217 ~ 0.314	0.209 ~ 0.302	0.202 ~ 0.292
k	−0.381	−0.371	−0.362	−0.346	−0.339	−0.326	−0.314	−0.303
c	0.368 ~ 0.482	0.359 ~ 0.470	0.350 ~ 0.458	0.335 ~ 0.438	0.328 ~ 0.429	0.315 ~ 0.142	0.303 ~ 0.397	0.293 ~ 0.383
k	−0.378	−0.368	−0.360	−0.344	−0.336	−0.323	−0.311	−0.301
c	0.483 ~ 0.596	0.471 ~ 0.581	0.459 ~ 0.567	0.439 ~ 0.542	0.430 − 0.531	0.413 ~ 0.510	0.398 ~ 0.491	0.384 ~ 0.475
k	−0.377	−0.368	−0.359	−0.343	−0.336	−0.323	−0.311	−0.300
c	0.596 以上	0.581 以上	0.567 以上	0.542 以上	0.531 以上	0.510 以上	0.191 以上	0.175 以上
k	−0.377	−0.368	−0.359	−0.343	−0.336	−0.323	−0.311	−0.300

续表

A或A'	0.520 ~ 0.539	0.500 ~ 0.519	0.480 ~ 0.499	0.460 ~ 0.479	0.440 ~ 0.459	0.420 ~ 0.439	0.401 ~ 0.419	0.400 及以下
n	32	35	38	41	45	49	54	60
c	0.004 及以下	0.003 及以下	0.003 及以下	0.003 及以下	0.003 及以下	0.003 及以下	0.003 及以下	0.003 及以下
k	−0.345	−0.330	−0.316	−0.305	−0.291	−0.279	−0.265	−0.252
c	0.005 ~ 0.021	0.004 ~ 0.020	0.004 ~ 0.019	0.004 ~ 0.019	0.004 ~ 0.018	0.004 ~ 0.017	0.004 ~ 0.016	0.004 ~ 0.015
k	−0.341	−0.326	−0.313	−0.301	−0.288	−0.276	−0.263	−0.249
c	0.022 ~ 0.039	0.021 ~ 0.037	0.020 ~ 0.036	0.020 ~ 0.034	0.019 ~ 0.033	0.018 ~ 0.031	0.017 ~ 0.030	0.016 ~ 0.028
k	−0.334	−0.319	−0.036	−0.295	−0.281	−0.270	−0.257	−0.244
c	0.040 ~ 0.057	0.038 ~ 0.054	0.037 ~ 0.052	0.035 ~ 0.050	0.034 ~ 0.048	0.032 ~ 0.046	0.031 ~ 0.044	0.029 ~ 0.041
k	−0.326	−0.312	−0.300	−0.288	−0.275	−0.264	−0.251	−0.238
c	0.058 ~ 0.074	0.055 ~ 0.071	0.053 ~ 0.068	0.051 ~ 0.066	0.049 ~ 0.063	0.047 ~ 0.060	0.045 ~ 0.057	0.042 ~ 0.054
k	−0.320	−0.306	−0.294	−0.283	−0.270	−0.259	−0.247	−0.234
c	0.075 ~ 0.092	0.072 ~ 0.088	0.069 ~ 0.084	0.067 ~ 0.081	0.064 ~ 0.078	0.061 ~ 0.074	0.058 ~ 0.071	0.055 ~ 0.067
k	−0.315	−0.301	−0.289	−0.278	−0.265	−0.254	−0.242	−0.230
c	0.093 ~ 0.110	0.089 ~ 0.105	0.085 ~ 0.101	0.082 ~ 0.097	0.079 ~ 0.092	0.075 ~ 0.089	0.072 ~ 0.084	0.068 ~ 0.080
k	−0.310	−0.297	−0.285	−0.274	−0.262	−0.251	−0.239	−0.226
c	0.111 ~ 0.127	0.106 ~ 0.122	0.102 ~ 0.117	0.098 ~ 0.112	0.093 ~ 0.107	0.090 ~ 0.103	0.085 ~ 0.098	0.081 ~ 0.093
k	−0.306	−0.293	−0.281	−0.271	−0.258	−0.247	−0.236	−0.224
c	0.128 ~ 0.145	0.123 ~ 0.139	0.118 ~ 0.133	0.113 ~ 0.128	0.108 ~ 0.122	0.101 ~ 0.117	0.099 ~ 0.112	0.094 ~ 0.106
k	−0.303	−0.290	−0.278	−0.268	−0.255	−0.245	−0.233	−0.221
c	0.146 ~ 0.163	0.140 ~ 0.156	0.134 ~ 0.149	0.129 ~ 0.144	0.123 ~ 0.137	0.118 ~ 0.131	0.113 ~ 0.125	0.107 ~ 0.119
k	−0.300	−0.287	−0.275	−0.265	−0.253	−0.243	−0.231	−0.219
c	0.164 ~ 0.194	0.157 ~ 0.186	0.150 ~ 0.178	0.145 ~ 0.172	0.138 ~ 0.164	0.132 ~ 0.157	0.126 ~ 0.150	0.120 ~ 0.142
k	−0.298	−0.285	−0.273	−0.263	−0.251	−0.211	−0.229	−0.218
c	0.195 ~ 0.283	0.187 ~ 0.270	0.179 ~ 0.260	0.173 ~ 0.250	0.165 ~ 0.239	0.158 ~ 0.229	0.151 ~ 0.218	0.143 ~ 0.207
k	−0.293	−0.281	−0.269	−0.259	−0.247	−0.237	−0.226	−0.214
c	0.284 ~ 0.371	0.271 ~ 0.355	0.261 ~ 0.341	0.251 ~ 0.328	0.240 ~ 0.313	0.230 ~ 0.300	0.219 ~ 0.286	0.208 ~ 0.271
k	−0.291	−0.278	−0.267	−0.257	−0.246	−0.235	−0.224	−0.213
c	0.372 ~ 0.460	0.356 ~ 0.439	0.342 ~ 0.422	0.329 ~ 0.406	0.314 ~ 0.388	0.301 ~ 0.371	0.287 ~ 0.354	0.272 ~ 0.336
k	−0.291	−0.278	−0.267	−0.257	−0.245	−0.235	−0.224	−0.212
c	0.460 以上	0.439 以上	0.422 以上	0.406 以上	0.388 以上	0.371 以上	0.354 以上	0.336 以上
k	−0.291	−0.278	−0.267	−0.257	−0.245	−0.235	−0.224	−0.212

注: $c=\dfrac{\mu_{0U}-\mu_{0L}}{\sigma}$, $A=\dfrac{\mu_{1U}-\mu_{0U}}{\sigma}$, $A'=\dfrac{\mu_{0L}-\mu_{1L}}{\sigma}$。

附表 3 单侧规格限“s”法的样本量与接收常数 (以均值为质量指标)

B 或 B' 计算值范围	n	k
1. 980 及以上	4	−1.176
1.620 ~ 1.979	5	−0.953
1.420 ~ 1.619	6	−0.823
1.260 ~ 1.419	7	−0.734
1.160 ~ 1.259	8	−0.670
1.080 ~ 1.159	9	−0.620
1.020 ~ 1.079	10	−0.580
0.960 ~ 1.019	11	−0.546
0.920 ~ 0.959	12	−0.518
0.880 ~ 0.919	13	−0.494
0.840 ~ 0.879	14	−0.473
0.800 ~ 0.839	15	−0.455
0.780 ~ 0.799	16	−0.438
0.760 ~ 0.779	17	−0.423
0.740 ~ 0.759	18	−0.410
0.720 ~ 0.739	19	−0.398
0.700 ~ 0.719	20	−0.387
0.680 ~ 0.699	21	−0.376
0.660 ~ 0.679	22	−0.367
0.640 ~ 0.659	23	−0.358
0.620 ~ 0.639	24	−0.350
0.500 ~ 0.619	26	−0.335
0.580 ~ 0.599	27	−0.328
0.560 ~ 0.579	29	−0.316
0.540 ~ 0.559	31	−0.305
0.520 ~ 0.539	34	−0.290
0.500 ~ 0.519	36	−0.282
0.480 ~ 0.499	39	−0.270
0.460 ~ 0.479	42	−0.260
0.440 ~ 0.459	46	−0.248
0.420 ~ 0.439	50	−0.237
0.400 ~ 0.419	55	−0.226
0.399 及以下	60	−0.216

注: $B = \dfrac{\mu_{1\mathrm{U}} - \mu_{0\mathrm{U}}}{\hat{\sigma}}$, $B' = \dfrac{\mu_{0\mathrm{L}} - \mu_{1\mathrm{L}}}{\hat{\sigma}}$。

附表 4　双侧规格限 "s" 法的样本量与接收常数 (以均值为质量指标)

B 或 B'	1.980 及以上	1.620 ~ 1.979	1.420 ~ 1.619	1.260 ~ 1.419	1.160 ~ 1.259	1.080 ~ 1.159	1.020 ~ 1.079	0.960 ~ 1.019	0.920 ~ 0.959
n	4	5	6	7	8	9	10	11	12
D	0.010 及以下	0.009 及以下	0.008 及以下	0.008 及以下	0.007 及以下	0.007 及以下	0.006 及以下	0.006 及以下	0.006 及以下
k	−1.581	−1.234	−1.043	−0.919	−0.831	−0.746	−0.711	−0.668	−0.632
D	0.011 ~ 0.050	0.010 ~ 0.045	0.009 ~ 0.041	0.009 ~ 0.038	0.008 ~ 0.035	0.008 ~ 0.033	0.007 ~ 0.032	0.007 ~ 0.030	0.007 ~ 0.029
k	−1.557	−1.217	−1.031	−0.909	−0.822	−0.755	−0.704	−0.661	−0.625
D	0.051 ~ 0.100	0.046 ~ 0.089	0.042 ~ 0.082	0.039 ~ 0.076	0.036 ~ 0.071	0.034 ~ 0.067	0.033 ~ 0.063	0.031 ~ 0.060	0.030 ~ 0.058
k	−1.506	−1.181	−1.001	−0.884	−0.799	−0.736	−0.685	−0.644	−0.609
D	0.101 ~ 0.150	0.090 ~ 0.134	0.083 ~ 0.122	0.077 ~ 0.113	0.072 ~ 0.106	0.068 ~ 0.100	0.064 ~ 0.095	0.061 ~ 0.090	0.059 ~ 0.087
k	−1.464	−1.152	−0.977	−0.863	−0.782	−0.719	−0.670	−0.630	−0.596
D	0.151 ~ 0.200	0.135 ~ 0.179	0.123 ~ 0.163	0.114 ~ 0.151	0.107 ~ 0.141	0.101 ~ 0.133	0.096 ~ 0.126	0.091 ~ 0.121	0.088 ~ 0.115
k	−1.423	−1.121	−0.952	−0.843	−0.764	−0.703	−0.656	−0.616	−0.584
D	0.201 ~ 0.250	0.180 ~ 0.224	0.164 ~ 0.204	0.152 ~ 0.189	0.142 ~ 0.177	0.134 ~ 0.167	0.127 ~ 0.158	0.122 ~ 0.151	0.116 ~ 0.144
k	−1.383	−1.094	−0.931	−0.825	−0.748	−0.689	−0.643	−0.605	−0.572
D	0.251 ~ 0.300	0.225 ~ 0.268	0.205 ~ 0.245	0.190 ~ 0.227	0.178 ~ 0.212	0.168 ~ 0.200	0.159 ~ 0.190	0.152 ~ 0.181	0.145 ~ 0.173
k	−1.351	−1.070	−0.913	−0.809	−0.734	−0.677	−0.631	−0.594	−0.562
D	0.301 ~ 0.350	0.269 ~ 0.313	0.246 ~ 0.286	0.228 ~ 0.265	0.213 ~ 0.247	0.201 ~ 0.233	0.191 ~ 0.221	0.182 ~ 0.211	0.174 ~ 0.202
k	−1.321	−1.050	−0.897	−0.795	−0.722	−0.666	−0.622	−0.585	−0.554
D	0.351 ~ 0.400	0.314 ~ 0.358	0.287 ~ 0.327	0.266 ~ 0.302	0.248 ~ 0.283	0.234 ~ 0.267	0.222 ~ 0.253	0.212 ~ 0.241	0.203 ~ 0.231
k	−1.296	−1.032	−0.883	−0.784	−0.712	−0.657	−0.613	−0.577	−0.547
D	0.401 ~ 0.650	0.359 ~ 0.581	0.328 ~ 0.531	0.303 ~ 0.491	0.284 ~ 0.460	0.268 ~ 0.433	0.254 ~ 0.411	0.242 ~ 0.392	0.232 ~ 0.375
k	−1.233	−0.990	−0.850	−0.756	−0.688	−0.636	−0.594	−0.560	−0.530
D	0.651 ~ 0.900	0.582 ~ 0.805	0.532 ~ 0.735	0.492 ~ 0.680	0.461 ~ 0.636	0.434 ~ 0.500	0.412 – 0.569	0.393 ~ 0.543	0.376 ~ 0.520
k	−1.192	−0.963	−0.830	−0.740	−0.674	−0.624	−0.583	−0.549	−0.521
D	0.901 ~ 1.400	0.806 ~ 1.252	0.736 ~ 1.143	0.681 ~ 1.058	0.637 ~ 0.990	0.601 ~ 0.933	0.570 ~ 0.885	0.544 ~ 0.844	0.521 ~ 0.808
k	−1.178	−0.954	−0.823	−0.735	−0.670	−0.620	−0.580	−0.547	−0.518
D	1.401 ~ 1.900	1.253 ~ 1.699	1.144 ~ 1.551	1.059 ~ 1.436	0.991 ~ 1.344	0.934 ~ 1.267	0.886 ~ 1.202	0.845 ~ 1.146	0.809 ~ 1.097
k	−1.176	−0.953	−0.823	−0.734	−0.670	−0.620	−0.580	−0.546	−0.518
D	1.900 以上	1.699 以上	1.551 以上	1.436 以上	1.344 以上	1.267 以上	1.202 以上	1.146 以上	1.097 以上
k	−1.176	−0.953	−0.823	−0.734	−0.670	−0.620	−0.580	−0.546	−0.518

续表

B 或 B'	0.880 ~ 0.919	0.840 ~ 0.879	0.800 ~ 0.839	0.780 ~ 0.799	0.760 ~ 0.779	0.740 ~ 0.759	0.720 ~ 0.739	0.700 ~ 0.719
n	13	14	15	16	17	18	19	20
D	0.006 及以下	0.005 及以下	0.005 及以下	0.005 及以下	0.005 及以下	0.005 及以下	0.005 及以下	0.004 及以下
k	−0.601	−0.574	−0.551	−0.530	−0.512	−0.495	−0.479	−0.466
D	0.007 ~ 0.028	0.006 ~ 0.027	0.006 ~ 0.026	0.006 ~ 0.025	0.006 ~ 0.024	0.006 ~ 0.024	0.006 ~ 0.023	0.005 ~ 0.022
k	−0.594	−0.568	−0.545	−0.525	−0.506	−0.490	−0.474	−0.461
D	0.029 ~ 0.055	0.028 ~ 0.053	0.027 ~ 0.052	0.026 ~ 0.050	0.025 ~ 0.049	0.025 ~ 0.047	0.024 ~ 0.046	0.023 ~ 0.045
k	−0.579	−0.554	−0.531	−0.512	−0.494	−0.478	−0.463	−0.449
D	0.056 ~ 0.083	0.054 ~ 0.080	0.053 ~ 0.077	0.051 ~ 0.075	0.050 ~ 0.073	0.048 ~ 0.071	0.047 ~ 0.069	0.046 ~ 0.067
k	−0.567	−0.543	−0.521	−0.501	−0.483	−0.468	−0.454	−0.440
D	0.084 ~ 0.111	0.081 ~ 0.107	0.078 ~ 0.103	0.076 ~ 0.100	0.074 ~ 0.097	0.072 ~ 0.094	0.070 ~ 0.092	0.068 ~ 0.089
k	−0.555	−0.531	−0.509	−0.491	−0.473	−0.458	−0.444	−0.431
D	0.112 ~ 0.139	0.108 ~ 0.134	0.104 ~ 0.129	0.101 ~ 0.125	0.098 ~ 0.121	0.095 ~ 0.118	0.093 ~ 0.115	0.090 ~ 0.112
k	−0.545	−0.521	−0.500	−0.481	−0.465	−0.449	−0.436	−0.424
D	0.140 ~ 0.166	0.135 ~ 0.160	0.130 ~ 0.155	0.126 ~ 0.150	0.122 ~ 0.146	0.119 ~ 0.141	0.116 ~ 0.138	0.113 ~ 0.134
k	−0.536	−0.512	−0.492	−0.473	−0.457	−0.442	−0.429	−0.417
D	0.167 ~ 0.194	0.161 ~ 0.187	0.156 ~ 0.181	0.151 ~ 0.175	0.147 ~ 0.170	0.142 ~ 0.165	0.139 ~ 0.161	0.135 ~ 0.157
k	−0.528	−0.505	−0.484	−0.467	−0.450	−0.436	−0.423	−0.411
D	0.195 ~ 0.222	0.188 ~ 0.214	0.182 ~ 0.207	0.176 ~ 0.200	0.171 ~ 0.194	0.166 ~ 0.189	0.162 ~ 0.184	0.158 ~ 0.179
k	−0.521	−0.498	−0.478	−0.461	−0.445	−0.431	−0.418	−0.406
D	0.223 ~ 0.361	0.215 ~ 0.347	0.208 ~ 0.336	0.201 ~ 0.325	0.195 ~ 0.315	0.190 ~ 0.306	0.185 ~ 0.298	0.180 ~ 0.291
k	−0.505	−0.484	−0.464	−0.447	−0.432	−0.418	−0.406	−0.394
D	0.362 ~ 0.499	0.348 ~ 0.481	0.337 ~ 0.465	0.326 ~ 0.450	0.316 ~ 0.437	0.307 ~ 0.424	0.299 ~ 0.413	0.292 ~ 0.402
k	−0.497	−0.476	−0.457	−0.440	−0.425	−0.412	−0.400	−0.388
D	0.500 ~ 0.777	0.482 ~ 0.748	0.466 ~ 0.723	0.451 ~ 0.700	0.438 ~ 0.679	0.425 ~ 0.660	0.414 ~ 0.642	0.403 ~ 0.626
k	−0.495	−0.473	−0.455	−0.438	−0.423	−0.410	−0.398	−0.387
D	0.778 ~ 1.054	0.749 ~ 1.016	0.724 ~ 0.981	0.701 ~ 0.950	0.680 ~ 0.922	0.661 ~ 0.896	0.643 ~ 0.872	0.627 ~ 0.850
k	−0.494	−0.473	−0.455	−0.438	−0.423	−0.410	−0.398	−0.387
D	1.054 以上	1.016 以上	0.981 以上	0.950 以上	0.922 以上	0.896 以上	0.872 以上	0.850 以上
k	−0.494	−0.473	−0.455	−0.438	−0.423	−0.410	−0.398	−0.387

续表

B 或 B'	0.680 ~ 0.699	0.660 ~ 0.679	0.640 ~ 0.659	0.620 ~ 0.639	0.600 ~ 0.619	0.580 ~ 0.599	0.560 ~ 0.579	0.559 ~ 0.540
n	21	22	23	24	26	27	29	31
D	0.004 及以下	0.004 及以下	0.004 及以下	0.004 及以下	0.004 及以下	0.004 及以下	0.004 及以下	0.004 及以下
k	−0.453	−0.441	−0.430	−0.420	−0.402	−0.394	−0.379	−0.365
D	0.005 ~ 0.022	0.005 ~ 0.021	0.005 ~ 0.021	0.005 ~ 0.020	0.005 ~ 0.020	0.005 ~ 0.019	0.005 ~ 0.019	0.005 ~ 0.018
k	−0.448	−0.437	−0.426	−0.416	−0.398	−0.390	−0.375	−0.361
D	0.023 ~ 0.044	0.022 ~ 0.043	0.022 ~ 0.042	0.021 ~ 0.041	0.021 ~ 0.039	0.020 ~ 0.038	0.020 ~ 0.037	0.019 ~ 0.036
k	−0.437	−0.426	−0.416	−0.406	−0.388	−0.380	−0.366	−0.352
D	0.045 ~ 0.065	0.044 ~ 0.064	0.043 ~ 0.063	0.042 ~ 0.061	0.040 ~ 0.059	0.039 ~ 0.058	0.038 ~ 0.056	0.037 ~ 0.054
k	−0.428	−0.417	−0.407	−0.398	−0.380	−0.373	−0.358	−0.346
D	0.066 ~ 0.087	0.065 ~ 0.085	0.064 ~ 0.083	0.062 ~ 0.082	0.060 ~ 0.078	0.059 ~ 0.077	0.057 ~ 0.074	0.055 ~ 0.072
k	−0.420	−0.409	−0.399	−0.389	−0.373	−0.365	−0.351	−0.339
D	0.088 ~ 0.109	0.086 ~ 0.107	0.084 ~ 0.104	0.083 ~ 0.102	0.079 ~ 0.098	0.078 ~ 0.096	0.075 ~ 0.093	0.073 ~ 0.090
k	−0.412	−0.401	−0.391	−0.383	−0.366	−0.359	−0.345	−0.333
D	0.110 ~ 0.131	0.108 ~ 0.128	0.105 ~ 0.125	0.103 ~ 0.122	0.099 ~ 0.118	0.097 ~ 0.115	0.094 ~ 0.111	0.091 ~ 0.108
k	−0.405	−0.395	−0.385	−0.376	−0.360	−0.353	−0.339	−0.327
D	0.132 ~ 0.153	0.129 ~ 0.149	0.126 ~ 0.146	0.123 ~ 0.143	0.119 ~ 0.137	0.116 ~ 0.135	0.112 ~ 0.130	0.109 ~ 0.126
k	−0.400	−0.390	−0.380	−0.371	−0.355	−0.348	−0.335	−0.323
D	0.154 ~ 0.175	0.150 ~ 0.171	0.147 ~ 0.167	0.144 ~ 0.163	0.138 ~ 0.157	0.136 ~ 0.154	0.131 ~ 0.149	0.127 ~ 0.144
k	−0.395	−0.385	−0.375	−0.367	−0.351	−0.344	−0.331	−0.319
D	0.176 ~ 0.284	0.172 ~ 0.277	0.168 ~ 0.271	0.164 ~ 0.265	0.158 ~ 0.255	0.155 ~ 0.250	0.150 ~ 0.241	0.145 ~ 0.233
k	−0.384	−0.374	−0.365	−0.367	−0.341	−0.334	−0.322	−0.311
D	0.285 ~ 0.393	0.278 ~ 0.384	0.272 ~ 0.375	0.266 ~ 0.367	0.256 ~ 0.353	0.251 ~ 0.346	0.242 ~ 0.334	0.234 ~ 0.323
k	−0.378	−0.368	−0.359	−0.351	−0.336	−0.330	−0.317	−0.306
D	0.394 ~ 0.611	0.385 ~ 0.597	0.376 ~ 0.584	0.368 ~ 0.572	0.354 ~ 0.549	0.347 ~ 0.539	0.335 ~ 0.520	0.324 ~ 0.503
k	−0.376	−0.367	−0.358	−0.350	−0.335	−0.328	−0.316	−0.305
D	0.612 ~ 0.829	0.598 ~ 0.810	0.585 ~ 0.792	0.573 ~ 0.776	0.550 ~ 0.745	0.540 ~ 0.731	0.521 ~ 0.706	0.504 ~ 0.683
k	−0.376	−0.367	−0.358	−0.350	−0.335	−0.328	−0.316	−0.305
D	0.829 以上	0.810 以上	0.792 以上	0.776 以上	0.745 以上	0.731 以上	0.706 以上	0.683 以上
k	−0.376	−0.367	−0.358	−0.350	−0.335	−0.328	−0.316	−0.305

续表

B 或 B′	0.520 ~ 0.539	0.500 ~ 0.519	0.480 ~ 0.499	0.460 ~ 0.479	0.440 ~ 0.459	0.420 ~ 0.439	0.400 ~ 0.419	0.399 及以下
n	34	36	39	42	46	50	55	60
D	0.003 及以下	0.003 及以下	0.003 及以下	0.003 及以下	0.003 及以下	0.003 及以下	0.003 及以下	0.003 及以下
k	−0.347	−0.337	−0.323	−0.310	−0.296	−0.283	−0.269	−0.257
D	0.004 ~ 0.017	0.004 ~ 0.017	0.004 ~ 0.016	0.004 ~ 0.015	0.004 ~ 0.015	0.004 ~ 0.014	0.004 ~ 0.013	0.004 ~ 0.013
k	−0.344	−0.333	−0.319	−0.307	−0.293	−0.280	−0.266	−0.254
D	0.018 ~ 0.034	0.018 ~ 0.033	0.017 ~ 0.032	0.016 ~ 0.031	0.016 ~ 0.029	0.015 ~ 0.028	0.014 ~ 0.027	0.014 ~ 0.026
k	−0.335	−0.325	−0.312	−0.300	−0.285	−0.273	−0.260	−0.248
D	0.035 ~ 0.051	0.034 ~ 0.050	0.033 ~ 0.048	0.032 ~ 0.046	0.030 ~ 0.044	0.029 ~ 0.042	0.028 ~ 0.040	0.027 ~ 0.039
k	−0.329	−0.319	−0.306	−0.294	−0.280	−0.268	−0.255	−0.244
D	0.052 ~ 0.069	0.051 ~ 0.067	0.049 ~ 0.064	0.047 ~ 0.062	0.045 ~ 0.059	0.043 ~ 0.057	0.041 ~ 0.054	0.040 ~ 0.052
k	−0.322	−0.313	−0.299	−0.288	−0.274	−0.263	−0.250	−0.239
D	0.070 ~ 0.086	0.068 ~ 0.083	0.065 ~ 0.080	0.063 ~ 0.077	0.060 ~ 0.074	0.058 ~ 0.071	0.055 ~ 0.067	0.053 ~ 0.065
k	−0.316	−0.307	−0.294	−0.283	−0.270	−0.258	−0.246	−0.235
D	0.087 ~ 0.103	0.084 ~ 0.100	0.081 ~ 0.096	0.078 ~ 0.093	0.075 ~ 0.088	0.072 ~ 0.085	0.068 ~ 0.081	0.066 ~ 0.077
k	−0.311	−0.302	−0.290	−0.279	−0.265	−0.254	−0.242	−0.231
D	0.104 ~ 0.120	0.101 ~ 0.117	0.097 ~ 0.112	0.094 ~ 0.108	0.089 ~ 0.103	0.086 ~ 0.099	0.082 ~ 0.094	0.078 ~ 0.090
k	−0.307	−0.298	−0.286	−0.275	−0.262	−0.251	−0.239	−0.228
D	0.121 ~ 0.137	0.118 ~ 0.133	0.113 ~ 0.128	0.109 ~ 0.123	0.104 ~ 0.118	0.100 ~ 0.113	0.095 ~ 0.108	0.091 ~ 0.103
k	−0.304	−0.295	−0.282	−0.272	−0.259	−0.248	−0.236	−0.225
D	0.138 ~ 0.223	0.134 ~ 0.217	0.129 ~ 0.208	0.124 ~ 0.201	0.119 ~ 0.192	0.114 ~ 0.184	0.109 ~ 0.175	0.104 ~ 0.168
k	−0.296	−0.287	−0.275	−0.264	−0.252	−0.241	−0.230	−0.220
D	0.224 ~ 0.309	0.218 ~ 0.300	0.209 ~ 0.288	0.202 ~ 0.278	0.193 ~ 0.265	0.185 ~ 0.255	0.176 ~ 0.243	0.169 ~ 0.232
k	−0.291	−0.283	−0.271	−0.261	−0.249	−0.238	−0.227	−0.216
D	0.310 ~ 0.480	0.301 ~ 0.467	0.289 ~ 0.448	0.279 ~ 0.432	0.266 ~ 0.413	0.256 ~ 0.396	0.244 ~ 0.378	0.233 ~ 0.361
k	−0.290	−0.282	−0.270	−0.260	−0.248	−0.237	−0.226	−0.216
D	0.481 ~ 0.652	0.468 ~ 0.633	0.449 ~ 0.608	0.433 ~ 0.586	0.414 ~ 0.560	0.397 ~ 0.537	0.379 ~ 0.512	0.362 ~ 0.491
k	−0.290	−0.282	−0.270	−0.260	−0.248	−0.237	−0.226	−0.216
D	0.652 以上	0.633 以上	0.608 以上	0.586 以上	0.560 以上	0.537 以上	0.512 以上	0.491 以上
k	−0.290	−0.282	−0.270	−0.260	−0.248	−0.237	−0.226	−0.216

注：$D=\dfrac{\mu_{0U}-\mu_{0L}}{\hat{\sigma}}$，$B=\dfrac{\mu_{1U}-\mu_{0U}}{\hat{\sigma}}$，$B'=\dfrac{\mu_{0L}-\mu_{1L}}{\hat{\sigma}}$。

参考文献

[1] 陈家鼎. 生存分析与可靠性引论 [M]. 北京: 北京大学出版社, 2005.

[2] 陈萍, 李文, 张正军. 概率与统计 [M]. 北京: 科学出版社, 2006.

[3] 方开泰, 金辉, 陈庆云. 实用回归分析 [M]. 北京: 科学出版社, 1988.

[4] 官琳琳, 左相, 杨阳, 等. 基于 SAS 的属性数据分析 [M]. 北京: 中国统计出版社, 2014.

[5] 胡良平, 高辉. 非线性回归分析与 SAS 智能的实现 [M]. 北京: 电子工业出版社, 2013.

[6] 胡宏昌. 近代线性回归分析方法 [M]. 北京: 科学出版社, 2013.

[7] 何晓群, 刘文卿. 应用回归分析 [M]. 北京: 中国人民大学出版社, 2001.

[8] 茆诗松. 贝叶斯统计 [M]. 北京: 中国统计出版社, 1999.

[9] 茆诗松, 汤银才, 王玲玲. 可靠性统计 [M]. 北京: 高等教育出版社, 2008.

[10] 茆诗松, 周纪芗, 陈颖. 试验设计 [M]. 北京: 中国统计出版社, 2004.

[11] 马逢时, 吴诚鸥, 蔡霞. 基于 MINITAB 的现代实用统计 [M]. 2 版. 北京: 中国人民大学出版社, 2013.

[12] 马逢时, 周暐, 刘传冰. 六西格玛管理统计指南 [M]. 3 版. 北京: 中国人民大学出版社, 2018.

[13] 马林, 何桢. 六西格玛管理 [M]. 3 版. 北京: 中国人民大学出版社, 2014.

[14] 盛骤, 谢世千, 潘承毅. 概率论与数理统计 [M]. 北京: 高等教育出版社, 1979.

[15] 韦博成. 近代非线性回归分析 [M]. 南京: 东南大学出版社, 1989.

[16] 韦博成, 鲁国斌, 史建清. 统计诊断引论 [M]. 南京: 东南大学出版社, 1991.

[17] 吴诚鸥, 秦伟良. 近代实用多元统计分析 [M]. 北京: 中国气象出版社, 2007.

[18] 约翰逊 R, 库贝 P. 基础统计学 [M]. 屠俊如, 洪再吉, 译. 北京: 科学出版社, 2003.

[19] 于振凡, 邓穗兴, 丁文兴, 等. GB/T 8054-2008 计量标准型一次抽样检验程序及表 [S]. 北京: 中国标准出版社, 2008.

[20] 于振凡, 邓穗兴, 丁文兴, 等. GB/T 13262-2008 不合格品百分数的计数标准型一次抽样检验程序及抽样表 [S]. 北京: 中国标准出版社, 2008.

[21] 于振凡, 马林, 冯士雍, 等. 产品质量检验 [M]. 2 版. 北京: 中国标准出版社, 2004.

[22] 张公绪, 孙静. 质量工程师手册 [M]. 北京: 企业管理出版社, 2006.

[23] 张尧庭. 定性资料的统计分析 [M]. 桂林: 广西师范大学出版社, 1991.

[24] 张玉柱, 于振凡, 陈敏, 等. GB/T 13264-2008 不合格品百分数的小批计数抽样检验程序及抽样表 [S]. 北京: 中国标准出版社, 2008.

[25] 周纪芗, 茆诗松. 质量管理统计方法 [M]. 2 版. 北京: 中国统计出版社, 2008.
[26] 朱道元, 吴诚鸥. 多元统计分析与软件 SAS [M]. 南京: 东南大学出版社, 1999.

现代统计学丛书

书号	书名	著译者
9787040557596	MINITAB 软件入门：最易学实用的统计分析教程（第二版）	吴令云 等 编著
9787040554960	蒙特卡罗方法与随机过程：从线性到非线性	Emmanuel Gobet 著 许明宇 译
9787040538847	高维统计模型的估计理论与模型识别	胡雪梅、刘锋 著
9787040515084	量化交易：算法、分析、数据、模型和优化	黎子良 等 著 冯玉林、刘庆富 译
9787040513806	马尔可夫过程及其应用：算法、网络、基因与金融	Étienne Pardoux 著 许明宇 译
9787040508291	临床试验设计的统计方法	尹国至、石昊伦 著
9787040506679	数理统计（第二版）	邵军
9787040478631	随机场：分析与综合（修订扩展版）	Erik Vanmarke 著 陈朝晖、范文亮 译
9787040447095	统计思维与艺术：统计学入门	Benjamin Yakir 著 徐西勒 译
9787040442595	诊断医学中的统计学方法（第二版）	侯艳、李康、宇传华、周晓华 译
9787040448955	高等统计学概论	赵林城、王占锋 编著
9787040436884	纵向数据分析方法与应用（英文版）	刘宪
9787040423037	生物数学模型的统计学基础（第二版）	唐守正、李勇、符利勇 著
9787040419504	R 软件教程与统计分析：入门到精通	潘东东、李启寨、唐年胜 译
9787040386721	随机估计及 VDR 检验	杨振海
9787040378177	随机域中的极值统计学：理论及应用（英文版）	Benjamin Yakir 著
9787040372403	高等计量经济学基础	缪柏其、叶五一

续表

书号	书名	著译者
9787040322927	金融工程中的蒙特卡罗方法	Paul Glasserman 著 范韶华、孙武军 译
9787040348309	大维统计分析	白志东、郑术蓉、姜丹丹
9787040348286	结构方程模型：Mplus 与应用（英文版）	王济川、王小倩 著
9787040348262	生存分析：模型与应用（英文版）	刘宪
9787040345407	MINITAB 软件入门：最易学实用的统计分析教程	吴令云 等 编著
9787040321883	结构方程模型：方法与应用	王济川、王小倩、姜宝法 著
9787040319682	结构方程模型：贝叶斯方法	李锡钦 著 蔡敬衡、潘俊豪、周影辉 译
9787040315370	随机环境中的马尔可夫过程	胡迪鹤 著
9787040256390	统计诊断	韦博成、林金官、解锋昌 编著
9787040250626	R 语言与统计分析	汤银才 主编
9787040247510	属性数据分析引论（第二版）	Alan Agresti 著 张淑梅、王睿、曾莉 译
9787040182934	金融市场中的统计模型和方法	黎子良、邢海鹏 著 姚佩佩 译

网上购书： www.hepmall.com.cn, gdjycbs.tmall.com, academic.hep.com.cn, www.dangdang.com

其他订购办法：

各使用单位可向高等教育出版社电子商务部汇款订购。书款通过银行转账，支付成功后请将购买信息发邮件或传真，以便及时发货。购书免邮费，发票随书寄出（大批量订购图书，发票随后寄出）。

单位地址： 北京西城区德外大街4号
电　　话： 010-58581118
传　　真： 010-58581113
电子邮箱： gjdzfwb@pub.hep.cn

通过银行转账：

户　　名： 高等教育出版社有限公司
开 户 行： 交通银行北京马甸支行
银行账号： 110060437018010037603

反盗版举报电话 （010）58581999 58582371 58582488
反盗版举报传真 （010）82086060
反盗版举报邮箱 dd@hep.com.cn
通信地址 北京市西城区德外大街 4 号
高等教育出版社法律事务与版权管理部
邮政编码 100120